山東大學雙一流建設「中國古典學術」專項資助項目

《山東大學中文專刊》編輯工作組

組　長　杜澤遜　張　帥

副組長　李劍鋒　黄發有　程相占　馬　兵

成　員　王培源　劉曉東　蕭光乾　張學軍　張樹錚　孫之梅　關家錚　王新華
楊振蘭　岳立静　戚良德　祁海文　李開軍　劉曉多　沈　文　王　萌
劉靖淵　程鴻彬　劉天宇　吉　顒　李振聚

山東大學中文專刊

石學蠡探

葉國良 著

中華書局

圖書在版編目(CIP)數據

石學蠡探/葉國良著. —北京:中華書局,2022.3
(山東大學中文專刊)
ISBN 978-7-101-14925-8

Ⅰ.石… Ⅱ.葉… Ⅲ.金石學-中國-文集
Ⅳ.K877.24-53

中國版本圖書館 CIP 數據核字(2020)第 227169 號

責任編輯:朱兆虎　馬現宸

山東大學中文專刊
石學蠡探
葉國良 著
*
中華書局出版發行
(北京市豐臺區太平橋西里 38 號　100073)
http://www.zhbc.com.cn
E-mail:zhbc@zhbc.com.cn
北京瑞古冠中印刷廠印刷
*
920×1250 毫米 1/32 · 16½印張 · 2 插頁 · 350 千字
2022 年 3 月北京第 1 版　2022 年 3 月北京第 1 次印刷
印數:1-1500 册　定價:88.00 元

ISBN 978-7-101-14925-8

《山東大學中文專刊》編輯出版説明

《山東大學中文專刊》，是山東大學中文學科學者著述的一套叢書。由山東大學文學院主持編輯，邀請有關專家擔任編纂工作，請國内有經驗的專業出版社分工出版。山東大學中文學科與山東大學的歷史同步，在社會巨變中，屢經分合遷轉，是國内歷史悠久、名家輩出、有較大影響的中文學科之一。一九〇一年山東大學堂創辦之初，其課程設置就包括經史子集等中文課程。一九二六年省立山東大學在濟南創辦，設立了文學院，有中國哲學、國文學兩系。上世紀三十年代至四十年代，楊振聲、聞一多、老舍、洪深、梁實秋、游國恩、王獻唐、張煦、丁山、姜叔明、沈從文、明義士、臺静農、聞宥、欒調甫、顧頡剛、胡厚宣、黄孝紓等著名學者、作家在國立山東（青島）大學、齊魯大學任教，在學術界享有盛譽。中華人民共和國成立後，山東大學中文學科迎來新的發展時期，華崗、成仿吾先後擔任校長，陸侃如、馮沅君先後擔任副校長，黄孝紓、王統照、吕熒、高亨、高蘭、蕭滌非、殷孟倫、殷焕先、劉泮溪、孫昌熙、關德棟、蔣維崧等語言文學名家在山東大學任教，是國内中文學科實力雄厚的學術重鎮。改革開放以來，中華人民共和國培養的一代學術名家周來祥、袁世碩、董治安、牟世金、張可禮、龔克昌、劉乃昌、朱德才、郭延禮、葛本儀、錢曾怡、曾繁仁、張忠綱等，以深厚的學術功力和開拓創新精神，譜寫了山東大學中文學科新的輝煌。總結歷史成就，整理出版幾代人用心血和智慧凝結而成的著述，是對學術前輩最大的尊敬，也是開拓未來，創造新知，更上一層樓的最好起點。二〇一八年四月十六日，山東大學文學院新一届領導班子奉命成立，二十日履任。如何在新的階段爲學科發展做一些有益的工作，是擺在面前的首要課題。編輯出版《山東大學中文專刊》是新舉措之一。經過一年的緊張工作，一批成果即將問世。這其中既有歷史成就的總結，也有新時期的新著。相信這是一項長期的任務，而且長江後浪推前浪，在未來的學術界，山東大學中文學科的學人一定能够創造出無愧於前哲，無愧於當代，無愧於後勁的更加輝煌的業績。

山東大學文學院

二〇一九十月十一日

弁　言

一九七三年秋季，余返母校臺灣大學中國文學系就讀研究所碩士班，敦請屈翼鵬（萬里）老師爲指導教授，師命以《宋人疑經改經考》爲題，前後五年畢業。時屈師已病，病榻上猶爲余訂定投考博士班之題目爲《宋代金石學研究》。因述其想法云：「碩士論文之立題，意在熟悉傳統文獻；博士論文之立意，旨在熟悉出土文獻。」其後孔達生（德成）老師接替指導，仍而不改，余遂以五年時間完成博士論文。以題目既兼涉金石，理當廣泛參考相關資料，無奈當時兩岸訊息不通，部分資料來源問題難以解決。臺灣公私所藏石刻拓本猶不下兩三萬種，尚足供研究；而大陸新出土殷周重器則多無緣得見，研究無法持續。請之於師，師言：「今人罕治石刻，可稍事之。」其後遂以六年時間研治漢至隋代石刻，於一九八九年五月完成《石學蠡探》一書，並據以晉升教授。又十年，適值海内外大舉印製石刻拓本，且多唐代以降新出土者，正符合個人研究之需求，遂於一九九九年五月出版《石學續探》。二書研討範圍，起漢迄清，論文五篇外，題跋凡八十四篇，附錄一篇，以時代先後爲序，庶幾有始有終。蓋治石刻之學，前後凡二十一年。此余研究石刻之歷程也。

余自陸續撰寫《石學續探》起，因於研究所期間曾追隨孔師研讀三禮、金文、青銅器之學五年，至此不能忘懷，其後遂亦兼治經學，寖假而涉及三禮。先後出版《經學通論》（與夏長樸、李隆獻合撰）、《經學側論》、《禮制與風俗》、《禮學研究的諸面向》、《禮學研究的諸面向續集》、《中國傳統生命禮俗》諸書，未來並計畫出版《儀禮研究》。蓋余研究經學與三禮亦逾二十餘年，如此，庶幾於二師之命無愧焉。

二〇二〇年十二月葉國良於山東大學文學院

目錄

石學蠡探

石刻文字考辨三十篇

石學續探

王國維先生石刻題跋校讀記

初唐墓誌考釋六則

初唐墓誌續考六則

唐代墓誌考釋八則

宋代碑誌考釋八則

遼金碑誌考釋十則

元明碑誌考釋十則

清代臺灣石刻考釋二則

石學蠡探

序

石學者，研治石刻資料之學也。宋代歐陽修、趙明誠等兼治金、石古刻，「金石」始成爲學術名詞，至後世而有「金石學」之稱。實則金以殷周彝器爲重，石以東漢以下碑誌爲主，二者之時代與性質非有必然關涉也。故在宋時，歐、趙之學已分途矣：考古、博古二圖所錄，金也；隸釋、隸續二書所載，石也。其後金石括例及金石題跋諸書，雖名「金石」，究其實，討論石刻極多，論載吉金甚尠。今世青銅彝器與夫金文之學既已大昌，若研治石刻資料而仍沿「金石」舊名，是名不副實矣。本書既專論石刻而不論吉金，故名曰「石學」，正名也。

宋人之治石學，其研究方法，「既據史傳以考遺刻，復以遺刻還正史傳」（王國維「宋代之金石學」中語）；其研究範圍，則凡經學、小學、文學、藝術、傳記、政事、職官、輿地、姓氏譜牒、風俗掌故，皆所關心：成就斐然。元代以後，其學分爲二支，一爲括例之學，一爲考證之學。括例之學，自潘昂霄金石例以降，著書者凡十餘家。始則括韓愈以下唐宋古文名家碑誌文諸「例」，以彰其經營之「義」，而示後學以撰文之道，其性質頗類「碑誌寫作示例」；繼則上溯秦漢，下論元明，而與經史義例、禮俗制度、碑版沿革相結合，於石刻之事，無所不論，其性質頗類「石學通論」。故括例諸書，撰文者資之而詳古文之義例，考證者藉之而知治碑之門徑。至其缺失，則爲有例必舉，繁瑣混淆，定例（無例外或絶少例外）、常例（大多數）與特例（極少數）不分，例之善者與例之惡者不辨，本爲津梁，轉似迷宮；所以然者，亦在考證之功不足也。考證之學，自陶宗儀古刻叢鈔以降，著書者無慮數百家。諸家皆本宋人方法，取石刻資料與經史相補正，其精者如錢大昕、王昶、羅振玉等，於學術研究之貢獻，可謂鉅矣。至其缺失，則或視爲治經讀史之餘事，隨手題跋，誤謬不免；復以忽略括例之學，缺乏歸納分析觀念，故有見樹不見林之弊，所得或趨瑣碎，或有重要結論而竟失之交睫，實爲可惜。蓋考證精則所括之例確，括例確則考證之功省，二學雖可分而實不可分也。

石刻文字，乃圖書以外之最大宗資料，有益學術研究，固不待言。前賢之於此學，既已奠彼基石矣，吾人自宜因丘陵而爲高。筆者以爲：括例之學，今人可以發揚光大因有助治學者有二：一曰分辨定例、常例與特例，因推考定例、常例形成之背景與意義，此有助於禮俗制度之研究與石刻資料之考證者也。二曰古文家重括例之學，故可以據例以探求古文家作品之淵源與匠意，此有助於文學史與文學作品之研究者也。考證之學，今人可以邁越古人者亦有二：一曰影印術發達，公私收藏化身千萬，此資料收集較古人爲易而多也。二曰除作一碑一誌之「點狀」考釋外，統合一類石刻或一代碑誌作「面狀」或「立體」之研究，不僅可以訂補前代括例之作，取與史傳相補正，成果必較前代豐碩，此治學方法優於古人者也。然則石學也者，其關涉於學術研究之範疇亦云廣矣，而其未來發展可以預卜也。

余習金、石之學，實先師屈翼鵬先生之遺命，而孔達生師所傳授者也。受命以還，歲經一紀，念兹在兹，不敢不勉。既以宋代金石學研究一書畢業，復因教學之暇，不廢涉獵。有所撰作，以有關石學者略多，皆本上述觀點，爲討論原則，而於括例、考證二學，不敢偏廢焉。

本書首篇，先論東漢官宦冢墓碑額以「題尊」爲定例，與唐宋碑誌例題最終官爵者不同。蓋唐宋「題終」，係重君命，遵律令；而漢代因官制關係，官員雖未嘗左遷，最終官乃往往非其最尊官，且當時律令又未規定「題終」，故漢人皆題最尊職以榮碑主。故「題尊」、「題終」二例，實漢、唐制度律令之反映。其次舉例説明如何運用「題尊」例以研究漢碑，如推測缺泐之碑額、檢驗碑額碑文拓本是否同屬一碑、輔助解讀碑文等。因又指出：筆者於文中所述漢人去官復起每低於前職之情況，常爲研究漢代官制者所忽略，致有錯誤結論；故論漢官遷轉，於鄙説似宜注意。蓋古今石刻，以冢墓碑誌爲大宗；冢墓碑誌，以官宦之家爲大宗；而官宦碑誌，以題額爲最緊要；故東漢「題尊」、唐宋「題終」，實古今官宦碑誌最重要之定例，而爲研讀其文之鑰匙。前人之於此例，或有誤解，或不悉其重要性，故筆者不憚其煩，縷舉詳析，亦欲示括例之學有助於禮俗制度之研究，而與考證之學爲不可分也。

次篇論韓愈冢墓碑誌文與前人之異同及其對後世之影響。蓋韓愈文起八代之衰，爲其後古文家所宗尚，其事學者莫不能道焉；而其刻意經營者何在，影響者何在，或不能明言也。考韓愈古文，以冢墓碑誌文爲數最多，而其碑誌文，復爲括例之學所自起，故自前人所括之例入手，探求韓文匠意，一則較易避免憑空論斷、失於穿鑿之弊，二則可以了解前人對韓文之觀點，而知古文家取法於韓文者何在。本篇前半採「微觀」方式，就「題」、「序」、「銘」、「立意」四項，分別比較韓文與前代之異同，同者明其所本，異者詳析其「義」。然後知韓愈碑誌文之體製所以異於前代者，固與其「陳言務去」之主張有關，復與其「文以載道」及崇儒之思想爲不可分；然後知韓愈碑誌文義例謹嚴，故爲括例之學所自起。後半取「宏觀」方式，起唐迄清，舉確證說明古文家碑誌文受韓愈影響極深；知此，然後研讀唐宋以降碑誌文，則能掌握淵源而悉其匠意矣。蓋韓愈所作，乃古今碑誌文之分水嶺，宜爲文學史之重要課題；而本篇所論，亦欲示括例之學有助於古典文學之研究也。

其次評論括例諸書。蓋清世迄今，石刻考證之學，昌矣盛矣，學者幾人人有作矣；而括例之學，自清代中葉以後，未受學者充分重視也。然不治括例之學，則初治石學者，不得其門而入，即老於考證之學者，或亦不免高明之過焉。今世有金石學概論一類書籍，論石刻品目詳矣，而不能示初學以研究碑誌文字之方法也。無已，潘昂霄金石例以降十二家書，其入手之處乎？唯此十二家書，體例不一，瑕瑜互見，其所括例，有至當不可易者，有誤謬不可從者，有前人囿於聞見而待今人訂補者。四庫全書總目提要及續修四庫全書提要，於此諸書雖有評介，而論其書之宗旨、成就，或有失公允持平；於其括例之臧否、正誤，或不能闡揚訂補。是則學者雖欲取讀十二家書，猶乏適切之導引。筆者有鑑於此，故重新闡述諸書之宗旨，論定各家之成就，釐清術語之意義，補正括例之缺誤；學者或藉此知重其書而善擇其中歟？

又其次爲石刻文字考辨，凡三十篇；考證之學也，而與括例之學有涉焉。起漢止隋者，治學宜有次第，不敢躐等也；唐代以後，請俟後日。其中討論及引證之石刻，約百餘通，或已傳世二千載，累經前修題跋；或近年始出，尚待今人發明。其所牽涉，則經學、傳記、職官、輿地、姓氏、種族、風俗、掌故、文例、語源等，不敢辭難而不勉也。此三十篇，十載研讀碑誌所僅得，蓋前賢已發者不與焉。噫！吾乃今知考證之難而前賢學問之可敬佩也。

玆將上述者結集出版，命名「石學蠡探」，以見石刻資料浩如大海、石學牽涉廣泛，余雖黽勉從事，蓋猶以蠡探海，尚待戮力者正多也。惟師長方家，不吝誨敎，俾得正誤啓蒙，而獲寸進，則衷心所盼禱者也。

本書之完成，受師友指點啓迪者甚多，謹此一併敬致最誠摯之謝忱。

一九八九年四月識於臺灣大學中國文學系

東漢宦官冢墓碑額題職例及其相關問題❶

一、前　言

金石資料可與文獻相補正，學者皆知重視。唯其數量浩如煙海，且收集匪易，每令人望之卻步，茫然不知下手之處。嘗謂：儻能多方尋繹其例，庶幾網有其綱，枝得其幹，則判讀研治，皆可以收事半功倍之效。

所謂「例」者，固不僅一端。如董作賓先生作甲骨文斷代研究例，旨在使龐大之甲骨資料得分爲數期，從而反映各期之問題。又如元潘昂霄著金石例，旨在分析韓愈碑誌文字，令後之擬撰者有成例可循。清劉寶楠撰漢石例，旨在取漢代碑版文字與經史相發明，以探其

❶ 本文原以「東漢宦官冢墓碑額題職例及其運用」爲題，載漢學研究第三卷第一期，收入本書時，曾加增改。

「義」。此皆前人所謂「例」也。其著眼處雖有不同，而其目的皆在御繁就簡，俾後學者遵循運用。

昔余撰宋代金石學研究，嘗述及宋人對漢代官宦冢墓碑額題職之討論❷，頗以爲洪适「題尊」之說乃是漢人立石之重要定例，特具意義。惜時因題目及篇幅之限制，未能完整歸納資料，充分討論，又未申明其例可以運用以治學之範圍。因再撰本文，以證明東漢官宦冢墓碑額例題尊職，與唐宋碑誌例標所終之官爵者不同，其中實涉及各代官制、習俗、法律之不同；從而舉例說明如何運用此例以研治東漢碑刻；復論本文所述之東漢官制，實亦有助於吾人正確閱讀研究東漢官制與傳記資料。

二、問題之提出

今存以及可考知之漢代石刻，除少數外，多屬東漢物。西漢石刻之可信者，據徐森玉西漢石刻文字初探一文所考❸，文字大抵簡略，且尚未發展出兼具碑額、碑文形式之碑碣❹。而東漢以後之冢墓碑、紀功碑、去思碑等，則除詳述碑主爵里功勳之文字外，多有碑額（或首行。首行或名「題」。下文不另標明）。碑額者，標明碑主之身份，或亦標明立碑之宗旨；故就後世讀碑者而言，碑額實碑文之綱領。以淺近之情況言之，碑主之姓氏每著於額，而碑文中或無之，若碑缺其額，或磨泐太甚，往往不能知其姓氏（按：參考碑文、碑陰，有時亦能考知），其碑之史料價值因而減色。是碑額之重要性不言可喻。

東漢碑碣，碑主多屬官宦。其無官職者，如「漢故民吳公碑」（隸額）、「玄儒婁先生碑」（篆額）、「逢童之碑」（篆額），其碑額依其年齡、身份之不同，所題雖有斟酌，然不致令後世爭議。紀功碑、去思碑，碑額所題官職，乃當時之人所書碑主於當地當時所居之官，亦無疑義❺。至於官宦冢墓碑，若碑主只歷一官而卒，碑額題職，別無選擇，亦不致令人生疑。唯碑主若浮沉宦海，歷經多職，東漢人究如何書其碑額？此問題歐陽修首先提出，而深表不解，集古錄跋尾後漢高陽令楊君碑條云：

右漢高陽令楊君碑，首尾不完，而文字尚可識。云：司隸從事、定潁侯相，最後爲善

❷ 宋代金石學研究第四章第二節，臺灣大學中國文學研究所博士論文，一九八二年十二月。

❸ 文載文物一九六四年第五期。

❹ 陸增祥八瓊室金石補正卷二載清尹彭壽藏琅邪太守朱博殘碑，謂：「此蓋博爲琅邪太守時有惠政，吏民感戴，因以頌之。」味其意，似此碑若不殘缺，其形式當如東漢常見之頌德碑。然尹氏晚年已自承僞作，參徐森玉西漢石刻文字初探引石交錄。

❺ 張遷表頌爲張遷故吏所立之去思碑，張遷自穀城長遷蕩陰令，其穀城故吏於額題「漢故穀城長蕩陰令張君表頌」，兼記所任及將任二職，較爲特殊。

侯相。「善」上一字磨滅❻，不可見。蓋其中間嘗爲高陽令，而碑首不書最後官者，不詳其義也。

其後趙明誠亦對漢人題額頗表疑惑，金石錄卷十六漢博陵太守孔彪碑跋云：

孔君自博陵再遷爲河東太守，而碑額題「故博陵太守孔府君碑」，漢人多如此，然莫曉其何謂也。

趙氏所謂「漢人多如此」，卽歐公「不書最後官」之意。查歐、趙之所以致疑者，以唐宋官宦神道碑、墓誌銘等例題墓主所終官爵，而漢人則例題尊職，歐、趙習焉不察，故「莫曉其何謂」也。

三、論唐宋官宦冢墓碑誌額題例標所終官爵

宦海浮沉，所終之官，未必卽最尊之官，題尊以美碑主，如漢人者，乃人情所願，而唐宋人必題以所終官爵者，以重君命、遵律令，故不敢輕題也。於此亦可覘知漢代以降君權之

日重矣。

此云唐宋人題所終官爵而不必以最尊官爵題額者，本宜臚舉碑銘以明之，顧唐宋碑至夥，官制又繁，頗難詳述，而本文旨在論列漢碑，不宜喧賓奪主，自當別文論之。無已，姑以唐代爲例，引證必要資料，以明此說。

全唐文卷二百十五陳子昂「唐故循州司馬申國公高君墓誌」云：

君諱某，字某。（中略）年若干嗣封申國公。十四解巾，授千牛備身，趍奉紫璋，已有光矣。秩滿補海監府左果毅都尉，再遷遊擊將軍、右師府郎將，遂昇榮禁衞，承寵司階，千廬之務式遵，八舍之榮攸襲，又授朝散大夫尚輦奉御，再遷尚衣奉御，（中略）坐堂弟岐，左遷循州司馬，（中略）薨於南海之旅次。

按：申國公，高君襲封之爵；循州司馬，左遷之官；襲封之爵未奪，左遷之官未復，故陳子昂所撰云然。此題所終官爵之例一也。全唐文卷三百九十獨孤及「唐故朝議大夫高平郡別駕權公神道碑銘並序」云：

---

❻「善」上一字，洪适隸釋卷十一作「思」字。

開元、天寶之際，元宗始以八柄付三公，由是臺司得專其廢置，其中或憑寵固位，懼天下有異己者，諸附離之者皆出入三臺，若公才令名，以望見憚，則稍稍優其俸而黜其職。故天水權公幼明，由新安縣令爲絳郡司馬、高平郡別駕而歿。同於道者，皆竊歎之。

按：朝議大夫，權君階官（散官）；高平郡別駕，職事官；權君由新安令左遷，階官仍舊，此所謂「優其俸而黜其職」，故獨孤及所撰云然。此題所終官之例二也。

陳子昂、獨孤及何以不題尊官？曰：此當關乎律令，故不得任意。唐律有崇官之制，崇官者，在法律上優待官員也。官品愈高，優待愈崇❼。若官階遭抑，而仍題以原官原階，則有違冒僭越之嫌。又此疑爲唐代喪葬令所禁止。按唐令三十卷（其第二十九卷爲喪葬令），今佚❽。故喪葬令之可考者，僅略見於唐六典卷之四、唐會要卷三十八等。題額之令玆雖未能考得明文，亦不知是否嘗有此令，然以喪葬令之可考者例推之，唐人當題所終官爵。如柳宗元柳河東集卷九「唐故兵部郎中楊君墓碣」云：

貞元十九年正月某日，守尚書兵部郎中楊君卒。某日，葬於奉先縣某原。既葬，其子姪洎家老，謀立石以表於墓。葬令曰：「凡五品以上爲碑，龜趺螭首；降五品爲碣，方趺圓首，其高四尺。」按郎中品第五，以其秩不克偕，降而從碣之制。唐時以低階出任高職，謂之「守」❾，郎中雖爲五品職事官，而楊君寄祿官品階在五品之下，故楊君子姪及家老，不敢僭禮立碑，而柳宗元亦特於文中說明楊君雖官郎中而立石僅從碣制之故。於此亦可見唐時喪葬令規定之細密矣。按碑碣僅爲墓石華實鉅細之不同，尚有明文規定，人須遵行❿，題額官爵尤關係碑主及其家屬之顯榮，以理推之，時人當更不敢任意。

又吾人考諸唐時赦文，尤能印證上述之結論。按全唐文卷六十七「穆宗册立皇太子德

❼ 見唐律疏議各卷。詳參勞政武論唐明律對官人之優遇，自印本。原係政大法律研究所碩士論文，陳顧遠指導。

❽ 據沈家本沈寄簃先生遺書第十一册律令四唐令條。

❾ 舊唐書職官志一：「貞觀令：以職事高者爲守，職事卑者爲行。仍各帶散位。」

❿ 葉昌熾語石卷三云：「柳子厚述唐時葬令云：凡五品以上爲碑，龜趺螭首，降五品爲碣，方趺圓首。此本唐六典。蓋所述者，時王之制也。然稽之唐碑，亦不盡符。如逸人竇居士，未有爵位，以宦者之父，而李北海題其碑曰神道；潘尊師碑，巍然巨製，而題爲碣。如此之類，未可枚舉。」按封氏聞見記卷六云：「隋氏制，五品以上立碑，螭首龜趺，趺上不得過四尺，載在喪葬令。」唐之喪葬令蓋沿襲隋制，柳宗元既引「葬令」，不必以爲定出唐六典。又唐會要卷三十八云：「七品以上立碣，若隱淪道素，孝義著聞，雖不仕，亦立碣。」是未有官爵者，不必不能立石。且少數之僭禮，亦不足否定多數之守法。是葉說並非洽論。

音」云：

自長慶二年十二月二十日昧爽已前，……左降官及流人並與量移，亡歿者任歸葬。

左降官亡歿者任歸葬出於恩許，則原不許歸葬可知。又同書卷六十八「敬宗南郊赦文」云：

左降官及流人先有官者，如已亡歿，各還本官。

左降官亡歿許還本官見於赦文，則原不許還官以葬可知。然則唐人以所終官爵題額者，以官爵升降，皆出君命，又關乎律令，故不敢輕改以抗朝廷也。

或云：唐人實有題尊而不題終者，如韓愈「董府君墓誌銘」、「李公墓誌銘」、白居易「張公神道碑銘」是也。曰：此知其一，不知其二。按韓昌黎文集校注卷六「唐故朝散大夫商州刺史除名徙封州董府君墓誌銘」云：

遷商州刺史，……受垢除名，徙封州，元和六年（卒），……明年，立皇太子，有赦令許歸葬，其子居中始奉喪歸，元和八年（葬）。

按：董君受垢除名，徙封州，所謂流人也。其歸葬乃出赦令，韓愈所以必題「除名徙封州」而不爲誌主諱者，以未得恩許還官，不得已也。又上書卷七「唐故昭武校尉守左金吾衞將軍李公墓誌銘」云：

（元和十三年）貶循州司馬，以疾卒於貶所，……長慶元年詔曰：「左降而死者，還其官以葬。」

按：李公終於循州司馬，而韓愈題其尊官者，已經詔令還其本官也。白居易集卷四十一「唐故通議大夫和州刺史吳郡張公神道碑銘」云：

擢拜和州刺史，……遂貶蘇州別駕，……移曹州別駕，歲餘，謝病歸老于家。天寶十三載（卒）。……長慶二年，……（孫）平叔奉祖德，碣而碑之。居易據家狀，序而銘之。

按：張君以貶官致仕，又卒於天寶十三載，而其孫平叔至長慶二年始碣而碑之，白居易又題其左降以前之官者，亦以長慶元年有詔許還其本官也。還官旣出君命，亦卽終官也，此猶唐時視追贈之官爲終官，具有法律效益⑪，而以之題額之例也。

前舉陳子昂等人，皆唐代有名文士，韓、白尤爲文宗，世所效法，而其題額皆謹愼合法如此，是則唐代題終可以例推矣。唐世如此，宋代亦然，第二節所引歐、趙之言已足自證，故此不另論列。當時人皆習於此，視爲當然，故歐、趙見漢人所題不同而不解也。

四、論東漢官宦冢墓碑額例題尊職

(一)

關於歐、趙所提之疑問，洪适首先試圖加以解釋。隸釋卷七跋車騎將軍馮緄碑云：

右「漢故車騎將軍馮公之碑」，篆額。……碑云「一要金紫，十二銀艾」，緄終於廷尉，而以將軍題額者，尊金紫也。

按：續漢書百官志云：「將軍，比公者四：第一、大將軍，次、驃騎將軍，次、車騎將軍，次、衞將軍。」又云：「廷尉，卿、一人。」車騎將軍比公，廷尉爲卿，洪适謂車騎將軍尊於廷尉，故以之題額耳。又隸釋卷八跋衡方碑云：

右「漢故衞尉卿衡府君之碑」，隸額。……碑有「本朝錄功，入登衞」七字，「衞」下闕文必「尉」字也。又云「永康之末，君衞孝威，建寧初政，朝用舊臣，留拜步兵校尉」，蓋靈帝初立，更易朝士，自九卿而作五校，殆是左遷，故碑首舉其尊者稱之。

按：續志云：「衞尉，卿、一人，中二千石。」又云：「步兵校尉，一人，比二千石。」中二千石較比二千石高二級，又步兵校尉非卿，故衞尉爲尊，洪适云者，本此。又隸釋卷九跋魯峻碑云：

右「漢故司隸校尉忠惠父魯君碑」，隸額。魯君名峻，歷郎中、謁者、河內丞、侍御史、頓丘令、九江令、議郎、太尉長史、御史中丞、司隸校尉，遭母憂，自乞拜議郎，服竟還拜屯騎校尉，靈帝熹平元年卒。……漢人所書碑誌，或以所重之官揭之，

⑪ 唐律疏議卷二載官員犯法減當之法云：「贈官及視品官與正官同。」疏：「議曰：贈官者，死而加贈也。」是唐時贈官亦具有實質法律效益，不僅虛榮而已。

司隸權尊而秩清，非列校可比，亦猶馮緄捨廷尉而用車騎也。

按：續志云：「司隸校尉，一人，比二千石。本注曰：孝武帝初置，持節，掌察舉百官以下，及京師近郡犯法者。元帝去節，成帝省，建武中復置，并領一州。……司隸所部郡七。」又云：「屯騎校尉，一人，比二千石。本注：掌宿衞兵。」司隸校尉與屯騎校尉秩雖俱比二千石，然屯騎所領，續志注引漢官曰「員吏百二十八人，領士七百人」，與司隸領一州，部郡七，又掌察百官以下及京師近郡犯法者相比，遠爲不如，故洪适云然。又前舉高陽令楊君碑，歐陽修謂碑額「不書最後官」「不詳其義」，洪适隸釋卷十一釋之云：

右「漢故高陽令楊君之碑」，篆額。……仕歷司隸從事、議郎、高陽令、思善侯相。……漢之王國相則秩二千石，侯國相纔與令長等耳。思善者，汝南之小國，碑首題以高陽者，蕞爾國，不若壯哉縣也。

按：續志云：「每縣、邑、道，大者置令一人，千石；其次置長，四百石；小者置長，三百石；侯國之相，秩次亦如之。」高陽，大縣；思善，小侯國；故洪适云然。是於此碑之額，洪适亦以「題尊」說之也。又趙明誠表示疑惑之孔彪碑，隸釋卷八說之云：

> 右「漢故博陵太守孔府君碑」，篆額。孔君名彪，歷郎中、博昌長、京府丞、尚書侍郎、治書御史、博陵守、下邳相、河東守，以靈帝建寧四年卒。趙氏云：孔君自博陵再遷河東，而碑額題博陵，莫曉其何謂。予觀漢人題碑，固有用前官，如馮緄、魯峻者，俱自有說。此碑陰有故吏十三人，皆博陵之人也，蓋其函甘棠之惠，痛夏屋之傾，相與刊立碑表，故以本郡題其首也。

按：洪适謂此碑乃孔彪爲博陵太守時之博陵故吏所立，故碑額題「博陵太守」，其說固是。但如孔彪在博陵之官位居河東太守或下邳相之下，則博陵故吏是否仍以之題額，殊有可疑。要之，此碑仍是題尊也。

上揭五碑，以洪适「題尊」之說衡之，皆合情理。而洪适於魯峻碑跋僅謂「或以所重之官揭之」、不敢云「悉以所重之官揭之」者，以洪氏猶有「重內」(內指京官)之說也。

洪适隸續卷一錄有「漢司徒掾梁休碑」文，跋其尾云：

> 篆額，惟存「掾」、「碑」二字。碑錄云：「襄州穀城有司徒掾梁君碑，建安二十七年立。」

按：碑有缺泐，然載梁君仕履猶明。碑文云：梁君先仕於郡，察孝廉，除郎中，後辟司徒府，

「勞滿奏上，拜新都令，謙虛自劾，寢疾於家，年六（下闕）有二月戊寅卜葬。」洪适云：

梁君終於宰邑，而以公府掾書其額者，重內也。

按：續志云：「（三公掾史屬）本注曰：漢舊注東西曹掾比四百石，餘掾比三百石，屬比二百石，故曰公府掾，比古元士三命者也。或曰：漢初掾史辟，皆上言之，故有秩比命士，其所不言，則爲百石屬。其後皆自辟除，故通爲百石云。」據此，則東漢公府掾秩在四百石以下（有差等），較諸令長秩或千石，至少猶有三百石，且其拜除又出君命者，官秩不爲高。以此觀之，洪氏之言，殊有可疑。且如漢人果視公府掾重於縣令長及侯相，則張壽嘗爲竹邑侯相，後辟爲司徒掾屬，其碑額何以題「漢故竹邑侯相張君之碑」（參隸釋卷七）？楊著嘗爲高陽令，後辟爲司徒掾屬，其碑額何以題「漢故高陽令楊君之碑」（參隸釋卷十一）？劉脩爲司徒掾，遷愼令，其碑額何以題「漢故愼令劉君墓碑」（參隸釋卷八）？又趙君爲司徒掾屬，再遷爲圉令，其碑額何以題「漢故圉令趙君之碑」（參隸釋卷十一）？然則洪氏「重內」之說，蓋不然矣。考梁君雖經司徒以「勞滿奏上，拜新都令」，而碑文緊接「謙虛自劾，寢疾於家」，是梁君未奉詔也。且若梁君果如洪氏所言「終於宰邑」，碑文當云「卒於官」，不當云「寢疾於家」。又漢碑常例，作文者凡記碑主要職，每綴數語，美其德業，此碑於「拜新都令」下，羌無一辭，乃言「謙虛自劾，寢疾於家」，是梁君實未就令職也。按「韓仁銘」（參金石萃編卷十七），韓仁自聞憙長「遷槐里令，除書未到，不幸短命喪身。……書到，郡遣吏以少牢祠」，韓仁未及拜命而卒，故額僅題「漢循吏故聞憙長韓仁銘」，情況與梁休略同，皆以未就職故也。然則梁休碑亦「題尊」非「重內」也⑫。

或云：洪氏「重內」之說恐不爲無理，漢人爲官，亦如後世，喜在中央天子之側，如漢書蕭望之傳，望之以丞相司直出爲平原太守，以「雅意在本朝，遠爲郡守，內不自得」，上疏請求內調，書聞，徵入守少府，後宣帝復以爲左馮翊，望之移書言病不就，宣帝以試其治民論之，乃視事。又如後漢書黃香傳，黃香以尚書令出爲東郡太守，亦上疏乞留宮臺，和帝因留黃香爲尚書令，增秩二千石，賜錢三十萬。尤其內朝官，如尚書等，班秩不高，而權勢侔於三公，勞榦先生「論漢代的內朝與外朝」⑬、「漢代尚書的職任及其和內朝的關係」⑭二文論之頗詳。則洪氏所謂「重內」，於情或亦有之。

竊按：爲官喜在京師人文薈萃之地，歷代恆見；內朝機要權移宰衡，斯亦有之。然官僚體系，尊卑自有定制，無權三公，終受衆庶尊崇，有勢尚書，班秩畢竟居下，故黃香以東郡

⑫ 清劉寶楠漢石例卷一「碑額書前官例」，逕錄洪氏「題尊」、「重內」二說，是信之也。王芑孫碑版文廣例卷六「碑額括例」中「額題故階例」，僅取洪氏衡方、孔彪二說，不錄「重內」之說，蓋疑之也。

⑬ 中央研究院歷史語言研究所集刊第十三本。

⑭ 「中央研究院」歷史語言研究所集刊第五十一本四分。

太守留爲尙書令，和帝爲之增秩賜錢以補償之。故以「重內」說明官僚體系實權之消長，或有助吾人了解漢代政壇，而官僚體系之尊卑定制並不因重內朝官而瓦解。漢官墓碑，凡碑主嘗爲尙書、尙書侍郎、尙書僕射、尙書左右丞又嘗爲守相刺史者，額皆不題尙書各官（詳參下表），是「重內」之說爲不然也，況洪适所謂「內」本指京官不指內朝官乎！

(二)

竊謂東漢官宦冢墓碑額例題尊職，洪适誤讀一碑，遂不敢自信其所指出者實爲當時定例。茲悉取漢碑，逐篇推考，用堅此說。唯漢碑每多缺泐，其額、文僅存其一者，不足爲此說之證，茲不列入；又額、文雖俱存而碑主仕履磨泐太甚者，無從判斷其官職之尊卑，亦不列入。又水經注等書雖間載漢碑額、文，固皆省略不完整，難以憑據，此亦不列。至於全後漢文雖亦收載未見於金石家著錄之碑文，第其題目未必卽當年所題之碑額，故亦不收。茲所表列者，僅限於今存，或今雖不存而金石家著錄額、文明確者。

下表所列，碑文間有缺字，以□代之。仕履因磨泐間有不明，以?代之。↓表遷轉，↑表左遷，—表難明。停官不論原因，俱以△表之。復出再仕則另起一行。又此所列冢墓碑銘依楊殿珣石刻題跋索引所列之年代排列，新出土楊書未及載者依年代附入，依次編號。後文提及，皆附記號碼，以利查索。

編號	碑額	碑主名字	仕履	出處	備註
1	故謁者景君墓表	景□ □□	1. 五官掾→功曹→州從事→謁者	隸釋卷六	最終官下無△者，卽卒於官。下同。
2	漢故國三老袁君碑	袁良 厚卿	1. 郎中→謁者→將作大匠→丞相令→廣陵太守△ 2. 議郎→符節令——→梁相△ 國三老	隸釋卷六	三老者，趙寬碑所謂「師而不臣」者，此碑云袁良爲國三老，乃羣司所薦，帝親饗之，實人臣之最尊榮者。
3	漢故益州太守北海相景君銘	景□ □□	1. 司農掾屬→元城令→益州太守△⓯ 2. 議郎→北海相△	隸釋卷六	凡額題一職以上，其一必爲最尊職。下同。
4	故敦煌長史武君之碑	武斑 宣張	1. 州郡吏→?→敦煌長史	隸釋卷六	銘云史恢「追惟昔日，同歲郎署」故爲斑立碑，又云「領校秘鄭，追昔劉向辯賈之徒」，蓋斑爲長史前以郎官校書秘閣。

⓯ 俞樾讀漢碑以爲景君未就益州太守任。李發林漢碑偶識則以爲嘗就，說載考古一九八八年八期。

按：李說是。

5	漢故平都侯相蔣君之碑	蔣□ □□	1. 郡五官掾→郡功曹→州吏→上計掾→平都侯相	隸釋卷六	
6	漢故郎中王君之銘	王政 季醻	1. 州從事——守防東長——→郎中	隸續卷一	守者，未眞除也。詳參隸續卷一防東守尉司馬季德碑跋。
7	漢故中常侍長樂太僕吉成侯州君之銘	州輔 □□	1. 小黃門→太官令△ 2. 小黃門→藏府令△ 3. 謁者令→中尙方令→中常侍△ 4. 中常侍——領黃門令——→長樂太僕（封吉成侯）△ 5. 大長秋	隸釋卷十七	太僕秩中二千石，大長秋二千石。又太官令隸釋作大宮令。此據續漢書百官志改。
8	漢故郎中鄭君之碑	鄭固 伯堅	1. 郡諸曹掾史→主簿→督郵→五官掾→功曹→上計掾→郎中	隸釋卷六	
9	漢故丹楊太守郭君之碑	郭旻 巨公	1. 州郡吏→郎中→謁者→敬陵園令→廷尉左平→治書侍御史△ 2. 郎中→侍御史△ 3. 郎中→治書侍御史→冀	隸釋卷三、隸續卷十九	

			州刺史—徵—尚書↓丹楊太守△		
10	漢故中常侍騎都尉樊君之碑	樊安 子仲	1.縣吏△ 2.中黃門↓小黃門↓小黃門右史↓藏府令↓中常侍	隸釋 卷六	據碑文，騎都尉爲追拜之官。
11	漢故冀州刺史王君之碑	王純 伯敦	1.州從事↓郎↓謁者↓守宮令↓左都候△ 2.郎△ 3.司空掾屬↓侍御史↓徐州刺史↓冀州刺史△	隸釋 卷七	
12	漢泰山都尉孔君之碑	孔宙 季將	1.郎中↓都昌長↓元城令↓泰山都尉△	隸釋 卷七	
13	□□□令□□□碑	王□ 元賓	1.州郡吏↓郎↓謁者↓考工令↓菀陵令↓葉令↓封丘令△ 2.司空掾	隸續 卷十九	
14	漢故平輿令薛君碑	薛□ □□	1.州吏↓三署郎↓平輿令	隸續 卷一	

15	漢故山陽太守祝君之碑	祝睦 元德	1. 州郡吏→北海長史→鄎令△ 2. 司空掾→北軍中候→尚書→尚書僕射→常山相→山陽太守	隸釋 卷七	
16	漢故山陽太守祝君碑頌	同上	同上	同上	
17	漢故雁門太守鮮于君碑	鮮于璜 伯謙	1. 郎中→度遼右部司馬→贛榆令△ 2. 太尉西曹屬→安邊節使→雁門太守	香港書譜出版社漢雁門太守鮮于璜碑	碑延熹八年造。一九七三年出土。安邊節使蓋出臨時特命。
18	漢故荆州刺史度侯之碑	度尚 博平	1. 上計掾→郎中→上虞長→?△ 2. 右校令→?———→遼東太守 封右鄉侯 ?→中郎將 ?→荆州刺史	隸釋 卷七	此碑下段殘缺，仕履頗有不明者，參洪适跋。又度尚，後漢書有傳。

19	漢故車騎將軍馮公之碑	馮緄 皇卿	1. 郎△ 2. 郡吏↓右郎中↓廣都長↓武陽令△ 3. 州從事↓司空掾屬↓侍御史↓御史中丞↓督使徐揚二州△ 4. 司徒掾屬↓廷尉左鑒正↓治書侍御史↓廣漢屬國都尉↓隴西太守△ 5. 隴西太守△ 6. 議郎↓治書侍御史↓尚書↓遼東太守↓廷尉↓太常↓車騎將軍△ 7. 將作大匠↓河南尹↓廷尉△ 8. 屯騎校尉↓廷尉△	隸釋卷七	馮緄，後漢書有傳。「督使徐揚二州」者，蓋即鮮于璜碑「安邊節使」出於臨時特命之類。
20	漢故竹邑侯相張君之碑	張壽 仲吾	1. 州郡吏↓郎中↓給事謁者↓竹邑侯相△ 2. 州從事↓司徒掾屬	隸釋卷七	
21	漢故高陽令楊君	楊著	1. 郡吏↓司隸從事↓太尉	隸釋	碑文缺楊君之名，洪适據楊震碑

	之碑	□□	掾屬→定潁侯相→?→議郎→高陽令△ 2.司徒掾屬→思善侯相△	卷十一	文補。又碑云「遷定潁侯相，特以儒學，詔書勑留，定經東觀。……擢拜議郎。」則似未就定潁侯相之職。
22	漢故衛尉卿衡府君之碑	衡方 興祖	1.州郡吏→郎中→即丘侯相→膠東令→會稽東部都尉△ 2.議郎→右北平太守→潁川太守△ 3.議郎→太醫令→京兆尹→衛尉△ 4.步兵校尉	隸釋 卷八	碑額「衛尉卿」之「卿」字非正式官名，以「卿」爲官名，始於蕭梁，詳參隸續卷一中山相薛君成平侯劉君斷碑跋。
23	浚儀令衡君之碑	衡立 元節	1.縣功曹→?→蕭尉→浚儀令	金石錄卷十八，隸釋卷十二	
24	故冀州從事張君之碑	張表 元異	1.郡督郵→主簿→五官掾→功曹——守犂陽令——→冀州從事△	隸釋 卷八	張君仕履，洪适所讀有誤。辨詳下文。

25	漢故沛相楊君之碑	楊統 □□	1.州郡掾史→郎中→常山長史→犍爲府丞△ 2.司徒掾屬→鮦陽侯相→金城太守△ 3.車騎將軍從事△ 4.議郎→五官中郎將→沛相→議官	隸釋卷七	議官非正式官名，蓋議郎、諫議大夫、太中大夫之類。又碑無楊君之名，洪适據楊震碑補。又洪适云立碑者皆沛人。
26	漢故金鄉守長侯君之碑	侯成 伯盛	1.郡主簿→督郵→五官掾→功曹（守金鄉長）△	隸釋卷八	後辟州從事，未就。
27	漢北海淳于長夏君碑	夏承 仲兗	1.郡主簿→督郵→五官掾→功曹→上計掾→守□□令→冀州從事→太傅掾屬→淳于長	隸釋卷八	淳于屬北海國（郡）。
28	漢故郎中馬君之碑	馬江 元海	1.郎中	隸釋卷八	
29	漢故慎令劉君墓碑	劉脩 伯麟	1.郎中△ 2.?從事→司徒掾→慎令△	隸釋卷八	
30	漢故北軍中候郭	郭□	1.郡五官掾→功曹→司隸	隸釋	郭君三辟將軍府，疑未就。

	君碑	仲奇	中都官從事——三辟將軍府——↓比陽長△ 2.司徒掾屬↓北軍中候△	卷九	
31	漢故博陵太守孔府君碑	孔彪 元上	1.郡吏↓郎中↓博昌長↓□京府丞△ 2.郎↓尚書侍郎↓治書御史↓博陵太守↓下邳相↓河東太守△	隸釋 卷八	立碑故吏皆博陵人。
32	漢故□州從事孔君之碑	孔褒 文禮	1.州郡吏	金石萃編卷十四	□王昶題「豫」字。孔君蓋先爲郡吏，後爲豫州從事。
33	漢執金吾丞武君之碑	武榮 含和	1.州書佐↓郡曹史↓主簿↓督郵↓五官掾↓功曹守從事——↓郎中↓執金吾丞	隸釋 卷十二	
34	漢故太尉楊公神道碑銘	楊震 伯起	1.州郡吏↓大將軍掾屬↓襄城令↓荊州刺史↓東萊太守↓涿郡太守↓太僕↓太常↓司徒↓太尉	隸釋 卷十二	

35	漢故司隸校尉忠惠父魯君碑	魯峻 仲嚴	1.州吏→郎中→謁者→河內太守丞△ 2.司徒掾屬→侍御史→頓丘令→九江太守△ 3.議郎→太尉長史→御史中丞→司隸校尉←（遭母憂自乞）—議郎→屯騎校尉△	隸釋 卷九	忠惠父，謚號。
36	漢司空宗公碑	宗俱 伯儷	曾任州郡吏、城門候、郎中、議郎、五官中郎將、越騎校尉、汝南太守、司空	隸釋 卷十八	碑文頗存宗俱所歷職名，遷轉之次則磨泐難考。
37	漢故繁陽令楊君之碑	楊□ □□	1.州郡吏→郡功曹→郎中→右都候→繁陽令△ 2.?	隸釋 卷九	楊君以叔父楊震薨去官後，「三府競辟，五入宰朝」，蓋嘗爲三公掾屬，但不知何職。
38	漢故梁相費府君之碑	費汎 仲慮	1.郡吏→郎中→屯騎司馬→蕭令→梁相△	隸釋 卷十一	
39	漢故堂邑令費君	費鳳	1.郡吏→州吏→郎中→新	隸釋	碑文未載費君之字，仕履亦不甚

	之碑	伯蕭	平長△ 2.守故鄲長→堂邑令	卷九	詳，茲參費鳳別碑得之。
40 41	漢故太尉陳公之碑（前碑、後碑）	陳球 伯眞	1.郎中→尙書符節郎→恒陵園令→中東城門候→繁陽令△ 2.司徒掾屬→侍御史→?→魏郡太守→將作大匠→南陽太守△ 3.廷尉→衞尉→司空△ 4.廷尉→太常→(?)△ 5.永樂少府	隸釋卷十	前後碑俱有缺泐，仕履參二碑而成。又陳球，後漢書有傳。?當係零陵令。又據傳，球爲少府之前年，拜太尉，碑缺泐，故未見太尉字樣，(?)當卽太尉。
42	故冀州從事郭君碑	郭□ □□	1.郡諸曹掾史→主簿→督郵→五官掾→功曹→守假州從事	隸續卷十九	守假者，指守長、守令、守尉之類，非眞除。
43	三老趙掾之碑	趙寬 伯然	1.縣三老⑯	大陸雜誌十三卷五期封面	碑光和三年造。馬衡凡將齋金石叢稿謂民國三十二年出土。王壯宏增補校碑隨筆則謂二十二年出土。
44	漢故安平相孫府	孫根	1.?→鄲長→雍奴令→元	隸釋	

	君之碑	元石	氏令→考城令→諫議大夫△ 2.議郎→謁者?→荆州刺史—徵—議郎→安平相△	卷十
45	漢故涼州刺史魏君之碑	魏□元丕	1.州郡吏→郎中→尚書侍郎→尚書右丞△ 2.尚書侍郎→尚書侍郎左丞→涼州刺史	隸釋卷十

⑯趙寬之爲三老，王獻唐以爲乃郡三老，馬衡嘗以爲鄉三老，參蘇瑩輝「漢三老趙寬碑考略」，大陸雜誌十三卷五期。又馬衡凡將齋金石叢稿卷五「漢三老趙寬碑跋」，以該碑額題「三老趙掾之碑」，因謂「蓋寬以掾屬而兼爲縣三老之職耳」。筆者以爲趙寬之爲三老，既在浩亹縣，則所謂三老，自是縣三老。縣三老之職雖不見於續漢志，實見於曹全碑陰題名。又馬氏有「兼爲縣三老」之說，蓋以碑文載太守陰嵩召爲督郵云云故也。按「督郵」之下緊接「辭疾遜□，徙占浩亹」，是辭疾未就，旋歸鄉里。碑額云「趙掾」者，三老雖「師而不臣」，終亦有祿之掾也。且漢代碑額常例，姓下美稱多與姓上職稱相應，故三公則姓下或用「公」字，如陳球前後碑是也；守相開府則姓下或用「府君」字，如孔彪碑是也；封侯者或用「侯」字，如度尙碑是也；其餘則多用「君」字。趙寬碑用「掾」字，雖爲鮮見，然指「三老」爲「掾」，固無可疑。馬氏牽拘「師而不臣」之說，乃認爲「掾」與「三老」爲兩職，其說非是。

編號	碑名	姓名字	仕履	出處	備註
46	漢□幽州刺史朱君之碑	朱龜 伯靈	1.郎中→尙書侍郎△ 2.?→御史中丞△ 3.幽州刺史	隸釋 卷十	□當係「故」字。
47	漢故司隸從事郭君碑	郭究 長全	1.郡主簿→督郵→五官掾→功曹—守令長—→司隸從事	隸釋 卷十	
48	漢故太尉車騎將軍特進逯鄉昭烈侯劉公之碑（前碑）	劉寬 文饒	1.侍御史→梁令△ 2.議郎→司徒長史→侍中→南陽太守△ 3.太中大夫→侍中→屯騎校尉→宗正→光祿勳→太尉△ 4.光祿大夫→衛尉→太尉△ 5.永樂少府→光祿勳（封逯鄉侯）	隸釋 卷十一	後碑仕履較殘，從略。車騎將軍、特進爲追贈官位。
49	□故外黃□高君碑	高彪 義方	1.?→三署郎→?→外黃令△	隸釋 卷十	碑額所缺二字，洪适謂是「漢」、「令」二字。又碑文無高君名字，洪适據後漢書文苑傳考定。

50	漢故小黃門譙君之碑	譙敏 漢達	1.小黃門	隸釋卷十一	
51	漢故圉令趙君之碑	趙□ □建	1.郡五官掾→功曹→州從事△ 2.司徒掾屬→新□長→圉令△	隸釋卷十一	
52	漢故領校巴郡太守樊府君碑	樊敏 升達	1.郡吏→郎→永昌長史→宕渠令△ 2.大將軍掾屬△ 3.州從事→巴郡太守△ 4.助義都尉行褒義校尉	隸釋卷十一	洪适謂額以「領校」題者，乃劉焉、劉璋所表，朝無成命。洪氏又云助義、褒義二官乃劉氏所創。
53	漢故益州太守高君之碑	高頤 貫方	1.州郡吏→?→蜀郡北部府丞→武□令（守廣漢屬國都尉、守益州太守）	隸釋卷十一	以高君石闕題職考之，□當作「陰」或「陽」字，參隸釋卷十三。
54	漢故綏民校尉騎都尉桂陽曲紅灌陽長熊君之碑	熊□ 子□	1.州郡吏→上計掾→曲紅長△ 2.綏民校尉(領曲紅長)△ 3.騎都尉（領灌陽長）	隸釋卷十一	曲紅屬桂陽。洪氏云綏民校尉劉表所創官。

55	司徒掾梁君碑	梁休 元堅	1.郡五官掾↓?↓郎中↓光祿主□△ 2.司徒掾△	隸續卷一	額僅存「掾」、「碑」二字，洪适據天下碑錄補。梁君後拜新都令，未就，說已見前文。
56	漢故光祿勳東平無鹽劉府君碑	劉曜 季尼	1.郎中↓謁者↓太官令△ 2.郎中↓朱雀司馬↓昆陽□↓居延都尉、議郎、河內太守△ 3.□水校尉↓宗正↓衛尉↓光祿勳	隸釋卷十一	居延都尉下有缺文，疑嘗去官。議郎、河內太守下缺文太甚，不明遷轉之次。又洪适云「水」上爲「長」字。又東平無鹽乃劉君所居郡縣。
57	漢故荆州從事苑君之碑	苑鎮 仲弓	1.州從事	隸釋卷十二	
58	故相府小史夏堪碑	夏堪 叔德	1.縣吏↓相府小史	隸釋卷十二	
59	漢故富春丞張君碑	張□ □龍	1.?↓州從事↓吳郡□↓富春丞	隸釋卷十七	
60	甘陵相尙府君之碑	尙博 季智	1.郡吏↓司隸掾屬△ 2.郎中△ 3.司空掾屬△	劉承幹希古樓金石萃編卷六	劉書原題「漢甘陵相尙書袁博碑」。此從王國維觀堂別集、楊震方碑帖敍錄說。碑于「甘陵」

4. ?△

5. 大將軍掾屬→?→兗州刺史—(徵)尚書→僕射令→鉅鹿太守→甘陵□→?

二字下石缺。□當卽「相」字。碑民國十二年出土，王氏云其人必在建和元年以後，立碑當在漢末。姑繫於此。

上列六十碑，題最後官者四十六碑，不題最後官者十四碑。題最後官者，除18度尙碑下文另有討論外，其餘四十五碑，取續志所載權秩衡之，皆卽最尊官。不題最後官者有2袁良碑、7州輔碑、13王元賓碑、19馮緄碑、20張壽碑、21楊著碑、22衡方碑、25楊統碑、31孔彪碑、35魯峻碑、37繁陽令楊君碑、40、41陳球前後碑、48劉寬碑、52樊敏碑，除35魯峻碑下文另有討論外，所題亦皆最尊官。是六十碑中，有五十八碑乃題最尊官而無疑義。

此取18度尙碑、35魯峻碑另行討論者，以二碑皆涉及刺史（東漢司隸校尉亦刺史之一）之權秩及其在漢末人心目中之地位之問題。史家通常據漢書百官公卿表：

> 監御史，秦官，掌監郡。漢省，丞相遣史分刺州，不常置。武帝元封五年初置部刺史，掌奉詔條察州，秩六百石，員十三人。成帝綏和元年更名牧，秩二千石。哀帝建平二年復爲刺史，元壽二年復爲牧。

以及續漢書百官志：

外十二州，每州刺史一人，六百石。本注曰：秦有監御史，監諸郡，漢興省之，但遣丞相史分刺諸州，無常官。孝武帝初置刺史十三人，秩六百石。成帝更爲牧，秩二千石。建武十八年，復爲刺史，十二人各主一州，其一州屬司隸校尉。

以爲兩漢刺史秩六百石，州牧秩二千石；刺史爲監察官，州牧爲行政官。按：武帝以後、東漢中葉以前，此說大抵爲是，若衡諸東漢末年則不足。錢大昕嘗謂續漢書郡國志以順帝爲斷，沖帝以下之沿革不與焉⑰。筆者以爲百官志亦然，全志資料，以將軍條下「順帝卽位，又以皇后父、兄、弟爲大將軍，如三公焉」時代爲最晚，沖帝以下沿革悉未見，如東漢靈帝時有州牧之設，而不見於百官志，卽其一例。蓋司馬彪撰此二志，未能獲得順帝以下之資料，故其所撰，以順帝爲斷。

按漢末刺史威權日重，實爲一州之最高行政官，而守相權勢則相對減低。勞榦先生兩漢刺史制度考⑱論刺史職權之發展云：

郡國邊方有事，西漢是用三公、將軍，或太守督太守出征，東漢亦或用將軍、列校、

> 中郎將、謁者，並非全用刺史，但既用刺史，便無異承認刺史在州中領有軍政事權，雖然或領兵有功，究非強幹弱枝之策。至順帝永建元年，詔幽幷涼州刺史下察至黃綬；又告幽州刺史令緣邊郡增置步兵列屯塞下，更無異明詔刺史領郡。至順帝陽嘉三年詔書便明稱「刺史二千石」，和前此成例詔令言中二千石二千石不及刺史的顯有區別。所以東漢州牧的割據，固然由於重臣出任，而刺史威權所積，究非一朝一夕所致的。

此言簡要明確。而嚴耕望先生中國地方行政制度史卷上秦漢地方行政制度第九章論之尤詳。蓋刺史原雖監察官，逐漸發展爲行政官，如後世巡撫然。考18度尙碑立於桓帝永康以後，35魯峻碑立於靈帝熹平二年，皆去順帝詔稱「刺史二千石」三十年以上，其時刺史實與牧伯無異，故後漢書度尙傳，度尙爲荆州刺史，與交阯刺史張磐相諉過，張磐自言「備位方伯」，可見當時朝野已不以六百石監察官視刺史矣。蓋漢官之中，職權變遷之最鉅者，厥爲刺史。故該職之尊榮，不得悉以續漢書百官志衡量。

明乎此，然後知35魯峻碑之不題最後官屯騎校尉、又不題二千石官九江太守，而題司隸

⑰ 見錢大昕潛研堂金石文跋尾卷一「博陵太守孔彪碑幷碑陰跋」。

⑱ 中央研究院歷史語言研究所集刊第十一本。

校尉者，實亦題尊。18度尚碑之不題遼東太守，而題荆州刺史者，亦是題尊。然則上列六十碑，固皆題尊也。

至於上表所列9郭旻碑以冀州刺史徵爲尚書，44孫根碑以荆州刺史徵爲議郎，60尚博碑以兗州刺史徵爲尚書，碑文皆未明言「遷」，蓋或以帝所親暱，特徵入朝。然作碑文者以之爲左遷之飾詞，亦不無可能。要之，不影響上文之論述也。

㈢

題尊雖人情所願，然漢人之所以題尊，亦另有背景，此與漢代官制有關。

考漢人去官復起，每自低職再作，以上表六十碑所列仕履觀之，大多如此，同階職者僅佔少數，高於去職者僅見於46朱龜碑。史傳所見亦然，如後漢書酷吏列傳，周紆爲勃海太守，免歸，復起，爲郎。班彪列傳，彪爲徐令，以病免，復起，爲三公掾屬，察孝，乃爲望都長。臧洪傳，洪爲卽丘長，棄官還家，復起，爲郡功曹。陳王列傳，陳蕃爲郎中，丁母憂去官，復起，爲州別駕從事。其例不勝枚舉。

考其故，則漢代尚無後代官宦所謂「資格」也，故去官不必能再得官，再得官亦不能循「資格」再敍階次也。而漢人去官之原因又極多，犯罪免官者固不論，以病、丁父母艱去官已見前述，此不再引。與上司不合去官，見議郎元賓碑（隸釋卷六）；遭從父憂去官，見18度尙碑；以不好其官去職，見25楊統碑；聞兄疾病去官，見30郭仲奇碑；聞舉將犯罪被徵赴義去官，見49高彪碑；等等不一。以故漢人雖未曾左遷而其最終官往往非其最尊官。再者，易帝之時，每另命朝臣（尤以近臣爲然），故朝臣之最終官亦未必最尊官。如前引22衡方碑有云：

永康之末，君衞孝桓（桓帝）。建寧（靈帝）初政，朝用舊臣，留拜步兵校尉。

此云「朝用舊臣」，則或不用可知；此云「留拜」，則或不留、不拜可知。洪适云「殆是左遷」，猶差一間。又如7州輔碑，州輔原爲小黃門，後爲太官令，「孝順皇帝踐阼之口，復引拜小黃門，遷藏府令。」「復引拜」者，易帝而易臣也。輔後以病遜位，起家謁者令、中尙方令，遷中常侍，兼領黃門令，「順烈皇后攝政，以君舊口，拜長樂太僕。」順烈皇后以輔爲親信，故擢拜之。「和平中，君復轉拜大長秋」，按和平僅一年，據桓帝紀，初卽位皆梁太后（卽順烈皇后）攝政，和平元年二月梁太后崩，桓帝親政，「轉拜大長秋」者，亦易帝易臣也。若據百官志，將謂爲左遷，則不合實情矣。俗云「一朝天子一朝臣」，適足見漢朝之制。清袁定遠歷代銓選志⑲「兩漢」條評論漢制云：

⑲ 收入學海類編。

> 其間遷轉，唯上所命，初不以品秩高下爲升降。（中略）彼其黜陟進退，雖未必皆當乎賢否，而其用舍一出于上，固未始有資格之拘也。（中略）孔光免丞相，爲博山侯，久之，復爲光祿大夫，位次丞相，月餘爲御史大夫，未幾復爲丞相。以至韓安國、蕭望之、翟方進之徒，皆以御史大夫爲他官。彼常執天子之政矣，常正百官而統其權矣，今一旦降尊就卑，使之與僚佐比肩而治事，豈所以待大臣哉！

袁氏於漢代大臣銓選制度，頗不以爲然。然漢人自低職再作，屢見不鮮，即如48劉寬碑，劉寬兩爲太尉，皆再出爲低職，初不以爲恥，漢制本如此也。

據上所述，最終官而非最尊官，每非碑主之過。題尊既人情所願，律令又未嘗禁止，故漢人題額皆願題尊以榮碑主也。三國志魏書武帝紀裴注引魏武故事載曹操建安十五年十二月己亥令，自述壯歲未值董卓之亂時之志向云：

> 後徵爲都尉，遷典軍校尉，意遂更欲爲國家討賊立功，欲望封侯作征西將軍，然後題墓道言「漢故征西將軍曹侯之墓」，此其志也。

此正可見漢人願以尊榮官職題額之心理。

五、論碑額題尊例之運用

據上文所論，東漢官宦冢墓碑額例揭尊榮之職，卽令有沈埋泉壤未爲人知者不然，其爲當時定例無疑。竊意如妥慎運用，印證他碑，並與史傳相推考，頗有益於治碑。玆舉數例如次：

(一)

趙明誠金石錄卷十五有議郎元賓碑跋，其碑文洪适收入隸釋卷六，亦跋其尾云：

右議郎元賓碑，在亳州。碑無額，故不得其姓，石缺，又失其名。元賓以孝廉入三署，除倉龍司馬，衞尉察尤異，遷吳令，辟州從事，召拜議郎，以威宗延熹二年卒。

據碑文，元賓作吳令時，「以不媚（下闕）」「翻署色斯」，謂得罪有司，棄官而去也。其辟州從事，拜議郎，則爲第二次出仕之仕履，洪适一路敍下，若逐步升遷然，自屬不當。按：元賓嘗爲吳令，吳者，吳郡首縣，郡治所在，吳令，千石令也，較諸六百石議郎，權秩爲高，如21高陽令楊著碑云：「擢拜議郎，遷高陽令。」後漢書魯丕傳：「除爲議郎，遷新野令。」獨行列傳戴封傳：「擢拜議郎，遷西華令。」是議郎之於縣令爲遷。然則此碑如額尚在，當題「吳令」。金石家慣例，碑之命名，據額而來⑳。漢代碑額例題尊職，則碑名亦當題尊。趙、洪二氏雖未指其額爲「議郎」，命名終屬未洽。

㈡

運用題尊之例推測碑額，亦有助吾人推判碑額、碑文之拓本是否同屬一碑，俾免誤認，或爲碑估作僞所欺。洪适隸續卷十九司空掾陳寔殘碑跋云：

右「漢故司空掾陳君碑」，篆額。蔡中郎所作第三碑也。其文乃豫牧褒讚悲傷之辭。……此碑僅有前七十字，下文蓋皆不存。……史傳、雜書、蔡集皆作「仲弓」，惟太丘壇碑作「仲躬」，此碑彷彿亦然。趙氏跋云「文已殘缺，不可辨，惟八篆額，字畫奇偉」，引世說注太丘次子諶嘗以司空掾召，謂此是陳諶之碑。殊不知碑中自有太丘姓名，其文又在蔡邕集，蓋不能認碑，故有斯誤。

按：洪适之責趙明誠深矣，然其所言，亦不無疑義。考陳寔雖屢辟公府，且嘗爲司空掾，其所歷最高官，乃太丘長，故史傳所見，或稱陳寔爲「陳太丘」，或逕稱「太丘」，碑碣所見，有太丘長陳寔壇碑，額作「故太丘長潁□□陳君壇」（隸釋卷十八），皆無稱寔爲「司空掾」者，緣何豫牧以之題額？此不可通也。三國志魏書鄧艾傳：「（艾）年十二，隨母至潁川，讀故太丘長陳寔碑文，言『文爲世範，行爲士則』，艾遂自名範，字士則。後宗族有與同者，故改焉。」按陳寔謚文範，全後漢文卷七十八載蔡邕撰陳寔第一碑作「文爲德表，範爲士則」，與三國志鄧艾傳所載略有不同，當是傳抄有異，然屬一碑，是鄧艾所見陳寔碑，實題「太丘長」，可爲鄙說佐證。又此碑雖殘，南宋洪适時猶存七十字，其間「太丘長」、「陳寔」、「仲躬」等字仍在，即令趙明誠疏於隸字之學，但三識其一，已不難考知碑主，將謂趙氏此而不知乎？按金石錄卷十八載有「漢陳仲弓碑」，卷十九載有「漢司空掾陳君碑額」，額、文本不在同一拓本，趙氏題陳君碑，跋云「碑額」而不云「碑」者，以所得碑銘殘泐不可辨，蓋其慎也。疑洪适所得拓本乃以司空掾陳君碑額合蔡邕所撰陳寔第三碑殘碑而成，洪氏豈爲碑估所欺歟？又陳諶之嘗爲司空掾，除趙氏所舉世說注外，又見三國志陳羣傳裴松之注，則諶之以司空掾名世，猶寔之以太丘長名世也。蔡邕於陳寔碑文云「季方（諶字）盛年早亡，亦圖容加謚」，蓋諶墓在寔墓之側，今趙跋云司空掾陳君碑額得於潁川陳

---

⑳ 參拙作宋代金石學研究第四章第三節。

仲弓墓旁，則趙氏謂司空掾乃陳諶，實深思熟慮之結論。今此碑額、碑文雖不可見，難以遽斷司空掾必即陳諶，然洪适以此額冠於彼碑，以題尊之例推之，殆不然矣。

㈢

確定碑額題尊之例，有時亦有助吾人解讀碑文。如24張表碑，額題「故冀州從事張君之碑」，則張表所歷職以州從事爲最高。按碑文云：

> 初仕郡爲督郵，鷹撮霆擊，威德日隆，糾剔荷忒，抵拂頑讇，屬城祗肅，千里折中。入爲主簿，含謨吐忠，委蛇公門，謇謇匪躬，將美匡醜，對颺休光。歷五官掾、功曹，山〔闕〕時行，貢眞絀僞，遏漸防萌。后臧其勛，俾守犂陽，正身帥下，神化〔闕〕通。方伯術職，嘉君義綱，旌命骫任，北國用寧。……春秋六十四，以建寧元年三月癸巳寢疾而終。（下略）

碑言張君仕履甚詳：張君起家郡督郵，歷主簿、五官掾、功曹，後以功曹守犂陽令㉑，終辟州從事而卒；故額題「從事」。乃洪适跋之云：

> 「后臧其勛，俾守犂陽」者，帝美其功，使官于冀也。

洪氏解「后」爲「帝」，是以張表嘗爲犂陽眞令也，此則誤讀碑文矣。按續漢書百官志注引應劭漢官曰：「大縣丞、左右尉，所謂命卿三人；小縣一尉一丞，命卿二人。」丞、尉爲命卿，令、長尤然。故凡令、長、丞、尉闕而朝廷不及補，郡守得選郡吏暫「守」其職，謂之「守令」、「守長」、「守丞」、「守尉」，守畢還職，蓋朝廷命官，郡守不得私意措置也。此制前人多不明，洪适隸續卷一防東守尉司馬季德碑跋論之甚詳，其說是也。「俾守犂陽」者，指守犂陽令也。至於「后」字，指郡守；郡守，牧地千里，猶古之諸侯，故作碑文者謂之「后」，用古義也。蔡邕陳寔第二碑云「刺史太守樹碑頌德」，第三碑則云「羣后建碑」，「羣后」即指「刺史太守」，斯其證也。張君既以功曹得郡守之命守犂陽令，有治蹟，故冀州刺史辟爲州從事，碑文云「方伯術職，嘉君義綱，旌命軌任，北國用寧」者，指此。洪氏忽略題尊之例，又牽拘「后」字，以爲張表嘗爲眞令，初未思張表果爲眞令，治有善政，爲上官嘉許，豈有「左遷」州從事之理乎？隸釋成書於乾道三年，明年，又刻隸續十卷，越八年，洪氏又以考古所得，增改隸釋千餘字，除去者數板。㉒是洪氏於撰隸續時能知之事，於增改隸釋時反不能悟，智者千慮，或有一失，斯之謂歟？

㉑ 碑文不言犂陽長吏是令是長，此知之者，據後漢書馮勤傳注、魏志鍾繇傳注，參錢大昭後漢郡國令長考。按犂陽，續志作黎陽，屬冀州魏郡。

㉒ 以上參洪适盤洲文集卷六十三跋丙申修改隸釋。

六、論漢代官制之研究

前文所述漢人去官復起之情況，竊意頗亦有益於研究漢代官制。按研究漢代官制，最重要之資料，自屬漢書百官公卿表、續漢書百官志，其餘如衞宏漢官舊儀等則僅存片段。但班表、續志詳於中央，略於地方，又僅著品秩，不言遷轉，若欲補完班表、續志之不足，以求全盤了解漢代官制，則宜勾勒漢人傳記以及碑碣，以爲素材。嚴耕望先生秦漢地方行政制度一書，既充分利用上述資料，以故極著成績，筆者素所欽仰。唯對其第十章「任遷途徑」部分細節，不能無疑。姑以議郎一職爲例，該章附表乙「漢代郡國守相任遷統計表」(3)「採漢碑」所列：議郎遷守相者一，守相遷議郎者二、後徵議郎者亦二。同表(2)「採後漢書列傳」所列：議郎遷守相者十，守相遷議郎者七、後徵議郎者亦七。考郡國守相秩二千石，議郎則秩六百石，若能互遷，尚有體制可言乎？按漢碑所見，議郎或遷縣令，如21楊著碑，或再遷而至守相，如25楊統碑、44孫根碑；至於前爲守相、後爲議郎，如2袁良碑、19馮緄碑、22衡方碑、48劉寬碑，中間俱嘗去官，不得以爲「遷」。蓋前代金石家述及碑主仕履時，往往一路列出，若逐步升遷然，不顧及左遷、去官等問題，極易使人誤認也。又據後漢書及注釋綜合引得議郎條，詳細複檢，後漢官宦，議郎遷、再遷或三遷而至守相者，有楊琁、丁牧、張敏、崔寔、陳瑀、种暠、欒巴、蓋勳、馬融、刁韙、李燮、賀承、陳蕃、魏朗、宗資、孔融、皇甫嵩、劉昆、張馴、蔡玄、戴封、劉翊二十二人；前爲守相後徵議郎者，有魯恭、盧植、劉儒、陳翔、王奐五人；自守相左遷議郎者，有陽球一人；前爲守相，因病免、坐法、禁錮等原因去官，後再爲議郎者，有陸康、楊琁、張敏、崔寔、种暠、欒巴、馬融、李燮、史弼、陳蕃十人；未見有明文言自守相「遷」議郎者。至於「徵」，乃出皇帝特命，與官僚體系之遷貶無關，此不詳論。議郎一職，爲冗散官，適宜安頓去職官員，觀察其賢否，賢則遷轉，不肖則姑置之，但此安排，至漢末漸生流弊，後漢書蔡邕列傳，靈帝熹平六年，邕爲議郎，上封事，其第六事云：

> 墨綬長吏，職典理人，皆當以惠利爲績，日月爲勞。褒責之科，所宜分明。而今在任無復能省，及其還者，多召拜議郎、郎中。若器用優美，不宜處之冗散。如有釁故，自當極其刑誅。豈有伏罪懼考，反求遷轉，更相放效，臧否無章？先帝舊典，未嘗有此。可皆斷絕，以覈眞僞。

李賢注引漢官儀：「秩六百石，銅章墨綬。」蔡邕所述，言考課不明，而吾人藉知六百石墨綬長吏而爲議郎，在不褒不責之間，然則謂二千石守相得遷議郎，可乎？總之，考論漢官遷轉，宜注意去官復起之情況。

唯史傳作者，或以資料殘缺，或因行文簡約，所載傳主仕履之去、復，偶亦不詳，故讀史者宜有警惕，未可視爲當然，悉據史傳論其遷轉。如後漢書頗詳於去、復，有時則否，張禹傳云：

祖父況，……（光武）以爲元氏令，遷涿郡太守，後爲常山關長。……父歆，……後仕爲淮陽相，終於汲令。

按令長權秩低於守相，以去、復之情形推之，張況爲關長、張歆爲汲令，若非左遷，則其前必嘗去官，檢李賢注引東觀記云：

況遷涿郡太守，時年八十，不任兵馬，上疏乞身，詔許之。後詔問起居何如，子歆對曰：「如故。」詔曰：「家人居不足贍，且以一縣自養。」復以況爲常山關長。會赤眉攻關城，況出戰死，上甚哀之。

又云：

歆爲（淮陽王）相時，王新歸國，賓客放縱，干亂法禁，歆將令尉入宮搜捕，王白上，歆坐左遷爲汲令，卒官。

據此，是況爲復起、歆爲左遷矣。又如後漢書袁安傳附子袁彭傳云：

（安）子彭，字伯楚。少傳父業，歷廣漢、南陽太守。順帝初，爲光祿勳。行至清，爲吏麤袍糲食。終於議郎。

按議郎權秩低於太守、光祿勳，袁彭終於議郎，若非左遷，則中間必嘗去官，此雖無其他佐證，以上文所論者推之，宜然。蓋史傳中言「後爲某官」、「終於某官」，吾人不得即以爲必是前一官所「遷」，不然極易滋誤。余觀世之論漢官遷轉而引證史傳者每易忽略去復之制，故特論之如此。

七、結　語

金石文字，古人所重。官宦冢墓碑誌，其尤甚者也。撰文多倩名家，泐石每耗巨資。所以然者，固不僅關乎風氣而已，實與禮俗習慣、法律權益、社會地位等有涉，是以喪家慎重其事，文士謹於措辭。

碑誌既禮俗、法律之產物，則碑誌之有「例」，實與碑誌之刊立並興，顧古人鮮有明言，當時律令又多散佚耳。唐韓愈始有應銘不應銘之論㉓，宋歐陽修始論及前代碑誌製作之義例㉔，元潘昂霄始有「括例」之作。顧潘氏金石例以降諸書，或例多而義寡，又不重定例（無例外或絕少例外）、常例（大多數）、特例（極少數）之分；或講求作文遣詞之安排，忽略禮俗制度之考察；實爲可惜。蓋凡定例、常例，必與一代禮俗制度有關，學者自當善加利用，據禮俗制度以釋碑誌，據碑誌以考禮俗制度，則「括例」之書，爲用正不僅限於文章之研究、名目體製之認識而已。㉕

本文所論，若拳拳於碑額一事，似無關緊要者，實則所論「題尊」、「題終」二事，乃重要之定例，亦治歷代官宦冢墓碑誌之鑰匙，執是例以考求，則有提綱挈領之效，此筆者之所以不憚其煩細論詳析者也。

以是論之，「括例」之書，猶若礦山，露頭多有，而主脈所在，正待吾人探勘發掘也。

㉓ 參韓昌黎文集校注卷六河南少尹李公墓誌銘。

㉔ 詳參本書韓愈冢墓碑誌文與前人之異同及其對後世之影響注91。

㉕ 以上詳參本書石例著述評議。

韓愈冢墓碑誌文與前人之異同及其對後世之影響[1]

一、前　言

韓愈詩文之研究，係中國文學史重要課題之一。歷來之討論，或就全部作品作廣泛評析，或對單篇文章作深入探討，皆不乏有價值之見解。至於分體研究，則較少見。筆者以爲：各類文體，因其歷史因素，有大致之體製與內容；學者如單就某一類文體，比較韓愈作品與古人之異同，尤能凸顯文體改革家韓愈作品中沿襲或創新之成分，從而得以清晰觀察韓愈對後世之影響。滙集各類文體之比較，加以整理，當能精確掌握韓愈詩文之精神及其在文學史上之意義。

[1] 本文原以「論韓愈的冢墓碑誌文」爲名，載古典文學第十集，學生書局出版，收入本書時，曾加增改。

本此理念，筆者先行選擇韓愈冢墓碑誌文（含神道碑文、墓碣文、墓誌銘、壙銘、殯表）爲探討對象，理由有三：

一、韓愈冢墓碑誌文共六十六篇，於三百五十餘篇韓文中，約占五分之一，爲各類文體之冠。在歷代文士集中，冢墓碑誌文亦往往占相當大之比例，屬於重要文體。

二、冢墓碑誌文體製較突出，內容較固定，易於凸顯韓愈文體改革之特色。

三、冢墓碑誌文爲石例學者討論「義例」之重點，有若干成說值得參考，亦有某些臆說尚待澄清。

至於韓愈其他碑文，如平淮西碑、處州孔子廟碑等紀功碑、廟碑，僅有九篇，且其寫作對象及意義與冢墓碑誌文不同，本文姑不討論。

唯本文寫作之旨趣，係自石刻括例之學之角度出發，觀察韓愈對冢墓碑誌文之體製及立意上之改革，從而探討其影響；因此，如非必要，盡量不涉及各時代之文學理論或修辭等表現手法之問題。探索韓愈作品與前人之異同時，重異不重同，且僅作必要之舉例或論證，勾勒大端，避免枝蔓。討論影響部分，則舉後世若干著名文士爲例，作重點式陳述，以免尾大不掉。所用素材，除相關圖書文獻外，輔以石刻資料。

二、韓愈冢墓碑誌文與前人之異同

兼具碑額、碑文形式之墓碑，約出現於東漢中晚期。漢末以後，政府鑒於其事費財，其文虛僞，屢有禁令。❷雖不能完全貫徹，但埋於壙中之墓誌遂大爲盛行。隋唐以後，法律允許建立碑碣❸，而造作墓誌卻已相沿成風，俗不能廢，因此往往既有墓誌又有碑碣。其實墓誌本爲墓碑之變形，差別僅在埋於墓中或立於冢前而已，泐石之宗旨與寫作之體製初無二致：皆爲記載墓主之姓名爵里、稱述墓主之功業令德，其體製皆兼具「題」、「序」、「銘」三部分❹。本節先就三部分以三小節討論，第四小節討論「立意」。

㈠題

本文所謂「題」，指碑（爲行文便利簡潔，下文所謂「碑」，指墓碑、墓碣或墓表言）額、墓誌蓋或

❷漢獻帝建安十年、晉武帝咸寧四年、晉元帝大興元年、晉安帝義熙中俱下詔禁碑。詳參宋書禮志二。

❸隋唐喪葬令，五品以上可立碑，降五品爲碣。詳參封氏聞見錄卷六、唐會要卷三十八、柳宗元柳河東集卷九唐故兵部郎中楊君墓碣。

❹墓表照例無「銘」。間有以散文作「系」者，但屬「序」不屬「銘」。

碑、誌之首行言。

「題」通常標明墓主之身分與姓氏。墓主若屬官宦，漢人例標墓主一生最尊榮而未必最終之官爵❺；南北朝官制猥雜，又輕假名器，往往一人兼帶數職，官銜冗長，加以贈官浮濫，混淆眞除，其「題」呈現混亂甚至隨意之狀況，但大抵標最終（含贈官）或最尊官爵；隋唐以後，因律令習俗之關係，碑碣例標最終（含贈官）而未必最尊之官爵，❻墓誌則因埋於壙中，或因不及等待朝廷贈官，偶有例外。若墓主無官無爵，則依年齡、身分之不同，略有出入，如「逄童之碑」（篆額）、「漢故民吳公碑」（隸額）、「玄儒婁先生碑」（篆額）❼、「魏故處士王君墓誌銘」（首行）❽。此爲唐代以前「題」之大致情況。此類慣例使「題」之功能僅限於標明墓主之身分姓氏，未能顯示作者與墓主之關係或情誼。但「題」非無「作文章」之餘地。

初唐始出現打破慣例之「題」。清王芑孫金石三例評（三例者，元潘昂霄金石例、明王行墓銘舉例、清黄宗羲金石要例。下引三例及王評，僅標作者名）云：「漢魏額題，皆簡古可法，唐人則變古開新。然唐人於詩題，皆各有致意，故所以題其文者亦不苟，學者所宜識也。」❾所言觀察敏銳。如王績有「自撰墓誌銘」，楊炯有「從弟去盈墓誌銘」、「從弟去溢墓誌銘」、「從甥梁錡墓誌銘」、「常州刺史伯父東平楊公墓誌銘」，陳子昂有「堂弟孜墓誌銘」、「我府君有周居士文林郎陳公墓誌銘」，獨孤及有「殤子韋八墓誌」（以上俱見全唐文。下文引唐人文字，不另注明者，同此）。上八「題」之共同特色在能表達作者與墓主之關係；又楊去盈爲國子進士、梁錡爲右衞率府翊衞，楊烱未以之入「題」，亦與傳統有別。但此處有兩點需加說明討論：一、初盛唐時，與上八「題」類似之例不多，蓋碑誌文多由門生故吏安排，或由喪家託友朋擬妥行狀後再倩人撰寫，鮮少親人操翰。二、上八「題」究逕以上石抑僅是文稿之題目？關於此點，該八文既無石刻傳世，吾人自不能作絕對之認定，但韋八誌起首卽云「殤子河南獨孤氏，小字韋八，以其弱而未名也，故以字稱」，據此推論，並參考下文所引例證，吾人可信該八「題」亦卽上石之「題」，雖未必字字相符，但出入不大。又陳子昂有「昭夷子趙氏碣頌」，張說有「貞節君碑」，標「題」用私謚，與傳統碑誌迥然有別，昭夷子趙元亮曾官幽州宜祿縣尉，貞節君陽鴻則歷佐四邑，二「題」舍官用謚，當是撰文立石者以爲二人道德高邁而官卑不足記，其「題」蘊涵撰者對墓主之評價。上舉十例，反映初盛唐部分文士對傳統撰「題」慣例已覺不耐，而試圖尋求較大之寫作空間。唯在韓愈以前，並無作品義法成系

❺ 詳參本書首篇東漢官宦冢墓碑額題職例及其相關問題。
❻ 同註❺。
❼ 以上三額分見洪适隸釋卷九、卷十。
❽ 見趙萬里漢魏南北朝墓誌集釋卷五、圖版二三五。
❾ 王芑孫評語未獨立成書，皆繫金石三例各書各卷各條下，此見墓銘舉例卷一。

統、可討論之作者。

韓「題」義法嚴謹。碑皆遵守題終例，蓋此實關係墓主及其家族之榮耀與法律地位。至於墓誌「題」，依筆者之見，可分五類：

（一）有德長者稱「先生」（「施先生墓銘」、「貞曜先生墓誌銘」）

（二）同調至友稱字（「李元賓墓銘」、「柳子厚墓誌銘」、「南陽樊紹述墓誌銘」）

（三）親族後輩早卒無官者稱名（「韓滂墓誌銘」、「盧渾墓誌銘」、「女挐壙銘」）

（四）士人未宦稱處士（「處士盧君墓誌銘」）

（五）題官（除上舉九「題」外，皆屬此類，如「唐故虞部員外郎張府君墓誌銘」；婦人冠以夫氏官爵）

上舉第四、第五兩類乃傳統標題。至於親族後輩稱名，例已見前引楊烱文，唯是韓愈僅用於早卒無官者，姪孫韓滂卒年十九，第四女韓挐得年十二，文中俱「爾」、「汝」之。妻兄盧於陵享年三十六，「題」作「處士盧君墓誌銘」，妻弟盧渾誌有「銘」無「序」，不能詳其卒年，但文中稱渾爲「汝」，蓋亦早夭。潘昂霄金石例卷六列盧渾誌於「幼殤誌銘」類，足見潘氏見解與筆者相同。

「題」單稱字，爲韓愈首創。王行以爲「題不書官，其字重於官也」，黃宗羲以爲「友人則稱字」；筆者則以爲若修正爲「同調至友稱字」，較切合韓愈之意。

按：李觀元賓、柳宗元子厚、樊宗師紹述及歐陽詹行周乃錢基博所謂「韓友四子」⑩，與韓愈交情不同於一般友人。李觀爲李華從子，韓愈伯兄會、叔父雲卿爲李華門弟子；觀與愈俱登德宗貞元八年進士第爲同年；文章齊名，韓愈且深受李觀影響；韓愈於北極一首贈李觀詩、瘞硯銘、李元賓墓銘皆自稱李觀「友人」，答李秀才書則稱「故友」，推崇備至：是觀與愈實累世交誼之同調至友。柳宗元父鎮與韓愈伯兄會友善；愈與宗元並以古文名，爲文字交者二十年：是二人亦累世交誼之同調至友。⑪樊宗師與韓愈之交誼亦極深厚，考之韓集，知二人相交在十年以上，屢有文字往來，韓愈又爲文薦之於鄭餘慶、薦之於袁滋、薦之於朝廷，於友朋中特厚，並以女嫁樊宗懿；⑫李肇國史補云：「元和之後，文章則學奇於韓愈，學澀於樊宗師。」二人同享文名；韓愈於樊誌盛讚宗師文章「不襲蹈前人一言一句」，實與其「陳言務去」之主張相合：是韓愈引宗師爲同調至友。若上論得實，則黃宗羲「友人則稱字」之說頗嫌浮泛。如鄭羣，當順宗永貞元年、憲宗元和元年時，韓愈在江陵與之俱隸裴均

⑩ 見韓愈志。

⑪ 以上詳參韓集。並參羅聯添師韓愈研究第三章韓愈交遊。

⑫ 以上詳參韓集與鄭相公書、與袁相公書、薦樊宗師狀、貞曜先生墓誌銘、樊紹述墓誌銘、嵩山天封宮題名及皇甫湜韓文公墓誌。

屬下爲同僚，嘗贈韓愈以簟，愈爲賦詩，卒，愈爲撰誌，讚其爲人，可謂友人，而其「題」作「唐故朝散大夫尚書庫部郎中鄭君墓誌銘」[13]；又如獨孤郁與韓愈相交久，年亦僅小韓愈八歲，而韓愈撰郁誌，「題」與「序」皆不稱字[14]；又韓愈同年進士張季友誌，「序」雖稱其字，「題」則作「唐故虞部員外郎張府君墓誌銘」[15]：足見才學不爲韓愈所重之一般友人韓「題」並不稱字。至於王行謂「題不書官，其字重於官也」，說明太簡，亦不夠周延。李觀以太子校書終，官位雖卑，但柳宗元終柳州刺史，樊宗師出爲棉、絳兩州刺史，入爲金部、左司兩郎中，官不爲小，與上舉昭夷子、貞節君官止於縣佐者情況迥別；且如其字爲世人所熟知，撰文者何必不能兼題官與字？若「其字重於官」乃指韓愈重視其人甚於其官，該五字並未透露韓愈重視其人之標準何在，亦未說明稱字何以能表示重視其人。按：韓愈對於稱官稱字，感受較他人爲獨深。舊唐書韓愈傳云：

> （元和十一年）拜中書舍人。俄有不悅愈者，摭其舊事，言愈前左降爲江陵掾曹，荆南節度使裴均館之頗厚，均子鍔凡鄙，近者鍔還省父，愈爲序餞鍔，仍呼其字。此論喧於朝列，坐是改太子右庶子。

該序今不見於韓集，「仍呼其字」者，呼均呼鍔，頗難遽定。若指呼鍔，是韓愈念均之情而不計鍔之凡鄙；若指呼均，是時論以爲裴均乃韓愈長官，韓愈當呼「裴公」或官稱，不當呼字如其友。總之，韓愈竟因呼人字貶官。顔氏家訓風操篇云：

> 古者，名以正體，字以表德，名終則諱之，字乃可以爲孫氏。孔子弟子記事者，皆稱「仲尼」，呂后微時，嘗字高祖爲「季」，至漢爰種字其叔父（按：指袁盎，字絲）曰「絲」，王丹與侯霸子語，字霸爲「君房」。江南至今不諱字也。河北士人全不辨之，名亦呼爲字，字固呼爲字，尚書王元景兄弟，皆號名人，其父名「雲」字「羅漢」，一皆諱之，其餘不足怪也。

是北朝有諱字之俗。顧炎武曾引舊唐書韓愈傳證唐時仍有「以字爲諱」者⑯，此不無可商。考唐人於友朋間本不諱字，如白居易與元稹書，屢呼「微之」。要之，韓愈貶官，原因當不同於北朝之諱字。韓愈曾撰諱辯，引經義、唐律討論，足見平日極注意避諱問題，自知「字

⑬ 以上參錢仲聯韓昌黎詩繫年集釋卷二鄭羣贈簟及韓集該墓誌銘。

⑭ 參韓集唐故秘書少監贈絳州刺史獨孤府君墓誌銘。

⑮ 以上參韓集該墓誌銘。

⑯ 見原抄本日知錄卷二十四「以字爲諱」條。

以表德」之古義，元和十一年竟以呼字貶官，感受必深，而元和十五年撰柳宗元、樊宗師二誌，仍題其字，立異矯俗，不可謂無深意。淸儲欣曰：

> 公志文壹題官閥，惟李元賓、柳子厚、樊紹述稱字，親之也。⑰

王應奎曰：

> 冠而字，成人之道也；成人則貴。其所以成人，於是乎命以字之；字之爲有可貴焉。春秋以書字爲褒，二百四十二年之間，字而不名者，十二人而已。昌黎墓誌數十篇，標題概稱官閥，惟李元賓、柳子厚、樊紹述稱字，以見其人不必以爵位爲重，是亦所以貴之也。⑱

所論皆較合理有典據，與拙說「至友」之意接近，唯儲、王二氏猶未注意韓愈對李元賓等三人「親之」「貴之」乃是引爲「同調」之故，可謂未達一間。

「題」稱「先生」，本漢人舊法，當時以稱經師或有德者，如前舉「玄儒婁先生碑」，又如「漢文範先生陳仲弓之碑」⑲俱是。南北朝時，此稱爲道士、隱士所奪⑳。唐人承之，如顏眞卿有「有唐茅山元靖先生廣陵李君碑銘」、「浪跡先生元眞子張志和碑銘」，李白有「唐漢東紫陽先生碑銘」，李邕有「唐故葉有道先生神道碑」㉑，馮宿有「大唐昇元劉先生碑銘」。韓愈平生不爲僧道誌墓，「題」稱「先生」，則舍唐用漢，與其一貫推尊孔孟、排斥佛老之主張一致。王行論「施先生墓銘」云：

> 題不書官而書先生，從諸生之稱也。

論「貞曜先生墓誌銘」云：

> 題不書官與姓，而書先生，從謚者之志，尊之也。

黃宗羲云：

---

⑰ 昌黎先生全集錄卷七「碑誌」，此據韓愈資料彙編頁九二八轉引。

⑱ 見其柳南續筆卷四。

⑲ 見趙明誠金石錄卷十八。

⑳ 南北朝稱道士爲「先生」之例，如梁簡文帝有華陽陶先生墓誌銘，見全梁文卷十三。

㉑ 葉碑見王昶金石萃編卷七十一。

有文名者稱先生，如昌黎之稱施先生、貞曜先生，皇甫湜之稱昌黎韓先生。

筆者以爲王、黃二氏之說皆有可議。

按：太學博士施先生士丐（一作丏）以經學聞不以文名。貞曜先生孟郊雖以詩名，韓愈、張籍等尤推重其德行，誌云：

將葬，張籍曰：「先生揭德振華，於古有光，賢者故事有易名，況士哉。如曰貞曜先生，則姓名字行有載，不待講說而明。」皆曰：「然。」遂用之。

「貞」卽「揭德」，指德行；「曜」卽「振華」，指文學。且負文名莫若柳宗元，何以柳誌不稱「先生」？足見黃宗羲「有文名者稱先生」之說爲不然。又：韓愈有國子助教河東薛君墓誌銘、唐故國子司業竇公墓誌銘、故太學博士李君墓誌銘，皆不「從諸生之稱」。查王行之有此說，蓋因韓愈嘗詣施先生聽毛詩[22]，於士丐爲弟子行，撰銘時爲四門博士[23]，於士丐屬後進。但韓愈於竇司業誌云：「愈少公十九歲，以童子得見，於今四十年，始以師視公，而終以兄事焉。」是竇、韓曾有師、弟誼，竇又身爲司業，韓愈何以不「從諸生之稱」？考施誌之「銘」有云：

纂序前聞，于光有曜。古聖人言，其旨密微；箋注紛羅，顛倒是非；聞先生講論，如客得歸。卑讓肫肫，出言孔揚。

推崇施士丐德行之外，又備譽其致力經學，有功聖門，此點薛助教、竇司業皆不能及，至李博士服丹而死，爲韓愈所譏（詳下文），尤不能相提並論，故施誌稱「先生」，實可爲原道、師說、進學解下一注腳。以此論之，王行「從諸生之稱」及「書先生，從謚者之志，尊之也」之說似未能掌握韓愈用「先生」二字之眞正意涵。考施士丐長韓愈三十四歲，孟郊長韓愈十七歲，韓「題」之稱「先生」，蓋既以二人爲長者，又用漢法奪道歸儒也。清代金石萃編著者王昶爲戴震撰墓誌，既題「戴東原先生墓誌銘」，又於文中稱：

昔韓昌黎銘施士丐，柳子厚表陸淳，皆稱「先生」，蓋以經師爲重。今竊取是例，以示（戴氏友）張君，俾刻於幽竁。㉔

按：王昶此說，實能掌握韓愈原旨，不愧爲金石學大師。唯是柳宗元於陸淳固稱「先生」㉕，

㉒ 馬其昶韓昌黎文集校注卷六施先生墓銘篇中引舊注。

㉓ 據誌，施先生卒於貞元十八年，時韓愈爲四門博士，參各家年譜。

㉔ 見戴東原先生全集。

㉕ 見柳河東集卷九。

於道士張因亦稱「先生」㉖，用例不如韓愈純粹，王昶似未注意。

綜上所述，知韓「題」有創新，有沿襲：稱「先生」則用漢法以矯時俗，稱字則據古義表達志同道合及推崇之意，稱名則顯現父兄子姪之關係，其餘則沿襲慣例。義法謹嚴，均有寓意。

㈡序

本文所謂「序」，指「題」後「銘」前文字。

漢魏六朝，「序」之作法大致較固定。於內容及敍述次第方面，清李富孫漢魏六朝墓銘纂例、郭麐金石例補、吳鎬漢魏六朝唐代志墓金石例、王芑孫碑版文廣例、劉寶楠漢石例等書均有淵博之舉「例」。在此之前，元明石例學者，截斷衆流，「大段以昌黎爲例」（黃宗羲語），王行云：

> 凡墓誌銘書法有例，其大要十有三事焉：曰諱、曰字、曰姓氏、曰鄉邑、曰族出、曰行治、曰履歷、曰卒日、曰壽年、曰妻、曰子、曰葬日、曰葬地，其序如此，如韓文集賢校理石君墓誌銘是也。其曰姓氏、曰鄉邑、曰族出、曰諱、曰字、曰行治、曰履歷、曰卒日、曰壽年、曰葬日、曰葬地、曰妻、曰子，其序如此，如韓文故中散大夫

河南尹杜君墓誌銘是也。其他雖序次或有先後，要不越此十餘事而已，此「正例」也。其有例所有而不書，例所無而書之者，又其「變例」，各以其故也。

此說乃繼承潘昂霄誌墓宗韓之觀點。但潘、王二氏既未探求韓文之淵源，極易令人誤解「義例」皆始自韓愈；而就「例」探「義」時，既極瑣碎，且不無臆說。黃宗羲評之云：

顧未嘗著爲例之義與壞例之始，亦有不必例而例之者，如上代兄弟宗族姻黨有書有不書，不過以著名不著名，初無定例，乃一一以例言之。

黃氏乃著金石要例「稍爲辯正」。唯是黃氏於探源方面成就亦頗有限。清代金石學大昌，朱彝尊倡導效王行法編纂漢魏六朝碑誌例，遂有李富孫以降諸家書。㉗諸書之著述體例雖學潘、王，然眼界大開，又能貫通古今，故於沿襲流衍，立論較正確中肯，如吳鎬於所著書附錄云：

㉖ 見柳河東集卷十一。

㉗ 以上參本書石例著述評議。

金石所重，在可書不可書耳，或略或詳，又其次也。止仲（按：王行字。）則舉韓文姓諱等十有三事例之。夫志墓之製，肇始東漢，所云十三事者，未見備於一篇之中，蓋彼時文體簡樸，故魏晉誌銘，並姓諱皆不載者甚衆，後魏時始有詳敍者，至北周庾開府出，此十三事備矣。隋至唐初，撰文之士悉宗法之，又較詳密。要之，昌黎起衰振靡，出言爲經，本非六朝文士可及，然於古人文字義例章法之善者，未必不從而效之，非皆由自創。今卽以昌黎之文，與中郎、開府二家參考之，知其效法古人者居多，則又豈可置漢魏六朝之文而不論乎？

按：吳鎬所論極是，其中謂庾信已備十三事、韓「例」非皆自創，尤爲一語中的，指出韓文長處並非僅在對十三事之安排；其說頗能糾正部分文士對韓「例」之迷思。按：石例學者舉「例」不厭其煩，條析毛舉，其用意主要在提供各類成例，指導後進如何依墓主、喪家之狀況選擇適當之類例撰文傳信，簡潔得體，文學意境之考慮成分不大，故王行所舉韓文「正例」如石君、杜君兩墓誌銘並非文章家最推崇者，「變例」如柳子厚墓誌銘、殿中少監馬君墓誌銘、試大理評事王君墓誌銘等反頗受讚賞。而部分文士學韓則舍本逐末，斤斤於「例」，轉失韓文之長處。王芑孫論「例」云：

凡此等皆臨文之變，隨時而改，隨人而異，無例可言。若一一以例言之，則轉成擔版，作者之心思才力，皆坐困其中而無繇自騁。即使一皆如例，亦所謂縛律僧也。縶虎囚龍，豈有與於斯文也哉？㉘

曾國藩云：

深於文者，乃可與言例；精於例者，仍未必知文也。㉙

識見皆極卓越。蓋潘、王二書舉韓「例」之多，適足說明韓「序」內容取舍有法、行文活潑自由。其精萃處不在所謂「十三事」之配置，反在能分別主客，凸顯要旨。如李元賓墓銘文字簡短，明唐順之（荊川）疑其太略，方苞曰：

荊川疑此文太略，非也。元賓卒年廿九，德未成，業未著，而信其不朽，又曰：「才高乎當世，行出乎古人。」則所以推大者至矣；又曰：「竟何爲哉！竟何爲哉！」則痛惜者亦至矣。若毛舉數事，則淺之乎視元賓，而推之痛惜大意，轉不可見。㉚

㉘ 評見前揭金石三例金石例卷六。

㉙ 求闕齋讀書錄卷八「韓昌黎集」。

㉚ 韓昌黎文集校注卷六李元賓墓銘題下補注引。

前代碑誌之弊病，正在「毛舉數事」，其內容、次第幾與行狀無異，往往平鋪直敍，且愈至後世愈長，北魏墓誌已有長達千五百字者㉛，顏眞卿唐故通議大夫行薛王友柱國贈秘書少監國子祭酒太子少保顏君碑銘竟超過四千字，至宋代，七八千字者屢見不鮮，因而墓主一生大節「轉不可見」。韓「序」則能避免此病，著重大節，故雖文字簡短，轉有韻致。

此外，韓愈又運用技巧，活化此種六朝以來已趨僵硬之第三人稱敍事體應用文，豐富碑誌文之面貌。其「序」之特色除上述著重大節、文字簡短外，下文再分三項說明之。

漢人作「序」，以敍事文字間雜頌讚語組成，鮮少議論成分。南北朝時，出現在「口諱口，字口口」之前加一小段議論文字之作法，吳鎬書曾舉例，如：晉裴希聲侍中嵇侯碑、梁蕭綸隱居貞白先生陶君碑、北周庾信周柱國大將軍長孫儉神道碑等。翻檢全唐文，此類作法頗爲流行，著名文士如張九齡、于志寧、楊炯、張說、李邕、李華、權德輿等皆喜採用，但大體簡短空泛。韓愈早年至交李觀作故人墓誌則全篇皆是議論，幾無所謂十三事者。固然李觀故人朱巨源貧賤未達，事迹不彰，但李觀非不能採用議論以外之寫法，全篇議論，既無前例可援，反難下筆，因此該誌反映出李觀對碑誌文作法有其獨特之見解，此對韓愈當有一定之影響。韓「序」頗喜議論，如殿中侍御史李君墓誌銘，既云：

（李虛中）學無所不通，最深於五行書，以人之始生年月日所直日辰支干相生勝衰死王相，斟酌推人壽夭貴賤利不利，輒先處其年時，百不失一二。其說汪洋奧美，關節開解，萬端千緒，參錯重出。學者就傳其法，初若可取，卒然失之。星官曆翁，莫能與其校得失。

又云：

君亦好道士說，於蜀得秘方，能以水銀爲黃金，服之冀果不死。將疾，謂其友衞中行大受、韓愈退之，曰：「吾夢大山裂，流出赤黃物如金。左人曰：是所謂大還者。今三（年）矣。」君既歿，愈追占其夢曰：「山者艮，艮爲背，裂而流赤黃，疽象也。大還者，大歸也。其告之矣。」

何焯論李誌之深義云：「深於五行，百不失一二，乃信道士說，妄冀大還，卒以疽死，所以深著學仙服食之愚也。」㉜實則該誌尚諷刺推算八字之學（按：李虛中時僅有六字，有年月日，尚無時）。李虛中誌之筆法猶屬「微言大義」，故太學博士李君墓誌銘則大張旗鼓，以全部篇

㉛ 如北魏江陽王元乂墓誌，見漢魏南北朝墓誌集釋圖版七八之二。

㉜ 見義門讀書記卷三十三。

幅直接痛言服食之愚，既云：「余不知服食說自何世起，殺人不可計，而世慕尚之益至，此其惑也。」又於歷述目覩服食致死者六七人之慘狀後，以「嗚呼！可哀也已，可哀也已」作結，直是一篇「服食論」。上二誌皆能表現韓愈崇儒之立場。至於南陽樊紹述墓誌銘，論樊宗師之文學云：

多矣哉！古未嘗有也。然而必出於己，不襲蹈前人一言一句，又何其難也。必出入仁義，其富若生畜萬物，必具海含地負，放恣橫從，無所統紀，然而不煩於繩削，而自合也。嗚呼！紹述於斯術，其可謂至於斯極者矣。

柳子厚墓誌銘，論柳宗元之遭遇與成就云：

子厚前時少年，勇於爲人，不自貴重顧藉，謂功業可立就，故坐廢退；既退，又無相知有氣力得位者推挽，故卒死於窮裔，材不爲世用，道不行於時也。使子厚在臺省時，自持其身已能如司馬、刺史時，亦自不斥；斥時有人力能舉之，且必復用，不窮。然子厚斥不久，窮不極，雖有出於人，其文學辭章，必不能自力以致必傳於後如今，無疑也。雖使子厚得所願，爲將相於一時，以彼易此，孰得孰失，必有能辨之者。

上引二段皆不僅可作「文論」讀，置於史傳中，即爲一篇論贊。以上述者觀之，於敍事爲主之文體中作大篇幅且深切之議論，自是韓「序」特色之一。

漢代以來碑誌文，敍事皆用第三人稱，其主詞爲「君」、「公」或「某某」等。又作者極少落款，上石亦然，如漢文範先生陳仲弓碑，賴有蔡中郎集知其作者，其餘大多無考，嚴可均輯全文「闕名」各卷即是其證；少數落款者，於文中亦不自道其名或自稱「余」，如石刻有北魏常景撰魏故比丘尼統慈慶墓誌銘㉝，即是一例；加以極少使用對話，故可謂全屬第三人稱。唐代如李華之「序」已有意運用對話寫作，對話可使平板之第三人稱敍述產生波瀾起伏之效果，就敍述觀點言，增加第一與第二人稱，就寫作技巧言，增加一項手段，但直至韓愈方大量運用對話技巧。筆者曾作統計，韓「序」有對話者將近三分之二。王安石曾謂韓文唯王適、張徹誌最奇㉞，筆者以爲「最奇」處即在二誌之對話，故幽州節度判官贈給事中清河張君墓誌銘云：

> （張徹）至（幽州）數日，軍亂，怨其府從事，盡殺之，而囚其帥（節度使張弘靖），且相約：「張御史（徹）長者，毋侮辱轢蹙我事，毋庸殺。」置之帥所。居月餘，聞有中貴

㉝ 見趙萬里漢魏南北朝墓誌集釋卷五、圖版二三九。

㉞ 見潘昂霄金石例卷六。

人自京師至，君謂其帥：「公無負此土人，上使至，可因請見自辨，幸得脫免歸。」即推門求出，守者以告其魁，魁與其徒皆駭曰：「必張御史。張御史忠義，必爲其帥告此，餘人，不如遷之別館。」即與衆出君，君出門，駡衆曰：「汝何敢反！前日吳元濟斬東市，昨日李師道斬於軍中，同惡者，父母妻子皆屠死，肉餧狗鼠鴟鴉，汝何敢反！汝何敢反！」行且駡，衆畏惡其言，不忍聞，且虞生變，即擊君以死，君抵死口不絕駡，衆皆曰：「義士！義士！」

此段述張徹死節事，主要以對話組成，各種人稱雜出，而當時情景，歷歷如繪。若用傳統第三人稱敍述法，自無法盡其曲折，如此生動。又試大理評事王君墓誌銘全篇亦多用對話，文末一段云：

（王適）妻上谷侯氏處士高女。高固奇士，自方阿衡、太師：「世莫能用吾言。」再試吏，再怒去，發狂投江水。初，處士將嫁其女，懲曰：「吾以齟齬窮，一女，憐之，必嫁官人，不以與凡子。」君（王適）曰：「吾求婦氏久矣，唯此翁可人意，且聞其女賢，不可以失。」卽謾謂媒嫗：「吾明經及第，且選，卽官人。侯翁女幸嫁，若能令翁許我，請進百金爲嫗謝。」諾許白翁，翁曰：「誠官人邪？取文書來！」君計窮吐實（按：時尚無官），媼曰：「無苦。翁大人，不疑人欺。我得一卷書，粗若告身者，我袖以往，翁見未必取眎。幸而聽我，行其謀。」翁望見文書銜袖，果信不疑，曰：「足矣。」以女與王氏。

此段波濤翻騰，詭異曲折，眞類一篇傳奇；前人作「序」，絕無此例。又如襄陽盧丞墓誌銘，全篇以盧行簡乞銘語及「吾（韓愈）曰……」兩段組成；唐河中府法曹張君墓碣銘則僅記錄張君妾劉氏語：此類寫法亦是前無古人。其餘因人稱之轉化而使文章別具韻致者，其例亦多，爲省篇幅，例證留待下節補述。總之，使用對話及轉換敍述觀點，技巧近乎小說，亦是韓「序」特色之一。陳寅恪先生謂韓愈「以古文試作小說」㉟，實則韓愈亦以「小說技法」作古文也。

漢人撰「序」，已有駢偶傾向，如蔡邕郭有道碑卽是，至庾信而登峯造極。入唐，仍沿其風，古文家如李華、元結、獨孤及、梁肅等，亦往往不能避免儷語排句。獨孤及殤子韋八墓誌、李觀故人墓誌方擺脫駢體之拘束。韓愈更全力以古文寫作，儷語極少，與前人相比，自是韓「序」一大特色，此人人皆知，自不必舉例說明。

㉟參陳寅恪先生全集元白詩箋證稿、論韓愈、韓愈與唐代小說三文。另參臺靜農論碑傳文與傳奇文。

㈢銘

本文所謂「銘」，古人或稱「辭」、或稱「頌」、或稱「詩」、或稱「亂」、或稱「嘆」。

漢代以降，「銘」多用整齊韻語，有三言、四言、五言、六言、七言及楚辭體；間有四六雜用等雜言，但極少。至於內容，往往因資料已於「序」中道盡，故僅用韻語將「序」重述一遍，此雖著名文士有時亦不能免，如蔡邕郭有道碑，「銘」與「序」之內容及敘述次序皆相同，差別僅在有無韻腳而已。若墓主一生本泛泛無奇，撰文者爲編寫數十句韻語，尤難避免「虛美」，大約男喪則「明明君德，令問不已」一類（漢北海淳于長夏承碑，隸釋卷八），女喪則「猗與夫人，秉德淑清」一類（晉待詔中郎將徐君夫人菅氏碑陰，漢魏南北朝墓誌集釋圖版六之二），頗嫌空泛，不夠眞切，缺乏作者個性。但當時風尚，正如上述。

唐時此風漸變，李華撰故翰林學士李君墓誌，「銘曰：立德謂聖，立言謂賢。嗟君之道，奇於人而侔於天。哀哉！」杜甫撰唐故萬年縣君京兆杜氏墓碑，「銘而不韻，蓋情至無文，其詞曰：嗚呼！有唐義姑京兆杜氏之墓。」李觀撰故人墓誌，「詞曰：君加我以義，我求子以心；學不愧古，人不侔今；周旋二人，久用欽欽。素書東來，告君之亡；不履而步，不言而傷。琴不破，劍不懸；非不能之，顧無贖焉；松爲薪，壟爲田；而此數字，不更於淵。」上三「銘」之句法、用韻皆與古不同，尤可注意者，三銘皆不重述、不虛美。唯德宗貞元以前，類此者極少，韓愈始大力革新。

韓「銘」用韻者多，不用韻者少，亦有雜出者。不用韻者如柳子厚墓誌銘，「銘曰：是惟子厚之室，既固既安，以利其嗣人。」㊱雜出者如李元賓墓銘，「辭曰：已虖元賓，壽也者，吾不知其所慕；夭也者，吾不知其所惡。生而不淑，孰謂其壽？死而不朽，孰謂其夭？已虖元賓，才高乎當世，而行出乎古人。已虖元賓，竟何爲哉！竟何爲哉！」以上二類求諸漢魏六朝，可謂絕無僅有，乃是創新。

用韻一類，韓愈亦務求擺脫前人窠臼，特色有三：

第一，打破整齊句法。如河南少尹李公墓誌銘，「銘曰：高其上而坎其中，以爲公之宮，奈何乎公。」又如集賢院校理石君墓誌銘，「銘曰：生之艱，成之又艱。若有以爲，而止於斯。」

第二，韻腳配置力求變化。如故幽州節度判官贈給事中清河張君墓誌銘，「銘曰：嗚呼徹也！世慕顧以行，子揭揭也；噎喑以爲生，子獨割也；爲彼不清，作玉雪也；仁義以爲兵，用不缺折也；知死不失名，得猛厲也；自申於闇，明莫之奪也；我銘以貞之，不肖者之咀也。」方崧卿以爲：此銘以徹、揭、割、雪、折、厲、奪、咀爲韻，而行、生、淸、兵、

㊱ 或謂安、人二字可通押。

名、闇、貞復自爲韻。㊲朱子云：「方說多得之。此銘蓋法兔罝、魚麗等詩隔句用韻耳。詩隔句用韻，先儒所未知，觀公此銘，則既識之矣。但闇、明二字，乙之則韻自叶，而義亦勝，若如方說，則雖讀闇爲鶕，韻終不叶，而義亦不通也。」㊳朱子眞具慧眼。又如故江南西道觀察使贈左散騎常侍太原王公墓誌銘，「銘曰：氣銳而堅，又剛以嚴，哲人之常；愛人盡己，不倦以止，乃吏之方；與其友處，順若婦女，何德之光；墓之有石，我最其迹，萬世之藏。」沈欽韓曰：「此韻同嶧山碑法。」㊴按：秦嶧山碑前半，每四言三句末字爲韻腳，此銘套用其法，除打破偶數句用韻之慣例外，每三句之一、二句又各自另押別韻，即「堅」、「嚴」、「己」、「止」、「處」、「女」、「石」、「迹」，故此銘雖仿秦碑，又另運巧思以創新。又如唐故河南府王屋縣尉畢君墓誌銘，「銘曰：上古愛民，爲官求人；苟可以任，位加其身。其後喜權，人自求官；退而緩者，身後人先。故廣平死節，而子不荷其澤；王屋謹廉，而神不福其謙。嗚呼！天與人，苟無傷其穴與墳。」此銘用韻參差錯落，不拘一格，可謂「瞻之在前，忽焉在後」。

第三，雜用古今韻。歐陽修自謂獨愛韓愈工於用韻，有云：

> 蓋其得韻寬，則波瀾橫溢，泛入旁韻，乍還乍離，出入回合，殆不可拘以常格，如「此日足可惜」之類是也。得韻窄，則不復傍出，而因難見巧，愈險愈奇，如「病中

贈張十八」之類是也。㊵

韓愈用韻，務逞才力，不肯隨俗，盡人皆知。其用古韻，言者較少。南宋龔頤正曾舉十餘例論韓愈韻語有時雜入古韻，有本詩、騷、易林及漢代辭賦者。㊶稍晚，朱子亦曾指出：

> 晉人詩，惟謝靈運用古韻，如「祜」字協「燭」字之類。唐人惟韓退之、柳子厚、白居易用古韻。如毛穎傳「牙」字、「資」、「髭」字，皆協「魚」字韻是也。㊷

韓「銘」有時亦雜用古今韻，匠意同於上述詩文，如唐故朝散大夫越州刺史薛公墓誌銘，「其文曰：薛氏近世，莫盛公門；公倫五人，咸有顯聞。公之初志，不以事累；僶俛以隨，亦貴於位。無怨無惡，中以自寶；不能百年，曷足謂壽。公宜有後，有二稚子；其祐成之，公食

㊲ 見韓集舉正卷十。

㊳ 見原本韓集考異卷八。

㊴ 韓昌黎文集校注卷七故江南西道觀察使贈左散騎常侍太原王公墓誌銘篇末補注引。

㊵ 見歐陽修全集卷五詩話。

㊶ 見芥隱筆記。

㊷ 見朱子語類卷一百四十。

廟祀。」舊注：「此文四句一韻，古音寶與壽叶。」[43]此云「古音寶與壽叶」，語焉不詳。筆者請教何大安學長，告以：唐時「寶」在一等「豪」韻，「壽」在三等「尤」韻，相去頗遠，但上古兩漢時則同在「幽」部，此處自是用古韻，韓愈當有所本。古籍「寶」、「壽」押韻，倉促中未能記憶，但漢書禮樂志安世房中歌有「保」、「壽」押韻例，「保」音同「寶」，或即韓「銘」所本。又：唐故檢校尚書左僕射右龍武軍統軍劉公墓誌銘，「銘曰：提將之符，尸我一方；配古侯公，維德不爽；我銘不亡，後人之慶。」沈括指出：古時「慶」字常與「章」字一系韻字協韻，如詩經「孝孫有慶，萬壽無疆」、「黍稷稻粱，農夫之慶」、「唯其有章矣，是以有慶矣」等。[44]沈欽韓曰：「韻會：爽，叶師莊切。詩：其德不爽，壽考不忘。」[45]按：韓愈於唐故中散大夫少府監胡良公墓神道碑之「銘」中，「慶」與「行誼」之「行」押韻，則劉統軍誌之「慶」字當是有意仿效詩經用法。上舉雜用古韻二例，韓「銘」中並非僅見。

以上自句式、用韻觀察，韓「銘」變化多端，自古所無。至於內容方面，韓愈絕少「重述」，有之，僅上舉胡良公碑及唐故相權公墓碑等少數，方苞云：

> 碑記墓誌之有銘，猶史有贊論。義法創自太史公，其指意辭事，必取之本文之外。班史以下，有括終始事跡以爲贊論者，則於本文爲複矣，此意惟韓子識之。故其銘辭，

未有義具於碑誌（按：指「序」）者；或體製所宜，事有覆舉，則必以補本文（按：亦指「序」）之閒缺。㊻

按：方苞謂韓愈「序」、「銘」多互補，係仿自史記，體味極爲精確。如施先生墓銘：

系曰：先生之祖，氏自施父。其後施常，事孔子以彰。讎爲博士，延爲太尉，太尉之孫，始爲吳人。曰然曰續，亦載其跡。（中略。已見前引）縣曰萬年，原曰神禾，高四尺者，先生墓邪。

韓愈於「序」中以全力讚美施先生之治經與授業，故將先世及葬地於「銘」中補述，與「序」互補。又，劉統軍碑「序」短「銘」長，「銘」述「十三事」，章法同於施誌。其「銘」曰：

劉處彭城，本自楚元。陽曲之別，繇公祖遷。公曾祖考，爲朔州守。祖令太原，仍世

㊸ 韓昌黎文集校注卷七唐故朝散大夫越州刺史薛公墓誌銘「中以自竇」句下引。

㊹ 沈括舉詩、易、漢賦例證甚多，詳參夢溪筆談卷十四。

㊺ 韓昌黎文集校注卷六唐故檢校尚書左僕射右龍武軍統軍劉公墓誌銘「維德不爽」句下補注引。

㊻ 見方望溪全集卷五書韓退之平淮西碑後。

北邊。樂其高寒，棄楚不還。逮於公身，三世晉人。公生而異，魋顏鉅鼻。幼如舒退，少長好事。西戎乘勢，盜有河外。公雖家居，爲國喑噫。來告邊帥，可破之計。楊琳爲橫，巴蜀靡彫。公由游寄，單船諭招。折其尾毒，不得動搖。琳後來降，公不有功。終琳之已，還臥民里。蓋古有云，人職其憂。無事於職，而與國謀。德宗之始，爲曲環起。奮筆爲檄，強寇氣死。决敗筭成，效於屈指。環有許師，公遂佐之。蘇民軋敵，多出公畫。累拜郎中，進兼中丞。雖在陪貳，天子所憑。蔡卒幸喪，圍我許郛。新師不牢，劻勷將逋。公爲陳方，應變爲械。與之上下，寇無所賴，遂至遁敗。以功遷陳，實許之半。聲駕元侯，以勢自憚。復入居許，爲軍司馬。脫權下威，士心益歸。卒嗣環職，棄惡從德。乃與蔡通，塗其榛棘。稚耋嬉遨，連手歌謳。上無可怨，外無與讎。既長事官，峻之大夫。其償未塞，僕射以都。及癸巳歲，秋涌水出。流過其部，破民廬室。公卽疏言，此皆臣愆。防斷不補，潰民於泉。臣耄且疾，宜卽大罰。上曰焰害，大臣其來。允余之思，其可止哉。驛隸走呼，有中使來。公迎于驛，遂行不迴。六月隆熱，上下歊絕。公鞭公驅，去馬以輿。公病日惡，不能造闕。仆臥在宅，閔有加錫。命爲統軍，龍武之右。兼官左相，百僚長首。冬十一月，日將南至。公遂薨殂，年六十二。奏聞怛悼，俾官臨弔。悲不聽朝，贈督潞州。存歿之賚，於數爲優。明年九月，東葬金谷。公往有命，匪後人卜。㊼

又如唐正議大夫尚書左丞孔公墓誌銘，「銘曰：孔世卅八，吾見其孫；白而長身，寡笑與言；其尚類也，莫與之倫；德則多有，請考於文。」按：孔子世家言孔子高九尺六寸，時謂之「長人」，九世孫子襄亦如之，孔戣爲孔子三十八世孫，「白而長身」，故韓愈有「尚類」之語，一以對其人表示欽佩，一以對孔子表示敬仰，其義爲「序」中所無，其手法則與項羽本紀「太史公曰：吾聞之周生曰，舜目蓋重瞳子，又聞項羽亦重瞳子，羽豈其苗裔邪？何興之暴也。」有異曲同工之妙。方苞曰：「觀此（按：指孔戣誌「銘」），可知誌記之有銘，其原出於史記之贊。」[48]可謂目光如炬。正因韓「銘」能避免「重述」，因而更能擺脫「虛美」之困擾與缺點。自用字應求經濟之角度言，韓「銘」較前人能發揮效果。自全篇碑誌結構言，韓文較富張力。蓋韓愈之受史記影響，誠有如上引方苞之言者。[49]

㈣立　意

---

[47] 此銘間有異文，詳參韓昌黎文集校注卷六劉統軍碑各注。

[48] 韓昌黎文集校注卷七唐正議大夫尚書左丞孔公墓誌銘篇末補注引。

[49] 金劉壎隱居通義卷十八云：「韓文世謂其本於經，或謂出於孟子。然其碑銘，妙處實本太史公也。第此老稍能自秘，示人以高，故未嘗明稱遷、固，至其平生受用，則實得於此。」此可與方苞言參觀。

碑誌文本起源於士喪禮所謂「明旌」，與器物銘辭如鼎銘、鐘銘之屬作時作義並不完全相同，但禮記祭統云：

夫鼎有銘。銘者，自名也；自名以稱揚其先祖之美而明著之後世者也。爲先祖者，莫不有美焉，莫不有惡焉。銘之義，稱美而不稱惡，此孝子孝孫之心也。

東漢時期，立石者雖多碑主子孫，而撰文者多係門生故吏，不能不受祭統所述觀念影響，隱惡揚善，寖假而至於虛美乃至虛僞，蔡邕自道生平所撰碑銘甚多，「唯郭有道無愧色耳」㊿，蔡邕之言，正能反映此類文體所遭遇之人情困擾與觀念之限制。

韓愈改革碑誌文，在體製方面，其面貌與古人有顯著之差別，已見前三小節，而更應注意者，乃韓愈突破「稱美而不稱惡」之觀念限制，常效史臣之筆，寓褒貶之義。明吳訥云：

大抵碑銘所以論列德善功烈，雖銘之義稱美弗稱惡，以盡其孝子慈孫之心；然無其美而稱者謂之誣，有其美而弗稱者謂之蔽。誣與蔽，君子之所弗由也歟！(51)

韓愈頗能注意及此。韓愈碑誌文最多，潤筆極豐，劉禹錫云：「公鼎侯碑，志隧表阡，一字之價，輦金如山。」[52]當時劉叉曾譏其「諛墓」，奪金而去。[53]韓愈「諛墓」與否，遂成公案。黃宗羲云：

> 祭統：銘之義，稱美而不稱惡，此孝子孝孫之心也。故昌黎云：「應銘法。」若不應銘法，則不銘之矣。以此寓褒貶於其間。然昌黎之於子厚，言少年勇於爲人，不自貴重；誌李于，單書服泌藥一事，以爲世誡；誌李虛中，亦書其以水銀爲黃金服之冀不死；誌王適，書其謾侯高事；誌李道古，言其薦妄人柳泌：皆不掩所短，非截然諛墓者也。

按：黃氏所言極是；唯猶簡略，尙有餘義，茲再補充說明。

韓「題」稱字，以示與碑主相知之深，一般友人則舉官閥，反顯泛泛。韓「題」稱「先生」以尊儒者，力矯當時以稱道士之俗，與其排斥佛老之思想一致，並與不撰僧道碑誌之作

---

50 見後漢書郭太傳。

51 見其文章辨體序說。

52 見其祭韓吏部文，全唐文卷六百十。

53 見全唐文卷七百八十李商隱齊魯二生一文。

風呼應。若爲信道士之説者撰誌，則於「序」中微言明諷，已如第二小節及上引黃宗羲語所述。足見韓愈並不取悦世俗。

韓愈六十六篇碑誌中，或有「序」無「銘」，或有「銘」無「序」，清林雲銘曰：

> 墓有左誌（按：指「序」）右銘，或求一人獨作，或求兩人分作。此（按：指殿中少監馬君墓誌）則分作其誌者也。54

其言甚是。如試大理評事胡君墓銘，無「序」，而「銘」末云「作後銘，系序初」，是「序」乃另一人作。但有時「題」曰「墓誌銘」，卻有「序」無「銘」，此當另有微旨，如襄陽盧丞墓誌銘，前大半皆是盧丞子盧行簡乞銘語，文末韓愈曰「可銘也，遂以銘」，而實無「銘」，方苞曰：

> 通篇皆乞銘語，不自置一詞，所謂古之道，不苟毀譽於人。55

盧丞行誼皆是其子自述，此乃韓愈暗示對盧丞並無了解，既無了解，故不願撰寫含有評論或期望意味之「銘」辭，弦外之音，極爲明白。此篇顯係無法擺脱人情之作，但通篇不苟毀譽，自不宜責以「諛墓」。

韓文最具「諛墓」嫌疑者，當數故中散大夫河南尹杜君墓誌銘。杜君名兼，韓愈曾與杜兼同佐張建封於徐州，有同僚之誼，至是兼卒於河南尹任上，韓愈爲都官員外郎，受杜兼家族請託，爲誌其墓，(56)此在人情難辭。但杜兼人品不佳，官聲惡劣，沈欽韓曰：「新書，杜佑素善兼，始終倚爲助力，所至大殺戮，裒藝財貲，極嗜欲，適幸其時未嘗敗。柳宗元杜兼對曰：吾以爲唐檮杌、饕餮者亡以異。」(57)如此汚官，爲誌其墓，難免「諛墓」之譏，但方苞曰：

誌無美詞，銘亦虛語。(58)

儲欣曰：

(54) 古文析義二編卷六「殿中少監馬君墓誌銘」總評。
(55) 韓昌黎文集校注卷六襄陽盧丞墓誌銘題下補注引。
(56) 參韓昌黎文集校注卷六故中散大夫河南尹杜君墓誌銘及題下引舊注。
(57) 同上篇補注引。
(58) 同上篇末補注引。

杜爲大官，然迹其殺韋賞、陸楚事，則其人可知。此昌黎公所不欲志者；不得已，念與遊之情，以塞其母兄妻子之請。然其辭只如此，於此尤見史筆之嚴。[59]

二人俱能體會韓文微旨。考「銘」辭有云「祿以給求，食以會同，不畜不收，庫廄虛空」，或即對杜兼既斂財貨又窮嗜欲之諷語。章學誠云：

> 昌黎文起八代之衰，大書深刻，羣推韓碑，然諛墓之譏，當時不免。今觀韓集碑誌諸篇，實未嘗有所苟譽，惟應酬牽率無實之文，十居其五，李漢編集，不免濫收，爲少持擇爾。然此特論著述精微之極致當如是也，如以文論，未見其可貶也。[60]

章氏以爲：未能推卻應酬，與無恥「諛墓」不宜混爲一談，而以文論文，韓愈碑誌又皆允當。所論自屬持平。

綜合以上四小節所論，足見不論體製或立意，韓愈碑誌文雖有沿襲前代之因子，而尤有大幅之創新，故其作品面貌與精神皆大異往昔，尤以墓誌銘爲然。其中柳子厚墓誌銘，除「題」、「序」、「銘」三者皆具韓愈創新之各種成分外，立意深切，直言無諱，往古罕見，堪稱最富韓愈特色之作品（其他因素本文姑不論列）。

三、韓愈冢墓碑誌文對後世之影響

本節論韓愈碑誌文對當時或後世之影響，僅擬舉出著名文士作品之標題、立意、章法、句式或用韻與韓文全同或極相近之例證，則韓愈影響之大當能自見，故不擬多所論說。茲爲行文便利，分「題」、「序」、「銘」三小節說明。

㈠題

據上節分析，韓「題」可分五類，各有義法，其中同調至友稱字，儒者稱「先生」，特具微旨。唯在唐時，韓「題」並未受到特別注意或效法。蓋當貞元、元和、長慶年間，文士製題，各出心裁，如李觀有「故人墓誌」，歐陽詹有「有唐君子鄭公墓銘」，李翺有「高愍女碑」、「叔氏墓誌銘」，劉禹錫有「絕編生墓表」，柳宗元有「馬室女雷五葬誌」，元稹

---

59 昌黎先生全集錄卷五「碑誌」，此據韓愈資料彙編頁九二三轉引。

60 見文史通義外篇三答某友請碑誌書。

有「葬安氏誌」，白居易有「有唐善人墓碑銘」，遣詞用語皆爲自古所無，當時風氣如此，文士彼此間當有一定之影響。然韓「題」之於古有據、謹嚴合理，時人似未能透徹了解，如：呂溫有「廣陵陳先生墓表」，「先生」上冠所居地名，唐人以稱道士（例詳上節），而陳先生實儒者，則此「題」頗易滋誤解。又如柳宗元誌東明觀道士張因墓，題「東明張先生墓誌」，用當時慣例，但誌儒者陸質墓，又題「唐故給事中皇太子侍讀陸文通先生墓表」，儒、道皆稱「先生」，立場模糊。又如白居易自撰「醉吟先生墓誌銘」，「先生」二字究指儒指道指人師抑指年長？實難確認。呂、柳、白三氏之用法，或正符合各自之思想成分，而其立場不如韓愈堅定，則爲事實。「韓門弟子」較能體會韓愈對「先生」一詞之用法，除張籍提議謚孟郊爲「貞曜先生」外，皇甫湜韓愈神道碑、韓文公墓誌銘之「序」皆稱韓愈爲「先生」，墓誌銘雖稱「昌黎韓先生」，但冠郡望，不冠所居地名，尚不違反韓愈用法，與宋代之後以稱道士法稱儒士者不同。唯「韓門弟子」製「題」，筆者尚未發現用「先生」者。宋初，柳開最尊韓文，但其「宋故柳先生墓誌銘」之「序」竟云：「長於己者，先生於我者也，非獨有道義者得專爲『先生』之號也。即我故諸兄闕，字太初，長開二歲，呼爲『先生』可也。」[61]「先生」二字無價如此。又如至友單稱其字，唐人竟無模仿韓愈者。足見韓「題」雖獨樹一幟，唐時影響甚微。

對韓「題」有所體會而加效法者，自尹洙、歐陽修爲主之文學集團始。如：尹洙撰大臣天章閣待制王洙墓表，因其法春秋撰唐志二十篇，遂題「王先生述」。62 又如蔡襄撰同學友進士楊疊墓表，首云「予友楊公明」，「題」曰「楊公明墓表」；誌蘇舜欽兄三司度支判官舜元墓，云「某與才翁兄弟遊最久」，「題」曰「蘇才翁墓誌銘」。63

至於歐陽修，效法韓「題」尤多而明顯。撰胡瑗墓表云「師道廢久矣，自明道、景祐以來，學者有師，惟先生暨泰山孫明復、石守道三人」，因題曰「胡先生墓表」；撰孫復誌，「題」曰「孫明復先生墓誌銘」；誌石介墓，「題」曰「徂徠石先生墓誌銘」。題知交好友則稱字，如「序」云「其友歐陽修」，「題」曰「石曼卿墓表」；「序」云「吾友張子野」，「題」曰「張子野墓誌銘」；「序」云「予友黃君夢升」，「題」曰「黃夢升墓誌銘」；其餘友人如蔡高君山、薛直孺質夫、尹洙師魯、梅堯臣聖俞、江休復鄰幾，誌墓亦皆稱字不稱官。朱弁云：

（李肅之公明）在三司論事切直，仁宗嘉納，歐公以簡賀之，甚有稱賞之語。公明喜曰：

61 見其河東集卷十四。

62 見其河南先生文集卷十三。

63 以上蔡襄二文，分見其端明集卷三十七、三十九。

「歐公平日書疏往來，未嘗呼我字也，此簡遂以字呼我。人之作好事，可不勉哉！」[64]

據此，知歐陽修稱人字，含有推崇、引爲知交之意。雖然不無例外，如誌蘇舜欽墓，題「湖州長史蘇君墓誌銘」，考其「序」云：「（小人）以君文正公之所薦而宰相杜公壻也，乃以事中君，坐監進奏院祠神，奏用市故紙錢會客爲自盜，除名。君名重天下，所會客，皆一時賢俊，悉坐貶逐，然後中君者喜曰：『吾一舉網盡之矣。』……居數年，復得湖州長史。……自君卒後，天子感悟，凡所被逐之臣，復召用，皆顯列於朝，而至今無復爲君言者，宜其欲求伸於地下也，宜予述其得罪以死之詳，而使後世知其有以也。」蓋題其小官所以伸其寃枉。似此例外尚有，如誌蔡襄、劉敞墓即是，當另有考慮。[65]凡此皆可見韓愈影響歐陽修之大。

以歐陽修之聲望，影響可知。自是之後，文士集中「題」稱字、稱「先生」極爲普遍，直至清代如方苞、姚鼐仍略本其法，推本溯源，不能不以韓愈爲不祧之祖。

(二)序

宋李耆卿云：「退之諸墓誌，一人一樣，絕妙。」又云：「退之墓誌，篇篇不同，蓋相題而設施也。子厚墓誌，千篇一律。」[66]「千篇一律」之評雖嫌太過，但韓「序」變化多端而又簡嚴巧妙，爲柳宗元以降諸文士所不及，則爲事實。以上節指出之著重大節、議論、對話三事觀察，當時文士如劉禹錫、元稹、白居易俱未大量採用，惟元稹唐故工部員外郎杜君墓係銘，以三分之二篇幅論古今詩體沿革及杜甫勝於李白，爲最突出，頗具韓「序」作風。「韓門弟子」中，李翺故河南府司錄參軍盧君墓誌銘敍事次第頗類韓愈故江南西道觀察使贈左散騎常侍太原王公墓誌銘，述盧君爲司錄時處置公務，以對話出之，又似上節所舉張徹誌。皇甫湜撰韓文公墓誌銘，既云「乃哭而敍銘其墓，其詳將揭之於神道碑云」，下文遂分數段論韓愈一生大節，所謂十三事者則作簡潔而適當之穿插，可謂能掌握韓愈撰「序」之心法。唯大體言之，韓「序」在唐代並未成爲顯著之模仿對象。但宋代古文運動開始之後，韓「序」即廣泛影響後代文士，玆僅舉數例，以見一斑。

歐陽修碑誌文以誌友朋墓諸篇最佳，清姚範曰：

> 歐文黃夢升、張子野墓誌最工。而黃誌尤風神發越，與會淋漓。然皆從昌黎馬少監出，而瑰奇綺麗，歐未之及也。67

64 見其曲洧舊聞卷一。
65 以上各誌俱見歐陽修全集卷二。
66 以上並見文章精義。
67 援鶉堂筆記卷四十四「文史」。

林雲銘曰：

殿中君本以門功授官，歷俸而轉，無錚錚可紀者，故篇中不填一句行實。但北平王有大功於國，與李晟、渾、瑊齊名，後人實難爲繼。孩提之時，稱其家兒，則後此能守其業可知，此即其行實也。總以其祖北平王爲主，其以交情感慨成文，蓋緣當厄之惠，刻不能忘。故不禁纏綿悲惻，遂別成一奇格。厥後盧陵（指歐陽修）作誌銘，多以爲藍本，遂成正調矣。68

姚範謂黃、張二誌出自韓愈殿中少監馬君墓誌，觀察極敏銳，但未說明相似處。林雲銘指出馬誌「以交情感慨成文」，則正說中黃、張二誌之筆法。三誌共同處，在讀者能了解作者與碑主之交誼——馬誌對其祖孫三代，黃、張二誌對碑主；此與漢魏六朝碑誌中隱藏作者個人性情之寫法，迥然有別。筆者願再指出：黃誌之所以較張誌「風神發越，與會淋漓」者，正在黃誌述作者與夢升交談處：

> 嘗問其平生所爲文章幾何，夢升慨然曰：「吾已諱之矣。窮達有命，非世人不知我，乃我羞道於世人也。」求之，不肯出，遂飲以酒，復大醉，起舞歌呼，因大笑曰：

「獨子知我者也。」乃肯出其文。

是謂「文中眼」。此以引述碑主談吐神情凸顯碑主個性之手法，乃韓愈擅長者。再者，黃、張二誌及其他若干碑誌中，歐陽修自稱「吾」而不名，又不落款[69]，頗爲後人所譏[70]，實則馬誌等韓「序」多有此類，歐陽修非無所本。馬、黃等誌，韓、歐自稱「吾」，全文以第一人稱爲主，而文章脈絡遂依作者之行誼發展，如馬誌：

始余初冠，……後四五年，吾成進士，……又十餘年至今，哭少監焉，……

黃誌：

予爲童子，……其後八九年，與予皆舉進士於京師，……予時謫夷陵令，遇之于江陵，……後又二年，予徙乾德令，夢升復調南陽主簿，又遇之於鄧間，……

---

[68] 古文析義二編卷六「殿中少監馬君墓誌銘」總評。

[69] 參歐陽修全集卷二別本黃夢升墓誌銘後附與黃渭小簡、卷六與尹材書。

[70] 參洪邁容齋五筆卷四「韓文稱名」條。

此類第一人稱敍事法，爲漢魏六朝第三人稱碑誌文所無。古人多不注意文章中之敍述觀點，故於馬、黃二誌之奇，未能一語道破。

王安石碑誌文亦享大名，清平步青云：

> (韓愈)王仲舒志銘中，云「公之爲拾遺」云云，「爲考功吏部郎也」云云，「元和初婺州」云云，「其在蘇州」云云。姚姬傳云：「此文已開王荆公志銘文法。」庸按：昌黎作竇牟誌銘，前云「舉進士登第，佐六府五公，八遷至檢校虞部郎中。元和五年，眞拜尚書虞部郎中，轉洛陽令、都官郎中、澤州刺史，以至司業」，後云「及公就進士」云云，「其佐昭義軍也」云云，「公始佐崔大夫縱留守東都，後佐留守司徒餘慶，歷六府五公」云云，「其爲郎官令」云云，「於國學也」云云。章法前提後應，與王銘正同。[71]

吳汝綸云：

> 荆公孔道輔銘，全仿此文(按：指王仲舒誌)爲之，其痕迹猶未化也。[72]

按：漢魏六朝官宦碑誌多縷舉所歷官職，並於每次遷轉下繫以數語讚美之，平鋪直敍，不分輕重。韓愈王仲舒、竇牟二誌則能避免此弊，無可稱道者，已於前文一語帶過，應加褒揚者，於後文加重分量補述，輕重有別，起伏有致，其手法與其處理十三事一致。王安石給事中贈尚書工部侍郎孔公墓誌銘即本韓法[73]，故姚、平、吳三氏有上述云云。

歸有光以古文名，墓誌甚多，集中凡八十餘篇，方苞云：

（韓愈韓滂墓誌銘）眞率自得，而有意味，近世歸震川於戚屬誌銘極力摹此。[74]

按：韓湘、韓滂兄弟爲韓愈姪孫，父老成卒，湘、滂從韓愈於袁州，滂以十九歲夭折，本無可述者，但韓愈除述其先世外，又云：

滂清明遜悌以敏，讀書倍文，功力兼人，爲文詞，一旦奇偉驟長，不類舊常，吾曰：「爾得無假之人邪？」退大喜，謂其兄湘曰：「某違翁且踰年，懼無以爲見，今翁言乃然，可以爲賀。」羣輩來見，皆曰：「滂之大進，不唯於文詞，爲人亦然。」既數

[71] 霞外攟屑卷七上「縹錦廛文筑上」「昌黎誌銘」條。

[72] 韓昌黎文集校注卷七故江南西道觀察使贈左散騎常侍太原王公墓誌銘篇中補注引。

[73] 見王安石全集王安石文集卷五十三。

[74] 韓昌黎文集校注卷七韓滂墓誌銘題下補注引。

月，得疾以死，年十九矣，吾與妻哭之傷心，三日而斂。

描寫日常瑣事，並以對話出之，而惋惜傷痛之意自見。歸有光女二二壙誌（按：題學韓愈「女挐壙銘」）云：

女二二，生之年月，戊戌戊午，其日時又戊戌戊午，予以爲奇。今年，予在光福山中，二二不見予，輒常常呼予。一日，予自山中還，見長女能抱其妹，心甚喜。及予出門，二二尚躍入予懷中也。既到山，數日，日將晡，予方讀尚書，舉首忽見家奴在前，驚問曰：「有事乎？」奴不卽言，第言他事，徐卻立曰：「二二，今日四鼓時，已死矣。」蓋生三百日而死，時爲嘉靖己亥三月丁酉[75]。

歸有光其他長篇者如亡兒䎖孫壙誌，短篇如寒花葬志，[76]皆從述瑣事中見感情，筆法仿自韓滂誌甚明，方苞所云者謂此。

方苞爲桐城派大家，於韓文極多卓見，已屢見前引。集中碑誌文多達一百三十篇，其萬季野墓表[77]，通篇除以「余」自稱引導文章發展如馬少監誌外，以三分之二以上篇幅載萬斯同自述史學、史法語，用以表彰萬氏，其立意實與韓愈表彰樊宗師之文相同。蓋以大篇幅凸顯墓主學行並發其議論之作法，乃韓「序」特色之一，唐代元稹、皇甫湜均曾效法已如上述，而歐陽修梅聖俞墓誌銘、王安石王深父墓誌銘[78]等亦加模仿，早爲古文家心法之一，方苞自非獨見。唯韓愈對於迷信或惡俗，微諷明斥，因社會人情關係，後世學步者極少，方苞則能上法韓愈，如其方曰崑妻李氏墓表，諷割肱療親爲「無謂」，曰：

> 玆事之義類，余於廣昌魏氏，論之詳矣。孺人求療其舅，其事尤希，而持之則有故，蓋大懼夫或重傷，以駭慟垂盡之親，故不得已而自劙以塞其意也。往者亡妻蔡氏，亦嘗刲肱求療其姊，及來歸余，告以三從不二天之義，乃自知無謂。故備列之，俾慕爲仁孝者，得自鏡而審所處焉。[79]

當時習俗視此類事爲難能可貴，而方苞既於書孝婦魏氏詩後一文論「其事雖人子爲之，亦爲

---

75 見歸震川全集卷二十二。
76 同註75。
77 見方望溪全集卷十二。
78 梅誌見歐陽修全集卷二，王誌見王安石文集卷五十五。
79 見方望溪全集卷十三。

過禮」[80]，玆又書於墓表，揭之冢前，不稍顧忌，可謂猶存韓愈風範。

以上僅略舉數例，以見梗概，實則宋代以後，韓愈之影響固無所不在也。

㈢銘

傳統碑誌文，「銘」詞因有重述、虛美之病，最須改革。韓「銘」面貌大異古人，已如上節所述。貞元以後，不乏同調，如：李翺故河南府司錄參軍盧君墓誌銘，「銘曰：嗟！盧君性直而用優，約己以利人，宜壽宜貴，以拯時所艱，其緘而不伸，以喪厥神，豈奪惠於東民，悲夫！」元稹葬安氏誌，「銘曰：復土之骨，歸天之魂；亦既墓矣，又何爲文。且曰有子，異日庸知其無求墓之哀焉！」唐故工部員外郎杜君墓係銘，「維元和之癸巳，粤某月某日之佳辰，合窆我杜子美於首陽之山前。嗚呼！千歲而下，曰：此文先生之古墳。」白居易醉吟先生墓誌銘，「命筆自銘其墓云：樂天，樂天；生天地中，七十有五年；其生也浮雲然，其死也委蛻然；來何因，去何緣；吾性不動，吾行屢遷；已焉，已焉；吾安往而不可，又何足厭戀乎其間。」沈亞之韋婦墓誌銘，「沈氏得爲銘誌：夫人之邦曰瑯琊，夫人質多於容，行多於和；豈天不命，於壽不多耶？實既命短，可奈何；已矣！蓮湖之西，靈山東趾；南極於江，近十五里；元和三年四月庚子，而瑯琊氏之骨歸於是。」杜牧唐故處州刺史李君墓誌銘，「銘曰：顯莫識其端，幽莫見其緒；已乎景業，何付與之多，而奪之何遽；夭顏病冉，孔子不知其故；於景業兮，杳欲何語。嗚呼哀哉！」以上數「銘」之風格，頗類韓愈，但以個別作家論，「銘」辭變化之多，皆不如韓愈。

宋代以後，韓愈式「銘」辭之普遍，超越傳統式整齊偶句押韻「銘」辭，且模仿之痕迹，處處可見，茲僅舉數例爲證。

蔡襄尚書司封員外郎曹公墓誌銘，「銘曰：重勢榮利，衆所趨也；耄昏苟前，世所愉也；中年能休，矯妄愚也；惟公之存，勵夸浮也；西人之法，志古無也；今民涵濡，費產輸也；遺戒勿用，遵禮儒也；惟公之役，袪怪誣也。」[81]句末用「也」字，「也」上押韻，此學韓愈張徹誌「銘」；但張徹誌「銘」單句亦自押韻，並雜以五字句，此猶未學。姚鼐封文林郎巫山縣知縣金壇段君墓誌銘則亦步亦趨，「銘曰：篤於慕親，宜有後也；忠於訓人，宜繼道也；和於治身，宜康以壽也；歸窆故鄉，藏斯竇也；銘之以信，用貽遠宙也。」[82]

王安石碑誌文，「銘」多極短，而其翰林侍讀學士知許州軍州事梅公神道碑、京東提點刑獄陸君墓誌銘、虞部郎中晁君墓誌銘，[83]俱「序」短「銘」甚長，所謂十三事者，反於「

[80] 見方望溪全集卷五。
[81] 見端明集卷三十八。
[82] 見惜抱軒全集文集卷十二。
[83] 以上分見王安石文集卷五十、五十四、五十八。

銘」中以四字韵語敍述，此全學自韓愈劉統軍碑「銘」。宋濂鄒府君墓誌銘亦效劉碑法[84]。歸有光模仿韓愈，尤多顯例。如沈貞甫墓誌銘之「銘」辭中「其志之勤，而止於斯」[85]，實仿自韓愈集賢院校理石君墓誌銘之「若有以爲，而止於斯」二句。又如宋肖卿墓誌銘之「奈何乎天」[86]，實仿自韓愈河南少尹李公墓誌銘之「奈何乎公」一句。而其周君墓誌銘[87]，以一半篇幅載周君之子乞銘語，前後略述所聞事，文末云「是爲銘」，而實無「銘」。蓋歸有光對周君並非舊識，亦無了解，故不願銘，其立意、章法與韓愈襄陽盧丞墓誌銘如出一轍。

以上所舉，僅爲模仿痕迹顯著者，至於略加揉和變化（如歐陽修若干「銘」辭），尤爲常見。在此方面，韓愈最大之影響，乃宋代以後碑誌「銘」普遍縮短，多以句法參差之感嘆語替代句式整齊之頌讚語，因而大幅降低重述、虛美之現象。

臺師靜農嘗謂：

> （韓愈）作那麼多篇的碑傳文，使後來的散文家五體投地的佩服，以爲變化多端，不可捉摸。試看宋元明清四代的散文家文集，其中的碑傳文，有幾人能不向昌黎集中討些生活。[88]

寥寥數語，實已涵蓋本節所述。前輩學問，眞不可及。

四、結論

根據上文分析，吾人若對碑誌文之發展作一縱切面之「宏觀」，韓愈作品無疑係一承先啓後之分水嶺。就碑誌文論，韓愈除受李華、獨孤及等古文家影響外，李觀故人墓誌一文對之當有最大之啓示。韓愈對碑誌文之改革，全面且多方嘗試：於體製方面，「題」、「序」、「銘」皆有與前人異趣之創新成分，此正爲其「陳言務去」之一貫作風；雖則其中部分創新，如稱字、稱「先生」、學詩經或嶧山碑押韵法等，亦可謂「復古」。尤重要者，韓愈運用技巧，豐富碑誌文之面貌，又使全篇結構趨於合理，並將此種不易顯現作者性情之文體，轉化爲能夠容納作者感情或見解之文學體裁。於立意方面，韓愈每效史官之筆，寓褒貶之

---

84 見宋文憲公全集卷四十二。

85 見歸震川全集卷十九。

86 同註85。

87 同註85。

88 見論碑傳文及傳奇文。

義，其所表現之儒家立場，能落實其「文以載道」之主張。故「文起八代之衰」一語，如僅用於形容韓愈對碑誌文之改革，亦屬恰當。中晚唐文士雖或多或少受其影響，但除「銘」外，不甚顯著。「韓門弟子」不失故步，惜作品不多，影響不大。宋代古文運動展開後，著名文士如歐陽修等撰碑誌多以韓愈爲宗，於是學韓蔚爲風氣。元明石例學者論碑誌文作法，遂以韓愈爲始祖，卽蔡邕、庾信二大家亦屏置不論。清代金石學大昌，學者漸知注意漢魏六朝，但文士仍追步韓愈；及李富孫等論漢魏六朝碑誌義例諸書問世，已在嘉慶、道光時，文運已衰，對石學雖有貢獻，對碑誌文之創作，則影響甚微。以上述者論之，韓愈實爲碑誌文發展史上最重要之人物。

以上僅係就碑誌文體裁及立意兩方面考察後之結論。實則韓愈碑誌文之特色，尚可從文氣、修辭等方面分析。再者，本文既作分體研究，自應堅守立場，單就碑誌文立論，不宜涉及其他文類。然每一作家其所受前代之影響，並不能全以文體分類，而個人之文學主張與造詣，亦無法依文體截然分割；因而分體研究雖屬必要，但非充分。故欲充分掌握韓愈碑誌文之成就，尚須與其他文類如祭文、行狀、器物銘、贈序等之研究作綜合比較功夫。陸九淵云：

> 韓文章多見於墓誌、祭文，「洞庭汗漫，粘天無壁」。[89]

清陳衍曰：

其（按：指韓愈）文之工者，第一傳狀碑誌，第二贈序，第三雜記，第四序跋，第五乃書說論辨。[90]

是否如此？所以如此者何在？綜合上述之各類研究自見分曉，本文不便逕行論斷。至於影響方面，本文雖力陳宋代以後文士以韓愈爲宗，但此非意味所舉諸人之作品無其特色與影響。如歐陽修對碑誌文自有其見解與論著[91]，其作品亦有廣泛影響，如後世多學其「溫純之詞」[92]，而少學韓愈之「堅淨簡勁」[93]，即爲一例。讀者幸勿誤會筆者主張韓愈以後碑誌文皆無可觀也。

[89] 見象山集附象山語錄卷四。

[90] 石遺室論文卷四，此轉引自韓愈資料彙編頁一五七六。

[91] 參歐陽修全集卷二與黃渭小簡，卷三論尹師魯墓誌銘、與杜訢論祁公墓誌書，卷五卷六集古錄跋尾、與尹材書等。

[92] 見韓柳文研究法「韓文研究法」。

[93] 韓昌黎文集校注卷七唐故相權公墓碑題下補注引張裕釗語。

石例著述評議

一、前　言

金石文字，古人所重。故刊石勒銘，必有通義、常例；或別出心裁，則有殊義、特例。是義例實與金石之有文字並興；驗諸商周金文，知此說爲不謬。然古人多不自言義例，其如禮記祭統謂「銘之義，稱美而不稱惡，此孝子孝孫之心」者，鮮矣。及世殊事異，後人尤未必詳悉古人之義例。顧治金石文字，不詳古人義例，則不知其要旨。是欲知其要旨，必廣求金石文字歸納分析之，括其常例、特例，以求通義、殊義，此治金石文字者必務之事，非特考證之需或撰文之資而已也。

宋代金石學初興，歐陽修已注意石刻義例矣，如集古錄跋尾後漢高陽令楊君碑條云：「碑首不書最後官者，不詳其義也。」又如居士集卷六與尹材書云：「（尹洙）墓銘刻石時，首尾更不要留，官銜題目及撰人書人刻字人等姓名，祗依此寫。晉以前碑，皆不著撰人姓名，此古人有深意，況久遠自知。篆蓋，祇著『尹師魯墓』四字。」此其所述，即義例也。其後趙明誠金石錄、洪适隸釋隸續等書亦嘗論及義例，顧皆無成書。

論金石義例之專著，當以古金石例一書爲最早，書佚，亦不知何人作，元潘昂霄金石例嘗引數條。其後則有徐秋山韓文公銘誌括例，今載金石例卷六、卷七、卷八，無單行者。又郝經有編類金石八例、潘昂霄有十五例，今皆僅存其目於金石例卷九而已。蓋元人頗事括例之學。

金石括例專著之傳世者，以潘昂霄金石例爲最早，其書除敍列金石之品目體製外，括韓愈碑誌諸例，欲示撰文之士以寫作津梁，顧僅列衆例，未析其義。明王行起而廣之，撰墓銘舉例，臚舉唐宋十五家文，括其例而論其義。後黃宗羲以不洽潘書，撰金石要例補正之。潘、王、黃三書，清人合刻，謂之「金石三例」。

清世金石考證之學大昌，朱彝尊以元明學者論例斷自韓愈爲不悉其源，跋王行書云：

竊意墓銘莫盛於東漢，鄱陽洪氏所輯隸釋、隸續，其文其銘，體例匪一，宜用止仲（按：王行字）之法，舉而臚列之。惜乎予老矣，不能爲也。康熙丙戌（按：四十五年）秀水朱彝尊書。

於是嘉慶、道光間承朱志或廣朱志而作括例書者，凡梁玉繩誌銘廣例等九家，其有論列而無成書者不計焉。

此十二家書者，論列之時代，起秦訖清，論列之範疇，含品目、體製、內容、文例、稱謂諸項，蓋石刻之事，無所不包。故初治石學，在所必讀，即考據名家，亦當參考。

近代有金石學概論一類書籍問世，然詳於石刻名目體製，忽略文字義例，故雖熟讀其書，於研究碑誌文字仍不能得其門徑。蓋其書對於所謂石學，觀念尚宜修正也。無已，則濟以十二家書乎？

此十二家書，宗旨不一，體例有別，或意在辭章，或重在考證，或通代成書，或斷代爲例，加以引證碑誌、文集，上下二千餘年，習見者與罕見者雜出，故研讀其書，實亦不易。四庫全書總目提要及續修四庫全書提要雖有評介，而論其著書之宗旨、成就，或有失公允持平，於其括例之臧否、正誤，或不能闡揚訂補，不無缺憾。筆者有鑑於此，故重新闡述諸書之宗旨，論定各家之成就，釐清術語之意義，補正其例之明顯缺誤者，學者或藉此知重其書而能善擇其中歟？茲依各家成書年代，依次評介。其所討論，省略品目體製，重視文字義例，蓋今人有取於十二家書者，在此不在彼也。命名「石例著述評議」者，本篇論石而不論金也。

容庚金石書錄目卷五載有南海黃任恆輯石例簡鈔四卷，民國十七年自刻本。茲未能求得，蓋流傳極少。記此待訪。

二、元潘昂霄金石例

金石例十卷，元潘昂霄撰。書前有至正五年楊本敍、傅貴全序、湯植翁序，至正八年王思明敍。書後有至正五年昂霄子潘詡識語。另有無名氏附記云：「此書元刻于濟南，文僖（按：潘昂霄謚）之子刋定。重刋于鄱陽，王思明校正。三刻于龍宗武摹泰和楊寅弼抄本。此從鄱陽本錄出，故有思明敍。」

四庫全書總目提要云：

是書一卷至五卷述銘誌之始，於品級、塋墓、羊虎、德政、神道、家廟、賜碑之制，一一詳考。六卷至八卷述唐韓愈所撰碑誌，以爲括例，於家世、宗族、職名、妻子、死葬日月之類，咸條列其文，標爲程式。九卷則雜論文體。十卷則史院凡例。然昂霄是書以金石例爲名，所述宜止於碑誌，而泛及雜文之格與起居注之式，似乎不倫。又雜文之中，其目載有郝伯常（按：郝經）先生編類金石八例，蒼崖（按：昂霄號）先生十五例，二條皆有錄無書。九卷之末有跋云：「右（蒼崖）先生金石例，皆取韓文類輯以爲例，大約與徐秋山括例相去不遠，若再備錄，似爲重複，故止記其目於此。」然則最後二卷其始必別自爲編，附之金石例後，後人刋版乃併爲一書。又知六卷至八卷所謂韓文括例者，皆全採徐氏之書，非昂霄所自撰矣。其書敍述古制，頗爲典核，雖所載括例，但舉韓愈之文，未免舉一而廢百。然明以來金石之文，往往不考古法，漫無矩度，得是書以爲依據，亦可謂尚有典型，愈於率意妄撰者多矣。

按：提要述此書之內容及撰作宗旨頗詳。蓋其書本爲示撰文之士以津梁而作，故四庫全書以入集部詩文評類也。

考其書單舉韓文以括其例，正反應韓愈對宋元時代文壇之影響，以及當時後進欲了解韓愈作文法之需求。唯其書括例雖詳，而不標其義。如卷六「有誌無銘」條，臚舉登封縣尉盧殷墓誌銘等六篇，而不加按語說明。後進閱此，不能知其故也。考韓愈碑誌文無銘者，或有深意。如太學博士李君墓誌，通篇痛斥服食之愚，其人豈「應銘法」？無銘者以此。又如襄陽盧丞墓誌，通篇皆載盧丞子盧行簡乞銘語，文末曰「可銘也，遂以銘」，而實無銘，其意謂不知其人而撰銘，是虛美也，故不願撰銘。[11]凡如此類，潘書不論。又如卷七宗族姻黨稱

[11] 以上本書第二篇韓愈冢墓碑誌文與前人之異同及其對後世之影響第二節已有討論，故此不詳述。

呼例、職名例、家世例、書婦女家世例、書兄弟例、書妻例、書子女例，卷八書死例、書葬例，各著「例」甚多，「例」如是之多，正示實無「定例」。且如其「例」有「義」，書既不言，讀者何能知之？故黃宗羲金石要例卷首識語評之云：

元潘蒼崖有金石例，大段以昌黎爲例，顧未嘗著爲例之義與壞例之始，亦有不必例而例之者，如上代兄弟宗族姻黨有書有不書，不過以著名不著名，初無定例，乃一一以例言之。

黃評實能切中潘書之弊。

潘書雖爲辭章而作，類似碑誌寫作示例一類書籍，然後人本之而逐漸發展，遂令括例之學內容趨於豐富，而爲石學重要之一支，開創之功，不可沒也。

三、明王行墓銘舉例

墓銘舉例四卷，明王行撰。王行以明太祖洪武二十八年卒，年六十五。⑫書之初刋年代無考。

> 卷一論韓愈墓銘六十六首、李翺九首、柳宗元二十七首。卷二歐陽修三十一首、尹洙七首、曾鞏十八首、王安石三十三首、蘇軾九首、朱熹二十首。卷三陳師道三首、黃庭堅二首、陳瓘七首、晁補之四首。卷四張耒三首、呂祖謙三首。凡十五家、二百四十二首。後附補闕若干首，但今所傳本已有脫訛。四庫全書總目提要論其著書宗旨云：

> （舉）一十五家所作碑誌，錄其目而舉其例，以補元潘昂霄金石例之遺。墓誌之興，或云宋顏延之，或云晉王戎，或云魏繆襲，或云漢杜子夏，其源不可詳考。由齊梁以至隋唐，諸家文集傳者頗多，然詞皆駢偶，不爲典要。唯韓愈始以史法作之，後之文士率祖其體，故是編所述以愈爲始焉。

此據墓銘舉例卷二識語爲說也。

王行論例，分正例、變例。卷一識語云：

> 凡墓誌銘書法有例，其大要十有三事焉：曰諱、曰字、曰姓氏、曰鄉邑、曰族出、曰

---

❷ 見王氏半軒集附錄。

行治、曰履歷、曰卒日、曰壽年、曰妻、曰子、曰葬日、曰葬地，其序如此，如韓文集賢校理石君墓誌銘是也。其曰姓氏、曰鄉邑、曰族出、曰諱、曰字、曰行治、曰履歷、曰卒日、曰壽年、曰葬日、曰葬地、曰妻、曰子，其序如此，如韓文故中散大夫河南尹杜君墓誌銘是也。其他雖序次或有先後，要不越此十餘事而已，此「正例」也。其有例所有而不書，例所無而書之者，又其「變例」，各以其故也。

是王行以十三事備者爲正例，有所增省爲變例。按：王氏此說，全從碑誌內容多寡著眼，非自文章美惡之角度論也。此與潘昂霄書相同者。唯潘書先括例後舉文實之，而王書則就各碑誌一一分析其例耳。

王書與潘書異者，在就「例」論「義」。如卷一「故中散大夫河南尹杜君墓誌銘」條，謂：「右誌正例書也。詳書世胄，重其族之大也。又一例也。」同卷「唐故秘書少監贈絳州刺史獨孤府君墓誌銘」條，謂：「右誌不書姓，名門也。書妻之父祖，顯也。」同卷「貞曜先生墓誌」條，謂：「右誌書母氏，因事也。題不書官與姓，而書先生，從謚者之志，尊之也。又一例也。」全書皆如此類，蓋以爲唐宋名家古文，有其「義法」在焉。其所解釋，當至少部分反應當時古文家之見解，而與評點之學有一定關係；此當另文論之。

按：凡撰文字，先有「義」然後有文，如其有「例」，亦當據「義」釋「例」，非就

「例」生「義」也。張穆敍劉寶楠漢石例云：「文生於義，不生於例也。義洽而例自立焉。」實爲至言。吾人括例以求古人之義，本出不得已，其事非不可爲，且勢在必爲，所忌在穿鑿附會耳。欲避穿鑿附會，則需分别有例與無例、常例與特例、甲之例與乙之例；若以無例爲有例，以特例爲常例，以甲之例衡乙之例，轉失古人之旨。而王書不能悉免此失也。

如卷一「試大理評事胡君墓銘」條云：「右銘無序，又一例也。」同卷「盧渾墓誌銘」條云：「右銘無序，同大理評事胡君銘例也。」按：胡君銘明言「作後銘，系序初」，是實有「序」，唯係他人而非韓愈作耳❸，盧渾銘是否有「序」，無考。要之，盧渾銘不必同胡君銘，而王行以無例爲有例也。

又同卷「柳子厚墓誌銘」條謂：「書子不書妻，略也，子厚初娶楊憑女，先十七年卒，無子，不果再娶，子蓋微出也。又一例也。」凡書子不書妻者，多云：「或未娶也。不然，同柳子厚誌例也。」清吳鎬漢魏六朝志墓金石例卷一「文範先生陳仲弓碑」條駁之云：

按：王止仲墓銘舉例，以韓昌黎柳子厚誌書子不書妻，謂子蓋微出，其下書子不書妻者，悉以此誌例之。今考東漢志墓碑文，書子書孫者有數十篇，書妻者僅見六篇：一

❸「序」與「銘」未必一人作。詳參梁玉繩誌銘廣例卷一「兩人分撰誌銘」條。

李子才碑，書出妻未再娶，因無子，故書之。一馬江碑，蓋因妻卜兆，與江共塋，故書之。一侯成碑，妻先卒而合葬者，然於尾後提行另書。餘則夏堪碑有「聘會謝氏，并靈合柩」句，戚伯著碑有「聘妻朱氏」句，洪氏所謂文則崛奇，字甚怪陋，蓋不足據爲例者。又有金恭殘碑「妻缺往缺」字樣。又皆不書子。此外則無之矣。可見古之金石楷式，無妻子兼書之例。即以韓文論之，凡書子不書妻者，除其所舉之外，尚有五篇，止仲又豈得皆證爲微出？此言之不足據者。復以李文公獨孤墓誌、柳河東裴君墓誌以實其言，則近於自文其過矣。

按：吳鎬以王氏未逐誌證明其說，故有此疑。然王說亦非憑空推測，蓋韓愈碑誌有書再娶者，有書庶子者，而無書妾姓者，故子之微出者不書其母，此在韓愈爲有深意，明尊卑嫡庶也。唯若以此例衡諸他人則未必。如柳宗元故大理評事裴君墓誌，書未果娶，又書男二女一，是微出也；然故秘書郎姜君墓誌，不書妻而書子母雷姬，是書妾姓矣：蓋柳宗元之書妻妾，義例不如韓愈嚴謹。凡如此類，在王行爲有見，唯其說爲定例（無例外或絕少例外）歟？常例（大多數）歟？特例（極少數）歟？某人獨有之例歟？讀者須細心推敲審定。若謬誤之論，信以爲眞，有益之說，反淡然視之，則讀括例之書，不能蒙其利也。

既審定其定例、常例、特例矣，仍應檢核其所述之「義」是否允當。本書第二篇論韓愈冢墓碑誌文，嘗指出王行闡述韓愈題稱字及稱「先生」未盡其旨，卽其例也。玆不贅。

蓋王書缺點，在括例斷自韓愈，論義限於碑誌。不知韓文雖起八代之衰，而其體例、遣詞，自有受古人影響及遵守當時制度習俗之處；其後古文家雖祖尚韓愈，亦無不然。是故括碑誌例，雖得僅就碑誌論；而論其義，則不能不考察其人思想、研究當時禮制也。此治括例書所宜知者。

四、清黃宗羲金石要例

金石要例一卷，清黃宗羲撰。卷首有識語，中論例三十六則，卷尾附「論文管見」九則。

識語自述著書宗旨云：

碑版之體，至宋末元初而壞。逮至今日，作者既張王李趙之流，子孫得之，以答賻奠，與紙錢寓馬相爲出入，使人知其子姓婚姻而已，其壞又甚於元時，似世系而非世系，似履歷而非履歷，市聲俗軌，相沿不覺其非。元潘蒼崖有金石例，大段以昌黎爲例，顧未嘗著爲例之義與壞例之始，亦有不必例而例之者，如上代兄弟宗族姻黨有書有不書，不過以著名不著名，初無定例，乃一一以例言之，余故摘其要領，稍爲辯正，所以補蒼崖之缺也。

其書之異於潘、王二書者有三：

一、僅論要義。蓋以爲有要義然後有定例、常例，其非要義，則不必言例。

二、論及唐以前碑誌。蓋以爲探其源乃知其流，知其源流，然後能詳古人之義。

三、論壞例之始。蓋以爲如此，學者乃知例之臧否，而能糾正當時碑版文字之敗壞。

二、三項爲黃氏卓識，於括例之學有開創功。故其所論例，題目輒爲清代括例書援用，續有討論，而有發展。

顧明末清初，金石之學尚未昌明，黃氏之說有待後人訂補者實多。四庫全書總目提要評之云：

其考據較潘書爲密，然如比干銅槃銘，出王俅嘯堂集古錄，乃宋人僞作；夏侯嬰石槨銘，出吳均西京雜記，亦齊梁人影撰：引爲證佐，未免失考。

提要所評之外，如「書合葬例」謂：碑誌題古人不書「暨配某氏」，其例壞於明王慎中。實則自北魏以迄宋元其例不絕，筆者將於梁玉繩誌銘廣例一節詳述，茲不贅。又如「稱呼例」謂：耆舊則稱府君。實則「府君」一詞歷代用法不一，筆者將於王芑孫碑版文廣例一節詳論，茲亦不贅。又如「單書嗣子例」謂：「周隋之碑，單書嗣子，未嘗人人而書也。」「不書子婦例」謂：「子婦例不書，至元而古法蕩然，……無不書子婦矣。」實則北魏一一書其諸子，又一一書其子婦者甚多，如刁遵墓誌陰④是也，蓋當時重門閥，一一書其子孫姻婭，所以爲榮也。

蓋以考古角度論，其書斷語之可議者頗多。雖然，吾人不必以此責之，論其開創之功可也。

五、清梁玉繩誌銘廣例

誌銘廣例二卷，清梁玉繩撰。卷首有梁氏嘉慶元年識語，謂廣例者廣金石三例也。

續修四庫全書提要評其書云：

④ 見漢魏南北朝墓誌集釋圖版二三二之四。

其言曰：「凡刻石顯立墓前，曰碑，曰碣，曰表，唯納於壙中謂之誌銘，而例因之以起。」今其書專以誌銘爲目，而所舉之例又佚出誌銘之外，如論銘詞異格例，引顏魯公郭忠武王家廟碑；夫人書後例，引金鄉長侯成碑；碑後附他氏例，引綏民校尉熊君碑：凡此皆自相牴牾，以亂其例。

按：提要之言是也。金石三例本兼論碑、誌，梁書既廣三例而作，豈得謂碑、表無例乎？且梁書引碑、表幾與誌等，故其識語附注雖言「碑、表非誌銘，而例有從同，故并舉之」，仍不免落人亂例之口實。

梁氏學問淹博，此書舉例，實能補正三例之缺誤。如潘昂霄金石例卷七「書家世例」著例十八條，如書十一世祖、書七世祖、書六世祖等等皆著爲例。梁書卷一「書先世無例」條則云：「閻氏（按：閻若璩）潛邱劄記云：凡敍人家世，皆自曾祖以下，無及高祖者，間及高祖，亦必其人其事足書，非空空僅及其名諱而已。堇浦先生（按：杭世駿）嘗譏其不知例，以爲漢唐以來……或從曾祖起，或止書祖父，或止書父，或先世概不書，只述本身，無一定也。」按：書先世本無定例；史傳、碑誌書某代祖者紛然雜陳，閻氏之說實爲失考，而潘書則不必例而例之。此當從梁書。又同卷「銘詞異格」條云：「郭忠武王家廟碑[5]，顏魯公撰，並書銘詞八章。每章四言五句，上四句，慶、陽、皓、東、寘、陽、嘯、支，各間用韻；末一句合八章全用侵韻。此格前所未有。」則足廣異聞者。

黃宗羲金石要例「書合葬例」，以爲：「婦人從夫，故誌合葬者，其題只書某官某公墓誌銘或墓表，未有書暨配某氏也。……自唐至元，皆無夫婦同列者，此當起於近世王慎中集中，如處士陳東莊公暨配黎氏墓表，蓋不一而足也。」梁書卷一「題書妻合葬」條則謂杭世駿已舉唐澤王府主簿梁府君並夫人唐氏墓誌銘❻、唐滎陽鄭府君夫人博陵崔氏合祔墓誌銘❼駁黃氏說，因又舉唐故幽州良鄉府折衝都尉上柱國宏農楊府君夫人潁川陳氏誌銘❽、唐貝州永濟縣故馬公郝氏二夫人誌銘❾、唐尹府君朱夫人誌銘❿、宋樓鑰攻媿集朝請大夫吳公並碩人姚氏誌銘（卷一百八）、叔祖居士並張夫人誌銘（卷一百）、韓元吉南澗甲乙稿沈氏考妣誌銘（卷二十），證此實爲明人所本，以贊成杭氏說。按：梁氏此條，足破黃氏論矣。雖然，題書妻合葬，北魏已有之，孝武帝永熙二年石育暨妻戴氏墓誌⓫，題曰「魏故使持節都督滄州諸

---

❺ 見金石萃編卷九十二。

❻ 參顧炎武金石文字記卷三、錢大昕潛研堂金石文跋尾卷五。

❼ 見金石萃編卷一百十四。

❽ 此誌金石書籍皆未載，梁氏引其七十九字，謂出「王咸陽金石遺文」。

❾ 見金石萃編卷一百十三。

❿ 見金石萃編卷一百十三。

⓫ 見漢魏南北朝墓誌集釋圖版二八六之二。

軍事滄州刺史石使君戴夫人墓誌銘」；同年王悅暨妻郭氏墓誌⑫，題曰「魏故使持節平西將軍秦洛二州刺史王使君郭夫人墓誌銘」；隋代則張儉暨妻胡氏墓誌⑬，題曰「大隋仁壽三年驃騎大將軍散騎常侍淮陽郡守張府君胡夫人等墓誌」；又仁壽四年符盛暨妻胡氏墓誌蓋⑭，仁壽年間王榮暨妻劉氏墓誌蓋⑮，亦皆並書夫婦：此係唐人所本。上揭北魏及隋代諸誌，民國以來始出土，清人不及見，故未能訂正梁氏說，記此以告治括例之學者。

六、清李富孫漢魏六朝墓銘纂例

漢魏六朝墓銘纂例四卷，清李富孫撰。書前有嘉慶七年自序，以爲王行墓銘舉例僅舉唐宋十五家，爲不詳墓銘之源，因本鄉前輩朱彝尊志，取隸釋、隸續所載及六朝碑誌墓石等，仿王書體例撰爲是書。書後有道光五年跋，據跋，知書成曾請正於阮元及錢大昕。此書跋後付梓，蓋去書成已二十餘年矣。

李氏學有根柢，此書撰述頗稱謹嚴。而續修四庫全書提要評之云：

（引用）碑誌凡三百二十六種，紛然雜陳，莫衷一是。蓋古刻體例，墓碑、墓表、墓誌、神道、石闕，各自有別。今其書既以墓銘爲主，應當分別言之；而所舉正例、變例，仍不外王行所舉之十三事。綜觀其書，於考古、辭章兩無所取。

按：提要所評，似嫌太苛。此書名稱、體例既仿王行，則據王書舉正例、變例，宜也。雖然，提要所評，亦不無見地。蓋括例之作，若以考古立場言，宜分別時代、品目，然後能詳各代之不同、體製之有別，提要所謂「蓋古刻體例，墓碑、墓表、墓誌、神道、石闕，各自有別」也。李書分其時代矣，而卷三以後未別名目也。若以辭章立場言，宜重黃宗羲金石要例所倡「著爲例之義」，李書於此著墨不多；蓋李氏重在考古，辭章殆非其志也。

其說之有益考古者，如卷一謂漢從事武梁碑⑯、平都相蔣君碑⑰，「序」文亦多用韻，爲漢碑常例；此甚精要。同卷謂蔡邕靈帝建寧五年撰太傅文恭侯胡公碑⑱，書「四月丁酉葬於洛陽塋」，爲後人書葬地之權輿；此爲李氏創見。其後劉寶楠撰漢石例，卷三「書歸葬」

⑫ 見漢魏南北朝墓誌集釋圖版二八七之二。
⑬ 見漢魏南北朝墓誌集釋圖版四一一。
⑭ 見漢魏南北朝墓誌集釋圖版四一四。
⑮ 見漢魏南北朝墓誌集釋圖版四一八。
⑯ 見隸釋卷六。
⑰ 同隸釋卷六。
⑱ 見全後漢文卷七十六。

條，引蔡邕桓帝延熹六年撰朱公叔墳前石碑[19]，書「葬於宛邑北，萬歲亭之陽，舊兆域之南」，事僅在胡公碑前十年，而同爲蔡邕撰也。又李書卷四引北魏宣武帝永平四年中書令鄭義碑[20]，云：「載其所作經論賦詠，並話林數卷，爲後人敍著述之權輿。」此亦李氏創見。按：古人非不重著述，史傳記先賢著述者，自史遷以降詳矣。而唐以前碑誌，墓主雖學者文士，不書撰述爲常例，書爲特例，宋以後則每書之矣，而北魏蓋爲權輿。當時碑誌，唯孝武帝太昌元年宗室安豐王元延明墓誌[21]云：「其詩賦銘誄咸（箴）頌書奏，凡三百餘篇，著五經宗略、詩禮別義，注帝皇世紀及列仙傳，合一百卷，大行於世。」他未見也。此稍後鄭義碑，而可以佐李氏說者。

至其失檢之處，如漢安平相孫根碑，靈帝光和四年立，其碑陰題名則魏晉時孫根後裔刋，宋洪适已詳加考釋矣，而李氏未能區別，仍列卷一漢代，是其失也[22]。又如卷四洛州刺史刁遵墓誌[23]條、高植墓誌[24]條等，每云：「無額，與（漢）中常侍樊安碑[25]同。」不知北朝墓誌，有蓋爲常，蓋上之篆功用卽漢碑之額也，漢碑有額爲常例，無額爲特例，北朝墓誌有蓋，故無額爲常例，有額如北魏韓顯宗墓誌[26]、李謀墓誌[27]等甚鮮，此是體製使然，李氏不考，故有是失也。

此書多引淸人說，如顧炎武、全祖望、錢大昕、梁玉繩、畢沅、阮元、姚鼐、沈彤、牛運震、翁方綱、王宏撰、褚峻、張塤、葉奕苞、黃易、王昶、張鳳翼、沈可培、孫志祖等，知清代金石學者於括例雖未必撰有成書（按：上舉諸人僅梁玉繩撰有誌銘廣例），而於「例」多所闕心，蓋金石考據之學與括例之學本不能分也。

文中又引「金石藏跋」數處，語多精要，蓋有學者之書，而李氏未標作者名，玆檢楊殿珣石刻題跋索引、容庚金石書錄目、容媛金石書錄目補編皆無之，記此俟考。

七、清郭麐金石例補

金石例補二卷，清郭麐撰。書前有郭氏嘉慶十六年自序，嘉慶十八年汪家禧後序。書亦

⑲ 見全後漢文卷七十五。

⑳ 見八瓊室金石補正卷十四。

㉑ 見漢魏南北朝墓誌集釋圖版一六九。

㉒ 以上參隸釋卷十。另參本書碑誌考辨第八則漢安平相孫根碑陰題名。

㉓ 見漢魏南北朝墓誌集釋圖版二二二。

㉔ 見漢魏南北朝墓誌集釋圖版二二七。

㉕ 見隸釋卷六。

㉖ 見漢魏南北朝墓誌集釋圖版二〇〇。

㉗ 見漢魏南北朝墓誌集釋圖版二四六。

本朱彝尊志作，故與李富孫漢魏六朝墓銘纂例取材略同。李氏書成在前，而書之刻，已在道光五年以後（參上節），故非相謀之作。李書體例仿王行書，一碑一誌下，條析其「例」；郭書則效潘昂霄、黃宗羲書，先標其「例」，因舉碑誌實之：各見短長，可取並觀。

郭麐清代著名文士，此書「以講求文例爲主，而偶亦考及古刻體製」㉘。卷二論漢魏六朝碑誌文例爲唐宋文士所本者，多可參考。如：「書立碑人例」，謂柳宗元殿中侍御史柳公墓表祖述漢謁者景君墓表㉙、平輿令薛君碑㉚等例。「子爲父立碑例」，謂歐陽修瀧岡阡表仿自漢樊安碑㉛、魯峻碑㉜。「碑前列上書制詔例」，謂蘇軾表忠觀碑正合漢史晨碑㉝、無極山碑㉞等例。此皆有助談藝。

至其斷語之宜補正者，如卷二「書制銘人例」，舉北魏正光年間陸希道銘側題字㉟著撰人袁翻名字，據孟縣志「魏碑誌皆不著撰人名字，此獨並著其字」語，謂爲開後人譔文書丹之漸，與漢碑書作銘頌之人卽立石之人自表慕仰之意者不同。續修四庫全書提要駁之云：「水經睢水注：漢廣野君廟碑，延熹六年十二月雍邱令董生，命縣人蓑照爲文，用章不休之德。則立石者非撰文之人矣。」按：提要之說是也。且北魏孝明帝正光五年比丘尼統慈慶墓誌銘㊱，後著「征虜將軍中散大夫領中書舍人常景文，李寧民書」，又侯剛墓誌㊲，後著「孝昌二年十月十八日侍御史譙郡戴智深文」，是六朝墓誌不著撰書人雖爲常例，而著之者，袁翻並非僅見，孟縣志「魏碑皆不著撰人名字」一語宜改「皆」爲「多」。

又同卷「書賜弔贈官賜謚例」條按語云：「漢碑皆稱君，此碑文內稱公者，以劉君爲三公，舉其官也，鼂錯父呼錯爲公，亦呼其官耳。遂世遂爲年老及有爵之通稱矣。」按：此條甚疏脫，漢人稱公，凡有數義，不僅三公之稱，劉寶楠漢石例卷一「碑文稱公例」論之甚詳，玆不煩述。

又同卷「碑題官位例」，取洪适「題尊」、「重內」二說㊳，而加按語云：「漢人碑題官位，或舉其大，或稱內官。後世如昌黎爲權文公神道碑，題稱『故相』，權之卒時，已罷相矣。」其意蓋謂韓愈效漢法「題尊」、「重內」。按：郭說非是。韓愈製題例本唐人法標

㉘ 續修四庫全書提要語。按：提要此條誤稱金石例補爲金石訂例。

㉙ 見隸釋卷六。

㉚ 見隸續卷一。

㉛ 見隸釋卷六。

㉜ 見隸釋卷九。

㉝ 見隸釋卷一。

㉞ 見隸釋卷三。

㉟ 見金石萃編卷二十九。

㊱ 見漢魏南北朝墓誌集釋圖版二三九。

㊲ 見漢魏南北朝墓誌集釋圖版二四九之二。

㊳ 參本書東漢官宦冢墓碑額題職例及其相關問題第四節。

終官，余嘗舉例詳論之矣㊴。查權文公神道碑之所以啓郭氏之疑者，蓋碑題「唐故相權公墓碑」，而權德輿元和五年以禮部尚書同中書門下平章事，元和八年罷相守本官，其後卽未加平章事銜，故郭氏以爲韓愈不題終官而「題尊」、「重內」。按：此郭氏不解唐代宰相制度之說也。考唐代本以侍中、中書令、尚書令爲宰相，以太宗嘗爲尚書令，不除，而左右僕射有宰相稱。龍朔二年，改侍中爲左相、中書令爲右相。光宅元年，改左右僕射爲文昌左右相。開元元年，改左右僕射爲左右丞相。天寶元年，侍中改左相，中書令改右相，左右丞相依舊爲僕射。至德以後，侍中、中書令、左右僕射各復舊稱。是後「宰相」、「丞相」、「相」遂非正式官名，而爲雅稱。考碑文及新舊唐書本傳俱稱權氏卒贈尚書左僕射，唐代律令視贈官爲終官㊵，而僕射本有「相」名，則韓愈製題，用權氏終官之雅稱耳；其例與韓愈於元和九年與鄭餘慶書稱鄭氏爲「相公」同㊶。據新舊唐書鄭氏本傳，罷相後以元和九年拜檢校右僕射，兼興元尹，充山南西道節度觀察使，未帶平章事銜，以鄭氏檢校右僕射故，韓愈稱之爲「相公」。然則碑文仍是「題終」，唯不用正式官銜耳，與「題尊」、「重內」無涉也。郭說穿鑿。

八、清吳鎬漢魏六朝唐代志墓金石例

漢魏六朝志墓金石例三卷，清吳鎬撰。書前有嘉慶七年自序。吳氏又有唐人志墓諸例一卷，卷首有吳氏識語，卷後附志墓例附論八則。全部又稱漢魏六朝唐代志墓金石例。其書之作，亦本朱彝尊志。

續修四庫全書提要評漢魏六朝志墓金石例云：

> （其書舉）漢魏碑七十八首，爲例一百三十六條，自晉至隋碑誌七十八首，爲例一百四十八條。其文大都取自六朝人別集，及隸釋、隸續、金石萃編諸書。其第三卷又專輯蔡邕文十五首、庾信文十四首，以爲碑誌之楷式。而支離瑣碎，挂漏尤多，學者無所取焉。

又評唐人志墓諸例云：

> 此書取唐人文集中所見碑誌及陶宗儀古刻叢鈔、王昶金石萃編中所著錄之唐人墓誌，

㊴ 參本書東漢官宦冢墓碑額題職例及其相關問題第三節。

㊵ 同上注。

㊶ 詳參韓昌黎文集校注第三卷與鄭相公書及題下舊注。

撰爲誌例，凡九條，每條皆以各碑誌之例實之，其間亦有漢魏六朝所未有，而潘昂霄、王行、黃宗羲三家所未舉之例。……編末有誌墓例附論八條，泛論墓誌文體，無關宏旨。

今按：提要所評，殊失公允。吳書文字雖簡，實讀書有得之作，非以例多取勝者也。其貢獻有三：破除碑誌專尚韓愈散體之成見，闡揚蔡邕、庾信駢體之成就，一也。指出「十三事」者已備於庾信，爲隋代唐初文士所宗法，二也。破除王行「十三事」備爲正例、略爲變例之說，三也。此非具文體沿革演進觀念者不能道也。玆引其要語以表彰之。志墓例附論云：

（潘、王、黃）三家之悉以韓文爲例者，以文起八代之衰之言也。文章駢格，肇自東漢，其時志墓之文，率多儷偶，乃古人正格。至隋唐尤甚。揆之散著，實殊途同歸。若槩目爲卑濫，在散體中又豈少市聲俗軌之譏。要之，各有短長，未可偏廢，則尊韓、蘇而薄徐、庾，非通人持平之論矣。

又云：

金石所重，在可書不可書耳。或略或詳，又其次也。止仲則舉韓文姓諱等十有三事例之。夫志墓之製，肇始東漢，所云十三事者，未見備於一篇之中，蓋彼時文體簡朴，故魏晉誌銘並姓諱皆不載者甚衆，後魏時始有詳敍者，至北周庾開府出，此十三事備矣；隋至唐初，撰文之士悉宗法之，又較詳密。要之，昌黎起衰振靡，出言爲經，本非六朝文士可及，然於古人文字義例章法之善者，未必不從而效之，非皆由自創。今卽以昌黎之文與中郎、開府二家參考之，知其效法古人者居多，則又豈可置漢魏六朝之文而不論乎？同時李、柳諸公，因義製文，各有所創，已不專以昌黎一家之言爲限。且此十三事之外，或有事異而於理應書者，或本不應書而於本人有關係者，或今古勢殊，古所無而今所必應書者，又豈止仲之書所能括耶？凡此止當據古人所已有，揆諸義而協，因時裁度而書之，斯可矣。余故取漢魏六朝文中可爲例者悉標舉之，不以止仲所編爲藍本而迂守此十三事也。

據此，知卷三引蔡邕、庾信文二十九首者，示後人碑誌內容之沿革，亦示韓愈嘗取法古人也；全書著例略簡者，去其「不可書」也。考王芑孫論碑版文字，尊韓、歐而薄八代，而其碑版文廣例卷七亦嘗云：「凡其人皆在韓、歐以前，凡其文皆韓、歐所嘗裁擇去取乎其間。」然其說不能如吳鎬之明確持平也。是則提要以「支離瑣碎，挂漏尤多」、「泛論墓誌文體，無關宏恉」責之，爲不悉吳氏著書之旨矣。

吳氏讀書細心，識見通達。雖然，非無失考之處。如漢魏六朝志墓金石例卷二「魏故寧朔將軍同州鎭東將軍漁陽太守宜陽子司馬元興墓誌銘」㊷條云：「右誌書氏諱鄉邑，後詳述其高曾祖考諱字官階謚法，凡一百七十餘言，敍本人止十六字，不言官秩，變例也。或云南朝禁墓誌，故僅載官秩，不敍功勳耳。書遷葬於溫城西北二十里，一例也。」按：司馬元興傳見魏書卷三十七，魏官也，其墓誌亦題魏官，據魏書地形志，溫城屬河內，魏地也，元興官魏葬魏，與南朝禁墓誌何涉？李氏偶不思耳。又同卷「隴東王感孝頌」㊸條云：「按後魏、北齊之世，鐫佛造像，祈求福報，亦有追資其父母、子嗣者，見於今共計五六十篇。爲父母作墓誌者甚罕，蓋世風之乖陋也。」按：凡刋父母碑誌，非子女經營而誰？顧漢代以來，撰銘必稱門生、故吏、郡人、長官者，以銘皆美詞，不宜由子女出之耳，若碑文係出他人意，則爲榮耀。故漢司空文烈侯楊公碑，其子楊彪立，而碑文則撰人之稱㊹。又漢司徒袁公夫人馬氏碑㊺，其子懿達、仁達立，而云：「乃撰錄母氏之德履，示公之門人，覩文感義，采石於南山，諮之羣儒，假貞石以書焉。」是其子僅出「行狀」，碑文則他人意也。又漢郭輔碑㊻，女明文立，而云：「感惟考妣克昌之德，登山采石，致於墓道，邑人縉紳，刻石作歌。」是亦謂他人撰也。除墓主無子孫外，碑文中雖不述子女立碑，非子女其誰邪？蓋刋碑誌，倩人作文爲合禮得體，此碑誌文重要之義例也。李氏能察秋毫之末，而目不見輿薪，何也？

九、清王芑孫碑版文廣例

碑版文廣例十卷，清王芑孫撰。卷首有王氏族弟瑬道光二十一年敍及王芑孫自敍，自敍無年月。王芑孫嘉慶二十二年卒，年六十三㊼。而據王瑬敍及卷尾江元文跋，知是書道光二十年始付梓，翌年多竣事，蓋去王氏之卒，幾三十年矣。

王氏爲著名文士，著有淵雅堂集，而亦深究金石文字。此書外，別有金石三例評，王氏二十餘年讀金石三例之眉批也，未刊，光緒三年爲馮焌光所得，付梓，明年六月竣工，而焌

㊷ 見金石萃編卷二十七。

㊸ 見金石萃編卷三十四。

㊹ 碑文蔡邕撰，見全後漢文卷七十八。劉寶楠漢石例卷二「子立父碑」引楊公碑而加按語云：「序文稱公，銘辭稱伊公，碑雖其子所立，而辭則撰人之稱。」

㊺ 碑文蔡邕撰，見全後漢文卷七十七。

㊻ 見隸釋卷十二。

㊼ 據碑傳集補卷四十七。

光先兩月已卒[48]。金石三例評之論旨與碑版文廣例同，以未單行，故本文不另論列，附本節中。

王氏自敍述其著書宗旨云：

元潘昂霄金石例、明王止仲墓銘舉例，其論皆主韓歐。秀水朱氏（按：朱彝尊）嘗欲臚舉鄱陽洪氏隸釋、隸續所述漢碑版，以補潘氏、王氏兩家之闕，而未及也。吾今不自揣量，輒又旁推秀水之言，上追秦漢，下訖宋元明[49]，作碑版文廣例若干卷。潘氏目其書曰「金石」，概辭也。王氏目其書曰「墓銘」，專辭也。吾今於潘氏、王氏所已舉不更舉，其所未舉一一舉之。潘氏、王氏專舉韓歐，吾一不舉韓歐，要之，以文章正統與韓歐也。夫文章之用鴻矣，碑版爲大，一器而工聚焉者也。碑版莫盛於韓歐，韓以前非無作者，凡其可法，韓歐則既取而法之矣；其不可法，韓歐亦既削而去之矣。韓以後非無作者，能以韓歐之例例秦漢，例元明，無往不得矣；不以韓歐之例例秦漢，例元明，無往不失矣。得失之數明，而後承學治古文者有所入，此吾廣例之說也。雖然，傳家以例說春秋而春秋晦；文家以例求文章而文章隘。或原也，或委也，吾與潘氏、王氏持鍤荷畚，臨滔滔者以遏其流，非導其原也。世有持原而往者，吾書與潘氏、王氏之書俄空焉。快哉乎！其達於文也。

又卷一云：

吾以文章正統與韓歐矣，顧乃上追秦漢，而尤詳於漢，何也？……觀乎漢，而後知韓歐之道之難，韓歐之文之貴也。……吾今卽秀水之言舉無例者一一例舉之，而實非能例舉之也，聊舉其異焉爾，舉其異而漢碑版之無例自見。……吾用秀水之說以成書，而與秀水異意。不可無述，故首發之。

據此，知王氏全以文章之美惡論碑版，廣例所以示無定例也。其論文章，推尊韓歐，鄙薄漢魏，故張穆敍劉寶楠漢石例云：「長洲王氏碑版廣例，雖上取秦漢，下訖中唐，其恉乃主於摧毀漢人，專以文章正統與韓歐。」蓋王氏雖深於金石文字，然其基本觀念，反對據成例撰文，故於潘昂霄金石例卷六韓文公銘誌括例下評曰：

凡此等皆臨文之變，隨時而改，隨人而異，無例可言。若一一以例言之，則轉成擔版，作者之心思才力，皆坐困其中而無繇自騁，卽使一皆如例，亦所謂縛律僧也。縶虎囚龍，豈有與於斯文也哉。

㊽ 以上參金石三例評卷尾馮焌光識語及馮端光識語。

㊾ 王氏此書括例止於中唐，論述引證則兼及宋元明。

又於黃宗羲金石要例卷首識語下評曰：

> 凡著書皆爲知者道，惟此（按：指括例書）乃爲不知者道也。

蓋以爲括例書籍，就後進學作文章言，僅具消極作用也。唯王氏亦嘗於王行墓銘舉例卷一「柳子厚墓誌銘」條下評曰：

> 例者，所以防濫也。學者之事也，非作者之業也。

是亦不否定括例書具考證功能或應用功能。此王氏之所以反對括例而仍有括例之作也。

其書起秦訖唐，先依時代分先後，復以品目相同者爲類聚，凡爲例一百九十八，體例嚴整，舉證精博，蓋不僅具沿革觀念，復詳體製之別，內容視前此梁玉繩、李富孫、郭麐、吳鎬諸家書爲富。續修四庫全書提要評其書云：「後之學者，凡言碑版文例者，當於是書取法焉。」允爲的論。如卷七「墓誌今式所始例」、「題額人列名所始例」、「篆額題額列名例」、卷八「自爲墓誌例」，皆能示爲例之始，而具參考價值。

然王氏之考證，亦有不如梁玉繩、李富孫者。如卷九「始用堪輿家羅經山嚮例」云：

「用堪輿家羅經山嚮以著葬地，例始唐人大中十二年侯官縣丞湯華墓誌[50]『歸葬於明州鄮縣龍山鄉江上里庚嚮之原』。」此自不如梁玉繩誌銘廣例卷二「葬地書向」條舉漢郎中馬江碑[51]「先君之庚地」等爲確。又如卷七「世系之外不敍事實例」云：「漢魏不書葬地，晉王獻之保母志[52]始書『黃閍岡』。」此自不如李富孫舉漢太傅文恭侯胡公碑之早。卷九「誌載生平著撰例」云：「開元中陳憲墓誌[53]云：『嘗著中道通教二論，注周易，撰三傳通誌廿卷，集內經藥類四卷，合新舊本草十卷，並行於代。』此爲後人碑誌臚載其人著撰之所始。」此自不如李富孫舉北魏永平四年中書令鄭羲碑爲確。李氏二說，已見該節，故此不詳述。

此外，其說之顯誤者，如卷六「額題故階例」引「漢故衞尉卿衡府君碑」[54]，云：「案衡方自九卿左降爲五校，此猶書衞尉卿，從其所尊蓋故官也。漢例惟守相得稱府君，方嘗歷守北平、潁川，遷除久矣，此猶書府君，從其故稱也。」又同卷「額題郡邑例」引「漢故光祿勳東平無鹽劉府君碑」[55]，云：「案劉曜以公族歷官甚多，此題光祿勳，舉今秩也，題府君

[50] 見八瓊室金石補正卷七十五。
[51] 見隸釋卷八。
[52] 見金石萃編卷二十五。
[53] 見金石萃編卷七十七。
[54] 見隸釋卷八。
[55] 見隸釋卷十一。

者，以問(按：疑誤)守河內，從故稱也。」二條俱以「府君」一詞僅指守相，二碑額有「府君」字指衡、劉二人嘗爲太守。按：王說非是。漢官開府者皆得稱「府君」，故三公九卿、守相、都尉、屬國亦得稱「府君」、「明府」，縣以下則無「府」而稱「廷」[56]；且漢代碑額稱「公」、「府君」、「使君」、「君」、「侯」、「掾」例與所著官職相應[57]，衞尉、光祿勳既是九卿，篆額者何必舍九卿而稱守相乎？且於文義實爲不屬。然則王說誤也。又如卷七「官名假借文言例」云：「漢及魏晉，惟守相稱『府君』，餘皆質書某官，其或繁冗，則裁損其字，不假文言爲潤飾也。隋陳茂碑[58]，茂歷官甚顯，最後授上開府儀同三司太僕卿判黃門侍郎，而其碑額題之曰『大隋上開府梁州使君陳公碑』。雷明府石像碑[59]，雷以伏波將軍奉車都尉爲縣令，而其碑額題之曰『大隋南宮縣令奉車都尉雷明府石像之碑』。『使君』、『明府』之稱，雖起於漢，而書之碑版，此其肇端也。」按：北魏已有縣令而稱「明府」者，李謀墓誌[60]額題「大魏故介休縣令李明府墓誌」是也；北齊有位僅開府參軍事而稱「府君」者，崔頠墓誌[61]是也；又有無官爵而稱「府君」者，北周保定元年周弘正撰太學生拓跋府君墓誌[62]是也。王氏所舉，實亦晚矣。至刺史而稱「使君」，自漢至唐不絕，金石書著錄者不勝枚舉，王氏謂始於隋，蓋偶不思也。

至如卷七「碑後書女書壻例」謂：「漢魏墓文無書女、壻者，北魏李超志[63]書女及壻，不入於文中，附之文後，要此爲書壻所從起。」不知晉荀岳暨妻劉簡訓墓誌陰[64]已一一書女及壻之名矣。卷八「書地界四至例」以晉太康瓦莂65爲最早，而不能舉莒州漢安三年刻石66。然荀岳及莒州二石晚出，此自不必責之王氏者也。

一〇、清梁廷枏正續金石稱例

金石稱例四卷，續金石稱例一卷，清梁廷枏撰。正編有嘉慶二十三年自序，續編有嘉慶

56 以上詳參劉寶楠漢石例卷一「碑文稱府君例」、「碑文稱明府例」。另參本書石刻文字考辨第三篇漢相府小史夏堪碑。

57 詳參本書東漢官宦冢墓碑額題職例及其相關問題注16。

58 見金石萃編卷三十九。

59 見金石萃編卷四十。

60 見漢魏南北朝墓誌集釋圖版二四六。

61 見漢魏南北朝墓誌集釋圖版三一九。

62 參見金石錄卷三第四百二十及卷二十二。

63 見漢魏南北朝墓誌集釋圖版二四三。

64 見漢魏南北朝墓誌集釋圖版一四之二。

65 即楊紹買冢地莂，參潛研堂金石文跋尾卷二。

66 文載增補校碑隨筆頁五十五至五十七。石光緒十九年山東莒州出土。

二十四年自序。書前冠以溫葆淳道光八年序。據溫序，原書尙附碑文摘奇一卷，玆所據槐廬叢書本無之，梁氏所著藤花亭十七種中有。

梁書分國制、官屬、姻族、喪葬、文義、時日、二氏七類，記金石之例，而以稱謂爲主，故名「稱例」。續修四庫全書提要云：

正編始三代迄五季，續編則補以宋元遼金。其中穿鑿附會者不一而足，如國制類，引庚申父丁角「十六月唯王乙祀（原註：應作廿祀）」，爲卽位未改年者以月稱例。又如文義類，引宋拜文宣王廟記，題「給事中撰」；不稱姓名，本非常例，而舉爲撰碑人止具官銜不稱名姓例。其他七類之中，卽洪适隸釋所載尙多可採者，至於明清人著錄金石之書更無論矣。

所評俱是。

梁氏著述頗富，然文士也，非學者，考釋多不精。如卷一國制類，謂：「拜官未就，碑文仍稱前職，（漢）高陽令楊著碑額止稱高陽也。」又加按語云：「著曾拜思善侯相，聞拜後，卽以兄憂去官。」按：楊著以高陽令去官，復起爲司徒掾屬，遷思善侯相，遭兄憂復去官。自歐陽修集古錄跋尾以來論此碑者皆無「拜官未就」之說；且思善侯相前楊著爲司徒掾屬，梁氏「拜官未就，仍稱前職」之説實與碑文所述不符。蓋不知漢人「題尊」之例也[67]。同卷謂：「匈奴之長自稱單于。魏公卿將軍上尊號奏[68]：匈奴南單于臣泉。」按：「泉」者，漢所封匈奴南單于呼厨泉也，建安二十一年率其名王朝漢，遂留鄴，見後漢書南匈奴列傳、三國志武帝紀。考南匈奴，漢光武帝以還，受漢璽綬，爲漢臣，此「匈奴南單于」者，呼厨泉之官號也，故泉自稱臣；其例與當時同上尊號者自稱官號相同。梁氏之説失之。又同卷謂：「長官稱明府。漢北海相景君碑[69]誄『伏惟明府，受質自天』也。」按：梁氏不知漢人所謂「府君」、「明府」特指開府者，非長官皆可謂「明府」也，劉寶楠漢石例卷一「碑文稱府君例」、「碑文稱明府例」論述甚詳，茲不贅。

卷二姻族類「長子稱門子」條，引唐大歷十四年段行琛神道碑[70]爲證，不知「門子」已見開元二十六年尉遲迥廟碑[71]。二碑皆載金石萃編，梁氏失檢。

卷三喪葬類，謂：「葬稱安厝。唐房彦謙碑[72]，庚申朔越二日安措也。」又「内侍葬稱

[67] 以上詳參本書東漢官宦冢墓碑額題職例及其相關問題。

[68] 見金石萃編卷二十三。

[69] 見金石萃編卷七。

[70] 見金石萃編卷一百一。

[71] 見金石萃編卷八十二。

[72] 見金石萃編卷四十三。

安厝」條云：「高力士碑[73]，□日安厝，成其志也。」不知「安措」已見漢靈帝光和四年童子逢盛碑[74]。同卷文義類，謂：「墓銘稱頌，南梁郡太守司馬景和妻墓誌銘是也。」不知漢碑稱「頌」者甚多，如冀州刺史王純碑[75]、幽州刺史朱龜碑[76]等已有之矣。

余謂梁氏既考碑誌稱謂用語，宜舉其出現之最早者，並與圖書文獻相印證，論其承襲抑或始創，則不僅有益研究語源，且令後學詳禮俗變革，而知所採擇；如不分時代，隨手舉例，則不知其義何居矣。如卷二姻族類「父稱顯考」條，纔引唐梁師亮碑[77]；卷四時日類「年歲稱稔」條，纔引唐段行琛神道碑[78]；續例姻族類「兄弟稱同氣」條，纔引宋駙馬都尉石保吉碑[79]；「顯考」、「同氣」與「稔」三詞皆古人習用之詞，梁氏著此爲例，舉證又晚，豈具意義乎！

一一、清馮登府金石綜例

金石綜例四卷，清馮登府撰。書前有道光七年自序。據序，馮氏以金石三例僅「折衷於（唐宋）文集，未搜羅夫碑版」，又未上溯漢魏，爲不知濫觴；郭麐雖有金石例補之作，而「其書卷帙簡略，滲漏甚多」，因「盡搜商周秦漢魏晉六代五季唐宋及海東諸國金石之文，條分類聚，溯其源而討其流，衷其至當者，成金石綜例四卷，蓋不專言誌銘例也」[80]。

今考其書，出入各代，亦云博矣。而考證未能細心，缺略實多。劉寶楠漢石例目錄後識語評之云（按：續修四庫全書提要金石綜例條引此而未標所出）：

漢碑已有之例而引六朝唐碑，如稱父爲「君」，已見樊安碑，而引唐顔氏家廟碑。銘詞分章，已見張公神碑、劉熊碑，而引唐木澗魏夫人祠碑銘。有銘不加「銘曰」，已見太尉楊公碑、陳留太守胡公碑[81]，而引北魏司馬元興墓誌。序三代書爵不書名，亦見楊公、胡公碑，而引東魏司馬昇誌銘。若斯之類，殊失檢校。

---

73 見金石萃編卷一百。

74 見隸釋卷十。

75 見隸釋卷七。

76 見隸釋卷十。

77 見金石萃編卷六十二。

78 見金石萃編卷一百一。

79 見金石萃編卷一百二十九。

80 按：馮書間採吉金文字，散見各卷。

81 胡公碑有「如何勿銘？乃作辭曰」云云，「辭」即「銘辭」也。劉氏、提要俱失察。胡公碑見全後漢文卷七十五。

細審馮書體例，著例僅取材拓本及隸釋、隸續、金石萃編等書，偶引文集，皆在按語中。楊公、胡公二碑，載蔡邕集，故未及引述爲例，唯碑誌括例本不應屏除文集，畫地自限，提要所評，馮氏自難辨駁，且樊安碑、張公神碑、劉熊碑俱載隸釋，馮氏失之交睫，自係粗心。至漢代買地契，如地節二年楊量買山刻石[82]、建初元年大吉買山地記摩崖[83]，其物晚出，馮氏成書時蓋未及見[84]，則不必求備於一人者也。

以余考之，其書失於檢校者，尚有數處。如卷一「墓銘稱先生」條按語，謂柳宗元陸文通先生表「舍官而稱先生，尊之也」。按：該表題「唐故給事中皇太子侍讀陸文通先生墓表」，一無「唐故」二字[85]，雖稱「先生」，何嘗「舍官」？又如卷四「香火」條，引北齊天統三年合邑諸人造佛堪銘[86]，謂：「碑書香火李英雄、孫子璨。後人『香火』之名始此。」按：「香火」一詞，有結拜兄弟（姐妹）、傳承家業、佛前香火供應人諸義。馮氏云者，究屬何義，語焉不詳。考「香火」一詞之出現，當在北魏時。趙翼陔餘叢考卷四十二「香火」條云：「北史，爾朱兆使高歡統六鎮，慕容紹宗諫之，兆曰：『有香火重誓，何慮耶？』紹宗曰：『親兄弟尚不可信，何論香火？』陸法和在江夏大治兵艦，梁元帝使人止之，法和曰：『求佛之人，豈規王位？但於空王佛所，與主上有香火因緣，以備救應耳。』（下略）」

爾朱兆、陸法和二事俱在天統三年前，馮氏謂「香火」始北齊者，猶當加此說明。

至其書之明顯錯誤，提要亦有不及指正者。如卷一「相妻」條，引北魏張相隊造像記[87]，云：「記稱相爲眷屬造天尊一區，後稱道士張相隊，相妻姚□姬。」按：該記見金石萃編卷二十七，「天尊一區」下，有「願大小□從心，息男胡女，息男□□，息女羅朱，胡妻楊興文」數字，是「相」者，張道士之名，「相妻」謂張道士之妻，猶「胡」者，張道士子名，「胡妻」者，張胡女之妻也，然則「相妻」豈得爲例乎？又如卷三「一碑五例」條，引北海相景君碑[88]，謂其額題「益州太守」爲誤，云：「益州部當言刺史，不當言太守。」按：馮說非是。錢大昕潛研堂金石文跋尾卷一云：「王元美云：益州當言刺史，不當言太

---

[82] 見八瓊室金石補正卷二。

[83] 見八瓊室金石補正卷三。

[84] 馮氏石經閣金石跋文有地節二年買山碑跋，則馮氏撰金石綜例時蓋未及見。又大吉買山地記，據方若校碑隨筆，道光三年由杜春生訪得，三年或云六年，馮氏綜例書成於道光七年，蓋亦未及見。

[85] 見柳河東集卷九。

[86] 見金石萃編卷三十四。

[87] 見金石萃編卷二十七。

[88] 見金石萃編卷七。

守。予案：漢時有益州，又有益州部，郡有太守，州有刺史，刺史治廣漢郡之雒縣，而太守自治滇池。蜀漢建興三年始改益州郡曰建寧，避州郡同名也。此碑額題『益州太守』，而銘稱『守郡益州』，其爲太守非刺史明矣。」錢跋又載金石萃編卷七，馮氏撰此書時，既嘗取閱金石萃編又嘗讀錢氏書矣[89]，竟不細觀，而致斯誤。

右舉馮氏疏誤數事，自關見聞廣狹與考證精粗，此學者所難免。余謂馮氏著書之失，實在不辨常例與特例，如卷一「碑書子女及婿於銘詞之後，子皆作息，女皆作息女」條，引北魏懷令李超墓誌銘[90]爲例，其說固是，而不能辨子稱息、女稱息女始自先秦兩漢，而李超誌所用乃當時常例[91]。卷二「書葬地」條引北魏司馬景和墓誌銘[92]爲例，其說固是，然不知此是當時定例，北朝墓誌幾無不書葬地者。而如卷二「撰人僅著官銜」條，引宋徐休復拜文宣王廟記[93]僅書「給事中撰」爲例；卷四「慕誌銘」條，引唐劉崟墓誌[94]以「慕」作「墓」爲例：實則二者係特例中之不足爲訓者，馮氏乃皆與常例並列，其不分輕重如此。

雖然，馮書亦非無足取者，續修四庫全書提要云：

> 自寶楠漢石例繼作，是書可存之價值僅在第三卷以下，泛舉石刻諸品，詳其體制，治考古學者偶有所取資焉。

是學者亦得讀馮書而知石刻諸品之名目體製矣。

一二、清鮑振方金石訂例

金石訂例四卷，清鮑振方撰。書前有王振聲道光二十七年序，又有鮑氏手訂「例言」。書後有鮑子懋恆、廷爵跋，謂其父著作「同治庚申，髮逆陷虞陽，稿遂散失。……惟金石訂例一書，僅僅於流離轉徙中携出」云云。按：庚申乃咸豐十年，謂同治者，誤也。蓋此書之刋刻在同治之後矣。

據鮑氏「例言」，「訂例」者，折衷潘昂霄金石例之繁與黄宗羲金石要例之簡也。卷一

89 如卷一「多敍先世銜名」條引王昶語甚長，語載金石萃編卷二十七。又同卷「三代皆書夫人并書夫人之父諸子不盡書銘詞後别敍夫人」條引錢大昕語，語見潛研堂金石文跋尾卷二。

90 見金石萃編卷二十九。

91 戰國策趙策：「老臣賤息舒祺。」漢書高帝紀：「臣有息女，願爲箕帚妾。」又北朝碑誌稱息、息女者至多，參金石萃編及漢魏南北朝墓誌集釋。

92 見金石萃編卷二十九、漢魏南北朝墓誌集釋圖版二三〇之二。

93 見金石萃編卷一百二十五。

94 見陸耀遹金石續編卷十。

碑誌訂始、卷二卷三金石訂例上下五十七條是也。自謂：「凡引兩先生語，必冠以某曰。鄙見則加『振方按』三字」。第四卷金石推例八十條，則採王行墓銘舉例之「有當於文律者」，「餘皆削之」。故續修四庫全書提要云：「蓋鈔撮潘昂霄、王行、黃宗羲三人之書而成。」

余細閲全書，乃知鮑氏爲不學，而此書則欺世盜名之作耳。卷二卷三所謂「振方按」者，實竊他人說爲己見。茲以文多，不能遍舉，聊舉數例明之。如卷二「書子姓例」，有「振方按」云云，實則上段全照鈔金石要例「單書嗣子例」。同卷「妾不書例」，有「振方按」云云，而其論旨、舉證全本黃書「妾不書例」，唯略更動次序耳。同卷「書孫曾例」，有「振方按」云云，而其論旨舉證全本黃書「書孫曾例」，亦略更動次序耳。又同卷「誌銘書法大要例」，謂「要例曰……振方按：亦有……也。」按：此所謂「要例」、所謂「振方按」者，實係王行墓銘舉例卷首語，僅略顛倒數字耳。卷三「婦女誌及行狀例」實截鈔自黃書「婦女誌例」、「行狀例」、「婦女行狀例」，而謂之己意。同卷「題不書官與姓例」及「不書姓例」實截抄自墓銘舉例各卷，而亦加「振方按」三字。又同卷「碑誌宜直書名字例」，實截取自黃書「書名例」，而攘爲己說。

凡有「振方按」云云者，皆此類也。而編造之際，尤唐突魯莽，上引「書孫曾例」，以黃氏有「至宋則皆書孫矣」一句，乃云：「書孫之例，疑起於宋孫一書」，竟以「宋孫」爲書名。上引「題不書官與姓例」，竟以韓愈樊紹述誌爲柳宗元作。以上述者衡之，則不謂此書爲欺世盜名可乎？此翻檢是書者所宜知者也。

一三、清劉寶楠漢石例

漢石例六卷，清劉寶楠撰。卷首有道光十年自序，目錄後有道光十六年識語。書前冠以道光二十九年張穆敍，蓋是年始刻。

據劉氏識語，清人括例之作，劉氏嘗見梁玉繩誌銘廣例、郭麐金石例補、馮登府金石綜例三書。按：王芑孫書刊於道光二十一年，劉氏自未及見。吳鎬書撰成於嘉慶七年、李富孫書刊行於道光五年，皆在劉氏成書前，而劉書及張穆敍俱未道及，疑係二書流傳不廣，故未之見也。

劉氏學問精湛，其論語正義，名著也。玆撰此書，循前人之先路，因丘陵而爲高；至觀念清晰，體例嚴整，則尤難能者也。續修四庫全書提要評之（按：本張穆敍之說）云：

世之講求金石例者，自元潘昂霄、明王行、黃宗羲，以至有清中葉，遞有所述，然取法不越昌黎，間或採輯漢魏石刻，大都折衷未當，舉例尚疏，至長洲王芑孫碑版廣例，雖取材秦漢下訖中唐，其恉乃主於摧毀漢人，專以文章正統與韓歐，以謂漢碑乖離析亂，人率其臆，未嘗有例。而竇楠深明漢學，本朱彝尊跋墓銘舉例之意，壹以東京爲主，傅以經術，加之博證，故其書頗能得大義，義舉而例亦因之，至於斷制深嚴，條理明暢，尤非諸家所能及，蓋不僅文章家之事也。

詳析劉書，知劉氏撰書之觀點如下：

一、「金石之學，藉以考證經史」（識語），而括石「例」，亦當據經史以闡其「義」，「義舉而例亦因之俱舉」（張穆敍）。故劉書極重釋「義」。

二、欲闡其「義」，自宜斷代爲論。以世遷事異，一代之「義」未必能統攝各代也。故劉書「魏晉以下，概從闕如」（自敍）。

三、義例各代既不全同，後世不宜泥古，其有見於古而礙於今者，撰文之士不應據以爲例。故劉書自敍首標漢人有例而後不可爲法者，如「祖母稱母」等凡二十餘事。

蓋劉書既能全盤歸納漢代貞珉，復知注重釋「義」，故能分辨定例、常例與特例，而知一代之風尚；判別例之善者與例之惡者，而知可從不可從。而其所附按語，每論及歷代稱謂之含義及沿革，原原本本，令讀者知古而不泥古。故劉書實金石諸例中最清晰合理之作。

如卷一「碑額書姓碑文不復書但書名字郡邑例」，引太尉橋公碑[95]、陳太邱碑[96]爲例，云：「此定例，不備錄。」又云：「碑文先書諱，次書字，次書郡邑，常例也。」同卷「碑額書姓碑文復書姓例」，引張平子碑[97]、故民吳公碑[98]，云：「漢碑無額者，碑文書姓。……碑有額而復書姓者，所見惟此二碑，例之變也。」以上著明定例、常例、特例（例之變），皆出歸納，正確不可易。

又如卷二「詳敘先世功德書名例」，引國三老袁良碑[99]爲例，又按言云：「隸釋，綏民校尉熊君碑[100]，略同。按敘述先世，稱美不稱惡，此定例也，（潘乾）校官碑[101]敘其先世，獨及弒君之潘崇，此固古人直筆。然華耦無故揚其先人華督之惡，左氏譏之。則校官碑固不可爲訓。」此則根據經義，又衡諸人情，而分別例之善者與例之惡者，通達合理，能示後學撰文之要者也。

至如卷一「碑文稱使君例」論「使君」一詞之含義與所指，「碑文稱先生例」論「先

[95] 碑文蔡邕撰，見全後漢文卷七十七。
[96] 碑文蔡邕撰，見全後漢文卷七十八。
[97] 見隸釋卷十九。
[98] 見隸釋卷九。
[99] 見隸釋卷六。
[100] 見隸釋卷十一。
[101] 見隸釋卷五。

生」一詞自先秦至漢詞義之演變，卷三「書門生門童弟子不同例」詳析「門生」等三詞所指自漢至六朝之異同，皆博引經史，論證詳明。

右述者，僅舉一二例說明劉氏著書之大要而已，其書俱在，學者據其說以檢校漢石，當知劉書體大思精，傑作也。續修四庫全書提要雖云：「唯其書成於道光季年，迄今漢石之出土者日增，袁安袁敞之碑⑩、馬姜左元異之誌⑩，又非寶楠此書之例所能限矣。」然近世出土漢石，類多斷殘，其可爲劉書之助，如據三老趙寬碑⑩額「三老趙掾之碑」可補書「碑額稱掾例」者，實亦有限，是寶楠書成迄今雖逾百五十年，猶爲研究漢代石刻所必參考之作。

其書偶有宜加訂正者，如卷一「碑額書前官例」，仍據洪适隸續說，謂梁休碑額書公府掾者爲「重內」，筆者已於本書東漢官宦冢墓碑額題職例及其相關問題一文駁之；又如卷二「書合葬例」，引陳立說，謂額題合葬始於唐，不知北魏隋代皆有其例，筆者已於本文梁玉繩誌銘廣例一節述之；故皆不贅。但如此類極少，斯亦足證劉書之謹嚴矣。

一四、結　論

總結上論，知十二家書中，無價值而可廢者，鮑振方金石訂例一書而已；其餘各書，宗旨有別，成就各異，皆或多或少有助研治石刻之學。王行墓銘舉例代表古文家若干觀點與見解，吳鎬漢魏六朝唐代志墓金石例強調駢體碑誌文之成就及對隋唐以後之影響，王芑孫碑版文廣例通論各代，復能釐清括例之學與文學之關係，劉寶楠漢石例專論漢代石刻之義例，皆其中之重要者。而觀念、體例、考據，以劉書最精當，宜爲此學繼起者之楷模。

蓋括例之書，成分頗爲複雜。大體言之：就應用文體之觀點立論者，則重視正例、變例，並注意當代律令之配合。純就文章美惡之觀點立論者，則不以爲有所謂「定例」。就輔助經史考證之觀點立論者，則講求義、例之關係。就碑誌內容沿革之觀點立論者，則強調定例、常例與特例之分別。而四種觀點，每於一書中雜然並陳，蓋雖可分而實不可截然分別。又其所用術語每名同實異，如清人所謂變例多係特例之義，與王行所謂變例含義不同。此其書之所以難讀也。

古人所見碑誌、文集，不如今世之多而便利，以囿於聞見故，其所括例每待今人訂補，尤以北朝碑誌大量發現出土後，前人所斷「某朝前無某例」、「某朝始有某例」云云，多須

---

⑩² 漢司徒袁安碑，民國十八年出土；參增補校碑隨筆頁三十七。漢司徒袁敞碑，民國十一年出土；參增補校碑隨筆頁四十三。

⑩³ 漢馬姜墓記，見漢魏南北朝墓誌集釋圖版一。漢左元異造廬舍金石柱題字，民國十五年山西離石出土，今藏英國倫敦博物館；參增補校碑隨筆頁六十一。

⑩⁴ 碑民國三十二年出土，或云二十二年。詳參馬衡凡將齋金石叢稿卷五漢三老趙寬碑跋、蘇瑩輝漢三老趙寬碑考略、增補校碑隨筆頁一一七。

修正，是以研讀其書，必取近世出土、發現之碑誌相參核，始能避免沿襲其誤。

其書雖難讀而多誤，然以今世金石學概論一類書籍未能指示初學門徑，而古人題跋多係一碑一誌之考證，不論研究方法，則有此諸家書猶愈於無書也。

筆者以爲：吾人若能建立四項觀念，則括例之學宜能發揚光大，復爲石學重要一支：

一、括例與考證二學不可分。蓋考證精則所括之例確，括例確則後人考證之功省。右十二節，筆者訂補之誤例，小半爲資料不足所致，大半實係考證不精。考證之要有二：以縱而言，證據必求其早，是知源流；以橫而言，資料必求其全，是知大體。

二、括例必當分別定例（無例外或絕少例外）、常例（大多數）與特例（極少數）。若常例、特例不分，則括例之學無助考證，亦無助研究文章。常例、特例分，則憑以研讀碑誌，乃能掌握要領，而有若目在綱之效。

三、括例必求其義。有義而後有例可言，若求得常例而不知其義，其例與無例同。

四、知其義，然後能判別例之善者與例之惡者。知例之善惡，然後能知撰者學問造詣之深淺、一代禮俗制度之良窳。此不僅爲文學批評之事，亦研究禮俗制度之事也。

尤有進者，若有世之方家出，結合石刻品目體製與石文義例，撰爲一書，確定石學之具體內容，指示石學之研究方向，因使石學大昌，則筆者所最企盼者也。

石刻文字考辨三十篇

後所討論石刻文字，凡三十通，文中及注中引用其他石刻，又七十餘通，分見洪适隸釋、隸續、王昶金石萃編、陸增祥八瓊室金石補正、趙萬里漢魏南北朝墓誌集釋（簡稱：集釋），翻檢易得，故此不附圖版或全文。惟覽者詧焉。

前人題跋，例標碑名，不另製題，故覽者未能望題知旨，茲姑仍其例，而另製提要，以濟其弊，亦惟覽者詧焉。

又，第一篇至第三篇，曾以「漢碑考辨三則」爲題，載書目季刊十八卷四期，後收入屈萬里院士紀念論文集。第四篇至第八篇，曾以「魏晉碑記考釋五則」爲題，載臺大中文學報創刊號。收入本書時，均曾增改。

提要

一、**漢執金吾丞武榮碑**靈帝初

肯定武榮「治魯詩經韋君章句」之「韋君」係指韋賢、韋玄成、韋賞之「韋」，韋氏實有章句，可補史傳之漏略，並駁葉奕苞魯詩皆無章句之說。因論及漢世經師有守學、有改學；守學者，述師說而已，不必別出章句，是謂守師法；其改學者，則往往別出章句以自異其師，是謂創家法。凡史傳言某經有某氏之學者，皆改學而名家者。惟改學者，有時徒爲口說，未必有章句行世；然自定章句行世者，則必爲改學者。

二、**漢綏民校尉熊君碑**獻帝建安二十一年

考定碑主熊君係於建安十五六年受劉備之命立灌陽縣，否定洪适及葉奕苞所主受劉表命立縣、顧祖禹及洪亮吉所主受孫氏命立縣之説。因論及續漢書郡國志所記地理沿革以順帝爲斷，沖帝以下不與焉，故治漢末地理，正可取碑補史，不宜據史疑碑或據碑疑史。

三、**漢相府小史夏堪碑**漢末

考證東漢所謂「相府」係指王國相之官府，否定洪适「相府」指三公府、葉奕苞「相府」指丞相府或司徒府之說。並指出所謂「小史」係低職官名之一種，否定洪适「以其蚤世，故謂之小史」之說。

四、**魏章陵太守呂君碑**文帝黃初二年

除考釋碑文外，根據碑文與後漢書、三國志相推考，補正前賢對章陵郡國守土者及沿革之成說。

五、**魏東武侯王基殘碑**元帝景元二年

指出此碑可爲「蜜印」一詞不作「密印」之證據。因說明「蜜印」之「蜜」指蜜蠟，魏晉時代出現「蜜印」，係當時始有自蜜分解蠟之技術。又以牽涉所及，略論古代印章制度。

六、**晉任城太守孫夫人碑**武帝泰始八年

指出「實曰口姬」一句係言孫夫人名諱，因說明當時貴族女子命名喜用「姬」字。

七、**吳九眞太守谷朗碑**末帝鳳凰元年

駁正陸增祥對碑主仕履之誤說。又據碑文指出孫吳亦嘗有大小中正之制度，爲歷來論史者所忽略，可補史之闕文。

八、**漢安平相孫根碑陰題名**魏晉時

駁洪适以「大中」爲「大中正」省稱之臆説，舉證説明「大中」實「太中大夫」之省稱，因略論當時省稱官名之習慣。

九、**北魏中常侍張整墓誌**宣武帝景明四年

論張整即魏書閹官傳之白整，實稽胡，冒稱南陽白水人。又指出白整與閹官劉騰俱有假妻，可補趙翼、錢大昕所舉內監有妻之例。

一〇、**北魏魯郡太守張猛龍清頌碑**孝明帝正光三年

據碑陰題名證魏書地形志魯郡領縣有六，今本脱弁縣。

一一、**北魏江陽王元乂墓誌**孝明帝孝昌二年

誌主係北魏末權臣。本篇先論誌主名、字，因及北魏時據胡名取漢名之法。又據誌指出魏書本傳載誌主歷官、解官頗有脱誤，故傳文扞格不通。

一二、**北魏侍中侯剛墓誌**孝明帝孝昌二年

論侯剛實代人，冒稱上谷居庸人；因舉朱瑞、賈粲、趙邕等例論北魏胡人微族冒稱漢人著姓之目的與方法。

一三、北魏元伏生妻與龍姬磚誌孝明帝孝昌三年

論誌主出慕輿氏，不出慕容氏，並論二氏之關係。

一四、北魏東平王元略墓誌孝莊帝建義元年

指出誌文所記干支之誤，因論及當時喪葬習俗。

一五、北魏通直散騎常侍元廞墓誌孝莊帝建義元年

據史傳論誌文「採金」及「長子城」二事可反映魏末經濟及軍事問題，以補趙萬里考釋所未及。

一六、北魏兗州長史穆彥墓誌孝莊帝永安二年

指出穆彥係爾朱榮之黨，因得據此觀點通讀誌文。

一七、北魏贈長平縣開國男元液墓誌孝莊帝永安三年

推考誌文，合諸史傳，指正趙萬里考釋之誤。又論誌主妻父馮次興係馮熙庶子，因論及內行內小職務之性質及此官之淵源流衍。

一八、**北魏通直散騎常侍李彰墓誌**孝武帝太昌元年

指出李彰結銜之正讀，以正吳士鑑、羅振玉之誤說。

一九、**北魏魯郡王元肅墓誌**孝武帝永熙二年

據史傳通讀誌文，以補趙萬里考釋之闕，並論北魏末嘗有兩廣州。

二〇、**北魏寧國伯乞伏寶墓誌**孝武帝永熙二年

據誌文論誌主出鮮卑乞伏氏，因指正魏書乞伏保傳之誤，並駁姚薇元謂乞伏寶出高車乞袁氏、趙萬里指誌主出高車泣伏利氏之說。

二一、**北魏臨淮王元彧墓誌**北魏末

論元彧係北魏宗室翹楚，因取史傳及碑誌相推考，所得較魏書加詳，遂得補正羅振玉「傳詳誌簡」之說。

二二、**東魏中岳嵩陽寺碑**孝靜帝天平二年

論「皮紙骨筆」係當時習用釋典，並駁王昶謂此碑語本洛陽伽藍記之說。

二三、北齊隴東王感孝頌後主武平元年

據法苑珠林載郭巨事以解讀銘文，因得指正王昶之誤釋。

二四、北齊驃騎大將軍乞伏保達墓誌後主武平二年

據魏書官氏志駁吳士鑑據此誌論「散男」之制創於高齊之説。

二五、北齊邑義主一百人等造靈塔記後主武平三年

駁山左金石記釋「雀離」爲「雀羅」，趙魏、王昶釋「雀離」爲「浮圖」之説，因得記文之正讀。

二六、隋授揚州刺史□靜墓誌文帝開皇三年

據史料考釋誌文所述誌主得姓之源，印證趙萬里推測誌主姓「喬」之説，並解除趙氏對部分誌文之疑惑。

二七、隋東海郡守雍長暨妻栗氏墓誌文帝仁壽元年

據當時習見文例，以指正趙萬里對「其先文照之苗裔」一句之誤解。

二八、隋符盛暨妻胡氏墓誌文帝仁壽四年

指出撰誌者於史地沿革鶻突不通之處，以補充趙萬里說。因謂撰碑傳者當以此誌之弊爲戒。

二九、隋尚書主客侍郎梁瓌墓誌煬帝大業六年

據史傳與誌文相推考，論隋贊治一官始自北周末期。並據史傳考釋誌文「木行將竭，尉迥門鼎」二句，因得解讀部分誌文。

三〇、隋銀青光祿大夫段濟墓誌煬帝大業十二年

詳釋誌文：考證誌主先世。論撰者述開府儀同三司掌故有誤。據誌與隋書地理志相推求，得明大業二年正月汴州併入鄭州一事。論隋代碑誌所見，可補隋書百官志記煬帝大業三年改官制未周詳之處。

一、漢執金吾丞武榮碑　靈帝初

漢執金吾丞武榮碑，文云武榮「治魯詩經韋君章句」，洪适隸釋卷十二據漢書儒林傳，以爲「韋君」即韋賢，其言曰：

韋賢治詩事江公（按：江公傳魯詩），傳子玄成，皆至丞相，孫賞以詩授哀帝，至大司馬，魯詩有韋氏學；此云治魯詩經韋君章句者，此也。

按：韋氏傳詩而有章句，不見於史傳，故清人葉奕苞頗疑洪説，金石錄補續跋卷四云：

後漢伏湛弟黯定齊詩章句，杜撫定韓詩章句，張匡作韓詩章句。傳魯詩者如楚元王、許生、徐公、王式、張長安、唐長賓、褚少孫、薛廣德、龔勝、龔舍、高嘉、嘉孫詡、李昺、魯恭、李業、魯丕、包咸、魏應、陳重、雷義，皆無章句，韋氏世學魯詩，使有章句爲榮誦習，豈遂遺於載記，不與齊、韓並存也耶？然榮去韋氏未遠，似亦不妄，或魯詩亡于西晉，並此章句失傳，未可知也。

按：洪氏之說是而不詳，葉氏之說則似備而未洽也，請申論之。考漢世經師有守學，有改學。凡守學，述師說而已，自不必別出章句，是謂守師法；其改學者，則往往別定章句以自異，是謂創家法。蓋凡儒林傳言某經有某氏之學者，皆改學而名家者也；唯改學者，未必有章句行世，自定章句行世者，則必改學者也。譬如易有高氏學，儒林傳謂「其學亦亡章句，專說陰陽災異」，以陰陽災異說易，高氏之所以別於它易家者；亡章句，則徒口說耳。此改學而無章句之例也。又如費直說易，「亡章句，徒以彖象系辭十篇文言解說上下經」，徒以彖象系辭十篇文言解說上下經，費氏之所以異於它易家者；亡章句，則以傳解經，不必別定也。此亦改學而無章句之例也。改學而有章句之例，如尚書有歐陽、大小夏侯之學，皆出於倪寬，藝文志云：「歐陽章句三十一卷。大、小夏侯章句各二十九卷」，同出於倪寬而各定章句，是其經說各有別也，此改學而有章句之例也。檢儒林傳：漢初魯詩傳自申公，申公授瑕丘江公（即大江公）、魯許生、免中徐公，韋賢學於大江公及魯許生，又傳子玄成、孫賞，王式學於徐公及許生，又傳於張長安、唐長賓、褚少孫，張長安傳於兄子張游卿，游卿又傳於王扶、許晏，由是魯詩有韋、張、唐、褚、許氏之學。江公、許生、徐公「皆守學教授」，王式亦嘗謂張長安、唐長賓、褚少孫曰：「聞之於師具是矣，自潤色之。」是王式亦守學者也。以守學，故不另定章句，世亦不許之曰某氏（如王氏）之學。今魯詩既有韋、張、唐、褚、許氏之學，是五氏改學而有所增飾也。張、唐、褚學於王式而有「潤色」，已見上述，許晏之改學，則書有明文，太平御覽四百九十六引陳留風俗傳云：

> 許晏，字偉君，受魯詩於瑯琊王扶，改學，曰「許氏章句」，列在儒林，故諺曰：「殿上成羣許偉君」。

許晏之有章句未見於漢史，故葉氏有魯詩「皆無章句」之說，以上引陳留風俗傳衡之，其實不然。蓋儒林傳、藝文志所載，不能詳備，學者不得以此書之所無疑他書之所有也，如史傳未見有嚴氏春秋馮君章句，而漢祝長嚴訢碑文（隸續卷三）載之，碑當時所記，宜可信，不得視爲妄作。今此碑既云武榮治魯詩韋氏章句，適足爲漢史註腳，不得據漢史疑碑也。然則韋氏果有章句，以韋賢改學於大江公、魯許生也，唯其章句則不知賢也玄成也賞也孰著之竹帛耳。蓋儒林傳雖簡略，而守學、改學載之頗明，在學者能否善讀而已。

二、漢綏民校尉熊君碑 獻帝建安二十一年

漢綏民校尉熊君碑文，洪适隸釋卷十一著錄。碑文雖有缺泐，然載其仕履仍詳。熊君少仕州郡，獻帝興平元年八月除補桂陽曲紅長，視事六載，以寇亂去官；劉表爲荆州牧時，命熊君還拜綏民校尉，領曲紅長，在位五年，以遭母憂去官；後復拜騎都尉，受命立灌陽縣，

督長六載，以建安二十一年卒官。洪适跋尾云：

後漢志荆部無灌陽，晉志零陵始有觀陽，水經云：「湘水北逕觀陽，與觀水合。」唐上元中呂諲奏用蕭銑舊名，復置灌陽，今隸全州。碑云：「受命立灌陽縣」，則是劉表初命熊君置此邑也。綏民校尉，亦表所創者，與高頤（按：當作樊敏。洪适誤記。）褒義校尉相類。漢末王政不綱，始建牧伯，諸劉在荆，益擅權專恣，無尊獎王室之心，名官置縣，皆不以告，故史氏逸而不書。

按：洪跋考據不詳，其説多誤。而清葉奕苞亦沿襲其説，以論漢末地理，金石録補續跋卷四云：

洪氏曰灌陽縣以觀水得名，譌「觀」爲「灌」。吾友顧景范閉戶三十年，著成方輿紀要一書，考訂精審，引據該博，及查此縣，註云：「建安中孫氏析零陵置」，予告以此碑，荆州牧劉表拜熊君爲騎都尉，受命立灌陽督長，非孫氏也。吳志：建安二十五年魏封權爲吳王，以大將軍領荆州牧。則孫氏之全有荆州，在表死十年之後，碑爲當時所立，其云受命立灌陽，乃表所置無疑。

按：洪、葉二氏謂灌陽縣爲劉表所立，乃誤讀碑文，又未詳考史籍之過也。碑文云：熊君受命立縣，督長六載，以建安二十一年卒官。則熊君之受命必在建安十五六年。檢後漢書劉表傳：表以建安十三年八月卒，劉備表表子劉琦爲荆州刺史，明年，琦卒。則命立灌陽縣者，不僅非劉表，亦不得爲劉琦矣。且碑文但言劉表拜熊君爲綏民校尉，領曲紅長，其後以母喪去官；未言劉表拜熊君爲騎都尉，命立灌陽縣也。洪、葉二氏自誤讀耳。

灌陽縣既非劉表、劉琦所立，則誰置歟？葉氏引顧景范（祖禹）說謂灌陽縣「建安中孫氏析零陵置」，又洪亮吉補三國疆域志卷下零陵郡觀陽縣下亦云「吳立」，說同顧氏，皆謂孫氏所立。玆考之史傳，顧、洪二氏之說亦非。按：三國志蜀書先主傳：建安十三年，劉備表劉琦爲荆州刺史，又南征四郡，武陵、長沙、桂陽、零陵皆降。吳書吳主傳：建安十四年，劉備繼劉琦領荆州牧。同傳：建安十四年，孫權以周瑜爲南郡太守；十五年，分長沙爲漢昌郡，以魯肅爲太守；十九年，孫權以求荆部不得，遣呂蒙襲長沙、零陵、桂陽三郡，取之；會曹操入漢中，劉備求和，遂分長沙、江夏、桂陽以東屬權，南郡、零陵、武陵以西屬備；二十四年，敗關羽，遂定荆州。二十五年，孫權領荆州牧。蓋自建安十四年起，孫、劉時盟時背，而皆不能悉有荆部，荆部諸郡縣，往往數度易手，如長沙郡，建安十四年屬劉，十五年至少有部分（漢昌郡）屬孫，十九年以前仍屬劉，十九年呂蒙襲取之，又屬孫。故論荆部諸郡縣在建安中爲何人所有，宜詳考年月。晉志，零陵有觀陽縣，「觀陽」卽「灌陽」也，漢人用「灌」字耳，猶「曲江」漢人書作「曲紅」也，葉云洪氏謂「譌觀爲灌」，未得洪意。續漢書郡國志零陵郡零陵縣下「湘水出」，注引羅含湘中記謂有灌水注湘水，是灌水卽觀水，灌陽卽觀陽也（參前引水經）。則灌陽在漢末蓋亦屬零陵。零陵，建安十四年屬劉備，十九年呂蒙襲得之，旋以結好，復歸劉，二十四年乃歸孫權。熊君立灌陽縣既在建安十五六年，自非孫權所立，乃出劉備之命也。

或將難之曰：熊君碑額題云「漢故綏民校尉騎都尉桂陽曲紅灌陽長熊君之碑」，曲紅屬桂陽，故冠以桂陽，灌陽如屬零陵，何以不冠郡名？得非灌陽亦屬桂陽歟？應之曰：漢人碑額，郡名或冠或不冠，北海淳于長夏承碑額，冠者也，金鄉長侯成碑額，不冠者也（並見隸釋卷八）。題名有連稱所歷職者，亦或冠或不冠，如熊君碑，文後有「故桂陽陰山豫章鄡長重安侯相杜暉」題名，杜君典歷三城，前二職冠以桂陽、豫章郡名，重安侯國屬零陵，則未冠。或疑重安爲侯國，故不冠郡。是亦不然，謁者景君墓表碑陰弟子題名（隸釋卷六），有「山陽南平陽方京」，南平陽爲侯國，而冠郡名。以此論之，灌陽未必屬桂陽也。卽令灌陽實屬桂陽，以上引三國志推之，建安十五六年亦劉備所有，是灌陽不論屬零陵抑屬桂陽，蓋劉備所置也。

又洪氏謂：諸劉在荊，置縣不以告，故後漢志荊部無灌陽。按：後漢之末，帝綱不振，置縣不告，史氏無聞，或亦實情，然洪氏所言，猶差一間，後漢志之無灌陽，非此之故也。

按續漢書郡國志卷末云：

漢書地理志：承秦三十六郡，縣邑數百，後稍分析，至于孝平，凡郡、國百三，縣、邑、道、侯國千五百八十七。世祖中興，惟官多役煩，乃命并合，省郡、國十，縣、邑、道、侯國四百餘所。至明帝置郡一，章帝置郡、國二，和帝置三，安帝又命屬國別領比郡者六，又所省縣漸復分置。至于孝順，凡郡、國百五，縣、邑、道、侯國千一百八十。

今郡國志所列郡、國、縣、邑、道、侯國之數正合順帝時百五、千一百八十之數❶，是郡國志記後漢地理沿革斷自順帝時也，沖帝以降不與焉。以郡國志證之，如清河國下志云「桓帝建和二年改爲甘陵」，而志仍題「清河國」；又如張掖郡下志云「獻帝分置西郡」，而志無西郡；蓋順帝而後之地理沿革，史有闕文，故司馬彪僅載順帝以前之郡縣，蓋其愼也。以傳

❶ 今本續漢書郡國志縣、邑、道、侯國之數合計千一百八十一城。唯吳郡今本作十三城，有安縣、有婁縣，錢大昕十駕齋養新錄卷六「安縣卽婁縣之譌」條謂安爲婁之壞字，後人增婁於無錫之後，并改十二城爲十三，則吳郡實僅十二城。據此，則仍合千一百八十之數。

世漢碑證之：如續志北海爲王國，而桓帝建寧元年所立衞尉衡方碑（隸釋卷八），碑陰題名有北海太守，是桓帝時北海嘗改爲郡❷，與順帝以前不同，故不見載於漢志。又如續志無博陵郡，而桓帝建寧元年所立之高陽令楊著碑（隸釋卷十二）❸，碑陰門生題名有郡望博陵者；又建寧四年所立有博陵太守孔彪碑（隸釋卷八），碑陰題名有博陵郡故吏崔烈等，籍貫分屬五縣，金石遺文錄（金石萃編卷十四引）以爲與志不合，乃志之闕遺，其說非是，蓋亦不知郡國志斷自順帝時也。錢大昕潛研堂金石文跋尾卷一博陵太守孔彪碑並碑陰跋云：

> 博陵郡不見於郡國志。按桓帝紀延熹元年六月丙戌分中山置博陵郡以奉孝崇皇園陵，司馬彪志郡國，以孝順爲斷，則延熹分置之郡，例不當書，而劉昭注竟不一及，難免漏略之譏，豈今所傳劉注亦有脱簡邪？郡所領縣，以碑陰證之，則博陵也、安平也、安國也、高陽也、南深澤也，此五縣之中，唯安國舊屬中山，若安平、南深澤本屬安平國，高陽本屬河間國，則紀云分中山置者，亦未核矣。

按：錢氏之說最是。不知此，無以論漢末地理沿革也。今傳漢碑大多屬漢末所立，治漢末地理沿革者，正宜取碑補史，不宜據碑疑史也。然則續漢志之無灌陽，司馬彪取材未及耳，與當時牧伯之告與不告無與也。

三、漢相府小史夏堪碑　漢末

相府小史夏堪碑，首見趙明誠金石錄卷十九著錄。碑文無修立年月，趙氏據字體及文體定爲漢碑❹，其說蓋是。洪适亦載之隸釋卷十二，以其碑文略云：「□□□曹小史夏堪，……苛（荷）獲縣選，初涉府朝，典職首曹」，因跋其尾論夏堪官職云：

右故相府小史夏堪碑，隸額。（中略）東都辟公府掾，皆上言，故有秩比古之元士三命者，東西曹比四百石，餘掾比三百石，屬比二百石，其不言者，則爲百石屬，後皆自除，故通爲百石。自西曹、東曹之下，有戶曹、奏曹、辭曹、法曹、尉曹、賊曹、兵曹、金曹、倉曹。此碑之前，「曹」上有闕文，其間云「典職首曹」，必東西曹也。

---

❷ 按後漢書宗室四王三侯列傳載北海國至建安十一年乃除。但北海頃王以永初元年立，立十七年薨，恭王嗣，立十四年薨，子康王嗣，無後，國除，則康王在位達七十一年，無乃太久乎？以碑證之，疑傳文有誤。

❸ 碑缺修立年月，宋婁機漢隸字源據碑文以長曆推得之。

❹ 趙跋云：「右相府小史夏堪碑，……後有銘，銘三字，語頗古。其卒葬年月殘缺。字雖不工，然漢碑也。其曰『精苗根嗣』，漢末人爲文，喜造語，多類此。」

以其蚤世，故謂之小史爾。

按：夏堪碑額明言「相府」，洪氏以「公府」釋之，並謂夏堪職爲公府東若西曹，其說非是。竊疑後賢必有糾其誤者，乃檢楊殿珣氏石刻題跋索引，唯清人葉奕苞金石錄補續跋卷四有說：

> 按後書百官志：太尉公下，自東西曹至黃閣主簿，皆爲公府掾屬，比古命士。若相府，則在司徒公下，本注有世祖卽位，以武帝故事置司直，居丞相府。晉百官表注云：「漢丞相府，門無闌，不設鈴，不警鼓，言其深大闊遠無節限也。」古今注：「永平十五年，更作太尉、司徒、司空府。」然太尉、司空皆稱公府，惟司徒稱相府，漢舊儀曰：「元壽二年以丞相爲大司徒」是也。

葉氏既沿洪氏之說，復以相府卽丞相府，亦卽司徒府，其說亦誤，玆並糾正之如後。

按：碑額既云夏堪爲「相府小史」，則夏堪乃供職「相府」之小史，洪氏以「公府」釋之，葉氏以「丞相府」釋之，蓋未悟漢人所謂「相府」、「丞相府」、「公府」所指不同。漢制：太尉、司徒、司空皆開府，是爲「公府」，凡所辟除，通稱「辟公府」，如樊毅脩華嶽廟碑（隸釋卷二）謂樊毅嘗「辟公府」是也；分別言之，曰「辟太尉府」，曰「辟司徒府」，曰「辟司空府」，如巴郡太守張納碑（隸釋卷五）言張納嘗「辟司空、司徒府」「復辟太尉」。蓋司徒雖即前漢之丞相，然史傳碑碣所見，未嘗有省稱「丞相府」爲「相府」者，亦未嘗有稱「辟司徒府」爲「辟相府」者，葉氏云「然太尉、司空皆稱公府，惟司徒稱相府」，實無所本，自誤讀續漢書百官志耳。

相府既非丞相府，亦非公府，究爲何稱？考漢時郡守亦得開府，稱「郡府」，故稱太守爲「府君」，如濟陰太守孟郁脩堯廟碑（隸釋卷一）稱孟郁爲「孟府君」、巴郡太守張納碑稱張納爲「張府君」是也。王國之相，位同郡守，故亦得開府，是爲「相府」，故稱王國之相爲「相君」，或稱「府君」。漢書高五王傳：齊王欲反，齊相召平聞之，發兵入衞王宮，齊中尉魏勃紿平曰：「王欲發兵，非有漢虎符驗也，而相君圍王，固善。勃請爲君將兵衞衞王。」召平信之，使勃將，勃反以兵圍相府，召平遂自殺。蓋漢世王國猶先秦之諸侯，其相猶先秦諸侯之相，「相君」之稱乃沿戰國之舊稱，史記范雎傳須賈稱秦相范雎爲「相君」是也。以其開府，故曰「相府」，前引「勃反以兵圍相府」，謂齊王相召平之府也。其稱「府君」者，則如魯相韓勑脩孔廟後碑（隸釋卷一）、安平相孫根碑（隸釋卷十）稱韓勑、孫根爲「府君」是也。又都尉亦得開府，故王充自謂仕於都尉府（論衡自紀篇）。至縣令長、侯國相則不開府，故凡史傳、碑碣所見，無稱「府君」者，不似後世以「府君」爲官員之美稱、近世以「府君」爲先世之通稱❺。蓋三公之府稱「公府」，王國相之府稱「相府」，判然分別如此，未嘗混淆也。然則夏堪者，非司徒府之小史，乃某王國相府之小史耳。

或以相府不得稱「朝」爲疑，則未知古者官府私家皆得言「朝」故也。元人李治敬齋古今黈卷四云：

> 郡守官府，亦得稱「朝」。劉寵爲會稽守，徵爲將作大匠，山陰縣有五六老叟，人賫百錢以送寵，曰：「未嘗識郡朝。」又汝南太守宗資，以范滂爲功曹，南陽太守成瑨，以岑晊爲功曹，皆委心聽任，使之褒善糾違，肅清朝府。夫朝者，天子諸侯王之所居也，而郡守亦得以稱之者，一郡之守，一郡之君主也，有民人焉，有社稷焉，凡臣屬者，謂守寺爲朝，無嫌也。蓋古者不獨于府寺爲朝，雖私家亦得言之。鄭伯有嗜酒，爲窟室而夜飲酒，擊鐘焉，朝至未已，朝者曰：「公焉在？」其人曰：「吾公在壑谷。」皆自朝布路而罷。自朝而罷，乃伯有私家之朝。

此意顧炎武亦嘗言之，見原抄本日知錄卷二十五上下通稱條。以李、顧二氏說證之漢碑益明，荆州從事苑鎮碑（隸釋卷十二）云：「遂登朝階，爲郡督郵、列掾」，綏民校尉熊君碑（隸釋卷十二）云：「少仕州郡，臨朝謇鄂」，是州郡府寺得稱「朝」也；又竹邑侯相張壽碑（隸釋卷七）

云：「朝無姦官」，是侯相庭寺亦得稱「朝」也；侯國如是，縣、邑可從而推知矣。然則李治之說甚確，可以釋或者之疑矣。

夏堪既非公府掾史，則碑所謂「首曹」者，不得爲公府之東、西曹。漢初，王國或統數郡，漢景、武之後，削地推恩，王國才比郡❻，故相府掾屬亦同於郡，郡無東、西曹，其掾屬，以功曹居首，後漢書張酺傳注引漢官儀云：「督郵、功曹，郡之極位。」論衡遭虎篇云：「功曹，衆吏之率。」又云：「夫魯無功曹之官，功曹之官，相國是也。」蓋功曹者，郡之首曹也，故凡仕郡國者，多先歷他曹，稍遷乃至功曹，如廣漢屬國侯李翊碑（隸釋卷九）云：「郡守嘉貪，禮請署督郵、五官、功曹。」圉令趙君碑（隸釋卷十一）云：「郡仍優署五官掾、功曹。」綏民校尉熊君碑云：「更諸曹：□□賊曹、主記史、督郵、主簿、五官、功曹。」其例甚多。蓋功曹掌選舉，位至重要，後漢書樂恢傳：恢爲功曹，「選舉不阿，請託

❺ 原抄本日知錄卷二十五府君條云：「府君者，漢時太守之稱。三國志，孫堅襲荆州刺史王叡，叡見堅驚曰：兵自求賞，孫府君何以在其中？孫策進軍豫章，華歆爲太守，葛巾迎策，策謂歆曰：府君年德名望，遠近所歸。」胡玉縉許庼學林卷十九晉郛休碑跋既本顧氏說，又補充云：「此例迄晉世未改，宣帝曾祖量豫章太守，祖儁潁川太守，父防京兆尹，故晉書禮志有追祭豫章府君、潁川府君、京兆府君之語。近世士大夫敍述先世，以府君爲通稱，實非。」另參本書石例著述評議第九節。

❻ 參嚴耕望秦漢地方行政制度頁三十六。

無所容」，雷義傳：義爲功曹，「嘗擢舉善人，不伐其功」。觀此，足見功曹之職掌矣。督郵則主司察郡國所屬縣邑，何敞傳注：「督郵主司察衍過」，故爲令長掾史所畏，故張酺傳注云「督郵、功曹，郡之極位」，實則功曹在督郵之上也。今碑云「典職首曹」，則碑文言「□□□曹小史夏堪」者，豈即「相府功曹小史夏堪」歟？

又洪氏云：「以其蚤世，故謂之小史爾」，斯亦不然。按：漢制郡、縣、王、侯國皆有列曹，每曹多有掾、有史、有書佐、有幹、有小史等（縣、侯國編制或較小）。河南，郡也，續漢書百官志注引漢官曰：

> 河南尹員吏九百二十七人。十二人百石，諸縣有秩三十五人，官屬掾史五人，四部督郵吏部掾二十六人，案獄仁恕三人，監津渠漕水掾二十五人，百石卒吏二百五十人，文學守助掾六十人，書佐五十人，脩行二百三十人，幹、小史二百三十一人。

是郡有小史也。北海，王國也⑦，北海相景君碑陰（隸續卷十六），故吏題名有書佐、有脩行、有幹（按：碑作「干」）、有小史，是王國相府有小史也。張酺傳云：「郡吏王青者，……父隆，建武初爲都尉功曹，青爲小史。」是都尉府亦有小史。圉，縣也，亦有小史，漢書酷吏田廣明傳：故城父令公孫勇⑧謀反，乘駟馬車至圉，「圉使小史侍之」，因得收捕之，武帝因封小史爵關內侯，食遺鄉六百戶⑨。尉氏，亦縣也，亦有小史，見尉氏令鄭季宣碑陰（隸續卷十九），是縣亦有小史也。蓋小史亦官名，其職位最低下，故凡上文所舉史傳、碑陰，俱列名最後⑩。然則碑額所題「小史」者，夏堪之職耳，不以其蚤世也⑪。

四、魏章陵太守呂君碑 文帝黃初二年

「魏故橫海將軍章陵太守都鄉侯呂君之碑」，篆額。碑佚，文僅載洪适隸釋卷十九。文首云：「君諱□□□□□□博望人也。」缺六字，故洪适曰：「呂君名字皆刓剝。」陳思寶刻叢編卷三魏橫海將軍呂君碑條則云：「碑云：君諱朗，字義先。……夏侯湛撰，郡吏楊向勒銘。碑在（宋）南陽縣。」按：諱朗字義先者，乃吳九眞太守谷朗。谷朗碑，歐陽修集古錄跋尾已有著錄，明記名字。陳思蓋誤合二碑，不然則爲碑估所欺歟？宋之南陽縣，在後漢

⑦北海國，桓帝時嘗改爲郡。參本文第二篇綏民校尉熊君碑條。

⑧據國三老袁良碑，「公孫勇」當爲「公先勇」之誤。參隸釋卷六洪适跋尾。

⑨傳不言小史姓名，據國三老袁良碑，是袁良之先祖袁幹。

⑩後漢書百官志引漢官迹洛陽令屬員，書佐、脩行列小史之後，是爲僅見，蓋傳寫之誤。

⑪王芑孫碑版文廣例卷六「題額書官書姓例」既錄夏堪碑矣，是以「小史」爲官名，又照錄洪氏說，謂「小史」非官名。不無依違兩可之嫌。

之荆州南陽郡。續漢書郡國志：博望屬南陽郡。蓋呂君歸葬故里，故碑在南陽。則碑文「博望」之上當有「南陽」二字。

碑文云：「當值季末，漢失其御，羣雄爭逸，海内□隔，王塗穢塞。君以中（忠）勇，顯名州司，試守雉長，執戈秉戎，慎守壘易（疆埸），兵不頓於敵國，墜（地）不侵於四鄰。拜武猛都尉、厲節中郎將、裨將軍，封關内侯。」按：「海内□隔，王塗穢塞」者，謂劉表爲荆牧時，荆部與中原隔絶。雉屬南陽，呂君蓋以州人爲州吏，又以州吏試守雉長，有成，故拜將封侯。武猛都尉、厲節中郎將，蓋劉表所創官也⑫。

碑文繼云：「王師南征，與充軍從，奄有江漢，舍爵册勳，封陰德亭侯，領郡。」此謂建安十三年曹操南征，呂君以荆部舊將隨劉表子劉琮迎降，因封亭侯，領章陵太守。三國志魏書武帝紀：「（建安十三年）九月，乃論荆州服從之功，侯者十五人。以劉表大將文聘爲江夏太守，使統本兵⑬，引用荆州名士韓嵩、鄧義等。」又劉表傳：「（魏）太祖軍到襄陽，（劉）琮舉州降。……太祖以琮爲青州刺史，封列侯。蒯越等侯者十五人。越爲光禄勳；（韓）嵩，大鴻臚；（鄧）義，侍中；（劉）先，尚書令；其餘多至大官。」（後漢書劉表傳略同）按：荆部舊臣之於曹操，原有主降、主戰兩派，蒯越等即主降者，故得侯。呂君之封亭侯，或在十五人中。

碑文又云：呂君在郡十三載，闗羽圍曹仁於樊城之役，呂君「獨存社稷，連城十三」，以功自平狄將軍轉拜横海將軍，自盧亭侯徙封西鄂都鄉侯，以黄初二年正月薨，年六十有一。按：横海將軍名號，漢武帝時有之，見史記東越列傳，後世則北齊有之，從六品，見隋書百官志；餘稀見。歷代職官書未載三國時有此官⑭。唯清洪飴孫三國職官表引此碑，謂屬第五品，並據三國志吳書吳主傳注，謂朱靈亦嘗爲此官。按：裴注引孫權牋魏王曹丕云：「又聞張征東、朱横海今復還合肥。」考建安二十年，張遼嘗大敗孫權於合肥，幾獲權，拜征東將軍，是「張征東」指張遼。三國志，朱靈與張遼等同傳，該傳所記皆魏將與孫吳相攻戰之有名者，洪飴孫謂「朱横海」指朱靈者，本此。蓋横海將軍者，曹氏父子秉政時效武帝征東夷而置。

又按：章陵郡，續漢書郡國志不載，續志所載以順帝爲斷，故置郡當在漢末。考漢末出守章陵者，首爲黄祖子黄射，見後漢書文苑列傳下禰衡傳。次則劉表大將蒯越，見三國志劉表傳注。再次則趙儼。再次則此呂君。據碑文，呂君爲章陵太守十三年，以黄初二年正月

⑫ 洪适隸釋卷十一著録漢綏民校尉熊君碑文，云：劉表爲荆牧時，命熊君爲綏民校尉。又上書同卷載漢巴郡太守樊敏碑文，云：劉焉、劉璋時，以樊敏爲助義都尉行褒義校尉。又後漢書劉焉傳，焉任張魯爲督義司馬。此碑之武猛都尉、厲節中郎將，蓋即此類。

⑬ 三國志魏書文聘傳，「本兵」作「北兵」。

⑭ 劉公任三國新志卷五職官志最爲晚出，而亦失載。

薨，上數之，呂君初拜太守在建安十三、四年。考三國志魏書趙儼傳，建安十三年，曹操征荆州，以儼領章陵太守，後徙都督護軍，復爲丞相主簿，遷扶風太守。蓋趙儼繼蒯越、而呂君又繼趙儼守郡章陵。又三國志魏書彭城王曹據傳云：據以黃初三年封章陵王，其年徙封義陽。是呂君薨後，章陵嘗改郡爲國。嗣後章陵之爲郡國，即不復見於文獻[15]，已簡省改置矣。洪亮吉補三國疆域志卷上云：

> 義陽郡，魏黃初中分南陽置。（明帝）景初元年，以襄陽郡鄀、葉二縣來屬，共領（安昌等）縣八。

又云：

> 安昌，漢章陵縣。水經注：魏黃初二年改今名。今考章陵，漢末曾升作郡。後漢書劉表傳，荆州八郡注稱漢官儀，一爲章陵。趙儼傳：太祖征荆州，以儼爲章陵太守。疑魏平荆州後方省也（按：指曹操得北荆州）。

洪亮吉不詳章陵郡省於何時者，蓋未考呂君碑文，又忽略曹據傳文，故又有義陽爲分南陽置之誤説（詳下）。吳增僅三國郡縣表附考證「章陵郡」下云：

案章陵縣故屬南陽，魏武紀：建安二年，南陽、章陵諸縣復叛爲（張）繡，則是時尚未爲郡。後漢書劉表傳：荆州八郡注稱漢官儀，一爲章陵。魏志劉表傳注引傅子：蒯越佐表平定荆土，詔拜章陵太守。趙儼傳：太祖征荆州，以儼爲章陵太守。則郡立於建安初年也。十八年，省州併郡，獻帝起居注（按：續漢書百官志五注引）所載荆州統郡之數，章陵尚未省廢。黄初三年，封曹據爲章陵郡，其年徙封義陽王。據水經注，（魏）文帝改章陵縣曰安昌，安昌爲義陽郡領縣，以此推求，義陽似即章陵之改名也。

又「安昌」下云：

水經注：黄初二年改章陵縣曰安昌。今考彭城王據於黄初三年封章陵王，其年徙封義

---

⑮ 三國志吳書三嗣主傳：（孫皓）鳳凰二年（按：即晉武帝泰始九年）秋九月，改封淮陽爲魯，東平爲齊，又封陳留、章陵等九王。按：齊、魯、陳留、章陵之地當時皆非吳有，乃是虛領，空有名號而已。

陽，安得二年已改名安昌乎？安昌改名疑當在彭城王據徙封義陽之初，水經注云二年，當即三年之訛。

吳氏考據頗精，唯「南陽、章陵諸縣」未必不可讀爲「南陽郡、章陵郡諸縣」，且據後漢書，初平元年，劉表入刺荆部時，已有章陵郡，則吳氏謂建安二年章陵尚未立郡爲不然矣。又據呂君碑文，章陵領城十三，而義陽至明帝時僅領縣八，則張氏云「義陽似即章陵之改名」者，實有語病，蓋義陽國全部或部分得自章陵，非章陵之改名也。考章陵郡以章陵縣得名，章陵縣則漢光武改春陵鄉置，春陵則光武帝四世祖劉買封侯之地、光武帝之故鄉、建武六年詔「世世復徭役，比豐、沛，無有所豫」之所也（以上參後漢書光武帝紀）。疑曹丕既篡漢，不樂聞其名，故黃初二年改章陵縣爲安昌，翌年又省章陵國而立義陽耳，若然，則亦不必以水經注之二年爲三年之訛，以縣、國之改置不必定在同時也。章陵置郡國爲時不長，故學者易於忽略，余因讀此碑，補正前賢記章陵郡國之守土者及沿革如此。

五、魏東武侯王基殘碑　元帝景元二年

魏王基殘碑，日本二玄社景印書道博物館藏拓本。碑清乾隆初洛陽民墾地得之，餘中段三百七十字，缺碑主名氏，而載仕履尚詳。自汪中、錢大昕以來，題跋者無慮十餘家，皆據

碑主歷官及薨之年月，質之三國志，定爲魏征南將軍東武侯王基碑，其説是也。

碑文云：「（魏元帝）景元二年四月辛丑薨，……追位司空，贈以東武侯蜜印綬，送以輕車。」按：「蜜印」一詞，史傳碑刻，此爲首見，可據以補正前人關於蜜印、蜜章之成説，有益於研治印章制度，汪、錢以降諸家似未見及，兹試討論如次。

按：「蜜印」、「蜜章」（武官用印多曰章），或作「密印」、「密章」。「蜜」、「密」二字之取義爲何？孰爲正字？宋周密齊東野語卷一嘗討論之，而不能定其取舍，其言曰：

> 「蜜章」⑯二字見晉書山濤等傳，然其義殊不能深曉。自唐以來，文士多用之。近世若洪舜俞（按：名咨夔）行喬行簡贈祖母制亦云：「欲報含飴之德，可稽刻蜜之章」⑰。「蜜」字皆從「虫」。相傳謂贈典既不刻印，而以蠟爲之，蜜即蠟，所以謂之「蜜章」。然劉禹錫爲杜司徒謝追贈表云：「紫書忽降於九重，密印加榮於後夜」，李國長神道碑云：「煌煌密章，肅肅終言」，王崇述神道碑云：「沒代流慶，密章下賁」。

⑯ 學津討原本齊東野語原作「密章」，此據上下文意及晉書改。

⑰ 學津討原本齊東野語原作「欲報食飴之德，可稽制蜜之章」，此據洪咨夔平齋文集卷十九「知樞密院事喬行簡贈三代故祖母杜氏慶國夫人贈益國夫人制」改。

宋祁孫奭謚議云：「密章加等，昭飾下泉」，又祭文云：「恤恩告第，蹏書密章」。「密」字乃竝從「山」。莫知其義爲孰是，豈古字可通用乎？或他別有所出也？

按：周密所引，多屬唐宋人文字，未探本源，故不能決定何者爲是。清郝懿行晉宋書故則悉引魏晉文獻以論之，皆作「蜜」，並論蜜章者乃刻蜜蠟爲章，其言曰：

宋書禮志二：魏文帝受禪，刻金璽追加尊號（曹嵩爲太皇帝、曹操爲武皇帝），不敢開埏，乃爲石室，藏璽於壽陵埏首。晉武帝泰始四年，（晉文帝司馬昭）文明王皇后崩，將合葬，開崇陽陵，使太尉司馬望奉祭，進皇帝蜜璽綬於便房神坐。晉書山濤傳：策贈司徒蜜印、新沓伯蜜印。陶侃傳：追贈大司馬，假蜜章。此皆其人功德隆崇，特酬殊典，晉諸臣中更無此比。蓋蜜璽放於金璽，而蜜章又放於蜜璽也。謂之「蜜」者，古人謂蠭蠟爲蜜，栞削蜜蠟以爲印章，納諸竁中，亦猶用明器之意，爲觀美耳。水經淄水注言石刻刀劍之蹤逼眞，以蜜模寫，正謂刻劃深明，如鑴蠟模印也。……呂種玉（按：清人）言鯖以爲蜜章用寶，不以油，而以蜜；非以蠟刻印章，第未深考爾。

按：「密」字其出既晚，又不知何所取義，當係誤用。魏晉史傳皆作「蜜」，而王基此碑亦作「蜜」，史傳碑文相印證，則作「蜜」爲是。考蜜印、蜜章，皆卒後追贈之明器，則呂種玉謂用寶以蜜者，自屬無稽。

按：古之正式官印，解職例須上還⑱，爵印則傳嗣子佩帶。王基生前已封東武侯，薨，子徽嗣，東武侯印綬傳王徽佩帶，故所贈「東武侯蜜印綬」自屬明器。考朝廷贈大臣印綬爲明器，自西漢已有之，漢書翟方進傳：方進原拜丞相，封高陵侯，後被逼自殺，「上(成帝)秘之，遣九卿册贈以丞相高陵侯印綬」。丞相乃方進原官，高陵侯爲其原爵，自有印綬，既自殺，丞相印綬自須上還，高陵侯由方進長子宣嗣，印綬自傳翟宣佩帶，則漢書所謂「贈以丞相高陵侯印綬」者，自不得爲正式官印，乃殉葬明器耳，其情狀與王基相同。但此種朝廷頒贈明器，與漢魏六朝私人性質之殉葬印章又有不同，私家自作者，不論質料爲何，皆並列官職及姓名，如「五官掾王盱印」、「大司空士姚匡」、「横野大將軍幕府卒吏張林

⑱ 趙翼陔餘叢考卷二十六換官不換印條云：「古時每授一官，必鑄一印，非如後世之官換而印不換也。」並據南史推測官換印不換起於孔琳之之議。其說大抵雖是而未必皆然，史記張耳陳餘列傳，張耳取陳餘印綬，卽收其麾下。淮陰侯列傳，劉邦入張耳、韓信臥內奪其印符，卽得以麾召諸將易置之。是皆反證也。又，趙宋有賜官印隨葬之制，與古制不同。宋史卷一五四輿服志云：「(元豐六年)十二月詔：『自今臣僚所授印亡歿并賜隨葬，不卽隨葬而行用者論如律。』中興仍舊制。」

印」[19]，與正式官印僅著職稱[20]，如「征羌國丞」、「琅邪相印章」者不同[21]，無僞弊之慮。成帝贈翟方進「丞相高陵侯印綬」，性質蓋與私家自作者異，或爲僅著職稱之明器[22]。是王基薨後獲贈印綬爲明器，典禮傳自西漢，至於其印刻蜜蠟爲之者，尚秉和歷代社會風俗事物考卷十一「漢時中國尚無蠟燭」條云：

> 西京雜記，南粤王獻高帝石蜜五斛、蜜燭二百枚。按：蜜燭者，蠟燭也。古蜜與蠟不能分解，混合爲一，故亦曰蜜燭，可見漢初無此物，故南粤以爲貢，其珍可知。至鄭玄注三禮，言燭者多矣，而無以蠟燭爲證者，玄東漢末人，可知伊時亦無。淮南子云：膏燭以明自爍。龔勝傳云：膏以明自銷。益證當時盡油燭也。

又同卷「古蠟燭皆蜜燭與今蠟燭異今蠟宋尚無」條云：

> 自（趙）宋以前所謂蠟燭，皆蜂蜜中所含之蠟也。蓋自魏晉時始能將蜜蠟分解，專以蠟作燭，故亦曰蜜燭。

據此，是魏之王基、晉之山濤、陶侃獲贈明器以蜜蠟爲之者，以其時方有自蜜分解蠟之技術，又有防僞弊之效耳。然則郝氏謂蜜章放於蜜璽者，爲不然矣，況王基薨於魏元帝景元二年，已獲贈蜜印，較諸蜜璽作於晉武帝泰始四年者，猶早八年乎？蓋郝氏未見此碑，故有斯誤。再者，漢書外戚傳定陶丁姬傳云：

> 元始五年，（王）莽復言：「共王母（傅太后）、丁姬（丁太后）前不臣妾，至葬渭陵，冢高與元帝山齊，懷帝太后（丁太后）、皇太太后（傅太后）璽綬以葬，不應禮。禮有改葬，請發共王母及丁姬冢，取其璽綬消滅。……」

是帝后以璽殉葬西漢已有，此與魏文、晉武刻金、蜜璽追贈其先祖者雖略不同，藉知蜜璽亦

---

⑲ 以上據羅福頤、王人聰合著印章概述頁一三二。

⑳ 桂馥乾隆四十三年（戊戌）初刋本續三十五舉云：「官印連姓名，如裨將軍張賽。」自注：「按魏武帝令諸官各以官爲名印。」以爲漢魏官印亦有連姓名者。惟乾隆五十年（乙巳）更定本續三十五舉，已將此條並注删去，蓋已自覺其誤。隋唐以來官印則間有著姓名者，參羅振玉隋唐以來官印集存。

㉑ 二印錄自前揭印章概述頁六四，東漢物。

㉒ 馬王堆二號漢墓（西漢初期）出土有「軑侯之印」及「長沙丞相」印，說者以爲明器。似可爲此說之證。

不必放金璽而作也。

六、晉任城太守孫夫人碑　武帝泰始八年

此碑清世始出，文見金石萃編卷二十五。武億、桂馥等考據頗詳，夫人蓋魏光祿大夫孫邕之女、晉任城太守羊氏之妻。

碑文云：「夫人濟南孫氏之中女也，實曰□姬。」按：「實曰□姬」者，謂夫人之名諱也。魏晉女子常以「某姬」命名，僅晉書后妃傳，已有四人：文明王皇后，諱元姬；懷王皇太后，諱媛姬；元夏侯太妃，諱光姬；簡文順王皇后，諱簡姬。其後北魏高宗，耿嬪諱壽姬，于夫人諱仙姬（俱見趙萬里漢魏南北朝墓誌集釋卷二）。足見當時風尚。又按：太平御覽二百二引潘岳「宜城宣君（賈充妻郭槐）誄」云：「行成于己，名生于人，考終定謚，實曰宣君」，「實曰宣君」句法與此碑「實曰□姬」相同，唯彼文「宣君」者指謚號，此碑「□姬」者謂名諱耳。

七、吳九眞太守谷朗碑　末帝鳳凰元年

吳九眞太守谷朗碑，文載八瓊室金石補正卷八。朗字義先，桂陽耒陽人。弱冠仕郡，歷右職，守陽安長，升王府，除郎中、尙書令史、郡中正，遷長沙劉陽令，徵拜立忠都尉、尙

書郎，遷部廣州督軍校尉，後拜五官郎中，遷大中正，後遷九眞太守，以鳳凰元年卒官，年三十有四。

是碑罕見著録，歐陽修、棐父子有短跋，趙明誠金石録有目無跋，清人則考據頗詳，略見於八瓊室金石補正。洪頤煊平津讀碑記卷二云：

其守陽安長者，非授陽安長也，故升王府，除郎中、尚書令史、郡中正，遷長沙劉陽令，與調任之制異矣。

洪氏之意，謂谷君先以郡曹守假陽安長，其後任劉陽令，乃爲眞除。而陸增祥則駁之云：

陽安長當是亭長。東漢隸豫州汝南郡。

陸氏云者，蓋以陽安縣東漢時屬汝南郡，而汝南郡三國時屬魏不屬吴，魏且嘗分汝南置陽安郡㉓，谷君既以三十四齡壯年卒，則不論就時間或地點言，皆不得守陽安縣長，故疑谷君所守陽安爲吴屬亭名。按：陸説非是。彼蓋不知吴改桂陽郡漢寧縣爲陽安縣㉔，谷君所守者非

㉓ 洪亮吉補三國疆域志卷上陽安郡條。

㉔ 洪亮吉補三國疆域志卷下桂陽郡條。

汝南之陽安也。以郡吏守假令長，乃漢代舊制，況無以郡之右職出爲亭長之理乎！

又大小中正之制，學者類以爲三國中唯魏有之，吳則僅有大公平（習溫、潘秘嘗爲之，見三國志潘濬傳注引襄陽記）。通志職官略州佐「中正」條云：「魏司空陳羣以天臺選用，不盡人才，擇州之才優有照鑒者，除爲中正，自拔人才，銓定九品，州郡皆置。吳有大公平，亦其任也。」又郡佐「中正」條云：「魏置。」而是碑云：谷朗先爲郡中正，後遷大中正。此雖僅見，藉知孫吳亦有大小中正之制，足補史傳之闕文矣。

八、漢安平相孫根碑陰題名　魏晉時

漢安平相孫根碑陰題名，洪适隸釋卷十著錄於孫根碑文之後。據碑文：孫根字元石，嘗宰鄲、雍奴、元氏、考城四城，後又嘗爲諫議大夫、議郎、謁者、荆州刺史，至安平相，以疾去官，漢靈帝光和四年卒，年七十有一，故吏門生立碑，昭其功德。碑陰題名則非當時所勒。洪氏跋尾云：

> 右孫根碑陰（題名），可辨者凡二百四十四人，異姓纔十之一爾。有嘗仕縣邑者，則陽豐長、太末尉是也；其稱駙馬都尉、祭酒、舍人、中郎、五官掾、督郵、計史、計掾，則漢官也；……其中軍督，則非漢官甚明。又有大中十四人（按：包括王姓三人）。

陳勝傳，以朱房爲中正，兩漢無之，魏陳羣始擇州之有鑒裁者爲中正，晉宣帝加置大中正，故有大小中正，乃是晉官，當時省其「正」字。此碑字畫苟且，尚不及魏末諸刻，殆類吳晉間下品書札爾。似是孫根後裔衆多，譜其名於上世之碑陰也。

按：「中軍督」一官，始見於三國志吳三嗣主傳：吳景帝永安元年十月壬午，詔以孫琳弟武衞將軍孫恩爲御史大夫、衞將軍、中軍督；十二月戊辰臘，誅孫琳等；己巳，詔加左將軍張布爲中軍督。洪氏據此官名以定孫根碑陰當係漢以後物，疑在吳晉間，其說蓋是。

唯洪氏又以「大中」爲晉宣帝司馬懿置「大中正」之省稱，則竊謂不然。按：自陳羣創爲九品中正，士流出處，端視品藻，中正地位，至爲清要，大中正鑒裁一州人物，尤屬崇高，如據洪跋，孫氏一族之爲大中正者，乃有十一人之多，而十一人者，名字竟不爲世知，此可疑一也。又洪氏謂「大中正」當時省爲「大中」，並未引文獻以爲佐證，且若大中正得省稱「大中」，則小中正將省稱「小中」乎？實未見其例，此可疑二也。王厚之復齋碑錄㉕跋孫根碑陰略本洪氏說云：

㉕ 復齋碑錄，原書今佚。此處所引，見陳思寶刻叢編卷一。

碑陰云「中軍督孫玄象、孫彥龍，大中孫者考，舍人孫延叔」等，可辨者二百四十四人，異姓纔十之一。中軍督似非漢官。又有大中十四人，不知何官。

王厚之云「又有大中十四人，不知何官」者，蓋亦以洪氏說爲可疑也。

竊嘗考之，此碑陰所謂「大中」當係「太中大夫」之省稱。按魏晉人稱呼官名，往往只用上二字，而省略將軍、校尉、大夫之稱㉖，如祖逖卒贈車騎將軍，世稱祖車騎；阮籍官至步兵校尉，世稱阮步兵；嵇康爲中散大夫，世稱嵇中散；阮裕拜光祿大夫，世稱阮光祿；但檢世說新語，觸目皆是。準此，疑「大中」者，蓋「太中大夫」之省稱。隸書「大」、「太」通用，洪适隸釋卷十涼州刺史魏元丕碑跋亦嘗言之：

漢人書碑，廟號如「太宗」，官名如「太尉」、「太常」、「太守」、「太中」，地名如「太原」、「太陽」之類，皆作「大」。

洪氏云官名「太中」皆作「大」，指隸釋卷十一劉寬前後碑載寬爲「大中大夫」而言。又趙萬里漢魏南北朝墓誌集釋卷一載晉太康三年馮恭石槨題字「晉故太康三年二月三日己酉趙國高邑導官令大中大夫馮恭字元恪」，又載石尠墓誌「少受賜官大中大夫關中侯」，「太中」

並作「大中」，此碑誌以「大」作「太」之證。茲再引文獻以「大中」或「太中」爲「太中大夫」省稱之例，以證成鄙說。晉常璩華陽國志卷十二益梁寧三州先漢以來士女目錄，列舉士女三百四十人官爵姓名，目錄之後，並有分類，其中一類云「公車令諫議大中十一人」，參目錄，三百四十人中無列大中正、中正或小中正之職銜者，而爲公車令則有趙祥、臧太伯、杜撫，爲諫議大夫則有王褒、費詩、杜微，爲太中大夫則有章明、譙玄，共八人，數目雖與十一人不合，然此係世傳華陽國志多所殘訛所致，故顧廣圻校本云：「按人數不合，蓋傳寫多非其舊也，卷中前後各條皆放此。」然則「諫議大中」一類，實指諫議大夫、太中大夫無疑，此晉時有省稱「太中大夫」爲「大中」之例也。又鄭樵通志職官略第七文散官「光祿大夫以下」條云：

> 太中大夫，秦官，亦掌論議，漢因之，後漢置二十人，魏以來無員，晉視中丞，吏

㉖ 魏晉人省稱官名不止此例。錢大昕十駕齋養新錄卷十「官名地名從省」條據晉書陳壽傳、王敦傳云：「六朝人稱黃門侍郎散騎常侍爲黃散。」此爲一例。又姚鼐惜抱軒全集法帖題跋卷二「王羲之」條及筆記卷五史部二「晉書」條力辯王羲之官乃右將軍，非右軍將軍。按：謝玄嘗爲左將軍，世說新語賞譽篇「謝玄問謝安劉惔性至峭何足乃重」條劉孝標注引語林作「謝左軍」，是姚說可信。則右將軍可省稱「右軍」，左將軍可省稱「左軍」，是亦爲一例。茲不遍舉詳論。

> 部，絳朝服，進賢一梁冠，介幘。……中散大夫，王莽所置，後漢因之，置三十人，魏晉無員，齊梁視黃門侍郎，品服冠幘與「太中」同。

此云「品服冠幘與太中同」者，謂中散大夫亦與太中大夫同爲絳朝服、進賢一梁冠、介幘。是宋人猶有省稱「太中大夫」爲「太中」者。又宋王得臣麈史卷下云：「（元豐）官制行，將作監、簿易爲承務郎（按：諧音爲霧狼），或曰：『遷官則爲迎霜兔矣』。又判大理寺崔諫議臺符換太中大夫，前呼曰：『大中來。』人不知，皆笑曰：『大蟲來。』」是亦足徵鄭樵之省稱無誤矣。按：太中大夫，魏以來無常員，屬散職，故孫氏一族乃有十一人之多，然亦足見其時名器之濫矣。

九、北魏中常侍張整墓誌　宣武帝景明四年

張整墓誌，出洛陽。見趙萬里漢魏南北朝墓誌集釋圖版二〇三。張整卽魏書閹官傳之白整，趙氏集釋卷五考之詳矣。

據誌，整卒於景明四年，年六十，而誌云：「世祖太平眞君中，君以鄉難入京，奉策宮掖。」蓋幼時卽腐刑入宮，整傳云：「白整因事腐刑，少掌宮掖碎職。」與誌合。小閹本不得有妻，而傳言「世宗封其妻王氏爲雲陽縣君」，其事與閹官劉騰傳云「拜其妻時爲鉅鹿郡

君」相同，實皆假妻也。按：閹官或蓄妻孥，以可見史料言，自秦漢已然，趙翼陔餘叢考卷四十二内監娶妻條、錢大昕潛研堂金石文跋尾卷六唐鎮軍大將軍吳文碑跋嘗舉十餘事明之，北朝宦者有假妻則未及，張整、劉騰二事可以補入。

誌稱整上黨刈陵人，又稱「源出荊州南陽郡白水縣」，趙氏集釋謂「殊難索解」，又云：

> 案趙德父金石錄二十一後魏化政寺石窟銘跋云：「北史及魏書有宦者抱嶷，傳云自言其先姓杞，後辟禍改焉。今碑題涇州刺史杞嶷造，疑後改從本姓爾。」碑以抱嶷爲杞嶷，與誌稱白整爲張整同例，特史於整傳未言其改姓耳。

按：集釋引金石錄云云爲說，似信整本姓張。此恐不然。姚薇元北朝胡姓考匈奴諸姓白氏條云：

> 上黨白氏，本稽胡族，魏書卷三太宗紀云：「神瑞二年三月，河西餓胡屯聚上黨，推白亞栗斯爲盟主。」又同書卷四上世祖紀云：「延和三年七月，命諸軍討山胡白龍於西河。九月克之。」

姚氏又作注云：

> 魏書卷九十四有白整傳，未詳里望。孝文弔比干文碑陰有「中給事錄太官令臣上黨郡白整」，是白整與白亞栗斯同里，其爲稽胡無疑。

是白整本稽胡白氏，既冒張姓，又詭稱出張氏名望南陽白水，此北朝微族之伎倆，欲以蒙混後世者，余跋侯剛誌曾舉數例說之（詳下），茲不贅。

一〇、北魏魯郡太守張猛龍清頌碑　孝明帝正光三年

張猛龍清頌碑，有陰。石在曲阜孔廟。書法峻勁，學者稱之。文載金石萃編卷二十九。猛龍以孝明帝熙平中除魯郡太守，正光三年離職去魯，屬吏郡人泐石頌其清德。

陰額題名，有「魯縣令杜僧壽、汶陽縣令明景欣、鄒縣令韓咸、陽平縣令甯安族、弁縣令董文定、新陽縣令崔咸」等字；碑陰題名自第五列以下又有「魯縣族望、汶陽縣族望、□□族望、陽平縣族望、弁縣族望、新陽縣」云云；所闕當即「鄒縣」二字。蓋六縣者，魯郡屬縣也。洪頤煊平津讀碑記卷二云：

碑陰有魯、汶陽、鄒、陽平、弁、新陽縣令，皆魯郡屬縣。魏書地形志，魯郡領縣五，無弁，當是其後省也。

按：洪氏謂地形志魯郡領縣五者，據同治十一年金陵書局本言之耳，他本皆作「領縣六」，不作「五」。新校本魏書地形志中校勘記云：

（金陵書）局本「六」作「五」，諸本作「六」。按下只舉五縣，疑局本是。但上文兖州下稱領縣三十一，若此作「五縣」，就少一縣，可能下脱一縣，也可能上兖州領縣數衍「一」字，今皆不改。

兹據此碑，知地形志脱弁縣耳，校勘記「兖州領縣數衍『一』字」之説無據，洪氏「其後省」之論亦不然。按：「弁」即「卞」，並見兩漢志，蓋弁之爲縣舊矣。

一一、北魏江陽王元乂墓誌　孝明帝孝昌二年

魏宗室元乂墓誌，出洛陽。見趙萬里漢魏南北朝墓誌集釋圖版七八。乂乃肅宗時權臣，影響政局國勢者甚鉅。此誌約千五百言，羅振玉松翁近稿、趙氏集釋卷三並有考釋。余謂：

誌主名字，尚有待發之覆；所載仕履，則可補正本傳之缺訛。

誌云：「公諱乂，字伯儁。」羅振玉跋云：

> 傳稱「叉字伯儁，小字夜叉」，傳中載咸陽王禧子樹在梁遺公卿百僚書有「元叉本名夜叉，弟羅實名羅刹」語，似其名當是夜叉之叉，故史作叉不作乂。然以字伯儁考之，殆取儁乂之義，則誌作乂者是，史作叉者非也。

羅氏嗣以讀元玕墓誌（集釋圖版七五），中有「君從父兄領軍尚書令叉爲營明堂大將，君爲主簿」之文，因悔其前論而跋之云：

> 叉傳不載爲營明堂大將事，洛陽近出叉墓誌則載之。惟傳稱「叉字伯儁，小字夜叉」，誌則叉作乂。今此誌亦作叉，與傳同。予曩據乂誌以乂字伯儁，名字正相應，疑傳譌乂爲叉。今觀此誌，又證以元樹遺公卿百僚書有「元叉本名夜叉」語；知乂初名正作叉，小字夜叉，後殆以其不馴雅，遂改爲乂，字伯儁。史傳以初名之叉，而傳以後來之字，固不免小疏，然叉固非乂之譌矣。

趙萬里則謂：

乂之名，魏書北史及近出元玕墓誌俱作叉，乃「小字夜叉」之省，蓋其初名。此誌與洛陽伽藍記作乂㉗，則後來改名也。

案：羅、趙之説是也。唯「叉乃小字夜叉之省」之説，學者或有誤會，尚須澄清説明。姚薇元撰宋書索虜傳南齊書魏虜傳北人姓名考證一文及北朝胡姓考一書，並謂：魏收記北人姓名，盡用新姓，其名亦多加省改，非復原名。如南齊書鹿樹生卽魏書鹿生，索虜傳直懃駕頭拔羽直卽魏書元羽。按：姚説待辨。史官豈得無據改人名字？北魏碑誌所見胡族，名字多與魏書相合，足徵非魏收私意所改。竊意孝文帝雖盡力漢化，命名取字亦效法漢俗，然推行不能完全一致。胡人本有胡名，漢化深者，另取漢化名字，如臨淮王，詔改名彧字文若，實效法荀彧㉘。其不然者，每以胡名音譯中之一字爲漢名，而或以胡名爲字，或另取漢化之字；此與當時改姓，或以胡姓音譯中之一字爲漢姓，或另取漢化之姓，實出一法。故如：鹿生，胡姓則阿鹿桓㉙，漢姓則鹿，胡名則樹生，漢名則生。廣陵王元羽，胡姓則拓跋，漢姓則

㉗ 洛陽伽藍記，「乂」字，如隱堂本、緑君亭本作「叉」，漢魏叢書本作「義」，並非諸本皆作「乂」，趙氏失察。

㉘ 參魏書太武五王列傳臨淮王元彧傳、三國志荀彧傳。

㉙ 參魏書官氏志、北朝胡姓考頁七五。

元，胡名直懃駕頭拔羽直，漢名爲羽，又另取漢化之字叔翻，以應「羽」字㉚。司徒劉豐，胡姓則獨孤，漢姓則劉，胡名豐生，漢名爲豐，又以豐生爲字㉛。又「提」爲鮮卑語之語尾詞，魏書所見，代人名「提」者特多，其故如此㉜。然則丘哲墓誌（集釋圖版二六八）所見丘庫堆卽魏書之丘堆，庫堆者，胡名，堆則漢名，非魏收以私意省改庫堆爲堆也㉝。以上論推之，元乂胡名夜叉，因以叉爲漢名，而夜叉遂爲「字」矣。故魏收謂「小字夜叉」，元樹謂「本名夜叉」，皆指其胡名，實無衝突。其後蓋以元樹遺書公卿謂之「夜叉、羅刹，此鬼食人」，方易名乂字伯儁爲全部漢化之名字耳。然則羅、趙之說雖是，而於當時胡漢名字轉變之習俗，猶未能盡其曲折也。北朝人物，史傳碑誌所載，每人同名異，原因不僅一端，茲未遑多論，然持此說以推考之，亦讀史者之一助歟？

魏書元叉傳云：叉於靈太后臨朝時，爲散騎常侍、光祿少卿，領嘗食典御，轉光祿卿，嗣遷侍中，餘官如故，加領軍將軍，既在門下（官侍中），兼總禁兵（官領軍將軍），遂與劉騰幽禁靈太后於永巷六年，其間與太師高陽王元雍等輔政，常直禁中，專綜機要，巨細決之。尋遷衞將軍，餘如故。孝昌元年，靈太后與肅宗元雍，以叉跋扈，謀廢叉權，諷叉解領軍，「太后曰：『然。元郎若忠於朝廷而無反心，何故不去此領軍，以餘官輔政？』叉聞之，甚懼，免冠求解。乃以叉爲驃騎大將軍、儀同三司、尚書令、侍中、領左右。叉雖去兵權，然總任內外，殊不慮有黜廢之理也。後叉出宿，遂解其侍中。旦，欲入宮，門者不納。尋除名爲民。」據魏書，元叉雖去領軍，侍中如故，何以後文叉謂拜「驃騎大將軍、儀同三司、尚書令、侍中、領左右」？何以解領軍後始加「領左右」？嗣解侍中，傳未言解「領左右」，何以遂不得入宮？此皆難解。考「領左右」一職，統領天子近侍白衣左右、領扈左右、御仗左右、主馬左右、應詔左右、刀劍左右、備身左右、千牛備身者也，爲天子親信之職，控制天子尤甚於總領禁軍之領軍，故北魏末期權臣多帶此銜；余撰洛陽伽藍記箋㉞，嘗詳論之矣。靈太后既解叉兵權，加「驃騎大將軍、儀同三司」之虛銜及司行政之「尚書令」，無緣復命叉爲「領左右」以增加其影響力。其後解侍中，叉既爲「領左右」，亦無緣不得入宮。曩讀此傳，蓄疑久之。玆考此誌，乃知叉爲侍中、領軍將軍時，即加「領左右」，故得「常直禁中，巨細決之」，及「詔解領軍」，則「更授驃騎大將軍、儀同三司、尚書令，侍中、領左右如故」，其「侍中、領左右」並非新加。以尚書令掌「外」，侍中、領左右掌「內」，

㉚參宋書索虜傳、魏書獻文六王列傳廣陵王元羽傳、元羽墓誌（集釋圖版一七八）。

㉛參北齊書劉豐傳、北朝胡姓考頁四九。

㉜說參姚薇元宋書索虜傳南齊書魏虜傳北人姓名考證、北朝胡姓考頁六五。唯姚氏謂單名「提」係出魏收省改，則屬誤解。

㉝趙萬里漢魏南北朝墓誌集釋卷六謂：「殆堆名而庫堆其字歟？」以鄙說衡之，猶未達一間。不若謂「庫堆胡名，堆爲漢名，遂以胡名爲字歟」爲近是。

㉞文載臺大中文學報第二期。

雖無兵權，而兼掌決策（侍中），行政（尚書令）之職，影響力猶極大，故魏書謂：「叉雖去兵權，然總任內外，殊不慮有黜廢之理也。」嗣後，朝廷乘其無防備之心，突下詔「解公侍中、領左右」，元叉遂無名義入宮，魏書云「門者不納」是也。此時元叉既喪失其決策之權（侍中），亦不復有監視天子起居之便（領左右），僅餘無決定權之尚書令，於是元叉不免爲魚肉矣。尋除名爲民，則賜死之先聲也。然則此誌於元叉得勢失勢之過程，敍述委曲周備；魏書則於「加領軍將軍」下缺「領左右」三字，於「侍中、領左右」下缺「如故」二字，「遂解其侍中」下缺「領左右」三字，遂令讀者覺其扞格不通矣；當據誌補正。

官銜者，反映人臣權勢升降，權臣職銜增減，尤關涉一代政局之起伏，史官操翰，不應率爾，而後世讀史，自宜究心；余誦此誌，益知其重要性矣。

一二、北魏侍中侯剛墓誌 孝明帝孝昌二年

侯剛墓誌，有蓋，出洛陽。見趙萬里漢魏南北朝墓誌集釋圖版二四九。侯剛事蹟載魏書恩倖傳。傳稱「河南洛陽人，其先代人」，誌稱「上谷居庸人」。羅振玉松翁未焚稿云：

> 剛子詳傳言：剛以上谷先有侯氏，於是始家焉。正光中又請以詳爲燕州刺史，欲爲家世之基。則剛實非上谷人，傳爲得實也。

趙氏集釋卷五復補充羅氏之證據云：

（誌稱）剛延昌四年拜本州大中正，傳作恆州。地形志「恆州治代郡平城」。則傳云其先爲代人，乃得之矣。

羅、趙二氏謂剛實代人，說是也。唯其中尚有待發之隱，前人似未注意及之。

按：侯剛既爲代人，遷洛後不自稱河南洛陽人，而必欲稱上谷居庸人者，乃北魏微族之有權勢者欲提高門第、令子孫混入漢人著姓之方式。其例非一，且其心理及作法今猶斑斑可考。查六朝重郡姓，孝文帝推行漢化，除改姓外，代人南遷者，改稱河南洛陽人，死葬伊洛；漢官則雖居洛葬洛，例稱本籍㉟。然代人之中，姓族復有高下㊱，任官起家之貴賤以此

㉟ 北魏向無漢官改籍之詔。今史傳、碑誌所見，不論居洛葬洛與否，例稱本籍。如太和十八年孝文皇帝弔殷比干文碑陰題名（金石萃編卷二十七），代人多已改稱「河南郡」，而漢人無一改其本籍。又如鄭道忠，據魏書，乃滎陽開封人鄭羲兄鄭叔夜孫鄭忠，而其誌（集釋圖版二三四）云：「滎陽開封人……以正光三年十月十七日卒於洛陽之安豐里宅。」又如李沖，魏書云：「隴西人。……葬於（洛陽）覆舟山，近杜預冢，高祖之意也。」其例不勝枚舉。

㊱ 據魏書官氏志：太和十九年下詔定姓族，其穆、陸、賀、劉、樓、于、嵇、尉八姓勿充猥官，一同漢之盧、李、鄭、王四姓，其餘依先世自太祖皇始以來居官大小定姓族高下有差。世宗世，代人猶以姓族辭訟，使尚書于忠等量定之。

爲準，此孝文帝雖經臣工諷喻而仍堅持者也㊲。故代人姓族之高者，尙無諱稱代人之必要；其卑下者，則冒漢之著姓，俾二三世之後，人不知其爲胡，得享富貴。其作法則：冒漢之郡姓，一也；遷家之以爲證據，二也；求官該地，以威權禁人談論，三也；通婚漢之名族，混人耳目，且改變相貌，四也；墓設該地，五也；譜牒攀附郡姓之爵顯官高者，六也。如此，則數世之後，人烏能辨之哉？賴史官直筆，今猶能考知當時此一現象也。玆引證說明之。

魏書卷八十朱瑞傳云：

> 朱瑞，字元龍，代郡桑乾人。……除青州大中正。……又改封樂陵郡開國公。……瑞啓乞三從之內並屬滄州樂陵郡，詔許之，仍轉滄州大中正。瑞始以青州樂陵有朱氏，意欲歸之，故求爲青州中正；又以滄州樂陵亦有朱氏，而心好河北，遂乞移屬焉。

按：朱瑞卽元和姓纂十二蟹之可朱渾昌，其族本遼東胡人，歸魏後居於桑乾㊳。朱瑞所爲，於上述六項中居其前三者。魏書卷九十四閹官傳云：

> 賈粲，字季宣，酒泉人也。……自云本出武威，魏太尉文和之後，遂移家屬焉。時武

威太守韋景承粲意，以其兄緒爲功曹，緒時年向七十，未幾，又以緒爲西平太守，比景代下，已轉爲武威太守。

此其所述，於六項中居其四。魏書卷九十三恩倖傳云：

侯剛，字乾之，河南洛陽人，其先代人也。本出寒微，少以善於鼎俎，進飪出入。

㊲ 魏書韓顯宗傳：高祖曾詔諸官曰：「自近代已來，高卑出身，恆有常分。朕意一以爲可，復以爲不可。宜相與量之。」李沖對曰：「未審上古已來，置官列位，爲欲爲膏粱兒地？爲欲益治讚時？」高祖曰：「俱欲爲治。」沖曰：「若欲爲治，陛下今日何爲專崇門品，不有拔才之詔？」高祖曰：「苟有殊人之伎，不患不知。然君子之門，假使無當世之用者，要自德行純篤，朕是以用之。」沖曰：「傅巖、呂望，豈可以門見舉？」高祖曰：「如此濟世者希，曠代有一兩人耳。」沖謂諸卿士曰：「適欲請諸賢救之。」秘書令李彪曰：「師旅寡少，未足爲援，意有所懷，不敢盡言於聖日。陛下若專以門地，不審魯之三卿，孰若四科？」高祖曰：「猶如向解。」顯宗進曰：「陛下光宅洛邑，百禮唯新，國之興否，指此一選。臣既學識浮淺，不能援引古今，以證此議，且以國事論之。不審中、秘書監令之子，必爲秘書郎，頃來爲監、令者，子皆可爲不？」高祖曰：「卿何不論當世膏腴爲監、令者？」顯宗曰：「陛下以物不可類，不應以貴承貴，以賤襲賤。」高祖曰：「若有高明卓爾、才具儁出者，朕亦不拘此例。」

㊳ 以上詳參姚薇元北朝胡姓考四方諸姓朱氏條。

……剛以上谷先有侯氏，於是始家焉。正光中，又請以（子）詳爲燕州刺史，……欲爲家世之基。五年，拜……燕州大中正。

據地形志，上谷屬燕州。又剛誌云：「上谷居庸人也。其先大司徒霸。」侯霸，東漢初大司徒。是侯剛所爲，於六項中亦居其四。恩倖傳又云：

趙邕，字令和，自云南陽人。……邕父怡，太和中歷郢州刺史，停家久之，以邕寵召拜太常少卿。尋爲荊州大中正，出除征虜將軍、荊州刺史。怡乃致其母喪，葬於宛城之南，趙氏舊墟。……以趙出南陽，徙屬荊，邕轉給事中、南陽中正，以父爲荊州大中正，乃罷。……邕弟尙，中書舍人，出除南陽太守。……邕祖嶽舊葬代京，喪自平城還葬南陽。……與范陽盧氏爲婚，女父早亡，其叔許之，而母不從。母北平陽氏攜女至家藏避規免，邕乃拷掠陽叔，遂至於死。

據地形志下，宛城屬南陽郡，南陽郡屬荊州。又，范陽盧氏、北平陽氏俱爲名望，匈奴有趙氏[39]，疑邕本匈奴，故陽氏不願爲婚也。是則趙邕所爲，於六項中居其五矣。

世之論述胡人華化種種問題者多矣，余因讀此誌，論北朝胡人漢化過程中一可注意之現象如此。

一三、北魏元伏生妻輿龍姬磚誌　孝明帝孝昌三年

輿龍姬磚誌，出洛陽。見趙萬里漢魏南北朝墓誌集釋圖版一九八。誌文僅二十一字，云：「故元伏生妻輿龍姬銘，孝昌三年十二月廿一日送終。」

按：「輿」氏稀見。通志氏族略四云：「周大夫伯輿之後，以王父字爲氏。又莫輿氏改爲輿。」「莫輿」史籍多作「慕輿」，太和後改爲「輿」，見魏書官氏志。又北魏破慕容燕時，慕容氏多易姓慕輿以避禍，蓋取有一字之同，示不忘本也。魏書慕容白曜傳云：

> 初，慕容破後，種族仍繁。（道成帝）天賜末，頗忌而誅之。時有遺免，不敢復姓，皆以「輿」爲氏。（宣武帝）延昌末，詔復舊姓。而其子女先入掖庭者，猶號「慕容」，特多於他族。

姚薇元北朝胡姓考謂：天賜距太和改姓時尚遠，白曜傳「皆以『輿』爲氏」當作「皆以『慕

㊴ 參考姚薇元北朝胡姓考匈奴諸姓趙氏條。

輿』爲氏」，魏收著史，姓氏例追改，故作「皆以『輿』爲氏」。按：姚説是也。然慕容氏雖於天賜末易姓慕輿，孝文帝太和改姓時，其隨慕輿氏改姓輿氏，從而可知。延昌末既詔慕容氏復姓，則其後輿氏無慕容一族，亦從而可知。孝明帝孝昌三年去延昌末已逾十載，則輿龍姬蓋出慕輿，不出慕容。

又，元和姓纂十一暮、通志氏族略五並謂：慕輿氏卽鮮卑慕容氏，音訛又爲慕輿。按：晉書載記及魏書官氏志皆並見慕容、慕輿二氏，是二氏有别，姓纂、通志音訛之説非是，通鑑晉紀成帝咸和九年胡三省注、姚薇元北朝胡姓考並已發之；兹以此誌合魏書慕容白曜傳觀之，益足爲證。

一四、北魏東平王元略墓誌　*孝莊帝建義元年*

魏宗室元略墓誌，與兄元熙、元誘、弟元纂、元廞等誌並出洛陽（以上圖版均見趙氏集釋）。誌載元略仕履頗詳，而與魏書景穆十二王列傳稍有出入，趙氏集釋卷四已論之矣。

元略以武泰元年（四月辛丑改元建義，九月乙亥又改永安）歲次戊申四月戊子朔十三日庚子與公卿以下二千餘人同時見害河陰，見魏書孝莊紀及本傳，而誌云「大魏建義元年歲次戊申四月丙辰朔十三日戊辰薨於洛陽之北邙」，干支謬誤。查銘後有「大魏建義元年歲次戊申七月丙辰朔十八日癸酉建」一行，則謂「四月丙辰朔十三日戊辰」者，撰者之誤也。其時墓誌，干支不無草率出之者，如元端亦見害河陰，而誌云「武泰元年四月戊子朔十三日戊子」，錯誤昭顯，而書丹者不覺。

又元略以四月遇害，以七月葬，同時罹難者多如此，見元誕、元信、元悛、元愔、元均之、元宥、元順、元彝、元瞻、元廞、元湛、元毓、元昉、元譚、元端、陸紹、王誦等墓誌；略前，則元悌以六月葬；其後，則元周安以九月，元欽、元子永、元禮之、唐耀以十一月（以上諸誌俱見集釋）。北魏習俗，盛行厚葬㊵，然通觀北魏墓誌，知其時停柩久暫，並無定制，與先秦禮制有別。河陰遇難諸人，官爵尊卑不同，乃不約而同前後閱四月而葬者，以喪亂之餘，時局不靖，經營至此時略定耳，與禮制無涉也。

一五、北魏通直散騎常侍元廞墓誌 孝莊帝建義元年

魏宗室元廞墓誌，出洛陽。見趙萬里漢魏南北朝墓誌集釋圖版一四一。廞字義興，傳見景穆十二王列傳，東平王元略弟也。廞與兄略並遇害河陰，誌云「建義元年四月十三日薨

㊵ 參洛陽伽藍記卷三城南菩提寺條。又唐段成式酉陽雜俎前集卷十三云：「後魏俗競厚葬，棺厚高大，多用柏木，兩邊作大銅環鈕，不問公私貴賤，悉白油絡幰轜車，迥素稍仗，打虜鼓，哭聲欲似南朝。」

於位」者，諱之也。誌文云：「君閱實九區，贊奏山海，三品所出，靡不知曉。於是密勑爰來，委以總事，爲十州都將，主採金鐵。功用垂就，遭變停罷。」又云：「時上黨黔黎，千有餘衆，携手連名，言事公府，云：長子舊城，險要攸在，求置一州，永固茲守。以君皇胄懿重，操執端謹，六事淵塞，三正明爽，必能代厥神工，爲民良主。帝旣下命，衆議又允，便爲胡氏所破，請事中罷。」趙氏集釋卷四謂傳誌互校正合，唯此二事傳不及爲異；而未加疏釋。茲以二事可反映魏末經濟、軍事問題，故稍徵史傳，以發其義，明誌文之所指。

按：據魏書食貨志，北魏初至於太和，錢貨無所周流，高祖始詔天下用錢。太和十九年鑄「太和五銖」，世宗永平三年又鑄，然其錢僅行於京師，不入徐揚之市，河北州鎮多以他物交易，或分截布帛以代錢。肅宗熙平初，尚書令任城王元澄奏准廣用錢貨，而錢猶少。二年冬，尚書崔亮奏：「恆農郡銅青谷有銅礦，計一斗得銅五兩四銖；葦池谷礦，計一斗得銅五兩；鸞帳山礦，計一斗得銅四兩；河內郡王屋山礦，計一斗得銅八兩；南青州苑燭山、齊州商山並是往昔銅官，舊迹見在。謹按鑄錢方輿，用銅處廣，旣有冶利，並宜開鑄。」詔從之。元廞以宗室之親，受詔主採金鐵，蓋爲鑄錢。誌與志可相印證。志又謂：其後民多盜鑄，巧僞滋多。蓋肅宗以後，經濟與政局並日就混亂衰微矣。

又，長子城，屬上黨郡，并州險邑也。慕容永嘗都之。正光時，爾朱榮以平亂，兵威漸盛，兼擁并、肆二州，已有不臣之心，榮傳謂「朝廷亦不能罪責」是也。誌謂長子城「爲胡氏所破」，謂爲爾朱榮所據也，事當在此時。及永安二年，北海王元顥入洛，莊帝出奔，幸長子城，爾朱榮及其黨上黨王元天穆馳傳朝之，帝即日反旆討顥，事見莊帝紀及洛陽伽藍記卷一，據知長子城與爾朱榮之關係。蓋爾朱榮之不臣，時所共知，朝廷羈縻而已，故爾朱榮勢力未及之時，上黨百姓有置州以固防守之請，朝廷有設牧選守之議，此事書闕有間，賴誌稍知端倪。爾朱榮，羯人也，北魏時，鮮卑謂羯爲「羯胡」、爲「契胡」㊶，尤多單稱「胡」者：洛陽伽藍記卷一，黄門侍郎稱爾朱榮爲「馬邑小胡」；卷二，壽陽公主罵爾朱世隆爲「胡狗」；北齊書封隆之傳，高歡稱爾朱兆爲「逆胡」：斯亦誌文「胡氏」指爾朱榮之旁證也。

㢠誌以建義元年七月造，時權柄操爾朱榮手，故誌於河陰遇害事、長子城事皆不敢顯言之。

一六、北魏兗州長史穆彥墓誌 孝莊帝永安二年

穆彥墓誌，有蓋，出洛陽。見趙萬里漢魏南北朝墓誌集釋圖版二七五。據誌及彥兄穆纂墓誌（集釋圖版二三三），彥乃北魏太尉穆崇之後，而名不見於史。

㊶ 姚薇元北朝胡姓考頁三六一：「陳寅恪師曾謂『契胡』即『羯胡』，高僧傳之『梵唄三契』，契即偈之異譯。」

誌云：「神龜中，司州牧高陽王辟君爲主簿。」據魏書獻文六王列傳上，高陽王卽元雍也。誌云：「建義中，以君才高氣遠，拜中堅將軍，行洛陽令。」時爾朱氏方殺魏宗室及朝臣於河陰，彥未遇害，反官洛陽令，蓋爾朱氏之黨。誌又云：「永安中，逆顥侵洛，避難東遊，囑兗州刺史司空公從兄紹假輔國將軍，屈爲長史。君蘊寶懷愚，頑建忠誠，冀逢中興，思暢奇策，不圖飛禍橫臻，春秋三十一，以永安二年六月二十三日暴薨於兗州。」按：元顥起兵，以討爾朱氏爲名[42]，永安二年五月丙子入洛，故彥「避難東遊」，魏書穆紹傳云：「元顥入洛，以紹爲兗州刺史，行達東郡，顥敗而反。」是穆紹未就兗州刺史任[43]，蓋遙辟彥爲長史先赴任所。彥至州，圖謀反顥，事敗見殺。考顥之將敗，曾於六月二十三日殺害異黨。知之者，據魏書孝莊帝紀：五月壬子朔。六月壬寅，爾朱榮、元天穆會莊帝克顥黨太守元襲、都督宗正珍孫於河內，斬之。七月戊辰，破顥子冠受及安豐王元延明軍，元顥敗死。以五月壬子朔推，六月壬寅卽六月二十二日也。蓋河內既失，元顥敗象已露，遂於次日大肆殺戮，爾朱紹墓誌（集釋圖版二七三）言「六月二十三日薨於位」，其弟爾朱襲墓誌（集釋圖版二七四）則明言爲顥所俘，「六月二十三日薨於京師」，與彥同日卒，是知「飛禍橫臻」及「暴薨」者，爲顥所害，誌不願顯言之耳。

一七、北魏贈長平縣開國男元液墓誌　孝莊帝永安三年

魏宗室元液墓誌，出洛陽。見趙萬里漢魏南北朝墓誌集釋圖版一一一。液事蹟不載於史，趙氏集釋卷四取有關墓誌與史傳互考，論液之世系頗詳。至釋誌文，則猶有可議。茲加補正如后。

誌文云：「正光中，朝綱稍紊，邊網絶維，鬼漠生塵，盧山結霧。雪居鬈首之狛，越虎落而南侵；投俾戍北之氓，棄天田而作暴。車騎大將軍、大都督、儀同李公，誕應推轂，爰董戎麾，換纂才雄，振玆薄伐。乃以君爲開府屬，加征虜將軍。君既從戎律，爰方啓行，出納經謀，志掃窮孽。軍威所擬，翰海繹騷；桴鼓所當，榆關震疊。尋以李公遇患，被旨還京。君以府僚，固從解落。」集釋謂此指正光四年四月李崇征蠕蠕事。按：趙説非是。此謂液從李崇伐沃野鎮叛人破落汗拔陵也，不指征蠕蠕事。綜考魏書肅宗紀、李崇傳、蠕蠕傳：正光四年，蠕蠕主阿那瓌以衆大饑，入塞寇抄；四月，崇以驃騎大將軍、儀同統軍出討，出塞三千里，不及而還。五年三月，破落汗拔陵反；五月，臨淮王元彧敗於五原，詔崇以本官

㊷ 元顥起兵，與莊帝書，中有「爾朱榮不臣之跡，暴於旁午，謀魏社稷，愚智同見」之語。書載洛陽伽藍記卷一永寧寺條。

㊸ 穆紹墓誌載紹之歷官甚詳，與魏書多合，而不載兗州刺史，是亦穆紹未就兗州刺史任之旁證。

加開府、大都督率廣陽王元淵等北討；七月，崇以都督崔暹失利於白道，又坐長史祖瑩截沒軍資、詐增功級，免除官爵，徵還京師，以後事付廣陽王元淵。據上述，李崇征蠕蠕，官驃騎大將軍、儀同三司；征拔陵，則爲大都督、開府儀同三司。誌文謂崇爲大都督、液爲開府屬，又謂崇遇患還京、液以府僚亦從落職，則所述明指征拔陵事，與征蠕蠕事無涉也。至誌謂時崇爲車騎大將軍，魏書不載，當據誌補。

誌文又云：「大都督、大行臺、廣陽王，任均方邵，廟策所歸，勑總三軍，龔言繼伐。以君帥負宿習，涉用有成，即假君平北將軍、別將，仍留討叛。君觀敵形勝，設固守之規；視寇氣衰，陳進取之略。經論屢發，密策亟陳，庶蕩虔劉，克寧有北。而廣陽趣乖城濮，內念雄規，雖握強兵，恐無救亂。君遂因疾，苦請還京。自發之後，威略弗周，妖賊糾紛，果亂東夏。當世名哲，咸服之識機者焉。」按：此謂液雖落職，尋受辟元淵幕府，續討拔陵，有所建議，未受採納，遂告疾還京也。誌云「妖賊糾紛，果亂東夏」者，以肅宗紀、元淵傳考之，則孝昌元年三月，破落汗拔陵別帥王也不盧攻陷懷朔鎮；八月，杜洛周反於幽州；二年正月，鮮于脩禮叛於定州；其餘大小叛逆，所在多有。其後遂造成爾朱榮之坐大，幾傾覆魏室。蓋元淵之討拔陵，處置未當，其影響有如是者。

又銘後有「□父馮次興，太師之子，出身內小內行，後除給事中」一行。「父」上自是「妻」字。案：馮次興姓名不見於史，茲以「太師之子」考之，知是文明太后兄、孝文廢皇后及幽皇后父、太師馮熙之庶子。魏書外戚傳：馮熙尚恭宗女博陵長公主，生二子馮誕、馮脩，又廣置妾侍，有子女數十人。其女子可考者十一人㊹，男子則有馮輔興、馮聿字寶興、馮夙三人見於熙傳。以名字考之，次興必熙子也。熙傳云：「馮夙㊺幼養於宮，文明太后特加愛念，賜爵至北平王。」次興之爲內小內行，蓋亦以太后之侄、皇后昆弟，故能自幼行走宮中也。考「內小」「內行」者，名義不見於魏書官氏志及其他職官書。勾勒碑誌史傳，僅稍知梗概。丘哲墓誌（集釋圖版二六八）：「高祖孝文皇帝猥以照重，七歲之年，擢爲內行內小。」韓震墓誌陰（集釋圖版二八一）：「曾祖業，字世隆，太尉屬匡之子，萇子令、綦眞內小、上黨太守。……母東燕侯文氏，內行給事侯文成女。」奚智墓誌（集釋圖版二〇七）：「內行羽眞、散騎常侍、鎮西將軍、雲中鎮大將內亦干之孫。」侯剛墓誌（集釋圖版二四九）：「父內小。……太和五年，文明太后謂（剛）爲內小。」時侯剛年十六㊻。史傳所載，有「內行阿干」，見魏書常山王元遵傳；有「內行長」，見長孫肥、穆崇、劉尼、陳健、羅結、苟

㊹ 馮熙女見於史傳、墓誌者，有南平王妃、孝文廢皇后、孝文幽皇后、孝文昭儀二人、元誘妻、安豐王元延明妃、任城王元澄妃、元竫妻、樂安王元悅妃、元顯魏妻，凡十一人。詳參趙萬里漢魏南北朝墓誌集釋卷三元悅妃馮季華墓誌條。

㊺ 「馮夙」魏書外戚傳作「馮風」，誤。茲據皇后列傳孝文幽皇后傳及獻文六王傳廣陵王元羽傳改。

㊻ 據侯剛誌，剛以孝昌二年卒，年六十，逆數至太和五年，剛年十六。

頹、于勁等傳；有「內行令」，見宿石、和其奴、王遇等傳。蓋「內行」者，給事禁中之機構，而「內小」者，行走宮闈之童幼；其職務之性質，疑略同於周禮內小臣或內竪㊼，而多用胡人。次興之爲內小內行，當係以太后之姪、皇后昆弟，便於侍候起居、傳達陰事，故膺選耳。隋劉則墓誌（集釋圖版四四六）云：「開皇元年，釋褐除內小臣。三年，轉宮闈局丞。……十二年，又授都督，仍遷掖庭局令。……十六年，詔授兼內給事。……仁壽元年，正除內給事。」以劉則歷官印證上論，鄙說或不誣也。趙氏集釋卷八跋劉則誌云：

則所歷名位，與隋志多合，惟內小臣不見於隋志。西魏遵周禮定官制，周禮天官「內小臣掌王后之命，正其服位」。疑周置內小臣，隋初沿周之舊，尋廢，故隋志不及耳。

趙氏「隋初沿周之舊」之論，檢謝啓昆西魏書卷十，說是也；然尚不知「內小臣」實遠紹北魏之「內小」也。

一八、北魏通直散騎常侍李彰墓誌 孝武帝太昌元年

北魏李彰墓誌，見趙萬里漢魏南北朝墓誌集釋圖版二八二。誌文云：「魏故通直散騎侍郎左將軍瀛州刺史司州河南郡洛陽縣澄風鄉顯德里領秦州隴西郡狄道縣都鄉和風里李彰，年

廿二，字子焕。維大魏太昌元年歲次壬子九月壬辰朔廿九日庚申殯於石人亭大道北覆舟山之陽。祖冲，司空文穆公。父延寔，使持節侍中太師太尉公。」按：李冲，隴西狄道人，北魏孝莊帝李妃父，傳見魏書卷五十三。李延寔則帝舅也，見同書外戚傳。外戚傳不載延寔有子名彰，賴此誌知之。

誌文「李彰」上結銜甚長，吴士鑑九鐘精舍金石跋尾乙編云：

今此誌既云「司州河南郡洛陽縣」，又云「領秦州隴西郡狄道縣」，以明河南郡爲後來寄籍，而又遥領隴西郡，此他誌所罕見也。

羅振玉雪堂金石文字跋尾二云：

誌題「故通直散騎侍郎左將軍」，乃彰之官；「司州洛陽縣澄風鄉顯德里」，彰在洛之居第；「領秦州隴西郡狄道縣都鄉和風里」，彰之籍里也。官職、居第、籍里蟬聯

㊼ 周禮內小臣之職：「掌王后之命，正其服位。后出入，則前驅。若有祭祀、賓客、喪紀，則擯。詔后之禮事，相九嬪之禮事，正內人之禮事。徹后之俎。后有好事於四方，則使往；有好令於卿大夫，則亦如之。掌王之陰事陰令。」內豎之職：「掌內外之通令，凡小事。」鄭注：「內，后六宮。外，卿大夫也。使童豎通王內外之命，給小事者。以其無與爲禮，出入便疾。」

書之，他誌所罕見。

吳、羅二氏並將「領」字屬下讀，謂其銜既著寄籍之洛陽，復「遙領」原籍之狄道：其說蓋非。按：通觀漢魏六朝碑誌，官銜下著明里籍之例極多，而絕無官銜下兼著寄籍與原籍之例，且當時「領」字例用於兼領官職之上（例詳下），不用於籍里之上，蓋籍里本無所謂領或不領也。此「領」字當屬上讀，「里領」者，里正也。查北魏舊無里正制度，李彰祖父李沖始建議文明太后「以三正治民」，三正又稱三長，卽黨長、里長、鄰長，李沖傳云：「遂立三長，公私便之。」其事卽魏書高祖紀「（太和十年）二月甲戌，初立黨、里、鄰三長，定民戶籍」也。里長又稱里正，見洛陽伽藍記卷五、魏書卷十八元孝友傳。亦稱里吏、里魁等[48]，種種不一，里領蓋亦別稱之一。蓋此事乃李家著名政績，李彰既官於洛，又爲顯德里領之職，故特著之。是「領」字以上乃李彰「官」、「職」，「領」字以下乃彰之籍里，其文例與漢郭仲理石槨題字（集釋圖版五六八）「故鴈門陰館丞西河圜陽郭仲理（之槨）」、北魏孝文皇帝弔殷比干墓文碑陰題名（金石萃編卷二十七）「散騎常侍領司宗中大夫（臣）河南郡元景」、「給事黃門侍郎領著作郎（臣）清河郡崔光」相同。再者，孝文帝遷洛，代人南遷者改籍河南洛陽，漢人雖官洛葬洛，並不改籍[49]，以自後漢以來重郡姓也，李彰無緣以河南洛陽爲「本」、隴西狄道爲「領」也。然則吳、羅二氏以「領」屬下讀，乃誤認也。

一九、北魏魯郡王元肅墓誌 孝武帝永熙二年

魏宗室元肅墓誌，出洛陽。見趙萬里漢魏南北朝墓誌集釋圖版一四二。肅傳見於魏書，與誌多合。趙氏集釋卷四考據頗詳。唯於誌文「轉徐州安東府錄事參軍，屬彭城外叛，公拔難還闕」及「於時幷、肆之地分置廣州，以公高明在躬，羣望所屬，乃除持節後將軍廣州刺史」二事，則闡釋未盡。玆略引史傳說之。

據魏書肅宗紀及元法僧傳：孝昌元年，安東將軍、徐州刺史元法僧據彭城叛，自稱宋王，遣子景仲歸於蕭衍，衍遣將赴彭城。詔安樂王元鑒討之，破衍將於彭城南，既而不備，爲法僧所敗。衍將蕭綜入守彭城，「法僧擁其僚屬、守令、兵戍及郭邑士女萬餘口南入」。時元肅正任法僧安東將軍府錄事參軍，身在彭城，竟能脱險還京，誌云「彭城外叛，拔難還闕」者，指此。傳不載。

又據誌文，似莊帝永安初始分幷、肆置廣州，元肅爲首任刺史。顧考肅宗紀及爾朱榮傳，則孝昌三年爾朱榮已任「都督幷肆汾廣恆雲六州諸軍事」，是誌文「於時」云者，約略

㊽ 里吏，見史記張耳陳餘列傳。里魁，見續漢書百官志。

㊾ 參本文第十二篇北魏侍中侯剛墓誌並註㉟。

言之耳，讀者不必拘泥。趙氏謂：

誌云「於時并、肆之地分置廣州」，則非治魯陽之廣州甚明。地形志失載。

按：志云：「廣州，永安中置。治魯陽。武定中陷，徙治襄城。」趙氏據地望論分并、肆置者非治魯陽者，其說是也。考魏收撰志，據東魏武定地籍㊿。治魯陽者，據魏書孝靜紀及北齊書暴顯傳，陷於武定五年侯景之反，故地籍有之。至并、肆所分者，蓋旋置旋廢，故武定地籍不載也。然治地理沿革者，當知北魏之末嘗有兩廣州矣。

二〇、北魏寧國伯乞伏寶墓誌 孝武帝永熙二年

乞伏寶墓誌，出洛陽。見趙萬里漢魏南北朝墓誌集釋圖版二八四。首行作「魏故使持節都督河涼二州諸軍事衞大將軍河州刺史寧國伯乞伏君墓誌」，誌文云：「君諱寶，字菩薩，金城郡榆中縣人也。」並述生平仕履甚詳。核諸史傳，卽魏書孝感傳乞伏保也。傳云：

乞伏保，高車部人也。父居，顯祖時爲散騎常侍，領牧曹尚書，賜爵寧國侯。以忠謹愼密，常在左右，出內詔命。賜宮人河南宗氏，亡後，賜以宮人申氏，宋太子左率

申坦兄女也。歲餘，居卒，申撫養伏保。性嚴肅，捶罵切至，而伏保奉事孝謹，初無恨色。襲父侯爵，例降爲伯。稍遷左中郎將。每請祿賜，在外公私尺丈所用，無不白知。出爲鄯善[51]鎮將。中年餘八十，伏保手製馬輿，親自扶接，申欣然隨之。申亡，伏保解官，奉喪還洛。復爲長兼南中郎將。

姚薇元北朝胡姓考乞氏條謂：

傳中舉名凡四次，皆稱「伏保」，知其人姓乞，而非姓乞伏。傳言伏保爲高車部人，高車十二姓中有乞袁氏，疑其人原姓乞袁，單稱乞氏，乃太和時所改。惟今官氏志無乞袁改乞之文，姓氏諸書，亦皆不載。豈伯起誤以其人爲複姓「乞伏」，因混入鮮卑乞扶氏歟？

按：姚氏未見此誌，故謂菩薩姓乞，其說非是。又，趙氏集釋卷六云：

---

50 見魏書地形志卷首。

51 魏書及北史乞伏保傳誤作「無善」，通志卷一六七乞伏保傳誤作「善無」，茲據墓誌改正。

魏書高車傳「高車族十二姓，一曰泣伏利氏」。泣伏利省作乞伏，故傳云高車部人。誌諱所自出。以寶卒贈河州刺史，地形志河州有金城郡，其地本鮮卑乞伏乾歸故居，因以金城爲其郡望，則失其實矣。

按：姚氏謂菩薩出高車乞袁氏，趙氏則謂出泣伏利氏，乃受孝感傳「高車部人」四字影響，因作推測，實無依據。考魏書孝感傳，趙宋時已亡，今所見者，乃後人所補。傳既誤認菩薩姓名，高車部人之説宜更深考。魏書高車傳云：「高車，蓋古赤狄之餘種也，初號爲狄歷，北方以爲勑勒，諸夏以爲高車、丁零。其語略與匈奴同而時有小異，或云其先匈奴之甥也。」是高車乃匈奴別種。而乞伏氏者，則鮮卑也，與匈奴異種。魏書乞伏國仁傳，謂國仁爲隴西鮮卑，其弟乾歸都金城，故乞伏氏郡望多著隴西，如乞伏保達墓誌（集釋圖版三三九）云：「金城金城人。」又韓震墓誌陰（集釋圖版二八一）載「天水乞伏歸」，此誌謂菩薩「金城郡榆中縣人」，乃紀實，非牽附也。又乞伏保達墓誌謂祖父乞伏鳳封金城伯，而菩薩亦贈河州刺史（地形志，金城屬河州），此蓋朝廷令其榮耀鄉里之美意；斯亦菩薩實鮮卑非高車之佐證歟？然則菩薩之姓氏、種族、郡望皆當以誌爲正，姚、趙二氏之説蓋不然矣。

二一、北魏臨淮王元彧墓誌 北魏末

魏宗室元彧墓誌，出洛陽。見趙萬里漢魏南北朝墓誌集釋圖版九四。誌無年月，當在孝武帝時。羅振玉雪堂金石文字跋尾二云：

> 石質粗頑，鐫刻亦劣，文累千餘言，而所記事實甚簡，魏書太武五王傳則頗詳贍。彧爲宗支中之翹楚，其爭莊帝追崇考妣事，嚴正知禮，又南奔蕭衍，聞樂歔欷，違離父母，酒肉不御，堅請回國，誠節凛然，誌皆略而不書。及彧之死難，誌但稱「崩榱之禍奄臻，捨玦之慕空結」，蓋亦不敢直言也。孝莊紀，彧之死在永安三年十二月甲辰，傳亦不記其時日。傳稱「彧字文若」，誌乃字文舉。傳稱「出帝贈太師太尉公雍州刺史」，北史本傳「孝武末贈大將軍太師太尉公錄尚書事，謚曰文穆。」誌作「有詔贈使持節侍中太保領太尉公錄尚書事大將軍都督定相二州諸軍事定州刺史」，兩傳所記皆未備，合之則與誌合。惟定州刺史，傳譌作雍州，文穆之謚，誌亦不及耳。彧之贈卹既在孝武時，則此誌之立當亦在其時矣。

按：羅氏所考甚是；唯謂傳詳誌簡，稍欠考慮。蓋以誌文辭旨稍晦，未遑深究耳。余謂彧爲宗室翹楚，多預魏末大事，故其生平仕履，正宜察考。誌、傳互有詳略，而皆不完。玆取有關史傳，與誌參讀，用相發明；其已詳者，則不備論。

誌云：「早違陟岵，兼喪孔懷，訓育所資，寔唯聖善。倚門有望，噬指□歸，母子二人，更相爲氣。」按：「早違陟岵」者，謂父臨淮康王昌早世。「兼喪孔懷」者，謂弟元秀蚤夭。元秀不見於史傳，其墓誌（集釋圖版九五）謂字士彥，父臨淮康王，以正光三年卒，享年三十三。考彧傳，彧本名亮，字仕明，以避同署穆紹父穆亮諱，詔改名字。是元秀乃彧弟而蚤卒也。魏書謂彧「弟孝友，少有時譽，襲爵淮陽王」，此後人補太武五王傳時之誤也[52]，北齊書元孝友傳謂：「兄臨淮王彧無子，令孝友襲爵。」斯爲得之。孝友卒於北齊天保二年，以誌文推之，乃彧之異母弟耳。

誌云「晨遊鴛沼，夕拜瑣門」者，即傳「拜中書侍郎，除給事黃門侍郎」也[53]。誌云「常伯任隆，獨坐務切，談諷所歸，繩准攸在」者，即傳彧以「給事黃門侍郎」「長兼御史中尉」也[54]。誌云「爰屬奉常」者，謂官於太常寺也[55]，傳不載。誌云：「朱驂再轉，皂蓋仍移，六條剋宣，萬里載穆」者，謂出刺外州也[56]，傳不載，而食貨志記彧嘗爲梁州刺史。誌云「宗伯之任，親屬斯典，花咢之寄，興替是階，乃捨蕃闈，來遊卿寺」者，謂自刺史入官宗正寺也[57]，以太和二十三年職員令衡其歷官品秩，蓋爲宗正卿，傳不載。誌云「俄居大理，兼掌治粟」者，謂自宗正卿轉廷尉卿也[58]，見趙邕傳，本傳不載。誌云「自正光之末，艱虞再起，戍卒跋扈，搖蕩疆塞。我求操斧，聿總元戎。屬天未悔禍，妖徒方熾，干城棄律，一繩靡維」者，肅宗紀云：「（正光五年）三月，沃野鎮人破落汗拔陵聚衆反，殺鎮將，號眞王元年。詔臨淮王彧爲鎮軍將軍，假征北將軍，都督北征諸軍事以討之。……五月，臨淮王彧敗於五原，削除官爵。……七月，復臨淮王彧本封。」傳不載，誌則不願顯言

---

52 詳參世界書局二十五史述要魏書述要。又：魏書元孝友傳下文謂孝友爲「臨淮王」，而此謂孝友「襲爵淮陽王」，考孝友先世無封淮陽王者，是「襲爵淮陽王」乃「襲爵臨淮王」之誤。

53 「鴛沼」即「鳳池」，中書省近鳳凰池，晉以來多用爲中書省之代稱。又，漢官儀：「黃門郎日暮入對青瑣門拜，故謂之夕郎。」元彧除給事黃門侍郎，故誌謂「夕拜瑣門」。

54 尚書立政：「王左右，常伯、常任。」後世亦以「常伯」稱給事天子左右之官，如侍中、散騎常侍、黃門侍郎等。又，漢官儀：「御史大夫、尚書令、司隸校尉，皆專席，號三獨坐。」蔡質漢儀：「（御史中）丞，故二千石爲之，或選侍御史高第，執憲中司，朝會獨坐，內掌蘭臺，督諸州刺史，糾察百寮，出爲二千石。」北魏無御史大夫、御史中丞，故稱御史中尉爲「獨坐」。

55 漢書百官公卿表：「奉常，秦官，掌宗廟禮儀。景帝中六年更名太常。」

56 蔡質漢儀：「詔書舊典，刺史班宣，周行郡國，省察治政，黜陟能否，斷理寃獄；以六條問事，非條所問，即不省。」

57 漢書百官公卿表：「宗正，秦官，掌親屬。平帝元始四年更名宗伯。」北魏設宗正，屬六卿。

58 禮記月令注：「理，治獄官也。有虞氏曰士，夏曰大理，周曰大司寇。」秦漢以下曰廷尉，北齊復曰大理，歷代因之，清末設大理院，今日最高法院。

之。誌云「既而徐兗兩面之民法僧背誕，扇擾邊服，烏虜魚寇，所在侏張。乃當會府，復應推轂，運七略於寸心，申九罰於閫外，彭汴剋復，淮肥載清，積鉀陵山，橫尸斷壑」者，肅宗紀云：「孝昌元年春正月庚申，徐州刺史元法僧據城反。……詔鎮軍將軍臨淮王彧等俱討徐州。……六月，……諸將逼彭城，蕭綜夜潛出降，蕭衍諸將奔退，衆軍追躡，免者十一二。」傳不載。誌云「蠢彼荆蠻，憑陵畿甸，弔民龕難，非王莫可。東旆始班，南轅遄戒，鬼出電入，折朽摧枯，始若狐狸，終成兕虎」者，肅宗紀云：「孝昌元年十二月，……以臨淮王彧爲征南大將軍，率衆討魯陽蠻。」傳不載。自延昌末至此時，據傳彧又嘗爲侍中、衛將軍、左光祿大夫、兼尚書左僕射、攝選（行吏部尚書），則誌所不載。誌云「外司江海」者，卽傳謂肅宗末「進彧以本官爲東道行臺」也。誌云「內管喉脣」者，謂彧以尚書令而兼侍中也[59]，見傳及孝莊紀永安三年十一月乙亥。誌云「敷陳五教，儀形百揆」者，卽傳「除彧司徒公」也[60]。以上考觀之，誌文除元彧於爾朱榮入洛時南奔蕭衍、爾朱兆入京時遇害有所隱諱外，所述仕履甚詳，可與史傳相補正矣。

又永安二年，彧嘗爲元顥攻廣州，爲鄭先護所敗，見魏書鄭羲傳，又見隋寇奉叔墓誌（集釋圖版三六二），則誌、傳並不載。記此備考。

二二、東魏中岳嵩陽寺碑 孝靜帝天平二年

東魏中岳嵩陽寺碑，文載金石萃編卷三十。寺經始於北魏孝文帝太和八年，碑立於東魏孝靜帝天平二年。碑文前賢考據已詳，惟「顯皮紙骨筆之重」一句，王昶按語云：「文云顯皮紙骨筆之重，語本洛陽伽藍記。」當加辨正。案：王氏云者，指洛陽伽藍記卷五：「有如來昔作摩休國，剝皮爲紙、析骨爲筆處。」然據楊衒之自序，該書撰於東魏孝靜帝武定五年之後，時去太和八年已六十餘載，視天平二年亦晚十二載以上，故其書已載有嵩陽寺。王氏謂碑文本伽藍記，非是。蓋「皮紙骨筆」者，釋典也，亦見北齊武平四年赫連子悅墓誌(集釋圖版三四四)、全後周文卷十二庾信陝州弘農郡五張寺經藏碑文，當時習用，不必是文人相襲也。

二三、北齊隴東王感孝頌 後主武平元年

隴東王感孝頌，文載金石萃編卷三十四。王昶云：「(石)在肥城縣孝堂山。」武平元年，

---

59 侍中乃門下省長官，南北朝帝王宣詔經門下，故勑書每以「門下」二字開頭，此謂「內管喉脣」者以此。

60 尚書堯典：「帝曰：『契！百姓不親，五品不遜，汝作司徒，敬敷五教，在寬。』」

北齊隴東王胡長仁出爲齊州刺史，道經河內郭巨墓，感其孝行，命屬吏撰頌刋石以表彰之。碑趙明誠金石錄已有題跋[61]，清人考釋愈加詳密，錢大昕、王鳴盛等論胡長仁事蹟已詳[62]，惟於銘文所述郭巨遺事，山左金石志、金石萃編所釋尚有餘蘊，猶待補充。玆述之如後。

按：郭巨者，世所傳二十四孝之一也，國人耳熟能詳，而其事蹟則本干寶搜神記卷十一、太平御覽卷四一一引劉向孝子圖、卷八一一引宗躬孝子傳爲說。此碑所記，則有不同，其銘云：

> 前漢逸士，河內貞人；分財雙季，獨養壹親；客舍凶弭，兒埋福臻；穹隆感異，旁薄貽珍。

山左金石志卷十云：

> 碑述郭巨軼事，如「分財雙季，獨養一親，客舍凶弭，兒埋福臻」等語，皆與搜神記諸書異，千百載後，賴此一闡明之，尤金石文之有關風教者。

王昶則云：

> 郭巨事惟見干寶搜神記，但云：郭巨于野鑿地欲埋兒，得石蓋下有黃金一釜，中有

丹書曰：孝子郭巨，黃金一釜，以用賜汝。於郭巨事蹟未詳也。此碑則云「前漢逸士」，是漢時人也；「河內貞人」，是家於河內也；「分財雙季」，是尚有兩昆季而以家貲分與之也；「獨養壹親」，是所奉者一親也；「客舍凶弜」，是其適遇凶事於客舍也。當時撰碑必有故籍流傳，年久佚之，得此可略見郭孝子之軼事。

按：碑銘所述，故籍實有記載，王昶等失之交睫耳。法苑珠林卷六十二郭巨有養母之感條云：

郭巨，河內溫人。甚富，父沒，分財二千萬，爲分兩弟。己獨取母供養自住，比鄰有凶宅，無人居者，共推與居，無患。妻生男，慮養之則妨供養，乃令妻抱兒，己掘地，欲埋之於土中。得一釜黃金，金上有鐵券曰：賜孝子郭巨。[63]

所述與碑銘吻合。然則「獨養壹親」者，獨養母親也；「客舍凶弜」者，客居凶宅而無患也；王昶未得正解。

---

61 見金石錄卷二十二。

62 錢說見潛研堂金石文跋尾卷三。王鳴盛蛾術編原有說刻十卷，迮鶴壽刊行時，以已見金石萃編，刪去。王說今載金石萃編卷三十四。

63 「爲分兩弟」各本作「爲兩分弟」；「自住」本或作「住自」。核諸感孝頌，知爲誤倒。四庫全書本「自住」作「住處」，屬下讀。

按：郭巨事蹟既艷稱人間，後漢并州刺史郭汲不欺兒童事亦膾炙人口，郭姓每喜並引爲先世，隋郭休墓誌（集釋圖版四〇八）云：「虢叔之苗，儒宗孝巨之胤，并州刺史郭汲之後。」又隋郭達暨妻侯氏墓誌（集釋圖版四四七）云：「其孝也有瘞咳（孩）兒，其信也無欺童子。」並是其例。郭巨不聞身爲「儒宗」，亦不名「孝巨」，而知其實指郭巨者，以其銘有云「上仙動漢，孝感天符，黄金一釜，聖銘神書」故也。郭休誌蓋出俗儒之手，然傳聞致誤，亦民間傳說常見之現象。附此以供研究民間故事者之採摘。

二四、北齊驃騎大將軍乞伏保達墓誌　後主武平二年

北齊乞伏保達墓誌，有蓋，出安陽。見趙萬里漢魏南北朝墓誌集釋圖版三三九。保達名不見於史。誌云：「天保元年，轉前鋒都督，進爵東垣縣子，別封建安縣鄉男，又除驃騎大將軍，封化蒙縣散男。」吳士鑑九鐘精舍金石文跋尾甲編論「別封」與「鄉男」之制詳矣，惟云「散男之制，前史無徵，北齊列傳亦未有稱封散男者，幸得此碑，足以考見高齊之創制也」，則考證之疏誤。

按：魏書官氏志載太和二十三年職員令，有王、開國郡公，一品；開國縣公、散公，從一品；開國縣侯，二品；散侯，從二品；開國縣伯，三品；散伯，從三品；開國縣子，四品；散子，從四品；開國縣男，五品；散男，從五品。自第七品以下，又有：王、公國郎中

令、大農、中尉、常侍、上中下將軍、中大夫；侯、伯國郎中令、大農、中尉；子、男國郎中令、大農。蓋王、公、侯、伯、子、男之開國者，官爲置屬員有差，散者則無。然則散爵之制非高齊所創，乃襲自北魏太和時；北齊書不載，賴此誌知之，亦快事也。

二五、北齊邑義主一百人等造靈塔記 後主武平三年

北齊邑義主一百人等造靈塔記，文載金石萃編卷三十四。記文有謂一百人等「築茲勝地，造靈塔一區。摸育王之眞軌，放舍利之影跡。峩峩勢巧，穎越於雀離；崿崿陵霄，峻高於兜率。靈像儼儼，滲度於恆沙；相好巍巍，(下闕)」山左金石記卷十云：

雀離與雀羅同，言塔之巧穎，過於雀羅之細密也。

又有小注云：

趙晉齋魏云：雀離卽浮圖也，當時語，又見別碑。

按：釋雀離爲羅雀之網罟，望文生義，自屬臆測。至趙魏所謂別碑者，蓋指武平五年造殘造塔銘，其文有「育王靈塔，校以精奇，天竺雀(下闕)」數語。金石萃編卷三十五載之，王昶

按語云：

「育王靈塔，校以精奇」二語，顯係碑爲造塔而作。下文「天竺雀」下闕字，當卽義主一百人等造靈塔記所載「雀離」，亦卽浮圖之義。

趙魏、王昶說較爲近正，而猶不眞切。按：「摸育王之眞軌」以下數句皆用釋典，雀離者，天竺乾陀羅國名刹，見水經穀水注、洛陽伽藍記卷五、北史卷九十七，塔高七十丈，故記文有「峩峩」云云。此刹當時著稱，北齊書卷十三趙郡王高叡傳載鄴城華林園內有雀離佛寺，仿其名也；仝後周文卷十九載王明廣上書宣帝請重興佛法云：「至若輪迦之建寶塔，百鬼助以日功；雀離之起浮圖，四天扶其夜力。」是皆可證：浮圖以雀離爲名[64]，雀離非卽浮圖。然則記文云者，謂造塔欲媲美雀離耳；淸人之說，失其旨矣。

二六、隋授揚州刺史□靜墓誌 文帝開皇三年

隋授揚州刺史□靜墓誌，見趙萬里漢魏南北朝墓誌集釋圖版三六四。出襄垣，失其蓋，未能確知誌主姓氏。趙氏集釋卷八據誌文推爲喬（橋）姓，是矣。唯其說云：

以誌稱「太尉玄之枝子」考之，漢時名玄官太尉者，僅橋玄一人。蔡邕喬公廟碑「喬

> 氏之先，出自黃帝」，唐書宰相世系表「喬氏出自姬姓」，與誌稱「黃帝之苗胄，周靈王之裔孫」無不合。然誌又云「因官命氏，類田常之先封；穆昭王父，同孔丘之得姓」，未知何據，又似與喬氏無涉也。

則尚待補正。

按：誌云「黃帝之苗胄」者，通志氏族略三云：「黃帝葬橋山，子孫守冢，因爲橋氏。」誌云「因官命氏，類田常之先封」者，應劭風俗通云：「（陳敬仲）始食采地於田，由是改姓田氏。」[65]陳敬仲即田常之先也。是皆因地得姓，誌謂「因官命氏」，稍有語病。誌云「周靈王之裔孫」者，謂系出世所傳周靈王太子仙人王子喬，見列仙傳[66]；誌云「穆昭王父，同孔丘之得姓」者，謂喬（橋）氏因王子喬得姓，猶孔氏因孔父嘉得姓也[67]。然則「因官命

---

[64] 「雀離」二字意義，玄奘記以爲具有異采之義，張星烺以爲是頂上三叉戟，日人羽溪了諦謂「瓦特爾斯氏以爲一種雀類之小鳥。或又爲佅離二字之轉訛，佅離之義，爲明暗混合之一種雜色。」要之，雀離非浮圖之意。以上詳參范祥雍洛陽伽藍記校注頁三三六、三三七，楊勇洛陽伽藍記校箋頁二三七注一六七。

[65] 見史記田敬仲完世家集解引。

[66] 又見昭明文選卷十六江淹別賦李善注引。另參逸周書太子晉解、趙翼陔餘叢考卷三十四王子晉條。

[67] 參史記孔子世家。

氏」四句，乃補述「黃帝之苗胄」二句，謂得姓之方式也，趙說失之。

又通志氏族略云：「喬氏即橋氏也，後周文帝爲相，命橋氏去木，義取高遠。」按：橋、喬之爲一姓，猶申屠或作申徒，堂谿或作唐溪[68]，似不待後周文帝之命然後去之。又隋橋紹墓誌（集釋圖版三六九）作「橋」不作「喬」，則後周文帝雖有命，施行未能普遍而長久也。

二七、隋東海郡守雍長暨妻栗氏墓誌　文帝仁壽元年

隋雍長暨妻栗氏墓誌，見趙萬里漢魏南北朝墓誌集釋圖版四〇五。出襄垣，蓋云「東海郡守雍君墓誌」。誌文述雍氏先世云：「其先文照之苗裔，因封以命氏。洎三方沸盪，六國縱橫，略地下城，封侯定漢，勳冠一時，莫先雍齒，君即其後也。」趙氏集釋卷八云：

案元和姓纂一：「文王十二子雍伯受封於雍，子孫以國爲姓，漢有雍齒，封什邡侯」，與誌合。惟稱文王爲文照，又似以昭王並舉爲異耳。

按：「文照」即「文昭」，當時「照」、「昭」二字多通用[69]。顧此「文昭」之「昭」，係「昭穆」之「昭」，非「昭王」之「昭」，知之者，北魏寇憑墓誌（集釋圖版二三五）述先世云：「后稷之苗胤，周文之裔胄，氏族康叔，遠祖威侯。」寇霄墓誌（集釋圖版二七七）則云：「韶

（昭）起周文，穆舉康叔。」此以「昭」稱周文王之例。隋□靜墓誌（集釋圖版三六四）云：「踵武思文，爰修舊德。」韓祜墓誌（集釋圖版三七〇）則云：「祖□文昭武穆，繼軌衣纓，在邦必聞，在家必達。」此則借文王武王相繼以喻父子相繼，而亦以「昭」稱周文王。然則趙氏之說固不無小疵也。

二八、隋符盛暨妻胡氏墓誌　文帝仁壽四年

隋符盛暨妻胡氏墓誌，有蓋，出洛陽。見趙萬里漢魏南北朝墓誌集釋圖版四一四。作者於史地沿革略不關心，誌文鶻突殊甚，趙氏集釋卷八指出四點，皆是；唯「羝人」釋爲「羯人」爲誤耳。玆復補充誌文乖謬而趙氏未及論評者如後。

誌文云：「齊任將作寺主簿，自量年高，長辭老疾。大隋勑史巡幸，板授晉州平陽縣

---

68 風俗通義佚文：「申徒氏，本申屠氏，隨音改爲申徒，……勝屠，即申徒也。」參王利器風俗通義校注頁五〇九。又後漢書延篤傳：「少從潁川唐溪典受左氏傳。」李賢注：「風俗通曰：『吳夫槩王奔楚，封堂谿，因以爲氏。』……『唐』與『堂』同也。」

69 魏書釋老志：「先是立監福曹，又改爲昭玄，備有官屬，以斷僧務。」「昭玄」，北魏惠猛法師墓誌首行有「故照玄沙門都維那」等字，作「照玄」。見集釋圖版三〇七。端方陶齋藏石記九跋此誌云：「照與昭古通。穀梁傳『僖公二十七年齊侯昭卒』，釋文『昭或作照』。老子『俗人昭昭』，釋文『一作照』。又東漢劉熊、孫叔敖、嚴訢諸碑昭皆作照。是其證。」

令，告今在手。春秋八十有四，建德二年終於相鄴。」按：建德，北周武帝年號，建德二年，距隋文帝踐阼，尚有八年，誌云「大隋勑使巡幸」者，作者之謬也。又建德二年當北齊後主武平四年，時宇文周尚未掩有高齊，符盛身暨齊民，而用建德年號者，亦作者之謬也。誌云符盛於齊世「終於相鄴」，所謂「相鄴」者，相州鄴縣之謂。然魏書地形志上云：「司州，治鄴城，魏武帝國於此。（北魏）太祖天興四年置相州。天平元年遷都改。」又隋書地理志中云：「魏郡，後魏置相州，東魏改曰司州牧。後周又改曰相州。安陽（縣），周大象初，置相州及魏郡，因改名鄴。開皇初，郡廢，十年復，名安陽，分置相縣，鄴還復舊。大業初，廢相（縣）入焉，置魏郡。……鄴（縣），東魏都。後周平齊，置相州。大象初，縣隨州徙安陽，此改爲靈芝縣。開皇十年又改焉。」是在北魏當云「相州鄴縣」，在東魏、北齊當云「司州鄴縣」，北周平齊後當云「相州鄴城」，大象初至開皇十年當云「相州靈芝縣」，開皇十年以後大業初以前當云「相州鄴城」，符盛既卒於北齊後主時，則當云「司州鄴縣」，此云「相鄴」者，用撰誌時之稱。一誌之中，朝代、年號、地名，或用今，或用昔，張冠李戴，糅雜混淆，略無準則，斯撰碑傳者之戒歟！

二九、隋尚書主客侍郎梁瓌墓誌　煬帝大業六年

隋梁瓌墓誌，有蓋，出洛陽。見趙萬里漢魏南北朝墓誌集釋圖版四四二。瓌官歷北齊、

北周、隋三朝，時經六帝，以尚書主客侍郎卒隋煬帝時。

誌云：「大象二年，補和州贊治。」按：通志職官略六總論郡佐司馬條下云：

> 至隋廢州府之任，無復司馬，而有治中焉。治中乃舊州之職也，州廢，遂爲郡官。開皇三年，改治中爲司馬。煬帝又改司馬及長史併置贊治一人，尋又改贊治爲郡丞。唐武德初，復爲治中，貞觀二十三年，高宗即位，遂改諸州治中並爲司馬。

據此，贊治乃煬帝所置官號。然通志所述，不無缺漏，隋書百官志下：

> 高祖既受命，改周之六官，其所制名，多依前代之法。

當時職員令，雍州牧下屬官有別駕、贊務，無長史、司馬，各州則有長史、司馬，無別駕、贊務。志又云：

> （開皇三年）罷郡，以州統縣，改別駕、贊務以爲長史、司馬。

又云：

（大業三年）罷州置郡，……罷長史、司馬，置贊務一人以貳之。

「贊務」即「贊治」，今隋書作「務」者，避唐高宗李治諱也。然則贊治官號，隋文帝卽位時已有之，參本誌，蓋沿北周之舊。謝啓昆西魏書百官考，兼述北周增損西魏官制者⑩，而無贊治一官，蓋史之闕文。

誌云：「木行將竭，尉迥門鼎，授元帥府賓曹參軍事，身培武帳，獻策六奇，旬月之間，蕩清萬里。授朝歌縣令。」此謂周之將亡，尉遲迥拒代起兵，遭韋孝寬討平事。按：北魏太祖元興元年，定都平城，自以繼黃帝之後，定爲土德；太和十五年，依穆亮等奏，改爲水德：見魏書禮志一。周則木德，周書孝閔帝紀元年，百官奏議云：「今魏曆告終，周室受命，以木承水。」制曰：「可。」是「木行將竭」者，謂周祚將終也。「尉迥門鼎」，則「尉迥問鼎」之誤。尉迥卽尉遲迥，周書作尉遲迥，北史及隋書皆作尉迥。周書靜帝紀云：

（大象二年五月）壬子，以上柱國、鄖國公韋孝寬爲相州總管。……（六月）甲子，相州總管尉遲迥舉兵不受代。詔發關中兵，卽以孝寬爲行軍元帥，率軍討之。……（八月）庚午，韋孝寬破尉迥於鄴城，迥自殺，相州平。

誌文所謂「元帥」，即韋孝寬。梁氏討尉遲迥有功，故得以幕佐出爲百里侯也。

誌蓋僅「梁瓌銘誌」四字，逕題誌主名諱而不結官銜，而誌之首行亦不結銜，乃當時官宦墓誌之罕見者。

三〇、隋銀青光祿大夫段濟墓誌 煬帝大業十二年

隋段濟墓誌，有蓋，出洛陽。見趙萬里漢魏南北朝墓誌集釋圖版五〇六。濟乃齊武威王段榮之孫，平原王段韶第七子。誌文述乃祖乃父及誌主生平歷官，與北齊書、北史有異，趙氏集釋卷九述之已詳，茲不贅。

誌云：「公諱濟，字德堪，武威姑臧人也。自夫漢朝都尉，名揚於京輔；晉室議郎，聲著於宛洛；自時厥後，代有人焉。」都尉謂西漢末天水人段會宗，見漢書卷七十；議郎謂晉初敦煌人段灼，見晉書卷四十八；二人乃隴西著姓，故引爲先世。

誌云：「武平四年，以公器幹可稱，具瞻遐邇，憲章往彥，比曜臺儀，乃授儀同三司、驍騎將軍。六年，又以公家門籍甚，勳庸莫二，眷言酬德，宜隆後命。轉授爲開府儀同三

---

⑰ 西魏書卷九百官考卷首云：「……其武成已後間有增損者，並著于篇，以見兩代（西魏、北周）因革之制云。」

司，炎漢勳臣，鄧隲先蒙此授；中興臺輔，陶侃獨荷恩榮；公之册拜，實光餘祉。」按：撰者述開府儀同三司掌故，容有未確。通志職官略第七云：

> 後漢章帝建初三年，始使車騎將軍馬防班同三司，同三司之名，自此始也。殤帝延平元年，以鄧隲爲車騎將軍儀同三司，儀同之名，自此始也。魏黃權以車騎將軍開府儀同三司，開府之名，自此始也。

據此，是開府儀同三司始自黃權，不自鄧隲，此撰者記誦之誤也。又東晉中興名臣如王導、賀循、郗鑒等亦授開府儀同三司，見晉書元帝紀及郗鑒傳等，誌文謂「陶侃獨荷恩榮」者，此撰者掉筆之病也。

誌云：「大業元年，以梁汴路衝，往來巡幸，水陸渾雜，澆俗難治，乃授使持節汴州諸軍事汴州刺史，二年正月，汴州省廢，又授使持節蔡州諸軍事蔡州刺史。」按：隋書地理志中滎陽郡下云：

> 舊鄭州，開皇十六年置管州，大業初復曰鄭州。

又該郡浚儀縣下自注云：

> 東魏置梁州、陳留郡，後齊廢開封郡入，後周改曰汴州。開皇初郡廢，大業初州廢。

誌、志相較，知志所謂「大業初」者，大業二年正月也；誌所謂「省廢」者，併入鄭州也。誌又云：「（大業）三年，以例改授銀青光祿大夫。于時新都草創，卜食伊瀍，以公屢典戎韜，頻司禁旅，轉授左翊衞府虎賁郎將。」按：隋書百官志，煬帝大業三年定令，有云：

> 舊都督已上，至上柱國，凡十一等，及八郎、八尉、四十三號將軍官，皆罷之。並省朝議大夫。自一品至九品，置光祿從一品、左右光祿左正二品，右從二品、金紫正三品、銀青光祿從三品、正議正四品、通議從四品、朝請正五品、朝散從五品等九大夫，建節正六品、奮武從六品、宣惠正七品、綏德從七品、懷仁正八品、守義從八品、奉誠正九品、立信從九品等八尉，以爲散職。

至其如何換敍，志無明文，隋志云：

帝自三年定令之後，驟有制置，制置未久，隨復改易。其餘不可備知者，蓋史之闕文云。

此其一例。余考之碑誌，知大業三年例同品改敍，其後數年，若轉武職則有降品行之者矣。劉德墓誌（集釋圖版四四八）：「（大業）三年，朝議改大將軍授金紫光祿大夫。」張壽墓誌（集釋圖版四九一）：「（大業）二年，入拜左禦衞大將軍，改授金紫光祿大夫。」大將軍，文帝以來正三品，煬帝換金紫光祿大夫，亦正三品。蕭瑒墓誌（集釋圖版四五〇）：「（大業）二年授上開府儀同三司，三年，朝旨以近代官號隨時變改，雖取舊名，不存事實，改上開府授銀青光祿大夫。」上開府，文帝以來從三品，煬帝換銀青光祿大夫，亦從三品。伍道進墓誌（集釋圖版四九三）：「（大業）三年，授左監門郎將，有頃，改授正議大夫。」監門郎將，文帝以來正四品，煬帝換正議大夫，亦正四品。孔神通墓誌（集釋圖版四五五）：「（大業）二年，授上儀同，三年，轉授通議大夫。」上儀同，文帝以來從四品，煬帝換通議大夫，亦從四品。劉則墓誌（集釋圖版四四六）：「大業三年，令文新頒，官號沿革，改內給事爲內承奉。」其首行云：「隋奮武尉內承奉劉公之墓誌銘並序」，內給事，文帝以來從六品，而煬帝換奮武尉，亦從六品：是皆同品改敍。又上引張壽墓誌：「（大業）五年，進位左光祿大夫，九年，轉授右翊衞大將軍。」煬帝定左光祿大夫正二品，而右翊衞大將軍自文帝來正三品，隋志無改之之文，是張壽以左光祿大夫轉授右翊衞大將軍爲降品矣。段濟於大業三年改從三品銀青光祿大夫，是知蔡州刺史原亦從三品，文帝以來中州刺史從三品，則蔡州自文帝以來、煬帝改郡前乃中州也。後段濟轉授左翊衞虎賁郎將，虎賁郎將在煬帝時正四品，是段濟轉授武職降品，與張壽同例云。

石學續探

自序

一九八九年五月，余以十載研究石刻資料之所得，彙為《石學蠡探》一書，以誌為學鴻爪。時以心力所及，論述以漢、隋之間為主，唐代以降僅稍稍涉及；復以拓本見之不易，取資多為傳統石刻舊籍；私心竊有不慊焉。後值海內外大舉刊布新舊石刻拓本，其中多唐代以降資料，故以教學餘暇，稍事涉獵，偶有一得，發為小文。日居月諸，忽忽又過十載，檢視積稿，略足一書，遂加編纂，以付梓人。瑣碎餖飣，難登大雅之堂，聊以自勞而已。

書中各文，皆曾發表，以撰寫時間，歷經十年，前後各篇，體例不一，故略加整飾，令趨一致。其中〈清代臺灣石刻考釋二則〉，原為獨立二文，且因讀者對象有別，體例與書中考釋各篇迥異，茲稍增刪，而存原意。附錄一篇，本屬展望性質，時過境遷，其中所述已有不足之處，茲仍而不改，以供世之治石學者之驗證；又原文以語體寫作，今亦不改，以存舊貌。讀拙著者，幸垂察焉。

一九九九年五月葉國良識於臺灣大學中文系第五研究室

失姓碑誌之考證方法及其相關問題

一、前　言

石刻文字之可貴，在其資料可供各類學術研究之用，前人如葉昌熾、梁啓超等言之甚詳❶。其中碑誌一類，記載碑誌主之仕履及其家族世系，尤提供大量傳記資料，「可與史傳正其闕謬」❷。唯因碑誌體製，碑誌主姓氏多著於碑額、誌蓋或首行，而文中不復更著，故若

---

❶ 葉氏語見《語石》，梁氏語見《中國歷史研究法》。關於石刻資料之學術用途，葉、梁二氏所述之外，餘參拙作〈石學的展望〉，收入本書附錄。

❷ 《歐陽脩全集》（臺北：河洛圖書出版社影印本，一九七五年）卷二《居士集二》〈集古錄自序〉語。

若有下列情形之一，碑誌主姓氏往往失而不詳：

㈠碑失其額，誌失其蓋，而首行又恰無著姓處。

㈡碑失其額，誌失其蓋，首行雖著姓又恰磨泐。

㈢額、蓋或首行雖在，著姓處恰皆磨泐。

㈣額、蓋或首行姓氏實在，而拓揚者僅拓局部，未見姓氏。

㈤碑誌主姓氏實在，而著錄家誤讀，以爲失姓。

若有以上情形，就傳記學之角度言，資料價值因而減色。但吾人亦非不能考證其姓，以恢復其資料價值。唯此事並非易易，蓋前人或僅師弟相傳，或偶於題跋涉及數語，猶未見有著爲專文討論之者，則近年海內外雖大量影印拓本，時見缺而不考或考而不確者，固無足怪也。本文寫作之目的，即在討論此類失姓碑誌之考證方法及其應注意之相關問題，庶免考證者誤斷而讀者誤讀。文中所舉實例，凡係前人所論，皆注明出處，出筆者研究所得者，則已發表者略而未發表者詳，讀者察之。

二、失姓碑誌之考證方法及實例

對於上節所述失姓之五種情形，第四類當求全拓以得其實，第一、二、三類當考內容以得其姓，第五類當辨誤讀以得其正。茲依此序，各舉例說明之。

壹、求全拓以得其實

北宋歐陽脩首開石刻研究之學，收藏拓本近千，其中有未見姓氏者，歐公曾嘗試考證。《集古錄跋尾》「後漢元節碑」條云：

右漢元節碑，文字磨滅，不見其氏族，其可見者，纔數十字爾，云：「君諱立，字元節，其先出自伊尹。」其餘不復成文。其銘云：「於穆從事。」疑其姓「伊」而為「從事」也。

按：歐公據「其先出自伊尹」一語，推測碑主姓「伊」，蓋以伊氏有出自伊尹之說，考《通志·氏族略三·以姓爲氏》「伊氏」條云：

伊祈氏之後也。裔孫伊尹名摯，相湯，生陟奮。《風俗通》：漢有議郎伊推，又伊嘉為雁門都尉，石顯黨。

本此，則歐公之說非無據也。然姓氏推本伊尹者，猶有衡氏、阿氏，《通志·氏族略四·以官爲氏》「衡氏」條云：

《風俗通》：伊尹為湯阿衡，子孫以衡為氏。

「阿氏」條云：

《風俗通》：伊尹為阿衡，支孫以官為氏。

歐公既無其他佐證，何以知碑主必爲伊姓而非衡、阿？是尚不足以饜人心也。後趙明誠得此碑全拓本，額題「浚儀令衡君之碑」，然後知歐說之誤。《金石錄》卷十八「漢浚儀令衡立碑」條云：

右浚儀令衡立碑，云：「君諱立，字元節，其先出自伊尹。」而其銘曰：「於穆從事。」歐陽公《集古錄》號為元節碑，且云：「疑其姓伊而為從事也。」今碑首尚完，題云「浚儀令衡君之碑」，蓋漢時石刻，其官爵姓氏既載於額，則其下不復更著，苟文已殘缺，又不見其額，則遂難考究矣。立與衛尉卿衡方墓皆在今鄆州中都，方碑亦云：其先伊尹，號稱阿衡，因以氏焉。

按：衡方、衡立兩碑，洪适《隸釋》卷八、卷十二錄有全文。蓋據兩碑，知《風俗通》之有據，而考失姓碑誌甚不易也。

又，《集古錄跋尾》「後漢敬仲碑」條云：

> 右漢敬仲碑者，其姓名字皆不可見，惟其初有敬仲二字，尚可識，故以寓其名爾（良按：指碑名）。蓋疑其人姓田氏也。

按：歐公疑碑主姓「田」者，蓋以爲撰文者述碑主族出田敬仲也。然姓氏推本敬仲者，尚有敬氏，《通志·氏族略四·以謚爲氏》「敬氏」條云：

> 嬀姓，陳厲公子敬仲之後。

又，唐敬昭道墓誌❸亦云：

---

❸ 拓本見《北京圖書館藏中國歷代石刻拓本匯編》（鄭州：中州古籍出版社，一九八九年）第二十二冊頁八八。

諸侯以字，因謚而命族，公即陳敬仲之後也。

本此，歐公謂碑主姓田，猶非必然。後趙明誠得其碑，額尚完，題「漢揚州刺史敬君之銘」，則知歐公所推實誤。《金石錄》卷十七「漢揚州刺史敬使君碑」條云：

右漢敬使君碑，在河東平陽，其額題云「漢揚州刺史敬君之銘」。碑已殘缺，其名字皆亡，略可辨者，嘗辟司隸從事，又為治書侍御史，最後云年五十三，光和四年閏月遭疾而卒，其他不復可考。按《姓苑》載《風俗通》有敬歆漢末為揚州刺史，《元和姓纂》亦云歆平陽人，而《後周書·敬珍傳》、《唐書·宰相世系表》「歆」皆作「韶」，余後得後魏敬曦造像碑亦作「韶」，乃知《姓苑》、《姓纂》之謬。又《集古錄》，此碑凡再出，其一題「敬仲碑」，……其一題「無名碑」，所載事皆同，蓋歐陽公未嘗見額爾。

按：趙氏既據碑額而知碑主姓「敬」，復據《周書》、《唐書》、敬歆造像碑定碑主名「韶」❹，乃敬氏先世之名賢；是則一姓之考證，爲用正不小也。

貳、考內容以得其姓

碑誌既因殘缺不得其主姓氏，吾人猶能考知者，亦因碑誌之體製也。蓋碑誌之體製較其它文體爲固定，內容較其它文體爲具體。明王行《墓銘舉例》論其體製內容（良按：主要指「序」之部分）云：

> 凡墓誌銘書法有例，其大要十有三事焉：曰諱、曰字、曰姓氏、曰鄉邑、曰族出、曰行治、曰履歷、曰卒日、曰壽年、曰妻、曰子、曰葬日、曰葬地，其序如此，如韓文集賢校理石君墓誌銘是也。其曰姓氏、曰鄉邑、曰族出、曰諱、曰字、曰行治、曰履歷、曰卒日、曰壽年、曰葬日、曰葬地、曰妻、曰子，其序如此，如韓文故中散大夫河南尹杜君墓誌銘是也。其他雖序次或有先後，要不越此十餘事而已，此「正例」也。其有例所有而不書，例所無而書之者，又其「變例」，各以其故也。

王行所謂「此十餘事」，即吾人考證之線索，其中「姓氏」、「鄉邑」、「族出」三項尤爲有利。「姓氏」者，謂碑誌主姓氏之源；「鄉邑」者，謂郡望或居地；「族出」者，謂其先

---

❹ 敬詔其人，唐人多作敬歆，詳參本文第三節「失姓碑誌考證之相關問題」。

世，或三世、五世，乃至十餘世不等。故凡此類考證，可自其中一項入手，而以其它二項印證，則大體可得其實，若復與其它多項吻合，則確鑿無疑矣。茲分三項，各舉例明之。

1.自「姓氏」入手

碑誌每於「序」文前段述碑誌主姓氏起源，如前舉衡立、敬韶兩碑即是其例。有時則兼述該姓先世名賢，往往以其典實熔鑄爲駢語，而不明著其姓。吾人若熟悉前代傳記掌故，則不難解讀。

世有所謂唐「周孝敏誌」❺者，失其蓋，誌文亦不見其姓，而其文有云：

> 公諱孝敏，字至德，平原平昌人也。若夫參分啟聖，顯令問於岐陽；三徙稱賢，闡儒風於魯國；是知根深葉茂，原潔流清，冠蓋所以重暉，英靈於焉閒出；豈徒寒林抽筍，彰孝子之情；上書直諫，表忠臣之節而已。

余嘗撰文❻謂：此誌誌主姓孟不姓周。誌文四典依序爲：孟孫氏、孟子、孟宗、孟昶。又孟氏有平昌一望，亦足資佐證。因復得其妻劉氏、繼妻陸氏兩誌參證，而誌主爲孟姓遂無可疑矣。

又《北京圖書館藏中國歷代石刻拓本匯編》第十八冊收有唐「□弘則（貞隱子）墓誌」，失蓋，其首行云「大周故文林郎貞隱子先生墓誌銘并序」，又云「族承烈撰」，而序文亦不見其姓。余謂此人姓王，考序文有云：

> 先生諱弘則，字崇道，本太原祁縣，大業載因官徙于洛京，今為緱氏人也。昔帝鴻作系，周仙命氏，嵩壇降祉，伊管成事，其後必大，史諜言之具矣。

按：帝鴻者，謂黃帝❼。「周仙命氏，嵩壇降祉」者，指氏出仙人周靈王太子晉（喬）也。《昭明文選》卷十六江淹〈別賦〉李善注引《列仙傳》云：

---

❺ 拓本見《北京圖書館藏中國歷代石刻拓本匯編》第十一冊頁五九。又見毛漢光《唐代墓誌銘彙編附考》（臺北：「中央研究院」歷史語言研究所）第一冊第四十五片，毛書謂誌主姓周。

❻ 關於本誌之詳細考證，詳參拙作〈初唐墓誌考釋六則〉第二則，收入本書。

❼ 《左傳·文公十八年》：「昔帝鴻氏有不才子。」注：「帝鴻，黃帝也。」

> 王子晉吹笙作鳳鳴，遊伊洛之間，道士浮邱公接上嵩山，三十餘年後見桓良曰：「告我家，七月七日待我緱氏山頭。」至期往，晉果乘白鶴，山下望之，不能得到，舉手謝世人，數日去。祠於緱山下。

又《通志·氏族略四·以爵爲氏》「王氏」條云：

> 天子之裔也。所出不一：有姬姓之王，有嬀姓之王，有子姓之王，有虜姓之王。若琅邪、太原之王，則曰：周靈王太子晉以直諫廢為庶人，其子宗恭為司徒，時人號曰王家。

據此，誌主蓋爲王姓。然姓氏推本王子喬者，猶有喬（橋）氏，隋授揚州刺史喬靜墓誌❽云「黃帝之苗胄，周靈王之裔孫」，即謂氏出王子喬也。此知誌主是王非喬者，則誌主出自太原，與《通志》太原王氏出太子晉之說合；又王子晉祠在緱氏，與序文「今爲緱氏人」、「嵩壇降祉……其後必大」合；又與唐王智本墓誌❾「其先太原人也，周王子晉之苗裔，漢相國陵之胤緒也」例同。蓋自「姓氏」入手，以「鄉邑」印證，而貞隱子姓王從可知矣。

2. 自「鄉邑」入手

吾國門閥社會，興自漢末，至唐代漸衰，其時間恰與碑誌之盛相契合，其時碑誌多標榜郡望，故考其郡望，而碑誌主姓氏之可能範圍遂形縮小，甚且縮至極小，吾人再據「姓氏」或「族出」參證，則非不能考知也。

余嘗讀世所謂「唐耿國公耿士隆墓誌」⑩者，一望而知考證者誤斷其姓，蓋吾國官爵之制，有封其郡望、故里以榮其身之例，無以姓爲封國者，因撰文⑪考得誌主姓「王」。按其序謂士隆太原晉陽人，因疑誌主或出太原王氏，遂檢讀《隋書》、《北史》王氏各傳，果於

⑧ 拓本見趙萬里《漢魏南北朝墓誌集釋》圖版三六四，考證參拙著《石學蠡探》頁二二六至二二八。

⑨ 拓本見《北京圖書館藏中國歷代石刻拓本匯編》第十八册頁一〇三及毛漢光《唐代墓誌銘彙編附考》第十二册第一〇〇片。

⑩ 拓本見《北京圖書館藏中國歷代石刻拓本匯編》第十一册頁四九及毛漢光《唐代墓誌銘彙編附考》第一册第三十八片，兩書皆謂誌主姓耿。又《北京圖書館藏墓誌拓本目錄》（北京：中華書局，一九九〇年）頁六四同。

⑪ 同注❻所揭文第一則。

《隋書》卷六十二、《北史》卷七十五得其人。復考其「族出」，而其父字「子相」相合，復考生平，誌、傳又合，則知誌主即《隋書》、《北史》之王士隆，亦即《舊唐書》、《資治通鑑》之王隆，乃王世充黨之黠者，東都平，爲李世民所誅，而《隋書》所述，多爲王氏諱。蓋此誌爲初唐重要史料，因考其姓而得；倘題「耿士隆」，讀者焉知其誰何也？史料價值不亦湮滅不彰乎！

又，世有所謂唐「□遠墓誌」者⑫，姓皆無考。余謂：誌主當爲「應」氏。按其序文述「鄉邑」、「族出」云：

> 君諱遠，字彥深，汝南平輿人也。昔四世孤芳，列英規於木運；三雄峙秀，流雅譽於金行。自是軒冕森羅，徽猷標映，高山仰止，世有人焉。

考望出汝南者，以袁氏爲最著，應氏次之。漢袁安以降，四世五公⑬，袁紹、袁術又挺出漢末，似「四世」、「三雄」（良按：指三國）乃指袁氏，然袁氏操政柄、握軍權，而「孤芳」、「雅譽」二詞蓋指文士，與袁氏不類，且袁氏自三國以降，猶代出名人，序文不難臚舉，若其它袁氏諸誌然⑭，而本誌「自是」以下，所述頗若羞澀，是則就「族出」觀之，與應氏合而與袁氏違。考《三國志·應瑒傳》及曹丕《典論·論文》，皆謂「汝南應瑒」，是應氏一族望出汝南。又《三國志·應瑒傳》注引華嶠《漢書》云：

> 瑒祖奉，字世叔。才敏善諷誦，故世稱「應世叔讀書，五行俱下」。著後序十餘篇，為世儒者。延熹中，至司隸校尉。子劭，字仲遠，亦博學多識，尤好事，諸所撰述《風俗通》等，凡百餘篇，辭雖不典，世服其博聞。

又引《續漢書》曰：

> 劭又著《中漢輯叙》、《漢官儀》及《禮儀故事》，凡十一種，百三十六卷。朝廷制度，百官

---

⑫ 拓本見《北京圖書館藏中國歷代石刻拓本匯編》第十一冊頁五〇及毛漢光《唐代墓誌銘彙編附考》第一冊第三十九片。

⑬ 《後漢書·袁安傳》。

⑭ 如毛漢光《唐代墓誌銘彙編附考》第十一冊第三十二片〈唐故朝散大夫石邑縣令袁希範墓誌〉，誌文述先世名賢，除舉漢代袁安外，復舉晉朝袁宏。

儀式，所以不亡者，由劭記之。官至泰山太守。劭弟珣，字季瑜，司空掾，即瑒之父。

考〈應瑒傳〉云：

瑒弟璩，璩子貞，咸以文章顯。璩官至侍中。貞（魏元帝）咸熙中參相國軍事。

注引《文章叙錄》云：

璩字休璉，博學好屬文，善為書記。文、明帝世，歷官散騎常侍。齊王即位，稍遷侍中、大將軍長史。曹爽秉政，多違法度，璩為詩以諷焉。其言雖頗諧合，多切時要，世共傳之。復為侍中，典著作。（魏廢帝）嘉平四年卒，追贈衛尉。貞字吉甫，少以才聞，能談論。正始中，夏侯玄盛有名勢，貞嘗在玄坐作五言詩，玄嘉玩之。舉高第，歷顯位。晉武帝為撫軍大將軍，以貞參軍事。晉室踐阼，遷太子中庶子、散騎常侍。又以儒學與太尉荀顗撰定新禮，事未施行。泰始五年卒。貞弟純。純子紹，（晉）永嘉中為黄門侍郎，為司馬越所殺。純弟秀。秀子詹，鎮南大將軍、江州刺史。

據上引，應奉以下世次可製表如左：

- 奉
  - 劭
  - 珣
    - 瑒
    - 璩
      - 貞
      - 純
        - 紹
      - 秀
        - 詹

應奉以下至應貞四世，皆以文學著名，貞以下則已入晉，亦符「金行」之語，是誌主蓋應氏也。唯「木運」也者，乃「火運」或「土運」之誤，蓋五德終始，晉爲金德，魏爲土德，漢則或謂火德、或謂土德，序文置木於金前，蓋撰文者不察之過也。

3. 自「族出」入手

南北朝唐代碑誌，喜述碑誌主爲漢魏某官某人之後，而某官某人者，著名不著姓。凡此類碑誌之考證，宜博通古代傳記，詳考姓氏書籍，否則極易致誤。如毛漢光編撰《唐代墓誌銘彙編附考》第一冊第八十七片，誌失其蓋，又無首行，而誌文有云：

> 君諱信，字師言，河內脩武人也。漢司徒延，即君之十四世祖也。

毛撰《彙編》云：

本拓片無墓誌標題。本（史語）所拓片登記目錄寫「唐馮信墓誌銘」，墓誌銘中載「漢司徒延即君之十四世祖也」。查《漢書》、《後漢書》、《新唐書·宰相世系表》（無馮姓）、《元和姓纂》等書，皆不載馮延其人。恐本所以前有誌蓋，今已分離，本書暫依本所拓片登記標題。

按：毛説誤。漢司徒無姓馮名延者，誌所述蓋虞延也。考《後漢書·虞延傳》，延於（明帝）永平八年代范遷爲司徒，其從曾孫虞放桓帝時爲司空，是亦漢之名族也，故虞氏引爲先世。又延傳謂延爲陳留東昏人，而虞氏以「陳留堂」爲號⑮，即推本虞延也。然則此誌誌主乃虞非馮矣。

又，《山右冢墓遺文》卷上收有「□堯墓誌」，失蓋，首行云「大周故潞安□府君墓誌之銘幷序」，又恰失其姓，世皆無考⑯，余則謂誌主姓「鮑」。按誌文述其「族出」云：

宣以避地□區，遂即居上黨，因茲土壤，玉樹榮於本枝，顧南畢於□波，望北辰而發號。漢景帝徵為丞相，又授太中大夫，封上黨君、屯留侯。

考《漢書·鮑宣傳》云：

鮑宣字子都，渤海高城人也。……哀帝初，大司空何武除宣為西曹掾，甚敬重焉，薦宣為諫大夫，遷豫州牧。……歸家數月，復徵為諫大夫。……拜宣為司隸。……宣坐距閉使者，亡人臣禮，大不敬，不道，下廷尉獄。……上遂抵宣罪減死一等，髡鉗。宣既被刑，乃徙之上黨，以為其地宜田牧，又少豪俊，易長雄，遂家於長子。

顏師古注「長子」云：

上黨之縣也。

⑮ 參王國璠《台灣姓氏源流》，文載《台灣史蹟源流》（臺中：臺灣省文獻委員會，一九八一年）。

⑯ 本誌誌文又載毛漢光《唐代墓誌銘彙編附考》第十二冊第二片，毛書無考。

鮑宣既徙上黨，子孫遂爲上黨人。宣有子曰永、有孫曰昱、有曾孫曰德、有玄孫曰昂。《後漢書·鮑永傳》云：

鮑永字君長，上黨屯留人也。父宣，哀帝時任司隸校尉。……（光武）建武十一年，徵為司隸校尉。……子昱。昱字文泉。……中元元年，拜司隸校尉。……（明帝永平）十七年，代王敏為司徒。……（章帝建初）四年，代牟融為太尉。……子德，……徵拜大司農。……子昂。

按：鮑宣、鮑永、鮑昱三世爲司隸校尉，昱至司徒、太尉，德至大司農，是兩漢之名族也，宜鮑氏引爲先世。今誌文謂宣徙上黨，與《漢書》合，至云「玉樹榮於本枝」者，謂上黨鮑氏成就高於渤海鮑氏也，至今鮑氏以「上黨堂」爲號⑰，即推本鮑宣；然則此誌誌主乃鮑氏也。惟本誌文字鄙陋，記鮑宣之時代官爵皆與史不合，蓋誌文出不學者之手，此類世所多有（詳下節），固不足怪也。

參、辨誤讀以得其正

世偶有碑誌本著其姓，以著錄家誤讀，遂以失姓傳之者。如《北京圖書館藏中國歷代石刻拓本匯編》第十八冊收有所謂唐「□士尉神柩記」，以余考之，柩主姓「尉」，編者誤讀記文。按其文有云：

> 大周故中大夫使持節上柱國會州諸軍事守會州刺史公士尉之神柩。

編者以「公」字屬上讀，而以爲其人名「士尉」，故題「□士尉神柩記」，不知「公士」雖古爵名，而武則天時嘗以之賜官民，岑仲勉《貞石證史》⑱「唐之公士」條云：

> 開元寺三門樓石柱題名，稱公士者凡六：㈠公士劉行通，㈡公士劉相卿，㈢公士劉珍寶，㈣公士劉靜寶，㈤公士彭善通，㈥公士周通仁。又有稱制賜爵公士者凡二：㈠制賜爵公士靳玄格，

---

⑰《元和姓纂》卷七「鮑氏」條云：「襄陽，狀云（鮑）宣之後。」又鮑氏以上黨堂爲號，參前揭王國璠《台灣姓氏源流》一文。

⑱岑仲勉《貞石證史》，原載《中央研究院歷史語言研究所集刊》第八本第四分冊，一九三九年。後收入岑著《金石論叢》（上海：上海古籍出版社，一九八一年）。

㈡制賜爵公土蘄楚玉。（均見《常山貞石志》卷五及六）《貞石志》六云：「公土即公士，余嘗論《說文》士、土同字，見文集中，據此知唐時二字猶通用矣。」……據余所見，斛斯氏誌：「小子將仕郎公土處沖等」……則唐初尚存此種寫法。……《貞石志》五嘗謂武后自文明稱制，嵩嶽登封，每遇改元及國家大典，內外官必轉階賜爵，余以為唐之公士，即屬此類，乃高、武兩朝遇慶典而特加者，非唐代之永制也。例如《英華》四六三載初元年改正朔制云：「內外見任文武九品以上職事官，並賜古爵之級。」古爵，即公士也。

據此，柩銘「公士」云者，乃爵名也，當時多以之入銜，如長壽二年許琮妻李氏墓誌，首題「大周朝散大夫行右千牛衛長史上騎都尉高陽郡公士許琮故妻贊皇縣君李氏墓誌銘并序」；萬歲通天元年成循墓誌，首題「大周故朝請大夫行陳州司馬上輕車都尉公士成公墓誌銘并序」；聖曆二年王進墓誌，首題「大周故滄州東光縣丞公士王府君墓誌銘并序」；長安三年成循妻耿慈愛墓誌，首題「大周故朝請大夫行陳州司馬上輕車都尉公士成君夫人平陽縣君耿氏墓誌銘并序」；神龍元年安令節墓誌，首題「大唐故公士安君墓誌銘并序」；皆其例也⑬。「公士」既是爵名，然則柩主蓋「尉」姓也。《匯編》出版於一九八九年，而次年出版之《北京圖書館藏墓誌拓本目錄》於此記題「尉君神柩記」：其書雖不附考證文字，想編者已知《匯編》之誤矣。

三、失姓碑誌考證之相關問題

上舉三項考證方法中，第一項需視額、蓋可得與否，第三項罕見，第二項最常見，考證亦最困難，其原因蓋有二焉：

㈠撰文者良莠不齊　按：士族有傳家嚴整者，碑誌亦能窺其一斑，如河內溫人司馬氏，墓誌多隸書，方整有古意，文字亦典實雅正，故其碑誌雖失姓，不難考得。然若微族小吏，誌文出於俗手，濫竽充數，述其「姓氏」、「族出」，張冠李戴，則考證未必得其眞實；如毛撰《彙編》第五冊有所謂朱琳、宋虎、吳辯三墓誌，姓皆不同，而其序文、銘文皆雷同，序文述其「姓氏」皆云：「其先朱襄之胤，末緒興在漢吳。」銘文述其「族出」皆云：「在吳雄勇，於漢孝愛。」蓋此三誌誌文出於抄襲可知；考三誌誌主皆洛陽人，洛陽者，在北魏時有奉終里，乃專辦葬儀之處，《洛陽伽藍記》卷三城南菩提寺：「洛陽大市北奉終里，里內之人多賣送死之具及諸棺槨。」唐時洛陽當亦有此類市集，不學之人爲人代辦墓誌，以得錢爲要，草率抄撮，委辦者亦求其充數而已，不暇辨別，故有上述三誌雷同之情

⑲ 以上分見《北京圖書館藏墓誌拓本目錄》頁一五四、一六〇、一六四、一七〇、一七三。

況發生；蓋凡此類墓誌失姓，考證爲難。

㈡士族失其譜牒，以訛傳訛，不能無誤　按：歐陽脩《集古錄跋尾》「唐歐陽琟碑」條云：「唐之士族，遭天寶之亂，失其譜繫者多，顏（真卿）公之失，當時所傳如此，不足怪也。」歐公所述，雖指天寶以後，其實在此之前已有此類狀況矣，如前文舉趙明誠《金石錄》謂敬使君名韶，爲敬氏先賢，《姓苑》、《姓纂》作敬歆者誤，然岑仲勉《元和姓纂四校記》⑳卷九「敬氏」條有云：「余按韶、歆二字，舊籍常牽混不清，如王韶之、王歆之是也。……《千唐》，敬昭道誌亦云：『漢揚州刺史歆，晉侍御史雄，即公之遠祖。』是唐人常稱敬歆矣。」蓋世俗沿誤者多有，而今之考證者遂難措手矣。

以有上述情況，故誌文所述，常見牴牾者，如毛撰《彙編》第四冊有「口貴墓誌」，毛書以序文有云：

君諱貴，字茂，南陽白水人也，晉司空公華之苗裔。

因定爲「張」姓，其附考雖無說，蓋以南陽白水爲張氏郡望，晉司空公華指張華也。按：毛書定誌主爲張姓，無誤，但其銘文有云：

偉哉華緒，赫矣崇基，喬騰鶴駕，翦勵霜威。

此則分明指王子喬、王翦，是謂其姓爲王也。然則序、銘所述蓋不合矣，吾人又烏能辨其孰是孰非耶？

又如趙萬里《漢魏南北朝墓誌集釋》圖版三七六錄有隋開皇九年「□和墓誌」，誌失蓋，又失姓與名，趙氏以序文有云：

南陽南陽人，漢司隸校尉歷十一世孫。

因謂誌主爲「來」姓，其《集釋》卷八云：

考《唐書・宰相世系表》「來氏秦末徙新野，漢有來歷為執金吾」，又考兩〈漢志〉，新野隸南

⑳ 岑仲勉《元和姓纂四校記》（臺北：台聯國風出版社，一九七五年）。原收入《中央研究院歷史語言研究所專刊》之二十九，一九四八年初版。

陽郡，是來氏望出南陽，因疑此君為來姓也。檢范書〈來歙傳〉，歷未官司隸校尉，當是撰文者誤耳，誌又稱「尚書以德雅輝帝鄉，祭酒以儒軌光南晉」，尚書未知何據，祭酒謂蜀之來敏，《蜀志·來敏傳》「敏善《左氏春秋》，尤精倉雅訓詁，擢為軍祭酒」，與誌合，而稱西蜀為南晉，不知何也。

按：趙氏定誌主姓來，非無據，而官爵不合者一、國號不合者一、不知指先世何人者一，則趙氏所斷，吾人終難安心也。

又如毛撰《彙編》第四冊第一片有「張□墓誌」者，張者失姓女性之夫姓，該女何姓不見於誌，毛書亦無考，余以其銘有云：

> 氏興虢叔，胄自姬昌。

因疑該女姓「郭」，然其序有云：

> 丞相公表之苗胄。

遍檢漢以來傳記，郭氏無名若字爲公表位丞相者，然則該女是否姓郭，終不敢自信。

上舉三例，皆有線索，推考亦非無據，然皆不無牴牾之處，令吾人不能無惑，蓋即因上文所述原因也。

此外，猶有兩種情況，幾無法考證。其一，誌文述「姓氏」過於空泛，考證者無法獲得線索，如毛撰《彙編》第五冊第六十七片有「□令賓墓誌」，序文述其「姓氏」僅云「帝顓頊之苗裔」，區區一句，考證實無線索。其二，述「族出」甚詳，而皆以官不以名，則其線索亦甚渺茫，如洪适《隸釋》卷六錄有漢議郎□元賓碑文，其序云：

> ……字元賓，魯相之孫，成德□□□□東安平令，北海相……守之弟子，中牟令兄子也。

按：漢碑常見此類述「族出」以官不以名者，蓋族葬，碑碑相望，如此並不害讀碑者之知其先世，然碑既缺姓，後世讀拓本者焉能據「族出」以考得其姓耶？蓋以上舉二例言，雖精於考證者，亦惟有束手而已；然此非考證之過也。

四、結　論

碑誌失姓，有損其資料價值，以本文所述方法推考，有時可得其姓，因能增加或恢復其價值，以毛撰《彙編》已發表之十二冊所載失姓碑誌爲例，可考者在三分之二以上（含筆者考證所得），是知考證方法之不講求爲可惜也。然對考證成果吾人宜有適當認識，不需過度誇張，蓋以本文所舉諸例言，最豐碩之成果，厥推王士隆誌，蓋誌主史籍有傳，誌文又「可與史傳正其闕謬」；其次如孟孝敏誌、衡立碑，孟誌可與其妻與繼妻誌繫聯，衡碑可與衡方碑繫聯，又皆可爲該姓來源之佐證；至於應遠誌、鮑信誌，可提供當時推尊之先世，對充實姓氏源流之知識，亦小有助益；然若王弘則誌，以目前所知，對於充實史料，裨益不大；若如張貴誌、張郭誌，姑不論考證猶未能定其正確與否，即令正確，該二誌之資料價值亦甚有限。然價值之大小，使非先行推考其姓，又烏能知之哉！

原載《王叔岷先生八十壽慶論文集》（臺北：大安出版社，一九九三年六月）頁七八七至八〇一。

石本與集本碑誌文異同問題研究

一、前　言

古來文章至夥，而碑誌文每爲著名文士文集中篇數最多之文類❶，爲學者所矚目。考其原因，一則著名文士如蔡邕、庾信、韓愈、歐陽脩、歸有光、方苞等靡不用心於其間，乃古典文學研究重要課題之一；二則碑誌之「序」可提供大量史料，用補史籍記載之不足。唯傳世文集，類經傳抄傳刻，魯魚帝虎，在所不免；又門生故人編集，碑誌一類，每將撰者、書

❶ 僅以冢墓碑誌文言之，不論紀功、紀事之碑，韓愈已有六十六篇，歸有光八十餘篇，方苞多達一百四十篇。方文含《方望溪遺集》（合肥：黃山書社，一九九〇年）。

人題名題銜截去（詳下文），故今日所見者，未必皆當日撰作或刻石之全貌；以是後世讀之，或滋疑惑。宋時歐陽脩既倡導古文，又開創金石之學，嘗取石本校正家藏韓集善本❷，以爲集本「不勝其舛謬」，「是知刻石之文可貴也，不獨爲翫好而已」❸，是爲取石本與文集互校之始。其後方崧卿撰《韓集舉正》，朱熹著《原本韓文考異》，踵事增華，皆有取於石刻。蓋宋人創爲金石之學，不獨「既據史傳以考遺刻，復以遺刻還正史傳」如王國維所述者❹，尚且取遺刻與文集相校正也。輓近地不愛寶，石刻出土甚夥，兼以印製技術優良，拓本經刊行者日多，則仿宋人取石本與文集互校者，蓋必有人。茲就石本與集本互校宜注意者數事，舉其所知，以與從事斯學者商榷，大雅君子，幸有以教之。

二、論石本與集本產生異同之原因

出土石刻至夥，而見著名文士之文集者，百不一二，唯石刻當時所立，故雖僅一二，亦彌足珍貴。然取此一二，以校文集，有異同者多，無參差者少，而各有原因，茲分別論之。

壹、石本與集本相同之原因

石本、集本之所以相同者，可能之情況有三：

㈠刻石時根據原稿，編集時亦據原稿。

㈡刻石時增改原稿，編集時收入改稿。

㈢集本據出土石刻補入。

上舉三種情況中，由於甚少有原稿、集本、石本同時並存之成例，第㈠種情況，目前無法舉證。

第㈡種情況，須有記錄，否則亦難以知悉。如歐陽脩論自撰杜衍（封祁公）墓誌時，以爲當書大節與難能者、不必巨細靡遺云：

> 所示誌文，今已撰了。……然所記事，皆錄實，有稽據，皆大節與人之所難者。其他常人所能

---

❷ 歐陽脩《集古錄跋尾》「唐田弘正家廟碑」條云：「余家所藏書萬卷，惟昌黎集是余爲進士時所有，最爲舊物。自天聖以來，古學漸盛，學者多讀韓集，而患集本訛舛，惟余家本屢更校正，時人共傳，號爲善本。」見《歐陽脩全集》（臺北：河洛圖書出版社影印本，一九七五年）卷六。

❸ 語見歐陽脩《集古錄跋尾》「唐韓愈黃陵廟碑」條。

❹ 語見王國維〈宋代之金石學〉，文載《國學論叢》一卷三號，一九二六年。文收入《王國維先生全集》初編第五冊《靜安文集續編》。

者，在他人更無巨美，不可不書；於公為可略者，皆不暇書（原注：如作提刑斷獄之類）；然又不知尊意以為如何？❺

今查歐集卷二〈太子太師致仕杜祁公墓誌銘〉，「提刑斷獄」之事，赫然俱在，足見杜訢對歐公原稿「不暇書」者不滿，要求增入，而爲歐公接受，故今集本所收乃經增改者。又如陸游嘗謂：

張邦昌既死，有旨：「月賜其家錢十萬，於所在州勘支。」曾文清公為廣東漕，取其券繳奏，曰：「邦昌在古，法當族誅，今貸與之生，足矣，乃加橫恩如此！不知朝廷何以待伏節死事之家？」詔：「自今勿與。」予銘文清墓，載此事甚詳，及刻石，其家乃削去，至今以為恨。❻

按：曾幾（謚文清）墓誌今見《渭南文集》❼卷三十二，未載曾氏奏奪賜錢一事，對照《老學庵筆記》，知編集時收入者乃是喪家所改之稿。

至於第㈢種情況，集本原無其文，其後既據石本補入，則石本、集本原屬一物，自然相同，除非傳刻時有誤，不必再據石本以校集本。

以上所述，石本既同集本，並無相異資料可資探討，茲不擬多論。

貳、石本與集本不同之原因

石本、集本之所以有參差者，可能之情況有四：

㈠刻石編集皆據原稿，而集本傳刻時有誤。
㈡刻石編集皆據原稿，而石本摹勒時有誤。
㈢刻石時根據原稿，編集時刪其頭尾。
㈣刻石時增改原稿，編集時收入原稿。

按：上舉四種情況中，以第㈣種情況佔最多數，蓋該種情況又包括以下四種原因：

⑴撰者資料不全，留白以待喪家自行填補。如諱某、字某、年若干、以某月某日葬某鄉

❺見《歐陽脩全集》卷三〈與杜訢論祁公墓誌第二書〉。
❻見《老學庵筆記》卷八。收入《陸放翁全集》（臺北：河洛圖書出版社影印本，一九七五年）。
❼收入《陸放翁全集》。

某原、嗣子某之類。❽

⑵撰者陳述事實不誤，喪家修飾文辭後刻石。

⑶撰者陳述事實有誤，喪家修改後刻石。

⑷撰者與喪家對墓主行誼認知不同，喪家修改後刻石。

以上各種情況多係混合出現，王昶《金石萃編》各卷頗有論列❾，可資參考。茲再舉近代出土而前人未及備述者數例以明之：

庾信撰宇文儉妻步陸孤氏誌，集本即《庾子山集》❿卷十六〈周譙國夫人步陸孤氏墓誌銘〉，取與石本⓫互校，異者三十餘處⓬。石本題「大周柱國譙國公夫人故步六孤氏墓誌銘」，多集本四字，疑喪家所添，此屬第㈣⑵種狀況。集本「夫人諱某字某」，石本作「夫人諱須蜜多」，考庾集卷十六，皆錄婦人墓誌，其中無實寫名諱者，蓋婦人名諱不聞於外也；又「吳郡人也」，石本作「吳郡吳人也」；「建德元年七月九日薨於成都私第」，石本作「建德元年歲次壬辰七月辛丑朔九日己酉薨于成都」；以上自皆喪家增改，屬第㈣⑴種狀況。石本「禮也」下多「夫人奉上盡忠，事親竭孝，進賢有序，逮下有恩。及乎將掩玄泉，言從深夜，內外姻族，俱深節女之悲；三五小星，實有中閨之戀」四十八字，於「銘曰」上多「太夫人早亡，夫人咸盥之禮，不及如事。至於追葬之日，步從輴途，泥行廿餘里，哭泣哀毀，感動親賓。桂陽之賢妻，空驚里火；成都之孝婦，猶掩江泉。嗚呼哀哉」六十字，按

⑧ 此類亦有習俗因素使然者，如墓主名諱，撰者或書人每不預書，待喪家倩人填諱。如唐貞元十五年徐浩神道碑，文末有「表姪前河南府參軍張平叔題諱」字，釋文見《金石萃編》卷一〇四。又宋政和三年歐陽脩第三子歐陽棐墓誌，係其子歐陽愿撰並書，而末有「朝散郎王寔填諱」字，棐本人及其三代諱「棐」、「偃」、「觀」、「脩」四字皆明顯縮小，顯係王寔所填。棐誌一九八五年發現，拓本及釋文見《新中國出土墓誌·河南卷》第三八四號（北京：文物出版社，一九九四年）。又嘉泰四年周必大墓誌，末有「甥婿朝請大夫田橡填諱」字。周誌一九八二年出土，釋文見陳柏泉《江西出土墓誌選編》第六十五號（南昌：江西教育出版社，一九九一年）。

⑨ 如卷九十八顏眞卿〈元結墓碑〉、卷一一四韓昶〈自爲墓誌〉、卷一三七歐陽脩〈瀧岡阡表〉，王昶皆取石本、集本互校。

⑩ 本文所據，用許逸民校點清人倪璠《庾子山集注》（臺北：源流出版社影印本，一九八三年）。

⑪ 步陸孤氏誌，一九五三年咸陽出土，拓本見《北京圖書館藏中國歷代石刻拓本匯編》（鄭州：中州古籍出版社，一九八九年）第八冊頁一五九。

⑫ 步陸孤氏誌拓片影本下附有不知名氏據四庫箋注本及四部叢刊十六卷本校語，但不甚完整，亦無斷語。許逸民校點清人倪璠《庾子山集注》所附校勘記，雖據原石及《文苑英華》本、屠本參校，亦疏略多誤，爲避瑣碎，本文僅論其大者。

二段所述，屬家庭中事，庾信未必知悉，且集中婦人誌亦無載女德瑣事者，則此蓋喪家得稿後所補，屬第㈣⑵種狀況。除此之外，字句小異者，多係集本傳抄之誤，如石本「大夫出境」，用陸氏先賢陸賈故實，而四部叢刊本作「天子拓境」，自誤；石本「文安郡公」，集本作「文安公」，倪璠注中「總釋」云「《隋志》河間郡文安縣是」，乃誤以郡公爲縣公；此類屬第㈠種狀況，皆當以石本爲正。然如述入川之艱難，集本「白狼之溪，途艱黃牛之阪」，言入川有黃牛阪之險也，而石本作「白狼之溪，途艱黃馬之阪」，則「馬」爲「牛」之誤字，此屬第㈡種狀況。

又獨孤及撰李濤誌，集本見《全唐文》卷三九一〈唐故衢州司士參軍李府君墓誌銘〉⓭，石本⓮題目則作「皇五從叔祖故衢州司士參軍府君墓誌銘并序」，疑是喪家所改，此屬第㈣⑵種狀況。又石本題撰人云「朝散大夫守常州刺史賜紫金魚袋河南獨孤及撰」，集本無，當是編集時刪去，此屬第㈢種狀況。集本「乾元二年某月日寢疾，終於揚州，春秋若干，某月日權窆於衢州」，石本則作「乾元二年六月十六日寢疾，終於潤州，春秋五十，七月十六日權窆于衢州」，此屬㈣⑴⑶兩種情況。集本「歸葬於洛陽先使君夫人宅兆之側」，石本作「歸葬于洛陽清風鄉北邙之南陲」，此顯係喪家所改，屬第㈣⑵種狀況。至集本「酌百代之典故，以輔儒道，以經明行修，宗正寺舉第一」，石本作「酌百代之典故，以輔儒行，遂以經明行修，宗正寺舉第一」，此是集本傳抄脫「行」字，又誤「遂」爲「道」字，僅讀集本，不覺其誤，若加比較，則知石本辭氣爲順，此屬第㈠種狀況。集本「曾祖道立，嘗典陝、濟、陳三州刺史，封高平郡王」，石本作「曾祖道立，嘗典隰、齊、陳三州，封高平郡王」，集本「刺史」傳抄時誤添，又「陝、濟」自係「隰、齊」之誤，此屬第㈠種狀況。集本「於時五府辟召之權，移於兵間，務苟進者，多由徑而致顯位」，末句石本作「多不由徑而致顯位」，文義不通，顯係書丹時誤加，此屬第㈡種狀況。石本「今將以無媿之詞，申報幽路，其詞曰」，集本作「今將以無媿之詞，申報幽路，故作銘以刊之於石，其詞曰」，石本删一句，疑書丹時脱漏也，此屬第㈡種狀況。集本「公殁後十有二載」，石本作「公殁後十有六載」，查乾元二年至大曆九年，前後恰十六年，知集本「二」乃「六」之壞字，此屬第㈠種狀況。集本「大歷九年夏四月二十七日，公長子居介，及居佐、居敬、居易」，石本作「大歷九年夏四月二十八日，公長子居介，支子居佐、居敬、居易」，石本、

⑬ 獨孤及《毘陵集》世久不傳，明時吳寬始自内府録出，清代諸本亦淵源吳本，參萬曼《唐集叙録》（臺北：明文書局影印本，一九八二年）。此以《全唐文》較晚出而用之。

⑭ 李濤誌拓本見《北京圖書館藏中國歷代石刻拓本匯編》第二十七册頁一三六，釋文見《唐代墓誌彙編》（上海：上海古籍出版社，一九九二年）大曆〇三五。

集本記葬期差一日，又支子者，以別於嫡子，石本顯係喪家添改，此則前屬第㈣⑶，後屬第㈣⑵種狀況。

韓愈撰李虛中誌，集本即《韓昌黎文集》[15]卷六〈殿中侍御史李君墓誌銘〉，石本[16]之序前，有「大唐故殿中侍御史隴西李府君墓誌銘并序」、「朝議郎守尚書比部郎中史館修撰護軍韓愈纂」字樣；銘之後，有「右補闕鄭權篆蓋」、「妻兄盧禮源書文」字樣，除篆蓋、書文當是喪家另倩人作、不必是韓愈原稿所有外，自「大唐」至「韓愈纂」，集本僅存上舉十字，此屬第㈢種情況。又集本云「其十一世祖沖」，石本作「其七世祖沖」，據《元和姓纂》，乃集本傳抄時誤分「七」爲「十一」二字，此屬第㈠種情況。集本云「娶陳留太守薛江童女」，石本作「娶尚書左丞薛邕妹」，邕妹即是江童女，此自屬第㈣⑵種情況。集本云「葬河南洛陽縣，距其祖澠池令府君僑墓十里」，石本無「十里」二字，不成文，當是書丹時脫漏，此屬第㈡種情況。

又白居易撰會王李纁誌，集本即《白居易集》[17]卷四十二〈唐故會王墓誌銘并序〉，石本[18]題目下有「翰林學士將仕郎守京兆府戶曹參軍臣白居易奉敕撰」等字，今集本刪去，此屬第㈢種狀況。又比對集本與石本，所載事實雖不異，而文辭多寡及前後次序，稍有參差，爲節省篇幅，茲不盡述。蓋白文本奉敕撰，撰後呈稿，皇家略作修改後刻石，而集本則收錄原稿，故有不同，此屬第㈣⑵種狀況。

以上舉例，除第㈢種狀況，石本撰者、書人題名題銜每可供考證以補充傳記資料外（詳參下文），其餘多屬文辭修飾及傳刻錯誤之情形，較爲瑣細枝節。然第㈣⑷種狀況，則爲撰者與喪家認知不同之問題，情節重大，若墓主爲知名人物，則尤宜注意，此當於下一小節詳論。

參、石本與集本有重大不同之原因

古人極重碑誌，視爲蓋棺論定。故官紳託人撰作碑誌，每不惜重資，愼委撰者；而撰者亦自惜文名，愼重其事。但如雙方對碑誌主一生行誼之觀點不一致，喪家自改石本，致令石

---

⑮ 本文所據，用馬其昶《韓昌黎文集箋注》（臺北：河洛圖書出版社影印本，一九七五年）。

⑯ 李虛中誌拓本見《北京圖書館藏中國歷代石刻拓本匯編》第二十九冊頁八二，釋文見《唐代墓誌彙編》元和〇六五。

⑰ 本文所據，用《白居易集》（臺北：里仁書局影印本，一九八〇年）。

⑱ 會王李纁誌拓本見《隋唐五代墓誌匯編·陝西卷》（天津：天津古籍出版社，一九九一年）第二冊頁三八，釋文見《唐代墓誌彙編》元和〇四四。

本、集本出現重大不同，每每引起風波。凡屬此類，後世尤宜細心斟酌。

歐陽脩以碑誌文自負，當時亦備受推崇，而其撰范仲淹神道碑[19]，爲仲淹子純仁兄弟私自增損；爲尹洙（字師魯）撰墓誌[20]，尹家不無微言，另請韓琦（嘗官太尉）別撰墓表。歐氏對范、尹二家不尊重作者之行爲甚表不滿，並聲明范碑應以「家集」爲準：

范公家神刻，為其子擅自增損。不免更作文字發明，欲後世以家集為信。……尹氏子卒請韓太尉別為墓表，以此見朋友門生故吏與孝子用心常異。修豈負知己者，范、尹二家，亦可為鑒。[21]

關於范公神道碑事，當於下文論之。茲先藉尹洙墓誌爲例，說明石本與集本所以產生重大差異之原因。

尹洙墓誌之爭論，乃尹家認爲歐陽脩對尹洙在古文之倡導方面及成就方面，僅著「師魯爲文章，簡而有法」九字，行文太簡，叙述不足，不無懷疑歐陽脩嫉妒尹洙文學成就之意。而歐陽脩乃石刻研究之開拓者，又深研韓愈古文之學，則指出此乃尹家不知石刻義例及古文家慣例所致。歐公解釋倡導方面云：

若作古文自師魯始，則前有穆修、鄭條輩，及有大宋先達甚多，不敢斷自師魯始也。偶儷之文，苟合於理，未必為非，故不是此而非彼也。若謂近年古文自師魯始，則范公祭文已言之矣，可以互見，不必重出也。皇甫湜〈韓文公墓誌〉、李翺〈行狀〉不必同，亦互見之也。㉒

此謂：宋人倡導古文並不自尹氏始，若謂仁宗朝尹氏倡導有功，范仲淹所撰尹洙祭文亦已言之㉓，不必重複。歐公又解釋成就方面云：

---

⑲ 集本即《歐陽脩全集》卷一〈資政殿學士戶部侍郎文正范公神道碑〉，石本釋文見《金石萃編》卷一三四。

⑳ 集本見《歐陽脩全集》卷二，石本未出土。

㉑ 見《歐陽脩全集》卷三〈與杜訢論祁公墓誌第一書〉。

㉒ 見《歐陽脩全集》卷三〈論尹師魯墓誌〉。

㉓ 《范文正公集》（臺北：臺灣商務印書館，影印四部叢刊本）卷十載有慶曆七年〈祭尹師魯舍人文〉，其中表彰尹洙倡導古文之功云：「天生師魯，有益當世。為學之初，時文方麗。子師何人，獨有古意。韓柳宗經，班馬序事。衆莫子知，子特弗移。是非廼定，英俊廼隨。聖朝之文，與唐等夷。繄子之功，多士所推。」

> 誌言「天下之人識與不識，皆知師魯文學議論材能」，則文學之長，議論之高，材能之美，不言可知。……述其文，則曰「簡而有法」，此一句，在孔子六經，惟《春秋》可以當之，其他經，非孔子自作文章，故雖有法而不簡也。脩於師魯文章，不薄矣；而世之無識者，不考文之輕重，但責說之多少，云師魯文章不合祇著一句道了。……脩見韓退之與孟郊聯句，便似孟郊詩，與樊宗師作誌，便似樊文，慕其如此，故師魯之誌，用意特深而語簡，蓋為師魯文簡而意深。又思平生作文，惟師魯一見，展卷疾讀，五行俱下，便曉人深處，因謂死者有知，必受此文，所以慰吾亡友爾，豈恤小子輩哉！㉔

此謂：為友朋撰作文字，仿其人風格為之，乃古之美談，尹誌「用意特深而語簡」，「蓋為師魯文簡而意深」，此是褒非貶。按：碑誌文字之義例，韓愈已頗考究，唯鮮明言耳，歐公於此格外用心，所撰碑誌，義例、筆法，或仿自韓文，或別出心裁，皆有用意，㉕又因收集古刻有年，陸續撰寫跋尾，於古刻頗有研究，故其對碑誌之擬撰鐫勒，均有定見。慶曆八年，當其撰妥尹誌時，曾去函尹洙侄子尹材交代尹洙墓誌之處理方式㉖云：

> 墓銘刻石時，首尾更不要留，官銜題目及撰人書人刻字人等姓名，祇依此寫，晉以前碑，皆不著撰人姓名，此古人有深意，況久遠自知。篆蓋，祇著「尹師魯墓」四字。㉗

此係歐公見「晉以前碑，皆不著撰人姓名」㉘，有意仿古刻不著撰人；至於篆蓋，祗著「尹師魯墓」四字，不題官銜而僅著姓與字，則係學韓愈誌柳宗元墓曰「柳子厚墓誌銘」，乃是

㉔ 見《歐陽脩全集》卷三〈論尹師魯墓誌〉。

㉕ 以上詳參拙著《石學蠡探》（臺北：大安出版社，一九八九年）中〈韓愈冢墓碑誌文與前人之異同及其對後世之影響〉一文。

㉖ 據韓琦《安陽集》（臺北：臺灣商務印書館，影印四庫全書本）卷四十七〈故崇信軍節度副使檢校尚書工部員外郎尹公墓表〉，知尹洙卒時唯餘二子，長子尹朴，幼子尹構方十齡。尹朴墓誌，亦見韓集同卷〈故河南尹君墓誌銘並序〉，誌稱尹材為朴從弟，知尹材為尹洙侄子。又據洙表及朴誌，知尹洙卒後，朴旋亡，故由尹材處理墓誌事。

㉗ 見《歐陽脩全集》卷六「書簡」〈與尹材〉。

㉘ 漢魏碑刻誠未見撰人姓名，然六朝墓誌則間著撰書人姓名，今見著錄者不下十餘方，如趙萬里《漢魏南北朝墓誌集釋》圖版二三九北魏正光五年比丘尼統慈慶墓誌題「常景文，李寧民書」、又圖版二四九之二孝昌二年侯剛墓誌題「戴智深文」等皆是，歐公以碑例誌，稍有不妥。趙書收入《石刻史料新編》第三輯（臺北：新文豐出版公司，一九八六年）。

引爲同調知己之意㉙，是歐公之於尹洙，不「負知己」。然此等藝文之事，並非尹洙子侄輩如尹材等所能了解，故必請韓琦撰墓表明言之而後安，韓表云：

> 文章自唐衰，歷五代，日淪淺俗，寖以大敝，本朝柳公仲塗始以古道發明之，後卒不能振。天聖初，公獨與穆參軍伯長矯時所尚，力以古文為主，次得歐陽永叔以雄詞鼓動之，於是後學大悟，文風一變，使我宋之文章，將踰漢唐而躡三代者，公之功為最多。㉚

按：在喪家之意，祭文讀過，不留痕跡，誌在地中，誰人知之?唯墓表樹於墓前，明白彰顯，最爲踏實。而在歐公之意，范氏祭文與自撰墓誌，必將藉文集傳世，唯此言不便出自一己之口耳，尹材等既倩長輩作誌又不表信任，實爲不當。故歐公有「豈恤小子輩哉」之怨言，並屢申明一己論述之持平㉛。按：唐宋以降古文家撰作碑誌，喜仿史家講求義例筆法，而世人多不詳悉，致生誤解㉜。以此例觀之，則若石本、集本有重大不同者，宜細心斟酌撰者之義例「與孝子用心常異」矣。

三、論石本與集本之互校

壹、論校勘當先以石刻為底本

石本與集本互校，當先以何者爲底本？或謂：集本未經喪家增刪，較近原貌，當以集本爲底本。余則以爲當先以石刻爲底本，蓋碑誌文字與一般文字不同，一般文字著作之時已然完整，碑誌文字則於所謂「十三事」㉝及墓主瑣事每有缺漏，待喪家補足，吾人之有取於碑

㉙ 參拙著《石學蠡探》〈韓愈冢墓碑誌文與前人之異同及其對後世之影響〉頁八五。

㉚ 見韓琦《安陽集》卷四十七〈故崇信軍節度副使檢校尚書工部員外郎尹公墓表〉。

㉛ 歐公於皇祐元年有〈與孔嗣宗〉二書，前書陳不負師魯之意，後書言石介倡道於東方，不得獨歸尹洙。見《歐陽脩全集》卷六「書簡」。

㉜ 關於石刻義例筆法，詳參拙著《石學蠡探》。然碑誌作家所用義例筆法，世人每不熟悉，故學者亦有反對者，如富弼即嘗謂歐陽脩云「豈當學聖人作《春秋》」，見邵博《河南邵氏聞見後錄》（臺北：商務印書館，叢書集成初編本）卷二十一。

㉝ 明王行《墓銘舉例》卷一識語云：「凡墓誌銘書法有例，其大要十有三事焉：曰諱、曰字、曰姓氏、曰鄉邑、曰族出、曰行治、曰履歷、曰卒日、曰壽、曰妻、曰子、曰葬日、曰葬地。」收入《金石三例》（臺北：臺灣商務印書館，人人文庫本）。

誌，既在撰者之辭采，亦在墓主之生平，並非僅視撰者之文學成就而已，以是校勘之事宜以石刻爲底本。再者，文集版本多寡不一，著名文士之集，迭經傳刻，各種版本文字多有異同，若以各種版本從事校勘，自宜擇其最善者爲底本，此爲校勘學之通論，然若有石本出土，一則其時代較之各種集本爲古，二則較少傳刻訛誤處，亦應以石刻爲底本。以前文所舉庾信撰步陸孤氏誌爲例：若論庾氏之辭采，集本大體已得其眞，校勘之目的，僅在糾正傳刻之訛誤；若欲考墓主之生平，則自以石本爲實爲富，以庾氏所得墓主生平資料不全，或缺而不書也。且就著名文士碑誌文諸例之實際情況言，除少數情形外[34]，石本多詳於集本，是校勘宜先以石刻爲底本。清代武億跋范仲淹神道碑嘗云：

> 予向所録，每以石本證他本，今反以他本訂石本，義固各有取也。[35]

武氏所謂「每以石本證他本」者，即以石刻爲底本之意，唯范碑因爲范純仁等刪削，文字少於集本，故武氏有「今反以他本訂石本」之語。然此謂「反」者，謂非常態也，以是知先以石刻爲底本乃金石考訂家之通言，唯遇少數例外情形如范碑者，乃反其道而行耳。

貳、論以相關石刻參校之助益

墓主相關親屬之碑誌，有時亦有助益於校勘解讀。茲舉例說明。

前文嘗引獨孤及撰李濤誌，論石本、集本之差異處，然僅以二本互校，未能知悉撰者與墓主之關係，因難推測文字所反映感情之深淺。今考李濤妻獨孤氏誌㊱，有云：「夫人獨孤氏，六世祖永業，北齊司徒，臨川郡王。自臨川五葉至贈秘書監府君諱通理，門風世德，家諜詳矣。夫人秘書之第三女，生而純孝，容範淑茂，成於德門，歸於公族，公族李氏曰濤。」據《新唐書·宰相世系表》，獨孤及乃獨孤永業之後而獨孤通理之第三子，知此獨孤

㉞ 此類情形除本文所舉范仲淹神道碑外，其例尚有魏徵撰李密誌，李誌石本、釋文見《新中國出土墓誌·河南卷》一〇九，集本見《全唐文》卷一四一，集本多石本四四八字，除述李密功勳者外，多屬歌頌唐德之語，石本不載者，疑是喪家以李密本非唐臣又事涉時諱故刪去耳。

㉟ 《金石萃編》卷一三四引《授堂金石跋》。

㊱ 獨孤氏誌拓本見《北京圖書館藏中國歷代石刻拓本匯編》第二十七冊頁一五七，釋文見《唐代墓誌彙編》大曆〇五二。

氏爲獨孤及姊妹，而李濤乃獨孤及姊妹之夫。又，隴西李氏廿四娘墓誌文[37]云：「有唐李氏少女諱盈，第廿四，故衢州司士參軍濤之處子，常州刺史河南獨孤及之出也。」此謂李盈即李濤女、獨孤及甥，是亦可證獨孤及與李濤之關係。以姻家，故獨孤及爲濤撰誌也。

又，柳宗元撰薛巽妻崔蹈規誌，即《柳河東集》卷十三〈朗州員外司戶薛君妻崔氏墓誌〉，石本一九八七年與其夫薛巽誌同時出土，拓片及釋文分見《新中國出土墓誌·河南卷》第二八七、二八八號。[38]關於崔氏誌，該書已取石本、集本互校，知集本除有名諱時地官稱由喪家添改者外，傳寫誤漏數處，皆當以石本爲正。其中最宜注意者，乃柳文之「崔媛」石本作「崔蹈規」，柳文謂崔氏卒於元和十二年，據石本知爲十三年，「十二」乃傳寫之誤[39]；而石本之誤書者，唯「遷柩于洛」作「遷柩于路」、「大理司直」脫「司」字、「籩」誤作「邊」耳。薛巽誌，乃其夫人崔氏弟崔雍撰，誌文云「夫人德行世家，事在叔舅宗元之爲志銘中」，是崔雍嘗見柳文，今集本謂薛巽「祖曰太子右贊善大夫環」，而薛巽誌、崔氏誌二石皆作「左贊善」，集本「女子曰陀羅尼，丈夫子曰某」，而二石皆作「女子子曰陀羅尼，丈夫子曰那羅延」，除「那羅延」當是喪家所添外，知集本誤「左」爲「右」，又脫一「子」字。然其用尤大者，在崔氏誌述其家流徙及病卒事頗略，而薛巽誌則詳，因可用於解讀崔氏誌，如崔氏誌云「巽始以佐河北軍食，有勞未及錄，會其長以罪聞，因從貶，更大赦，方北遷，而其室以禍」，據薛巽誌，知薛巽先於元和五年貶連山縣尉，七年崔氏嫁之，元和十三年北移朗州（武陵），而崔氏以產後染瘴氣得疾，卒於此時此地，以其地多少數民族，故崔氏誌有「巫醫莫能已」之語，而柳集卷四十一〈祭崔氏外甥女文〉有「武陵便道，往來信宿，幸茲再見，緩我心曲，猶且輕別，瞻程務速，孰知自此，遂間幽躅」之文，謂武陵與柳州相近也。蓋崔氏，柳宗元姊家也，姊先其夫十年死，夫崔簡元和七年貶死，其二子奉葬時又溺死，宗元撫其孤。故蹈規之嫁，「以叔舅（宗元）命，歸于薛」，時薛巽正在貶中。迨元和十三年稍量移朗州，而崔氏死，宗元憫其坎坷薄命，故祭之哀，並爲撰墓誌也。

參、論以相關史傳參校之助益

㊲ 李氏廿四娘誌拓本見《北京圖書館藏中國歷代石刻拓本匯編》第二十七冊頁一三五，釋文見《唐代墓誌彙編》大曆〇三六。

㊳ 薛巽夫婦二誌拓片又見《隋唐五代墓誌匯編·河南卷》頁九六、九七。

㊴ 前人作柳宗元年譜者，皆承集本而將有關此事諸文誤繫於元和十二年，詳見羅聯添先生《柳宗元事蹟繫年暨資料類編》（臺北：「國立」編譯館，一九八一年）頁一六九。不知既謂崔氏之嫁在七年，而柳文又云「歸于薛，凡七歲也」，則其卒自在十三年，不得爲十二年。

顧炎武嘗云：

誌狀在文章家為史之上流，上之史官，傳之後人，為史之本。史以記事，亦以載言，故不讀其人一生所著之文，不可以作；其人生而在公卿大臣之位者，不悉一朝之大事，不可以作；其人生而在曹署之位者，不悉一司之掌故，不可以作；其人生而在監司守令之位者，不悉一方之地形土俗，因革利病，不可以作。今之人未通乎此，而妄為人作誌，史家又不考而承用之，是以牴牾不合，子曰：「蓋有不知而作之者。」其謂是與？[40]

按：顧氏謂碑誌及行狀爲史傳之「上流」，其言甚是。蓋史官作傳，例取碑誌、行狀爲基本資料，故欲史傳得其眞，必先求碑誌、行狀得其實，以是顧氏有「不讀其人一生所著之文，不可以作」以下數句云云，是眞知著作之意之的論也。然人心或不免鄙陋苟且，碑誌、行狀之虛美阿諛，比比皆是。故如以史傳校讀碑誌（本文專論碑誌，行狀姑舍不論），每每可知史官去取之標準，因而可供吾人閱讀碑誌之參考，如《宋史·尹洙傳》云：

自唐末歷五代，文格卑弱。至宋初，柳開始為古文，洙與穆脩復振起之。其為文簡而有法，有集二十七卷。

參酌上文，則知史官乃取歐公所撰墓誌及韓琦所撰墓表合而言之，後遂爲文學史家之常言，韓表不及鄭條，故後世言文學史者亦不及之，此固鄭文罕傳，然亦此一誌一表所影響者也，於此可知古人何以重視碑誌文字矣。

又如范公神道碑，石本集本俱云：「召拜右司諫，當太后臨朝聽政時，以至日大會前殿，上將率百官爲壽，有司已具，公上疏言天子無北面，且開後世弱人主以彊母后之漸，其事遂已。」然《宋史·范仲淹傳》雖載勸諫事而不言「其事遂止」，考之《東坡志林》云：

> 先君奉詔（修）太常因革禮，求之故府，而朝正案牘具在，考其始末，無諫止之事，而有已行之明驗，先君質之於文忠公，公曰：「文正公實諫，而卒不從，墓碑誤也，當以案牘為正。」㊶

按：《東坡志林》所載，核之《涑水紀聞》㊷，同。以《宋史·范仲淹傳》校讀范公神道

㊵ 見《原抄本日知錄》（臺北：明倫出版社，一九七四年再版）卷二十一「誌狀不可妄作」條。

㊶ 見卷四（臺北：藝文印書館，百部叢書集成稗海本）。

㊷ 見卷十（臺北：臺灣商務印書館，叢書集成初編本）。

碑，知史官作傳多刺取碑中文字，是史官嘗讀碑文矣，而於范公進諫事，則同《涑水紀聞》與《東坡志林》之說，然則史官之作傳，於碑文外，猶多所參考。此例足以說明取史傳參校石本集本，則碑誌所述之得實與否可得一參驗之機會矣。

肆、論石本與集本若有重大不同當慎求其平

范仲淹神道碑之爭議，其事甚大，宋人筆記談論者極多。爭論焦點，主要在范氏生前是否曾與其政敵呂夷簡（封許公）和解一事上，歐公與仲淹子純仁（字堯夫，曾官丞相）認知不同，葉夢得云：

歐（陽）文忠作范文正神道碑，累年未成。范丞相兄弟數趣之，文忠以書報曰：「此文極難作，敵兵尚強，須字字與之對壘。」蓋是時呂許公客尚衆也，余嘗于范氏家見此帖。其後碑載初為西帥時與許公釋憾事曰：「二公歡然相約平賊。」丞相得之曰：「無是，吾翁未嘗與呂公平也。」請文忠易之，文忠怫然曰：「此吾所目擊，公等少年，何從知之？」丞相即自刊去二十餘字乃入石。既以碑獻文忠，文忠卻之曰：「非吾文也。」㊸

又邵博亦云：

歐陽公作文正神道碑云：「呂公復相，公亦再起被用，於是二公驩然相約，共力國事，天下之人，皆以此多之。」文正之子堯夫，以為不然，從歐陽公辨不可，則自削去「驩然共力」等語。歐陽公殊不樂，為蘇明允云：「范公碑為其子弟擅于石本改動文字，令人恨之。」[44]

按：以范氏神道碑石本比對歐公文集，除文字小有出入外，凡歐公原作欲見范仲淹行事與呂夷簡相終始者皆削去，所削百餘字，不止二十餘字，葉說誤。此例可知石本未必定較集本符合作者原意。按張邦基云：

> （歐陽脩）為范公作神道碑，言西事（起），呂公擢用希文，盛稱二人之賢，能釋私憾而共力於國家。希文子純仁，大以為不然，刻石時輒削去此一節，云：「我父至死未嘗解仇。」公亦歎曰：「我亦得罪於呂丞相者，惟其言公，所以信於後世也。吾嘗聞范公自言平生無怨惡於一人，兼其與呂公解仇書，見在范集中。豈有父自言無怨惡於一人，而其子不使解仇於地下？父

---

43 見《避暑錄話》（臺北：藝文印書館，百部叢書集成學津討源本）卷上。

44 見《河南邵氏聞見後錄》卷二十一。

子之性，相遠如此！」㊺

按：所謂解仇書者，今范集不載，而朱子〈答周益公書〉㊻，曾引其中二句云「相公有汾陽之心之德，仲淹無臨淮之才之力」，然則呂、范二人雖有私憾，終身未解，至於禦侮平賊之公事，固能維持合作關係而不相掣肘。是知歐文所言，公事也，范家所持，私憾也，本不矛盾。然北宋朋黨之說，本起於呂、范爲首之雙方，是二人雖能於某一特定公事合作，而雙方歧見固始終存在，終北宋之末而不能解。則范公神道碑石本與集本之差異，正可說明當時政壇朋黨之爭，愈演愈熾，若干人士已不欲掩飾，不僅暗流而已矣。考《宋史・范仲淹傳》載：

> 會夏竦為陝西經略安撫招討使，進仲淹龍圖閣直學士以副之。夷簡再入相，帝諭仲淹使釋前憾，仲淹頓首謝曰：「臣鄉論蓋國家事，於夷簡無憾也。」

蓋范公確曾於帝前有「無憾」之語，又有解仇之書，史官參酌二本，而不論其私憾之有無，斯爲得體矣。

四、論石本與集本互校之其他用途

隋唐以降碑誌，大抵皆著撰者、書人姓名官銜，而集本往往刪去之，遂使傳記資料減色，今石本既存頭尾，兩相對照，每有意外收穫，茲舉例分論如下。

壹、論石本撰書人題名之考據用途

曾鞏墓誌，《元豐類稿》及《曾南豐集》均載，而不署撰書人名銜，其石本㊼一九七〇年於江西南豐縣源頭村崇覺寺出土，而誌前有撰書人題名云：

> 朝散郎守尚書禮部郎中上騎都尉緋魚袋林希撰，前承奉郎行太常寺奉禮郎沈遼書，宣德郎守太常博士騎都尉賜緋魚袋陳晞篆蓋。

㊺ 見《墨莊漫錄》（臺北：藝文印書館，百部叢書集成稗海本）卷八。

㊻ 見《朱文公文集》（臺北：臺灣商務印書館，影印四部叢刊本）卷三十八。

㊼ 釋文見《江西出土墓誌選編》第十七號。

觀此而撰書人遂明。陳柏泉云：

撰文者林希，字子中，福州人，官為中書舍人，《宋史》卷三四三有傳。……同治《建昌府志》卷十記為：「中書舍人曾鞏墓，敕葬七都崇覺寺右，孫固誌銘，韓維撰神道碑，蔡卞書。」今知為林希撰文，可糾補文獻缺誤。書丹者沈遼，字睿達，錢塘人，擅詩文，工書法，《宋史》卷三三一有傳。篆蓋者陳晞，《宋史》不立傳，然董史《皇宋書錄》卷中有記載，又光緒《江西通志》、同治《安仁縣志》均載：陳晞，安仁縣十九都琯溪人，與曾鞏、王韶等同登嘉祐二年進士，今據墓誌文得知，元豐間為宣德郎守太常博士騎都尉賜緋魚袋。曾鞏墓誌銘為九江著名碑工李仲寧、仲憲所刊，據王明清《揮麈錄》三錄卷二記載：「九江有碑工李仲寧，刻字甚工，黃太史題其居曰琢玉坊。」是李仲寧為北宋名刻工，李仲憲應即其弟。以此，曾鞏墓誌銘是為名賢之誌，名人所撰書，名家所刊刻，亦堪稱「三絕」，彌足珍貴。[48]

按：陳氏考據甚詳。此誌集本、石本對照，不僅可以糾正《建昌府志》之誤載，並可知撰書人、刻石者，非同年同官，即名手名工，而親友立誌之慎重，昭然在目，其撰者之文、書者之藝[49]、刻者之工，亦遂傳世，此豈非當年之用心而吾人當加表彰者乎！

貳、論石本撰書人題銜之考據用途

石本所記撰書人一時官銜，序文中皆有年月可考，其用不淺，茲舉韓愈爲例明之。宋時程俱嘗撰韓愈《歷官記》，後朱熹校韓集時曾加參考，然其文重韓愈職事官，忽略其階官及勳官，茲據苗蕃誌石本[50]題銜，知元和二年十二月韓愈官銜爲「將仕郎權知國子博士雲騎尉」，據李虛中誌石本（已見前文）題銜，知元和八年十月韓愈官銜爲「朝議郎守尚書比部郎中史館修撰護軍」，是可充實韓愈傳記資料矣。凡名士所撰碑誌題銜皆倣此。

---

[48] 見《江西出土墓誌選編》頁四二、四三識語。

[49] 書丹者沈遼爲宋代著名書法家，作品傳世者有秋梢帖、顏采帖，今藏臺北故宮博物院。米芾《海岳名言》嘗論其書風爲「排字」，其排字法見遼之從父沈括《夢溪筆談》卷十六，學者當可於曾鞏墓誌驗證此說。

[50] 苗蕃誌拓本見《北京圖書館藏中國歷代石刻拓本匯編》第二十九冊頁二九，釋文見《唐代墓誌彙編》元和〇二一。

五、結　論

碑誌文字，本社會禮俗之產物，除市井小民隨俗虛應故事外，喪家大多愼重其事。然一碑一誌之完成，一來在悲哀氣氛中從事，二來轉經撰、書、刻等多重手續，三來墓誌須隨柩入土經營時間短促，以故石刻雖當時所立，無集本傳刻失實之弊，而不能保證必然無誤，或必然較集本爲眞。是以集本若有石本出土，校勘之時，宜詳察其不同之原因，乃能得其眞實。

又《禮記·祭統》云：「夫鼎有銘。銘者，自名也；自名以稱揚其先祖之美而明著之後世者也。爲先祖者，莫不有美焉，莫不有惡焉。銘之義，稱美而不稱惡，此孝子孝孫之心也。」此言雖專論彝器銘辭，且彝器銘辭多以孝子孝孫之口吻稱述，與碑誌多由門生故吏友人撰者不同，然爲人子嗣者，對於先人碑誌，其欲「稱美而不稱惡」之心並無不同，甚且虛美亦所不辭，於是而有撰人「諛墓」之事。然碑誌既將爲史傳之素材，虛美諛墓，與無史德等，此碑誌文字受人垢病之原因也。唯自韓愈以史筆撰作碑誌，唐宋古文家多受其影響，輕重褒貶寓於文字中。由是而喪家、撰者觀點歧異之事起，而石本、集本重大不同之事生。對於此事，吾人須知二者立場之差異，乃能持平論定，而不致依違於二者間不知所從矣。

原載《臺大中文學報》第八期（臺北：臺灣大學中國文學系，一九九六年四月）頁二一三至四〇。

王國維先生石刻題跋校讀記

海寧王國維先生學術層面之廣，造詣之深，學界共知。其多方面之成就，累經學者研究，討論已漸充分；獨對王先生石刻題跋諸文之分析與檢討，似嫌不足❶。今逢先生一百二十歲冥誕，謹以此文表達景仰之意。

❶ 張承宗、司馬平〈王國維與魏石經考〉，論王氏考魏石經之成就，載《王國維學術研究論集》第三輯（上海：華東師範大學出版社，一九九〇年）。吳文祺〈王國維學術思想評價〉中有一段論王氏〈裴岑紀功刻石跋〉致誤原由，載《王國維學術研究論集》第一輯（上海：華東師範大學出版社，一九八三年）。餘不多見。

一、甘陵相碑跋

跋載《觀堂別集》❷卷二，一九二四年撰。此碑一九二三年出土於河南偃師，斷爲三截，而失其左方一截，拓本見《北京圖書館藏中國歷代石刻拓本匯編》❸第一冊第四十二片。碑殘不見立碑歲月，王跋據殘額有「甘陵相尚」及「府君之碑」兩行論其立碑年代云：

此碑額署甘陵相，其人必在桓帝建和元年改清河國為甘陵之後，而立碑又在其後，當在後漢末矣。

按：《後漢書·孝桓帝紀》云：「（建和二年）六月，改清河爲甘陵，立安平王得子經侯理爲甘陵王。」據此，王跋「建和元年」乃「建和二年」之誤。

此碑隸書，額篆書，王跋論之云：

隸法健拔恣肆，已開北碑風氣，不似黃初諸碑，尚有東京承平氣象也。前人研精書法，精誠之至，乃與古人不謀而合。如完白山人篆書，一生學漢碑額，所得乃與新出之漢太僕殘碑同；吳讓之、趙悲庵以北朝楷法入隸，所得乃與此碑同。

按：王跋論書法甚精，亦可藉覘清代書法界碑學之風氣。至所謂「新出之漢太僕殘碑」者，以該殘碑一九二三年新出偃師，文又有「徵拜太僕」字樣故也。王跋之翌年，馬衡〈漢司空袁敞碑跋〉❹，始據碑文「平司徒公」字樣及所載歷官，考定爲漢司徒袁安子司空袁敞字叔平之碑，王氏作此跋時未及知之。

又，碑文載碑主名博字季智，楊震方《碑帖叙錄》❺九十四頁讀其額爲「甘陵相尚府君之碑」，遂以爲碑主姓尚名博。按：碑文云博爲「司空公之少子」，則楊說之然否，可以東漢司空之姓氏驗之。考《後漢書》諸帝紀，自光武建武起，任大司空或司空者（自張純起改司

---

❷ 本文所用《觀堂別集》，收入《王觀堂先生全集》（臺北：文華出版公司，一九六八年）第四冊。

❸《北京圖書館藏中國歷代石刻拓本匯編》（鄭州：中州古籍出版社，一九八九年）。

❹ 見馬衡〈漢司空袁敞碑跋〉，原文載《北京大學研究所國學門週刊》一卷二期（一九二五年）。後收入《凡將齋金石叢稿》（臺北：明文書局影印本）卷五。

❺ 楊震方《碑帖叙錄》（臺北：木鐸出版社影印本，一九八三年）。

空為大司空），依其先後有王梁、宋弘、李通、馬成、竇融、朱浮、杜林、張純、馮魴、伏恭、牟融、第五倫、袁安、任隗、劉方、張奮、韓稜、巢堪、徐防、陳寵、尹勤、周章、張敏、劉愷、袁敞、李郃、陳褒、劉授、陶敦、張皓、王龔、孔扶、王卓、郭虔、趙戒、袁湯、胡廣、黃瓊、趙戒、房植、韓縯、孫朗、盛允、虞放、黃瓊、劉寵、周景、劉茂、宣酆、王暢、劉寵、許栩、劉囂、橋玄、來豔、宗俱、楊賜、唐珍、許訓、劉逸、陳球、陳耽、來豔、袁逢、張濟、張溫、楊賜、許相、丁宮、劉弘、董卓、楊彪、荀爽、种拂、淳于嘉、楊彪、趙溫、張喜、曹操，至建安十三年夏六月，罷三公官，置丞相、御史大夫等。總計東漢一朝，大司空暨司空凡七十九任，其中並無尙姓，然則楊震方以爲碑主姓尙名博者，蓋不然矣。

楊說既不然，則碑額「甘」「府」二字之上猶有闕文，從而可知。碑主曾任尙書，額著姓氏又漢碑通例，則其額作「漢故甘陵相尙」「書口府君之碑」兩行，又可從知，所闕文即碑主姓氏也。❻劉承幹《希古樓金石萃編》❼卷六，以爲其人姓袁名博❽，其文未言所據，今以理逆推，劉氏蓋以碑主爲「司空公之少子」，而袁敞終於司空之官，「䕽」字結構與司徒袁安碑（一九三一年發現，安為敞父）、袁敞碑同，又與袁敞碑同於一九二三年出河南偃師，故定爲袁姓，蓋以爲博乃敞子也。然東漢京官葬洛陽一帶，本是常情，史亦不載袁敞有子名博，「䕽」字書法當亦一時風氣，非袁氏所專，今碑文既闕姓氏，又乏有力明證，固不能必甘陵相爲袁姓也。

王跋論碑主姓氏，則云：

> 癸亥九月，叔平（良按：馬衡字）先生以此（碑）屬為考證，碑中姓氏不具，又乏事實，久之無以報命，因就其書法略記數語。

茲與楊、劉二氏說相較，則王氏識見之優，治學之謹，已可知矣。馬衡嘗撰〈漢司徒袁安碑跋〉、〈漢司空袁敞碑跋〉❾，而不跋甘陵相碑，實據王說而不取劉考，蓋其慎也。

---

❻ 上文所述漢代碑額通例，詳參拙著《石學蠡探》（臺北：大安出版社，一九八九年）中〈東漢官宦冢墓碑額題職例及其相關問題〉一文。

❼ 劉承幹《希古樓金石萃編》，收入《石刻史料新編》第一輯（臺北：新文豐出版公司，一九七七年）第五冊。

❽ 《北京圖書館藏中國歷代石刻拓本匯編》同。

❾ 二文俱見《凡將齋金石叢稿》卷五。

門人曾聖益君據謝承《後漢書》載有東漢尚書王博字季習⑩，以爲碑主或爲其人，而「習」乃「智」之訛。此說一時尚難證實，附此待考。

二、魏毌邱儉丸都山紀功石刻跋

跋載《觀堂集林》卷二十⑪，一九一七年撰。此刻光緒三十二年爲奉天省輯安縣令吴光國於開道時發現，拓本至不易得⑫，王氏據影照拓本⑬讀其文爲：

正始三年高句驪反（下闕）
督七牙門討句驪五（下闕）
復遺寇六年五月旋（下闕）
討寇將軍魏烏丸單于（下闕）
威寇將軍都亭侯（下闕）
行裨將軍領玄（下闕）
□裨將軍（下闕）

王跋既定此刻爲記毌邱儉征高句麗事，又考其題名，以爲「討寇將軍烏丸單于」者，寇婁敦；「威寇將軍都亭侯」者，「不知何人」；「行裨將軍領玄」者，玄菟太守王頎；「□裨將軍」以下，則謂：「據《魏志·濊傳》，樂浪太守劉茂、帶方太守弓遵亦與是役，第七行以下，或有其銜名，然殘缺不可考矣。」是則七牙門蓋得其四，而缺其三，茲爲補其一。按《魏書·徒何慕容廆傳》云：

> 祖木延，從毌丘儉征高麗有功，加號左賢王⑭。父涉歸，以勳進拜鮮卑單于，遷邑遼東。

---

⑩《北堂書鈔》卷六十引。

⑪本文所引《觀堂集林》及其卷數，據《王觀堂先生全集》本。若密韻樓本《觀堂集林》則在卷十六。

⑫參劉承幹《希古樓金石萃編》卷八錄會稽王孝偁跋語。

⑬一九一七年十月二十八日王氏致羅振玉函有云：「昨日以魏毌邱儉紀功石刻影照拓本裝成，漫書其上，得千字，將來可修改爲一跋。此刻可貴乃至無可比擬，不知原石在何處？」見《王國維全集·書信》（臺北：華世出版社影印本，一九八五年）二一七頁。

⑭《十六國春秋輯補》卷二十三〈前燕錄〉云：「祖木延，左賢王，從毌邱儉征高麗有功，加號大都督。」收入《新校本晉書幷附編六種》（臺北：鼎文書局，一九八七年）。

考《三國志·烏丸鮮卑東夷列傳》注引《魏略》云：

景初元年秋，遣幽州刺史毌丘儉率衆軍討遼東。右北平烏丸單于寇婁敦、遼西烏丸都督率衆王護留葉，昔隨袁尚奔遼西，聞儉軍至，率衆五千餘人降。

又《三國志·魏志·明帝紀》「景初元年秋七月」條：

遣幽州刺史毌丘儉率諸軍及鮮卑、烏丸屯遼東南界。……右北平烏丸單于寇婁敦、遼西烏丸都督王護留⑮等居遼東，率部衆隨儉內附。

同書《魏志·少帝紀》「正始五年九月」條：

鮮卑內附，置遼東屬國，立昌黎縣以居之。

據上引，知正始年間毌邱儉征高句麗時，烏丸單于與鮮卑慕容木延皆自遼東隨征，後烏丸內徙，而慕容鮮卑則留居遼東，然則毌邱儉七軍，鮮卑慕容木延亦居其一可知矣。

王跋未明言高句麗首都名，實則據慕容皝伐高句麗事蹟知其名曰「丸都城」，其事備載《魏書·徒何慕容廆傳》、同書〈高麗傳〉、《北史·慕容晃傳》、同書〈高句麗傳〉、《晉書·載記·慕容廆傳》、《隋書·東夷·高麗傳》，而《資治通鑑》卷九十七述其過程尤詳明：

（咸康八年）冬十月，燕王皝還都龍城。……將擊高句麗，高句麗有二道，其北道平闊，南道險狹，衆欲從北道，（慕容）翰曰：「虜以常情料之，必謂大軍從北道，當重北而輕南，王宜帥銳兵從南道擊之，出其不意，丸都不足取也。別遣偏師從北道，縱有蹉跌，其腹心已潰，四支無能為也。」皝從之。十一月，皝自將勁兵四萬出南道，以慕容翰、慕容霸為前鋒，別遣長史王寓等將兵萬五千出北道，以伐高句麗。高句麗王釗果遣弟武帥精兵五萬拒北道，自帥羸兵以備南道。慕容翰等先至，與釗合戰，皝以大衆繼之，……諸軍乘勝追之，遂入丸都，釗單騎走。……發釗父乙弗利墓，載其尸，收其府庫累世之寶，虜男女五萬餘口，燒其宮室，毀丸都城而還。

《通鑑》所謂「高句麗有二道，其北道平闊，南道險狹」，胡三省注云：「北道從北置而進，南道從南陝入木底城。」按：此注據《晉書·載記·慕容廆傳》爲說，據此，知入高句麗

---

⑮ 此以王護留爲人名，誤，當從上引《魏略》作「率衆王護留葉」，「率衆王」者，夷酋封號。

首都丸都城之路徑。

又，王跋謂丸都之山及高句麗之都雖見史籍，而不知其地，「胥待此刻始得知之」。此言亦不然。《資治通鑑》卷七十五正始七年毌丘儉「遂屠丸都」句下胡三省注云：

高句驪都於丸都之下，多大山深谷，〈毌丘儉傳〉謂懸車束馬以上丸都，可知矣。〈唐志〉：自鴨淥江口舟行百餘里，乃小舫泝流東北行凡五百三十里而至丸都城。

又「位宮遂奔買溝」句下注引杜佑《通典》云：

高句驪居紇升骨城，漢為縣，屬玄菟郡。……建安中，其王伊夷模更作新國都於丸都山下，在沸流水西。

蓋丸都城自鴨綠江口上行六百餘里至沸流水西可至。唐時量地尺度，小里約今四百四十公尺，大里約今五百三十公尺⑯，今不知胡注所引以何種尺度計算，要之，六百餘里合今三百公里左右，檢今地圖，據比例尺換算，輯安去鴨綠江口恰三百餘公里左右，據此，則史籍載高句麗首都丸都城所在甚明，不待此刻而知之矣。

蓋丸都城東有沸流水，西有丸都山爲屏障，故伐高句麗，唯有南北二道（已詳上引），然則毌丘儉縣車束馬者，乃逕越其山而東，出其不意也。

三、高昌寧朔將軍麴斌造寺碑跋

跋載《觀堂集林》卷二十，一九一九年撰。此碑一九一一年出土於新疆吐魯番三堡，拓本見《北京圖書館藏中國歷代石刻拓本匯編》第十冊第一八七片。先是，羅振玉以此碑碑陰高昌王結銜有「希利發」、高昌令尹結銜有「瑜屯發」字樣，疑爲高昌尊號之施於國中者⑰。王氏既得羅氏拓贈一本⑱，則以爲「此皆突厥官號也」，因歷舉突厥役屬諸國用突厥官號之例以證明之，其言甚是。唯王跋又言：

---

⑯ 參胡戟〈唐代度量衡與畝里制度〉，收入《中國古代度量衡論文集》（鄭州：中州古籍出版社，一九九〇年）。

⑰ 見羅振玉《雪堂金石文字跋尾》卷三〈高昌麴斌造寺碑跋〉。書收入《羅雪堂先生全集》初編（臺北：文華出版公司，一九六八年）第二冊。

⑱ 見一九一九年九月三十日王氏致羅振玉函，《王國維全集·書信》二九六頁。

> 然俟利發一語，疑本出蠕蠕。突厥主稱可汗，后稱可賀敦，皆襲蠕蠕舊號，俟利發亦然，《魏書·蠕蠕傳》，阿那瓌族兄有俟利發示發，從父兄有俟利發婆羅門，突厥後起，故沿以為官號。

今按：俟利發是否蠕蠕舊號，茲不欲論，論可汗與可敦（可賀敦同）。王跋謂突厥主稱可汗、后稱可賀敦，皆襲蠕蠕舊號，蓋本《魏書·蠕蠕傳》：「（蠕蠕主社崙）自號丘豆伐可汗，『丘豆伐』猶魏言駕馭開張也，『可汗』猶魏言皇帝也。」王說頗爲學界所據，然史稱蠕蠕「無文記，將帥以羊屎粗記兵數，後頗知刻木爲記」，文化程度甚低，故北魏世祖改稱茹茹爲蠕蠕，何以它族反襲其號？此不無可疑。

《魏書·樂志》載太祖初：

> 掖庭中歌〈真人代歌〉，上敘祖宗開基所由，下及君臣廢興之跡，凡一百五十章，昏晨歌之，時與絲竹合奏，郊廟宴饗亦用之。

按：〈眞人代歌〉⑲一百五十章，今亡，然據《舊唐書·音樂志二》，猶可考知其六章章名：

> 後魏樂府始有北歌，即魏史所謂〈真人代歌〉是也。……今存者五十三章，其名目可解者六章：慕容可汗、吐谷渾、部落稽、鉅鹿公主、白淨王太子、企喻也。其不可解者，咸多可汗之辭。……吐谷渾又慕容別種，知此歌是燕、魏之際鮮卑歌，歌辭虜音，竟不可曉。

所謂慕容可汗、吐谷渾者，指慕容廆及其庶兄吐谷渾也⑳。慕容廆於晉武帝太康五年即位，當西元二八四年，東晉成帝咸和八年卒，當西元三三三年㉑。〈眞人代歌〉之作，則在北魏太祖拓跋珪時期，當西元三八六年稍後。史言〈眞人代歌〉「是燕、魏之際鮮卑歌，歌辭虜音，竟不可曉」，則歌辭乃鮮卑語也。此歌既述前代故事，則慕容廆時期已有可汗之稱，不待社崙也。若謂此歌是拓跋珪時期所作，已是後出，則《魏書·禮志》繫此歌於「太祖初」

⑲ 呂一飛《胡族習俗與隋唐風韻》（北京：書目文獻出版社，一九九四年）第五章第二節〈鮮卑民歌、音樂舞蹈〉以爲：「眞人代歌」四字即「大代神人之歌」之意，「眞人」一辭，與當時爭霸之讖言有關。

⑳ 參《晉書·四夷列傳·吐谷渾傳》及《北史·吐谷渾傳》。

㉑ 以上參《十六國春秋輯補》卷二十三〈前燕錄〉。

（年號登國），而蠕蠕主社崙之稱丘豆伐可汗，《魏書·蠕蠕傳》繫於登國九年（西元三九四年）以後，是〈眞人代歌〉較社崙自稱可汗猶早數年。然則謂太祖時已受蠕蠕影響，似不如謂蠕蠕受鮮卑慕容氏與拓跋氏之影響爲順理成章矣。

又《魏書·禮志一》云：「魏先之居幽都也，鑿石爲祖宗之廟於烏洛侯國西北。自後南遷，其地隔遠。眞君中，烏洛侯國遣使朝獻，云石廟如故，民常祈請，有神驗焉。其歲，遣中書侍郎李敞詣石室，告祭天地，以皇祖先妣配。祝曰（以下為祝文，從略）。」一九八〇年七月三十日，大興安嶺北段嘎仙洞發現祝文石刻，共十九行，二〇一字，今依石刻行款迻錄如下㉒：

維太平真君四年癸未歲七月廿五日
天子臣燾使謁者僕射庫六官
中書侍郎李敞傅㝹用俊足一元大武
柔毛之牲敢昭告于
皇天之神啟闢之初祐我皇祖于彼土田
歷載億年聿來南遷應受多福
光宅中原惟祖惟父拓定四邊慶流

后胤延及沖人闡揚玄風增構崇堂剋
揃凶醜威暨四荒幽人忘遐稽首來王始
聞舊墟爰在彼方悠悠之懷希仰餘光王
業之興起自皇祖綿綿瓜瓞時惟多祜
歸以謝施推以配天子子孫孫福祿永
延薦于
皇皇帝天
皇皇后土
皇祖先可寒配
皇妣先可敦配
尚饗

東作帥使念鑿

㉒ 文載杜士鐸主編《北魏史》（太原：山西高校聯合出版社，一九九二年）頁四四、四五。

此刻文字與〈禮志〉所載，間有出入，「薦于」以下文字則〈禮志〉所無，蓋〈禮志〉乃初稿，石刻則定稿，〈禮志〉爲略稿，石刻則全稿也。按魏氏自拓跋珪天興元年（西元三九八年），已即位稱天子，並追稱列祖爲皇帝，何以世祖太平眞君四年（西元四四三年）反稱先人爲可寒、可敦？若謂世祖沿襲其所鄙視之蠕蠕稱號，於情理似有不合。竊意鮮卑先人本有可汗、可敦之稱，通行漠北，而漢籍所載鮮卑酋長之稱號，則爲中原政權所頒匈奴官號若單于、左右賢王之屬，故鮮卑稱號不見載籍也，迨中原喪亂，匈奴式微，鮮卑崛起，而北方民族遂以可汗、可敦爲稱，與匈奴稱號並行矣。

考鮮卑語語尾多「汗」、「干」之音，拓跋氏先人文皇帝名曰「沙漠汗」，鮮卑語謂兄曰「阿干」[23]，其族以「干」爲名者亦多見魏史，此似可爲「可汗」本鮮卑語之旁證。又鮮卑本東胡，而《魏書·蠕蠕傳》亦稱「蠕蠕，東胡之苗裔也」，以族屬本同，故蠕蠕襲鮮卑稱號。然則北方諸族之稱可汗、可敦者，乃鮮卑文化之影響，非蠕蠕文化也。

四、唐賢力苾伽公主墓誌跋

跋載《觀堂別集》卷二，一九二三年撰。此刻清末出土於西安，拓本見《北京圖書館藏中國歷代石刻拓本匯編》第二十二冊第三十三片，乃突厥可汗默啜女之墓誌也。

王跋云：

此誌之首，有駙馬都尉故特進兼左衛大將軍雲中郡開國公踏没施達干阿史德覓覓銜名，此公主之夫也。《舊唐書·突厥傳》，開元三年，默啜女婿阿史德胡祿歸朝，授以特進。胡祿與此誌之覓覓，殆是一人，胡祿者其號，覓覓者其名也。後覓覓坐事死，公主没入宫，逮毗伽可汗求和，乃許歸其親兄墨特勤私第。誌所記事實止於此。文中「天恩載被，禮秦晉於家凡」，謂唐許毗伽可汗求和事，乃黄虎癡跋此誌，謂唐以公主嫁毗伽可汗，突厥風俗雖與中國殊，亦無從兄弟為婚之法也。

按：此跋甚精而簡，茲稍疏釋之。王氏知覓覓爲公主夫者，除據《舊唐書·突厥傳》外，以誌文謂「比漢公主」（良按：誌文誤倒為「主公」）及覓覓銜名有「駙馬都尉」之稱也。知覓覓坐事死者，以覓覓銜名有「故」字，誌文有「家婿犯法」之文，而公主卒時又僅記「男懷恩，兄右賢王，手足斯斷，雁行之痛于深；膝下長違，烏哺之情永絕」而不言其夫也。知黄

㉓ 見《晉書·四夷列傳·吐谷渾傳》。

跋爲誤者，公主卒於開元十一年，時唐朝尚未許毗伽求親㉔，而阿史那氏亦無同姓結婚之俗也。此跋以「苾伽」爲題，而誌作「毗伽」，音譯無定字，然宜以誌爲正。又，跋語「家凡」乃「家兄」之訛，書手之誤也。

王跋又云：

> 默啜之號，誌稱天上得果報男突厥聖天骨咄祿默啜可汗，與《冊府元龜》、《資治通鑑》所載開元二年默啜〈求和表〉文同，惟無「默啜」二字耳。

按：默啜之號，誌作「天上得果報天男突厥聖天骨咄祿默啜大可汗」，〈求和表〉則作「天上得果報天男突厥聖天骨咄祿可汗」，王跋謂〈表〉無「默啜」二字，是也，而謂餘同者，蓋「男」字上跋誤脫一「天」字；至「可汗」上之「大」字，則爲王跋所忽略。考突厥本有大小可汗制度㉕，默啜時亦然，《新唐書·突厥傳上》載默啜：

> 立咄悉匐為左察，骨咄祿子默矩為右察，皆統兵二萬；子匐俱為小可汗，位兩察上，典處木昆等十姓兵四萬，號拓西可汗。

據此，默啜之時，突厥實有大小可汗，誌稱「大」者，非虛稱也。

又王跋所謂毗伽可汗，據史籍稱之也，誌則作「毗伽煞可汗」，王氏無説。按：「煞」即「殺」也，又作「設」，或作「察」，譯音無定字。考突厥可汗稱號用語多雷同，故每加入前官，以示區别，如骨咄祿默啜可汗、乙毗沙鉢羅葉護可汗，啜與葉護皆前官，《新唐書·突厥傳下》謂毗伽可汗前爲「小殺」，故此稱「毗伽煞」也。

本文曾於一九九七年九月在北京清華大學「紀念王國維先生一百二十歲誕辰學術研討會」上宣讀。

㉔ 詳參新舊《唐書·突厥傳》。

㉕ 詳參新舊《唐書·突厥傳》，另參薛宗正《突厥史》（北京：中國社會科學出版社，一九九二年）第三章第四節〈大小可汗采邑分國制度〉。

初唐墓誌考釋六則

【提要】

一、隋耿國公王士隆墓誌銘并序（太宗貞觀七年）

論誌主不姓耿，乃隋代名臣王韶子，傳附《隋書·王韶傳》。又論誌主即《舊唐書》、《通鑑》所見之王隆，乃王世充黨，故爲李世民所殺。

二、左武候驃騎將軍左武候長史清淇公孟孝敏墓誌銘并序（太宗貞觀八年）

自氏族所出、郡望、它誌所見三項，考定誌主姓孟，不姓周。

三、吏部將仕郎范陽盧君妻馮氏墓誌銘并序（太宗貞觀十六年）

分析誌文所述長樂馮跋、馮弘以下世系，因論及史家數世次，有連本身數之及不連本身數之兩種。

四、上騎都尉金城縣令王素墓誌銘并序（高宗永徽五年）

指出誌主曾祖王翊，傳附《魏書》、《北史》〈王肅傳〉，乃南朝王奐孫、王琛子。因論及王氏一族奔魏後與元氏通婚、血統交溶之狀況。

五、始州黃安縣丞高儼仁墓誌銘并序（高宗永徽六年）

指出誌主係東魏時高昂曾孫、高道豁孫。昂與道豁，傳見《北齊書》、《北史》。

六、處士房寶子暨妻王氏墓誌銘并序（高宗龍朔元年）

指出誌主祖父房兆，傳附《隋書》及《北史》〈劉方傳〉；并指出高宗麟德二年房仁愻墓誌誌主與本誌誌主同父、祖，乃是兄弟。又以牽連所及，論北朝胡、漢姓氏多混淆，後世分辨不易。

一、隋耿國公王士隆墓誌銘并序（太宗貞觀七年）

誌見毛漢光撰《唐代墓誌銘彙編附考》[1]第一冊第三十八片，題「耿士隆誌」，並謂誌主正史中無傳。按：誌謂誌主士隆係太原晉陽人，漢代郡太守澤之後，祖毅，父子相。茲考之《隋書》卷六十二暨《北史》卷七十五，知誌主士隆，姓王，不姓耿，傳附其父〈王韶傳〉中。王韶，字子相，太原晉陽人，原仕北周，隋代名臣，平陳之役，有大功焉。又《新唐書·宰相世系表》載太原王氏有漢鴈門太守王澤，當與誌主先世爲一人。傳、誌載王韶父子生平仕履多合，而互有詳略，可相補正。

誌謂：「韶父穀，魏原州刺史。」而傳謂：「韶父諒，早卒；祖諧，原州刺史。」當以誌爲正。誌謂：「韶薨於私第。」傳則謂：「自幷州馳驛入京，勞敝而卒。」據傳，韶世居京兆；據誌，則知王氏有私第在長安也。傳述韶之卒年不詳，據誌，知是開皇十四年。傳謂：「煬帝即位，追贈韶司徒、尚書令、靈豳等十州刺史、魏國公。」據誌，知事在大業三年，十州者，靈、豳、豐、夏、銀、鹽、尚、慶、雲、勝。

傳載士隆仕履，始自大業；據誌，知開皇元年釋褐。誌又謂士隆初爲備身將軍、耿公，後爲江南道元帥總管、尚書左僕射、耿國公等職。耿公，見《隋書》；耿國公，見《北史》；與誌合。傳謂越王侗稱帝時，士隆率兵自江淮至，會王世充僭號，甚禮重之，署尚書右僕射，士隆憂憤，疽發背卒；誌述士隆率師赴洛事甚詳，又謂士隆卒於武德四年唐室討世充時，貞觀七年乃改葬洛陽千金鄉。據此，知士隆乃以世充黨受誅，史籍謂憂憤而卒者，蓋

❶ 毛漢光《唐代墓誌銘彙編附考》（臺北：「中央研究院」歷史語言研究所）。

史官爲王氏諱也。《通鑑》卷一八九，武德四年，李世民破世充後，收其黨罪尤大者段達等十餘人斬之洛水上，中有王隆其人；王隆即士隆也。此知之者，《通鑑》卷一八四，恭帝義寧元年七月，煬帝令將軍王隆帥邛黃蠻兵與王世充、韋霽、王辯等各領所部赴洛同討李密；九月，諸軍會洛陽，唯王隆後期不至。又《通鑑》卷一八七，武德二年春正月，隋將軍王隆以山南兵始至東都；四月乙巳，王世充即帝位；戊申，以王隆爲左僕射。《通鑑》所載王隆事，與誌、傳所載士隆事蹟悉合，故知王隆即士隆也。《舊唐書·王世充傳》載：世充即帝位時，封同姓王隆爲淮陽王。此王隆即《通鑑》所述之王隆，亦即此誌之王士隆，誌不言士隆受王世充官爵者，諱之也。

二、左武候驃騎將軍左武候長史清淇公孟孝敏墓誌銘并序（太宗貞觀八年）

誌見毛漢光撰《唐代墓誌銘彙編附考》第一冊第四十五片，暫題「周孝敏誌」。按：誌主當姓孟，不姓周。此誌未見誌蓋，誌文亦未明著誌主姓氏，此知其姓孟者有三：一自氏族所出考之，一自郡望考之，一自它誌所見考之。

誌文云：「公諱孝敏，字至德，平原平昌人也。若夫參分啓聖，顯令問於岐陽；三徙稱賢，闡儒風於魯國。是知根深葉茂，原潔流清，冠蓋所以重暉，英靈於焉閒出。豈徒寒林抽筍，彰孝子之情；上書直諫，表忠臣之節而已。」按：「若夫」以下四典，著氏族之所出。「三徙稱賢」二句，謂孟子也；「寒林抽筍」二句，謂孟宗也。則誌主姓孟，似無可疑。然則「上書直諫」二句，謂劉裕攻桓玄時長史孟昶也。昶，史籍未立專傳，《宋書·武帝紀上》謂：劉裕北伐歸來，盧循、徐道覆逼近京師，昶勸劉裕擁晉帝過江避兵，固請不止，裕不聽，昶恐裕不濟，乃爲表上晉帝曰：「臣裕北討，衆並不同，唯臣贊裕行計，致使強賊乘間，社稷危逼，臣之罪也。今謹引分，以謝天下。」封表畢，乃仰藥而死。又典籍謂孟氏出自魯之孟孫氏❷，則此「參分啓聖，顯令問於岐陽」云者，蓋指孟氏出自魯之孟孫氏，而導源於周公、周文王也。碑誌著氏族所出，頗有此法，以孟氏爲例，毛撰《彙編》第九冊第三十六片孟貞誌云：「帝顓頊之苗裔，周文王之胤緒。」可爲此誌之證。

誌謂孝敏平原平昌人，考孟氏有平昌一望：其見史傳者，如孟昶，《南史·宋武帝紀》謂其平昌人；昶弟顗，《南史》本傳及《宋書·何休之傳》稱其平昌安丘人；〈武帝紀〉稱昶有族弟懷玉，《宋書》及《南史》懷玉本傳稱其平昌安丘人；懷玉弟龍符，本傳謂以軍功封平昌縣五等子；又《宋書·恩倖傳》稱孟次陽平昌安丘人；又新、舊《唐書·孟簡傳》稱簡

❷《通志·氏族略四·以次爲氏》「孟氏」條。

平昌人。其見碑誌者，有平昌人孟保同，見毛撰《彙編》第一冊第六十七片；有瑯琊平昌人孟普，見同書第四冊第九十二片。綜上論觀之，誌主姓孟，益無可疑。

孟孝敏其人，名見碑誌，趙萬里《漢魏南北朝墓誌集釋》卷九孟孝敏妻劉氏墓誌云：「大隋營東都土工副監男孟孝敏妻劉氏，大業三年十月一日卒於敦厚里，權殯城東。八年二月廿二日，葬於洛陽縣常平鄉芒山之北原。」按：孝敏誌云：「父豹，隋蒲城、渭濱二縣令，營東都土工副監。……夫人彭城劉氏。」與劉氏誌合，則本誌誌主姓孟，蓋可確言也。

三、吏部將仕郎范陽盧君妻馮氏墓誌銘并序（太宗貞觀十六年）

誌見毛漢光撰《唐代墓誌銘彙編附考》第一冊第八十一片。誌云：「夫人姓馮氏，長樂信都人也。漢光祿勳奉世之後，燕昭成皇帝七世孫。……五世祖熙，魏太傅、太師、太尉公、錄尚書事、贈大司馬、昌黎武王，加黃屋左纛，備九錫。曾祖子琮，齊開府儀同三司、吏部尚書、尚書右僕射、昌黎公。祖慈明，齊中書侍郎、儀同三司、隋尚書兵曹郎、贈民部尚書。父怦，尚書兵部郎中、守呂州刺史。」毛撰《彙編》附記云：「夫人本身史中無傳，然其曾祖子琮見於《北齊書》卷四十、《北史》卷五十五；祖慈明見於《隋書》卷七十一、《北史》卷五十五；其父怦亦附於其祖慈明傳內。」

按：燕昭成皇帝者，北燕主馮弘❸，傳見《魏書》、《北史》。馮弘有子朗、邈，熙即朗子。熙傳見《魏書》、《北史》，尙北魏恭宗女博陵長公主，姑爲北魏世祖左昭儀，妹即文明皇后。熙有二女爲高祖后，二女爲高祖昭儀，七女爲魏宗室王妃、夫人❹。故馮氏在魏朝貴甚，據《北齊書·馮子琮傳》，子琮父靈紹，馮弘兄馮跋之後❺。是子琮一系不出馮熙，據《北史》，則靈紹父嗣興，乃馮弘之後。二說不同。

又按：史家之數世次，有連本身數之及不連本身數之兩種。王鳴盛《十七史商榷》卷二十六「孔子十四世孫」條云：「〈孔光傳〉，孔子十四世之孫也。孔子生伯魚鯉，鯉生子思伋，伋生子上帛，帛生子家求，求生子眞箕，箕生子高穿，穿生順，順生襄，襄生忠，忠生

❸ 據《太平御覽》一二七引《十六國春秋·北燕錄》，馮弘字文通，爲魏所逼奔高麗。居二年，被殺，高麗謚曰昭成皇帝。而北魏元澄妃馮令華誌、元悅妃馮季華誌、元謐妃馮會萇誌則幷謂馮弘爲「照（昭）文皇帝」。羅振玉《松翁近稿》、吳士鑑《九鐘精舍金石跋尾乙編》幷據之，謂〈北燕錄〉「昭成」之說不可信。然據此誌，〈北燕錄〉自非無本，蓋改謚，史傳碑誌常見。

❹ 趙萬里《漢魏南北朝墓誌集釋》（臺北：鼎文書局影印本）卷三「元悅妃馮季華墓誌」條。

❺ 《魏書·海夷馮跋傳》云：「跋有男百餘人，悉爲文通所殺。」然據〈子琮傳〉，蓋非無孑遺。

武，武生延年，延年生霸，霸生光。案：此言十四世，乃連前後幷及身而總言之。凡後人言譜牒者，皆當以此爲例。沈約《宋書・自序》，述其七世祖名延，延子賀，賀子警，警子穆夫，穆夫子林子，林子子璞，璞子即約，可證。蕭子顯《南齊書》，以太祖道成爲漢相國蕭何二十四世孫，何生延，延生彪，彪生章，章生皓，皓生仰，仰生望之，望之生育，育生紹，紹生閎，閎生闡，闡生永，永生苞，苞生周，周生矯，矯生逵，逵生休，休生豹，豹生裔，裔生整，整生儁，儁生樂子，樂子生承之，承之生道成。雖附會不足信，而其例則同。」此其所舉例，連本身數之也。世亦有以高祖爲四世祖，高祖之父爲五世祖者，其例至多。如毛撰《彙編》第九冊第十八片袁□仁誌，謂爲袁昂五代孫，又謂曾祖樞，據《新唐書・宰相世系表》，昂乃樞之祖，則其所謂五代者，不連本身數之。此誌謂夫人爲馮弘七世孫，馮熙爲夫人五世祖，茲不知是否連本身言之，若不連本身數之，則熙與嗣興爲兄弟行；若連本身數之，則熙與靈紹爲兄弟行，茲以嗣興與馮跋、馮弘、馮熙之關係與世次尚不能確定，姑記所疑於此。

四、上騎都尉金城縣令王素墓誌銘並序（高宗永徽五年）

誌見毛漢光撰《唐代墓誌銘彙編附考》第三冊第四十一片。序云：「公諱素，字仲儉，徐州臨沂人。……曾祖翊，魏鎮南將軍、使持節濟州刺史、國子祭酒、金紫光祿大夫。……祖淡，齊中散大夫、二府中郎、北徐州大中正。父宗，隋河南王府參軍，信都縣、長樂縣丞。……子大志等……」銘中云：「斷鞅犯顏，□裾迕旨，輕茲大寶，重尋丹滓，拂衣遐舉，躡雲高視。」

按：誌主先世見《魏書》卷六十三、《北史》卷四十二〈王肅傳〉。王肅以父奐及兄融、琛爲齊武帝所殺，自建業奔魏。時孝文帝太和十七年。世宗初，肅弟秉攜融之子誦、衍及琛子翊等奔魏。誌載王翊仕履，與王肅傳合，知誌主王素，即王翊曾孫❻。傳謂翊有子淵，當係誌中王淡兄弟，至銘中「拂衣遐舉」云云，指王氏去齊歸魏事也。

又按：王奐子孫奔魏者，多與元氏通婚，〈王肅傳〉謂：肅尚陳留長公主（孝文帝妹），後肅前妻謝氏攜子紹及二女至，世宗納一女爲夫人，肅宗又納紹女爲嬪；王翊則結婚於元叉（即江陽王元乂）❼。王氏家族，墓誌近世出於洛陽者，有王肅子王紹誌，王肅女世

❻ 趙萬里《漢魏南北朝墓誌集釋》卷六「王翊墓誌」條。

❼ 參拙著《石學蠡探》（臺北：大安出版社，一九八九年）中〈石刻文字考辨·北魏江陽王元乂墓誌〉。

宗貴華夫人王普賢誌、王誦誌、王誦妻安豐王元猛女元貴妃誌、王翊誌、王翊女廣陽王元湛妃王令媛誌，取與肅傳印證，其婚姻關係益明。據王普賢誌，知陳留長公主乃獻文帝女，則肅實帝婿。據元湛誌，知王肅有女適元湛父元淵，是肅之二女，一爲世宗夫人，一爲廣陽王元淵妃。據王令媛誌，知王翊娶任城王元澄女。據江陽王元乂誌，知王翊子子建娶元乂女僧兒❽，是王肅、王誦、王翊、王子建娶於元氏，而王肅、王紹、王翊又有女適元氏也。南北朝時，胡、漢血統交溶，於此又得一佳例。茲以考論誌主先世，牽連言其一族血統如此。

五、始州黃安縣丞高儼仁墓誌銘并序（高宗永徽六年）

誌見毛漢光撰《唐代墓誌銘彙編附考》第三册第八十七片。誌云：「君諱儼仁，字儼仁，渤海蓨人也。……曾祖敖曹，魏驃騎大將軍、司徒、太尉、永昌郡王。……大父道豁，齊開府儀同三司、隋黃州刺史、黃州諸軍事、襲封永昌王。父孝德，青州益都縣令。」

按：誌主先世見《北齊書》、《北史》。《北齊書・高乾傳》云：「昂，字敖曹，乾第三弟。……轉司徒公。……（東魏孝靜帝）元象元年，進封京兆郡公，邑一千戶。與侯景等同攻獨孤如願於金墉城，……遂爲西軍所害，時年四十八。贈使持節、侍中、都督冀定滄瀛殷五州諸軍事、太師、大司馬、太尉公、錄尚書事、冀州刺史，謚忠武。子突騎嗣，早卒。

世宗（北齊文襄皇帝高澄）復召昂諸子，親簡其第三子道豁嗣。（北齊孝昭皇帝）皇建初，追封昂永昌王，道豁襲。（北齊後主）武平末，開府儀同三司，入周，授儀同大將軍。（隋文帝）開皇中，卒於黃州刺史。」按：誌、傳述敖曹、道豁仕履多合，唯誌言敖曹爲驃騎大將軍，道豁爲黃州諸軍事，傳不載耳。當據補。

高乾兄弟四人，於魏、齊之交，以武藝意氣聞，雖爲漢兒，爲鮮卑所憚，昂尤傑出，事見其傳。唯史載四人後世，僅及子輩，今據茲誌，而知其孫行、曾孫行之事蹟，亦快事也。

六、處士房寶子暨妻王氏墓誌銘并序（高宗龍朔元年）

誌見毛漢光撰《唐代墓誌銘彙編附考》第五冊第五十六片　誌云：「君諱寶子，字子寶，河洛陽人，漢司空植之也。摛祥石乳，峻崇趾以干雲；啓國房郊，淼長源而括地。自茲厥後，英賢繼及，雖班嗣羽儀，□□台鉉，相與提衡，足爲連類。曾祖慶，周交洵長、顯恆五州刺史。……祖兆，隋使持節萊徐二州刺史、平高公。履信義以立身，蹈清素以表質，扇

⑧ 以上參趙萬里《漢魏南北朝墓誌集釋》各卷。

仁風於千里，沐甘雨於百城。父叔，故齊王右一府大將軍。」又銘文云：「□唐餘慶，因封啓姓；司空積猷，累映累映。」

按：此誌書寫頗多訛誤，「河洛陽人」，「河」下當脱「南」字；「漢司空植之也」，「之」下當脱「後」若「裔」若「胤」字；「累映累映」，前一「累映」蓋涉下文而訛。寶子祖父房兆，名見《隋書》卷五十三及《北史》卷七十三〈劉方傳〉❾。《隋書》云：「開皇時，有馮昱、王檦、李充、楊武通、陳永貴、房兆，俱爲邊將，名顯當時。……兆，代人也，本姓屋引氏。剛毅有武略，頻爲行軍總管擊胡，以功官至杜國、徐州總管，並史失其（良按：指馮昱以下六人）事。」又毛撰《彙編》第六冊第五十九片房仁愻誌云：「君諱仁愻，字玄基，清河人也。……祖，隋大將軍、萊徐二州刺史、梁幽夏朔等州總管、金紫光祿大夫、平高郡公。父，皇朝前齊右一府驃騎將軍。」仁愻父、祖仕履與寶子父、祖合，是仁愻乃寶子兄弟。仁愻誌述房兆官爵較寶子誌尤詳，史之所失，可據誌補。

又傳謂兆爲代人，本姓屋引氏；寶子誌謂河南洛陽人，漢司空房植之後；仁愻誌則稱清河人；或皆是也。《新唐書·宰相世系表》云：「房氏出自祁姓，舜封堯子丹朱於房，朱生陵，以國爲氏。陵三十五世孫鍾，周昭王時食采靈壽，生沈。沈十二世孫漢常山太守雅，徙清河繹幕。十一世孫植，後漢司空。植八代孫諶，隨慕容德南遷，因居濟南。」又云：「河南房氏，晉初有房乾，本出清河，使北虜，留而不遣，虜俗謂『房』爲『屋引』，因改爲屋引氏。乾子孫隨魏南遷，復爲房氏。而河南猶有屋引氏，唐雲麾將軍、弘江府統軍、渭源縣公豐生，即其後也。」然則寶子誌云「啓國房郊」、「□唐餘慶，因封啓姓」、「漢司空植之後」；仁愻誌稱「清河人」，皆非無本。唯考《魏書·官氏志》，屋引氏改爲房氏；而代人微族遷洛後，多冒認漢人爲先世，史傳碑誌所見，其例甚多⑩；故二誌雖言之鑿鑿，參之《隋書》所載，猶不能定寶子氏族之所出也⑪。

《八瓊室金石補正》卷三十三洛陽龍門山造象有房寶子妻題名，僅「房寶子妻張」五字，而寶子誌云「妻王氏」，據誌，王氏先寶子十六年卒，則張氏或寶子後妻也。

⑨ 姚薇元《北朝胡姓考》（臺北：華世出版社影印本）頁一六一註一，業已指出房寶子祖父即《隋書·劉方傳》所見房兆。

⑩ 參拙著《石學蠡探》中〈石刻文字考辨·北魏侍中侯剛墓誌〉。

⑪ 姚薇元《北朝胡姓考》謂：《新唐書·宰相世系表》所載河南房氏，實屋引氏，乃高車之貴族；此族（含房兆一家）自西秦至唐，代有顯宦。并謂：唐宰相房琯亦此族人。〈宰相世系表〉所述房乾使虜事，乃出房琯家狀之僞託。姚氏之論斷，本文姑持保留態度。

原載《唐代文化研討會論文集》（臺北：文史哲出版社，一九九一年七月）頁三九七至四〇七。

後記：本文原於一九九〇年十一月唐代文化研討會中宣讀，蒙毛漢光先生擔任講評，承告章太炎〈清淇公志跋〉已有誌主當爲孟姓之說，見齊魯書社一九八六年五月出版之《曲石精廬藏唐墓誌》。又告以史語所藏有神龍二年平昌孟公祖母吳郡陸氏墓誌，誌主陸氏乃孟孝敏繼妻。章跋、陸誌，皆可證成拙文第二則之說。識此以申謝忱。

初唐墓誌續考六則

前讀毛漢光撰《唐代墓誌銘彙編附考》第一至第十冊，得見拓本近千，以毛考不無誤漏，撰爲〈初唐墓誌考釋六則〉❶。嗣獲《北京圖書館藏中國歷代石刻拓本匯編》，得觀唐代石刻拓本數千種，因復重理唐代墓誌，取上揭二書兼治之；視野既廣，所得稍多。茲先整理六則發表，俟三餘之暇，其它將陸續撰定焉。

本篇所述，岑仲勉《元和姓纂四校記》或已發其緒論；顧其書刊行稍早，相關石刻有未見者，且該書體例，以石刻史料爲校勘《姓纂》所載世次之資，於誌主生平事跡，未暇深考，又所論間有舛誤，亦尚待訂正。本篇則著重誌主生平事蹟之考釋，於其先世後嗣，亦考

❶ 原載《唐代文化研討會論文集》（臺北：文史哲出版社，一九九一年）。又收入本書。

諸史傳及相關石刻，爲之繫聯；重點與岑書不同，而能相發明，讀者分别觀之可也。

【提要】

一、胡永暨妻張氏墓誌銘并序（太宗貞觀二年）

誌主系出北朝外戚安定胡氏。胡氏人物甚盛，而散見史傳，因勾勒史籍石刻資料，排比世次，以見彼此之關係；疑者闕焉。

二、隋謁者臺議郎段世弘墓記（太宗貞觀五年）

論墓主係隋北平公段文振子，指出墓主事蹟、卒年載於《資治通鑑》，並製北海期原段氏世系表。

三、隋銀青光禄大夫殷州刺史段師墓誌銘并序（太宗貞觀二十年）

指出誌主係王世充黨段達子，事跡見《資治通鑑》，並論河南段氏世次，以正岑仲勉、周紹良之誤。

四、右驍衛朔陂府折衝都尉段會暨妻吕氏墓誌銘并序（高宗永徽四年）

以誌主爲凌煙閣功臣段志玄兄、穆宗相段文昌高伯祖，因以本誌所載綜合岑仲勉、方南山所考，製誌主所出淄州鄒平段氏之世系表。

五、番禺府折衝都尉平棘縣開國公紇干承基墓誌銘并序（高宗顯慶五年）

引史籍論誌主原爲太宗廢太子承乾所蓄死士，後賣主求榮，因得官爵賞賜；誌文於其事、其時故含糊其辭以爲之。

六、長城縣令輕車都尉強偉墓誌銘并序（高宗麟德元年）

誌主多預太宗時造海船伐高麗事，因詳引《資治通鑑》所載與誌文相印證，並製扶風強氏世系表。

一、胡永暨妻張氏墓誌銘并序（太宗貞觀二年）

誌見毛漢光編撰《唐代墓誌銘彙編附考》第一冊第十八片。永子質誌、孫儼誌、儼弟寶誌，并見上書第二十一片及第三十一片、第二冊第三十四片。永祖孫三代，姓名不載於史，而系出安定臨涇胡氏。胡氏北朝望族，世爲外戚，北魏兩后，北齊兩后，又爲帝母者一，昭儀者一，人物見於史傳者頗盛，而載其世系未甚詳明。茲取胡永等四誌，并考史傳石刻，說明其關係如下。

永誌謂：永父邕，祖亮。又云：「伯祖國珍，後魏司徒、安定公。兄長粲，隴東王。」

又質誌云：「世子伯遠。」按：胡國珍者，北魏宣武帝皇后（靈太后）父，即太上秦公也。《魏書·外戚傳》載：國珍初無子，養兄眞子僧洗爲後；後納梁氏，生祥。兄眞長子寧❷，寧子虔，虔（字僧敬）子長粲，寧女爲孝靜帝母（清河文宣王元亶妃）。同書〈皇后傳〉謂：孝明皇后胡氏，靈太后從兄胡盛女。又《北齊書·外戚傳》謂：胡延之子長仁，武成皇后之兄，封隴東王。同書〈皇后傳〉謂：後主皇后胡氏，隴東王長仁女。又《文館詞林》四五七兗州都督胡延碑銘謂延「相國文宣公之孫，中書監公之子」，延即延之，文宣爲國珍謚號，中書監則祥官，是延爲珍孫祥子。《元和姓纂》謂延爲國珍曾孫，誤。《北史·胡長仁傳》謂：「長仁子君璧襲爵隴東王，君璧弟君璋及長仁弟長雍等前後七人並賜爵，合門貴盛。」又趙萬里《漢魏南北朝墓誌集釋》圖版四十北魏孝明昭儀胡明相墓誌謂明相：「聖朝散騎常侍征虜將軍使持節豫州刺史誕之曾孫，散騎常侍征西將軍金紫光祿大夫使持節岐雍二州刺史高平侯洪之孫，散騎常侍征虜將軍都督幷州諸軍事使持節幷州刺史陰槃伯樂世之女，宣武皇帝崇訓皇太后（靈太后）之從姪。」據上，則國珍於胡永爲曾祖行，長粲於胡永爲從兄；誌謂爲「伯祖」、「兄」者，蓋略言之耳。《北齊書》不言長粲亦爲隴東王，可據誌補。又孝明胡昭儀及曾祖誕、祖洪、父樂世名字皆不載於史，據明相誌知之。茲整理史傳碑誌所見胡略以下世系表列如次：

略—淵—眞—寧—虔—長粲
　　　　　　　寧—北魏孝靜帝母（清河王元亶妃）
　　　　眞—僧洸
　　淵—國珍—祥—延之—長仁—北齊後主皇后
　　　　　　　　　　　長仁—君璧
　　　　　　　　　　　長仁—君璋
　　　　　　　　延之—長雍
　　　　　　　　延之—北齊武成皇后
　　　　國珍—北魏宣武皇后（靈太后）
　　　　國珍┄僧洸

誕—洪—?—盛—北魏孝明皇后
　　洪—樂世—北魏孝明昭儀
　　洪—?—亮—邕—永—質—伯遠
　　　　　　　　　　　質—儼
　　　　　　　　　　　質—寶

❷《魏書·外戚傳》云：「僧洸，……謚曰孝眞長子寧，字惠歸。襲國珍先爵，改爲臨涇伯，後進爲公。歷岐涇二州刺史。卒，謚曰孝穆。」諸本讀爲「僧洸，……謚曰孝眞。長子寧，……」以寧爲僧洸子。新校本《魏書》校勘記讀爲「僧洸，……謚曰孝。眞長子寧，……」以寧爲眞子、僧洸兄弟。按：《魏書·靈太后傳》謂虔（僧敬）爲太后從子，若寧爲僧洸子，則虔爲僧洸孫，於太后爲從孫，不得爲從子；又《北齊書·外戚傳》謂胡長仁從祖兄長粲，若寧爲僧洸子，則長粲乃長仁從子，不得爲從兄；以是知新校本所讀爲是，兹從之。

二、隋謁者臺議郎段世弘墓記（太宗貞觀五年）

段世弘墓記，見《北京圖書館藏中國歷代石刻拓本匯編》第十一冊第三十五片。記文云：「隨尚書右僕射北平襄公第七息謁者臺議郎故段世弘，粤以大唐貞觀五年歲次辛卯十月丁亥朔十四日庚子，歸葬於雍州咸陽縣渭陽鄉。」岑仲勉《元和姓纂四校記》云：「近歲出土有貞觀五年十月十四日隨北平襄公（段文振）第七息段世弘墓記，拓本未見。」岑氏以未見拓本，語焉未詳。茲考諸史籍，知世弘實段文振子，隋恭帝義寧二年在東都爲王世充所殺，此其歸葬之記也。

按：《隋書》卷六十云：「段文振，北海期原人也。祖壽，魏滄州刺史。父威，周洮河甘渭四州刺史。文振……贈光祿大夫、尚書右僕射、北平侯、謚曰襄。……有子十人。長子詮，官至武牙郎將。次綸，少以俠氣聞。」文振官爵謚號與墓記所述同，是世弘爲文振子之證一也。或謂：「文振北海期原人，世弘則歸葬咸陽，何也？」按：上揭《匯編》第九冊第一〇一片文振父段威墓誌云：「公諱威，字殺鬼，北海期原人也。……春秋六十七，以建德四年七月十七日寢疾薨於長安城之私第。」又云：開皇十五年與妻劉妙容由胤子文段等合葬「洪瀆川奉賢鄉大和里」。考宋敏求《長安志》卷十三咸陽縣猶有奉賢鄉，而世弘墓記亦謂

「歸葬於雍州咸陽縣渭陽鄉」，是段氏雖北海期原人，而至少段威以下則葬咸陽，是世弘爲文振子之證二也。

又按：世弘名見於史，《資治通鑑》卷一八五載隋恭帝義寧二年四月李建成、李世民自東都引兵還，「東都號令不出四門，人無固志，朝議郎段世弘等謀應西師，會西師已還，乃遣人招李密，期以己亥夜納之。事覺，越王命王世充討誅之。」據此，世弘以謀反受誅，記不言者，或以通於李密、無功於唐歟？

又按：威誌云祖叐、考壽，文振傳云祖壽、考威、弟文操、長子詮、次子綸，此記云世弘是文振第七子，又《元和姓纂》謂文振：「生確、綸。確唐御史大夫……徵殿前侍御史。綸工部尚書、駙馬都尉、紀國公。」岑《校》云：「舊紀二，武德二年，散騎常侍段確爲朱粲所殺。《元龜》一六四，高祖既入關，鄭令段確以縣降，拜御史大夫。」又云：「文安縣主誌則云『降姻於工部尚書駙馬都尉紀公之世子段儼』。」文振子十人，茲得其四。然則段叐以下世系可列之如次云：

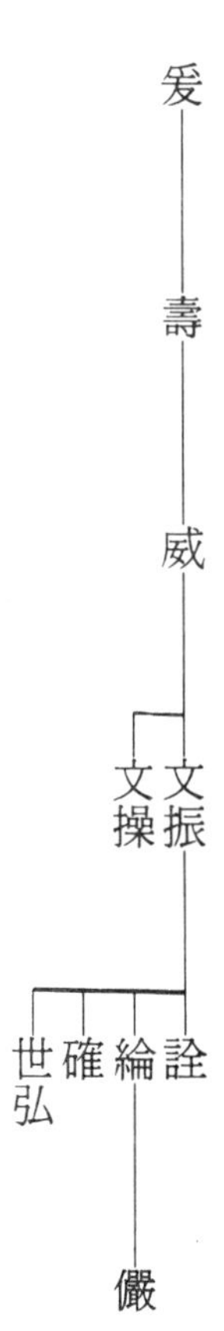

三、隋銀青光祿大夫殷州刺史段師墓誌銘并序（太宗貞觀二十年）

誌見毛漢光編撰《唐代墓誌銘彙編附考》第二冊第十片。首行題「隋故銀青光祿殷州刺史誌銘」，無誌主姓氏；誌文謂「君諱師，字大師，河南人也」，亦不言其姓；而《唐宋墓誌：遠東學院藏拓片圖錄》一書謂有誌蓋，篆書「段君墓誌」四字。毛撰《彙編》又以誌文述其先世有云：「寵義富仁，西河見軾廬之美；臨危徇命，北地盡致身之節；暨乎紀明佐漢，鬱爲宗臣；龜龍仕晉，寔惟文□」，因考證曰：「西河見軾廬之美，應指段干木；北地盡致身之節，應指段會宗；紀明佐漢，紀明應指段熲之字。本拓片碑誌主應姓段無疑。」按：毛撰《彙編》定誌主姓段，其說是也；至論段氏先世典實，則有誤有漏。北地盡致身之節者，乃漢北地都尉段卬，孝文帝十四年爲匈奴所害，故云「致身」，見《漢書·匈奴傳上》，段氏述其先祖者，多據之，見《新唐書·宰相世系表》。段會宗官至太守，不止都尉，且病死烏孫，亦難言「致身」。至龜龍其人，仕涼爲著作佐郎，撰有《涼記》十卷，見《隋書·經籍志》。毛撰《彙編》第二冊第六十一片隋燕王府錄事段夫人墓誌云：「或富仁寵義，偃息於西河；或乘危徇節，亡身於北地；紀明秀出，□東漢之宗臣；龜龍英跱，乃西涼之文府。」其所述先世典實，與此誌相同，可以參觀。

誌文又述誌主家世云：「祖嚴，周大將軍、開府儀同三司；父達　隋司空、納言。……長子珍，隋正議大夫、左監門直閣。」岑仲勉《元和姓纂四校記》、周紹良〈唐誌叢考〉❸「段師墓誌」條因據《姓纂》「隋朔二州刺史段嚴狀云：生達，隋吏部尚書；達生璋，唐殷州刺史」之言，謂誌主爲《隋書》卷八十五段達之子，《姓纂》誤「師」爲「璋」字，又誤以「隋」爲「唐」字。按：《姓纂》誠誤，而岑、周二氏說亦非。考毛撰《彙編》第八冊第十片段璋誌云：「君諱璋，字文欽，武威姑臧人也。……高祖緣，魏驃騎大將軍、通直散騎常侍、司空、雁門郡公。……曾祖嚴，周右衛大將軍、開府儀同三司、左光祿大夫、朔州刺史、襄垣縣簡穆公。……祖達，隋右驍衛大將軍、襄垣縣公。……父師，隋左千牛、東宮左內率、太常卿、殷州刺史。」據此，師是達子，而璋是師子，岑、周二氏云者，是僅見師誌而未見璋誌也。《姓纂》又云：「生平仲，尙書左丞。」考新舊《唐書》，幷謂段平仲爲段達六世孫。然則段氏一族之世系蓋如左列：

❸ 周紹良〈唐誌叢考〉，收入《中華文史論叢》（上海：上海古籍出版社，一九八五年）。

緣——嚴——達——師——珍
　　　　　　　　　└瑋
　　　　　　　　　　┆
　　　　　　　　　平仲

段師者，名實見史，而上揭岑、周、毛諸氏皆無考，茲補充之。《通鑑》一八七云：「（武德二年）王世充囚李育德之兄厚德於獲嘉，厚德與其守將趙君穎逐殷州刺史段大師，以城來降（唐），以厚德爲殷州刺史。」此「殷州刺史段大師」即誌主也，顧史稱其字耳。又周考據〈段達傳〉「及東都平，坐誅，妻子籍沒」等語，謂「墓志所謂『君功非同德，跡染離心，乃解甲投戈』，蓋即指坐誅及籍沒事。」按：周考甚是。段達爲王世充黨，世充敗，達以首惡爲李世民誅於洛水上，見《通鑑》一八九，故不僅子師「解甲投戈」，即孫瑋亦遭禁錮，上揭段瑋誌云：「暨夫唐日開輝，圭野賴昌明之運；鄭氛奄撤，台宗落纓緌之緒。君已凋靑紫，棲襟亦白，□恬取逸，削智乘貞。」即謂此也。嗣後段氏數世無顯人，逮段平仲爲尚書左丞，已在元和後矣。

四、右驍衛朔陂府折衝都尉段會暨妻呂氏墓誌銘并序（高宗永徽四年）

誌見毛漢光編撰《唐代墓誌銘彙編附考》第三冊第三十九片。附考云：「本誌墓主與二零八片同，惟本誌係與夫人合葬誌。」查第三冊第八片係段會獨葬誌，毛考是也。獨葬誌毛書無拓本，誌文據羅振玉《芒洛冢墓遺文》轉錄。二誌毛考俱無說。

誌文云：「公諱會，字志合，淄州鄒平人也。……祖瑗，齊任郡主簿，……俄遷靜境大都督，……父師，皇朝散騎常侍、光祿大夫，贈洪州都督、八州諸軍事、益都縣開國公，謚曰信公，禮也。……哀子弘竟。」獨葬誌則云：「府君諱會，字志合，淄州鄒平人也。……祖琰，北齊平陵縣令；父偃師，皇朝散騎常侍、郢州刺史、益都縣開國公。」二誌所載微有不同：瑗，羅書作琰，疑所得拓本模糊所致；師即偃師，唐人有稱一名之習耳。

按：段偃師名載《新唐書·宰相世系表》，凌煙閣功臣段志玄之父、唐相段文昌之先人也。段氏見《新唐書·宰相世系表》者，世系不無訛誤，岑仲勉《元和姓纂四校記》、《貞石證史》[4]、方南山〈段成式年譜〉[5]已有論證。茲復綜合二氏所論，製段氏一族世系表如次，或可供治唐史者參擇歟?引用史傳石刻甚繁，茲不一一引述，讀者取二氏書尋繹可也。

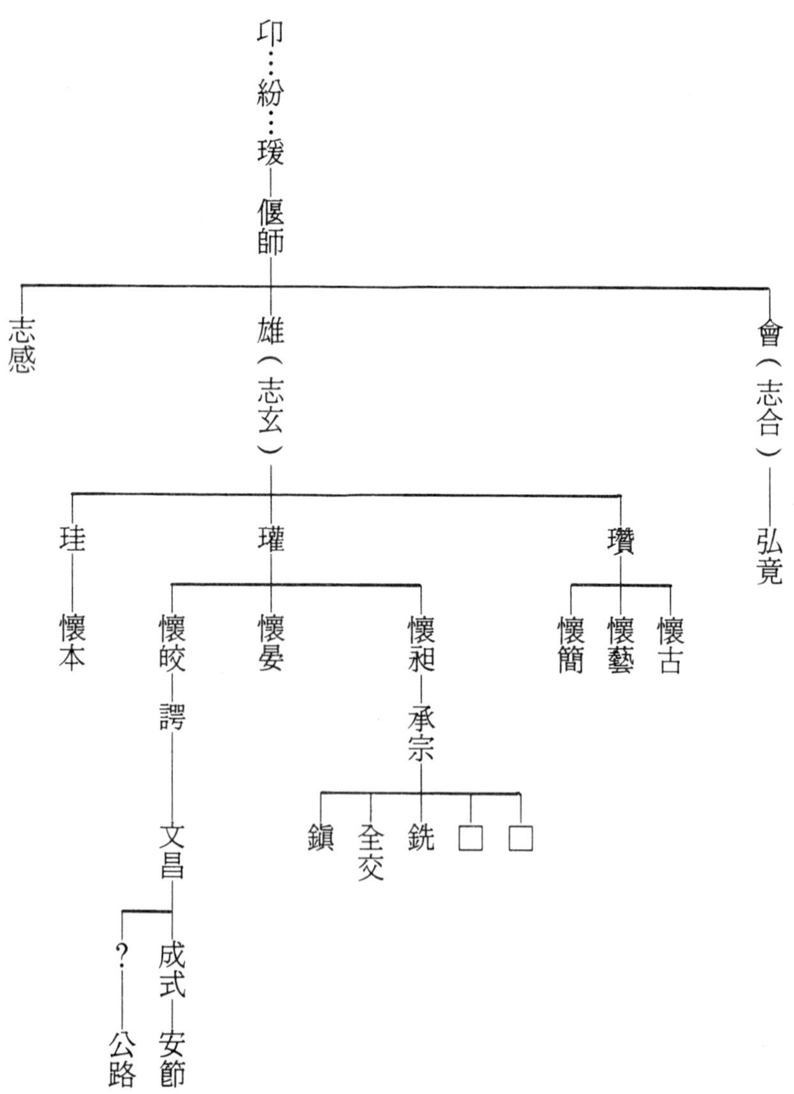
卬
紛
瑗
偃師
志感
雄（志玄）
會（志合）
珪
瓘
瓚
弘竟
懷本
懷皎
懷晏
懷祀
懷簡
懷藝
懷古
諤
承宗
文昌
鎮
全交
銑
□
□
?
成式
公路
安節

五、番禺府折衝都尉平棘縣開國公紇干承基墓誌銘并序（高宗顯慶五年）

誌見毛漢光編撰《唐代墓誌銘彙編附考》第四冊第九十八片，考於誌主生平無說。

按：誌主史無專傳，姓名、事蹟見《貞觀政要》四、《元和姓纂》十一沒「紇干氏」條、《冊府元龜》一五二、新舊《唐書·常山王承乾傳、于志寧傳》及《資治通鑑》，而以《通鑑》所載爲詳，茲引述之。《通鑑》卷一九六：「（貞觀十五年五月）太子（承乾）役使司馭等，半歲不許分番，又私引突厥達哥友入宮，（太子詹事于）志寧上書切諫，太子大怒，遣刺客張思政、紇干承基殺之，二人入其第，見志寧寢處苫塊，竟不忍殺而止。」又：「（太子）陰養刺客紇干承基等及壯士百餘人，謀殺魏王泰。」又：「太子聞齊王祐反於齊

❹ 岑仲勉《貞石證史》，原載《中央研究院歷史語言研究所集刊》第八本第四分冊，一九三九年。後收入岑著《金石論叢》（上海：上海古籍出版社，一九八一年）。

❺ 方南山〈段成式年譜〉，收入《點校本酉陽雜俎·附錄》（臺北：源流出版社影印本，一九八三年）。

州，謂紇干承基等曰：『我宮西牆，去大內正可二十步耳，與卿爲大事，豈比齊王乎！』會治祐反事，連承基，承基坐繫大理獄，當死。」同書卷一九七：「（貞觀十七年）夏四月庚辰朔，承基上變，告太子謀反。敕長孫無忌、房玄齡、蕭瑀、李世勣與大理、中書、門下參鞫之，反形已具。……乙酉，詔廢太子承乾爲庶人。……以紇干承基爲祐川府折衝都尉，爵平棘縣公。」據此，紇干承基本唐太宗廢太子李承乾所蓄死士，其後賣主求榮，竟得封賞，一時上變求免死者頗借爲典據，如高宗永徽三年，吳王李恪等謀反，《通鑑》卷一九九云：「（房遺愛）知之，因言與恪同謀，冀如紇干承基得免死。」即其例也。而誌云：「君諱承基，字嗣先，鄴人也。……武德之末……飲至策勳，公居稱首。以公勤誠克著，績效可嘉。授公祐川府折衝都尉、上柱國、平棘縣開國公、食邑一千戶、賞物五千段、奴婢卅、甲第一所、上馬五十匹。聖恩重疊，榮顯相仍，于時獎擢，超冠倫伍。永徽之初，改授廣州番禺府折衝都尉，餘官封如故。」此於貞觀十七年時因上變而授官、頒爵、賜物事，故含糊其發生時間及原因，蓋以人所不恥而諱之也。

又，誌云承基授「祐川府折衝都尉」，《通鑑》則云「祐川府折衝都尉」，「祐」、「祐」不同。考《通鑑》一九七胡注云：「〈唐志〉：岷州有祐川府。〈隋志〉：岷州臨洮縣，後周置祐川郡。唐蓋因周郡名以爲府也。」考之《隋書》及新舊《唐書》〈地理志〉，胡注有據，然則誌作「祐」者，蓋筆誤也。

六、長城縣令輕車都尉強偉墓誌銘并序（高宗麟德元年）

誌見毛漢光編撰《唐代墓誌銘彙編附考》第六冊第四十八片，考於誌主家世生平無說。

按：誌主史無專傳，而誌文所述家世、事蹟與《元和姓纂》、《資治通鑑》可以互考，茲隨文解之。誌文云：「君諱偉，字玄英，扶風人也。曾祖樂，後魏岐州大中正、直閤將軍、涼州諸軍事、涼州刺史、廣興郡開國侯，贈二岐秦寧義五州諸軍事、五州刺史、改封□□縣開國公，食邑一千戶；祖昚，後魏岐州州都、車騎大將軍、儀同三司、文州諸軍事、□□刺史、襲封□□公；父寶質，皇朝始平縣令、大理司直、華州別駕、尚書□□□□州都督府長史、尚書兵部郎中、永州諸軍事、永州刺史。……子□❻、援、嬰等。」按：寶質名見《元和姓纂》十陽「強氏」條，云：「唐兵部郎中強寶質。」與誌合，又《姓纂》謂寶質有孫修，岑仲勉《四校記》謂「修」係「循」之誤，強循新舊《唐書》有傳。據此，則此

---

❻ 此字羅振玉《松翁未焚稿》釋「矯」，毛撰《彙編》釋「縞」，以字有壞損，模糊不清，姑闕疑。

誌可補《姓纂》，其世系如次：

- 樂
  - 晷
    - 寶質
      - 偉
        - □
        - 援
        - 嬰
      - ?
        - 循

誌文又云：「（貞觀）十八年，將作大匠閻立德江南造船，召爲判佐；廿一年，副虞部員外郎唐遜造海舩一千艘；其年敕差副宋州刺史王波利更造海船；事畢，副兵部員外郎裴明禮運糧遼碣。」按：督造海船爲誌主一生主要事業，誌文所述俱見《通鑑》。《通鑑》卷一九七：「（貞觀十八年）上將征高麗，秋七月辛卯，敕將作大監閻立德等詣洪、饒、江三州，造船四百艘，以載軍糧。」又卷一九八：「（貞觀二十一年八月）戊戌，敕宋州刺史王波利等發江南十二州工人造大船數百艘，欲以征高麗。」可與誌文參證。又《通鑑》卷一九九：「（貞觀二十二年七月）遣右領左右府長史強偉於劍南道伐木造舟艦，大者或長百尺，其廣半之。……（八月）丁丑，敕越州都督府及婺、洪等州造海船及雙舫千一百艘。……（九月）強偉等發民造船，役及山獠，雅、邛、眉三州獠反。壬寅，遣茂州都督張士貴、右衛將軍梁建方發隴右、峽中兵二萬餘人以擊之。蜀人苦造船之役，或乞輸直雇潭州人造船，上許之。州縣督迫嚴急，民至賣田宅、鬻子女不能供，穀價踊貴，劍外騷然。上聞之，遣司農少卿長孫知人馳驛往視之。」此次誌主爲專使，與前此爲佐副者異，而誌未有明文，蓋處事未當，見責朝廷，故不願顯言之，但謂強氏「貞固足以幹事，明察足以質疑，糾繆繩愆，剛腸疾惡，事緣謗黷，爲執事所疑，改除婺州信安縣令」，考強偉原任右領左右府長史，改除婺州信安縣令者，蓋因伐木造船事受譴也。

原載《臺大中文學報》第五期（臺北：臺灣大學中國文學系，一九九二年六月）頁二〇三至二一四。

唐代墓誌考釋八則

本文含唐代墓誌考釋文字凡八則，皆與學術或藝文有關。文中除所考八誌外，引用碑誌復二十餘通，凡毛漢光《唐代墓誌銘彙編附考》已著錄者，據之；尚未著錄者，另據它書。

【提要】

一、蜀王府隊正安師墓誌銘并序（高宗龍朔三年）

誌主安師乃西域人，誌稱其國主爲「西華國君」。因論劉蛻〈文泉子自序〉中之「西華主」與「西華國君」同義，乃蕃胡對其主之美稱；遂駁陳寅恪先生「西華主」乃「西蕃主」形訛之說。

二、朝散大夫郫縣令張愃墓誌銘并序（武周神功元年）

指出凌煙閣功臣張公謹子孫所出墓誌與此凡四石，因綜合史傳、墓誌，考定張氏實敦煌人，並訂補〈宰相世系表〉「魏郡張氏」欄之誤漏。又論張氏爲文獻之家，而其著作今多不傳爲可惜。

三、曲阜縣令蓋暢墓誌銘并序（武周神功二年）

誌主出身儒學世家，著有《道統》十卷，「道統」一詞，誌主實先使用，因訂正錢大昕《十駕齋養新錄》謂「道統」一詞始見南宋李元綱《聖門事業圖》之說。文末論誌主及其父蓋蕃與初唐大儒蓋文達、蓋文懿同宗，當受其學術上之影響。

四、瀛洲文安縣令王德表墓誌銘并序（武周聖曆二年）

除隨文考釋誌文外，指出誌主係詩人王之渙祖父，之渙學問當有受自家學者。並據其家所出四誌，製爲世系表。

五、徐州刺史杜嗣先墓誌（玄宗先天二年）

本誌未經著錄，筆者於臺北發現。誌主曾參預章懷太子注釋《後漢書》之工作，爲前此所未知。又撰有《兔園策府》，乃唐五代家喻戶曉之書，近世於敦煌發現唐寫本殘卷。因據誌文駁正羅振玉《鳴沙石室佚書》、郭長城《敦煌寫本兔園策府研究》關於《兔園策府》寫作時地以及殘卷書寫年代之誤說。

六、特進涼國公行道州別駕契苾嵩墓誌銘并序（玄宗開元十八年）

據誌文、婁師德撰〈契苾明碑文〉以及史傳，略考誌主家世生平。並論契苾氏雖族出鐵勒，與突厥異種，而因兩族接觸既久，其風俗傳說有相互融合滲透者。

七、太原府參軍苗蕃夫人張氏玄堂誌銘并序（武宗會昌元年）

苗蕃一家墓誌出土者與此凡七石，苗蕃誌又韓愈撰，因取此誌以校《韓昌黎文集》。上黨苗氏爲讀書世家，多名人，因據七誌、兩《唐書·苗晉卿傳》及〈宰相世系表〉，製其族世系表，以供學界採擇。遂論及苗蕃遺孤嘗受從叔苗弘本之接濟，子孫第進士者五人。

八、隨縣尉李克諧妻紇干氏墓誌銘并序（懿宗咸通十二年）

誌主係北周田弘之後，「紇干」乃是賜姓，夏言「依倚」，因據語義，論北周賜姓較漢人之賜國姓者富於理趣，並釋唐昭宗「紇干山頭凍殺雀」一詞之意涵。又誌主三代紇干著、紇干臮、紇干濬並有詩文傳世，《全唐詩》、《全唐文》小傳或誤著名字，或不詳爵里年代，可據誌補之。

一、蜀王府隊正安師墓誌銘并序（高宗龍朔三年）

安師墓誌，拓本、釋文俱見毛漢光《唐代墓誌銘彙編附考》第六冊第十片。無考。誌云：「君諱師，字文則，河南洛陽人也。十六代祖西華國君，東漢永平中遣子仰入侍，求爲屬國，乃以仰爲幷州刺史，因家洛陽焉。……夫人康氏，隋三川府鷹揚、邢州都督康府君之女。……合葬於北邙之阪。」按：上揭毛書第七冊第七十四片上騎都尉康達誌亦出洛陽，文辭與此雷同，唯係獨葬，故誌文較短耳。考安、康乃昭武九姓，二誌三人，俱西胡也，師、達二人誌文相同，又並字「文則」，其出奉終送死牙儈之手❶，固無可疑，是二誌本不甚具參考價值。唯誌文中並有「西華國君」一詞，頗可注意。查西域歷代均無所謂「西華國」，是「西華國君」云者，必非實指，而人多不詳其義。考唐劉蛻〈文泉子自序〉❷有「於西華主之降也，其三月辛卯，夜未半，埜水入廬，漬壞簡筴」等語，亦見「西華主」一詞，是當有待發之覆。昔陳寅恪先生撰〈劉復愚遺文中年月及其不祀祖問題〉一文❸，以爲「於西華主之降也」一句乃劉文所以記年，即會昌二年回鶻烏介可汗窘極投降事，因謂「西華疑即西蕃，蕃、華二字以形近致訛」，並引唐人稱回鶻、紇扢斯皆得用「蕃」字以證成之。按：陳先生謂〈文泉子自序〉中「華」爲「蕃」之誤，它本無證。余謂此誌「西華國君」即劉蛻文中之「西華主」，蓋所謂「西胡」、「西蕃」、「西戎」者，華人本位之用語耳，若西域之民，豈以爲然？故東土有華、夏之稱，而西方得稱「西華」、「西夏」矣。「西夏」謂在夏之西，「西華」亦在華之西之謂，「西夏」人所熟知，「西華」則罕見使用，故人鮮知耳。陳先生嘗疑劉蛻「氏族疑非出自華夏」，甚確；茲據劉蛻用詞之立場推測彼非漢族，或亦陳文之旁證歟？

二、朝散大夫鄆縣令張愃墓誌銘并序（武周神功元年）

❶《洛陽伽藍記》卷三云：「洛陽大市北奉終里，里內之人多賣送死之具及諸棺槨。」唐代洛陽此類市集位於何處，無考，然其行業之存在，固無可疑，且當時有承包殯儀並爲人撰寫墓誌者，如毛漢光《唐代墓誌銘彙編附考》第五冊朱琳、宋虎、吳辯三誌，姓氏相異，而銘文雷同，且述其族出皆云「其先朱襄之胤，末緒興在漢吳」，蓋出抄襲塞責，以應付流俗而已，恐喪家亦不詳內容爲何物也，其情況與安師、康達兩誌相同。

❷《全唐文》卷七八九。

❸《陳寅恪先生論文集》（臺北：文理出版社，一九七七年）上冊。

張愃誌，拓本、釋文俱見《唐代墓誌銘彙編附考》第十三冊第十九片。誌云：「君諱愃，字承寂，魏州昌樂縣人。其先軒轅帝之後，即漢趙王耳之裔。□居燉煌，鬱爲冠族。」據誌，誌主乃唐凌煙閣功臣張公謹之孫，懷州長史張大素之子。兩《唐書·張公謹傳》並言張氏「魏州繁水人」，〈宰相世系表〉亦言「魏郡張氏世居繁水」，不言出自敦煌。查公謹長子大象長女張無量墓誌[4]云：「敦煌酒泉人。」又大象子張忱誌[5]云：「君諱忱，字承珪，燉煌人也。偉哉！曾穹上列，次光曜於七星；大漠宏基，閒英靈於三傑。公爲後葉，代榮簪綬。」又〈藝文志〉載張大素有《敦煌張氏家傳》二十卷，則所謂魏郡張氏者，本出敦煌也。

張公謹子孫墓誌之出土者，除上舉三誌外，尚有三子大安之孫之緒所撰其妻李氏墓誌[6]。大安相高宗，故〈宰相世系表〉有其家世系，以四誌核之，〈表〉及《新唐書》本傳皆不無缺誤，今訂補如下：

- 張敢之—士儒—公謹
  - 大象
    - 忱
      - 儹
      - 甫
  - 大素
    - 悱
      - □
      - 翽
    - 愃
      - 偉
  - 大安
    - 洽
      - 之緒
        - 堊
        - 祝
        - 墼
    - 涗
      - 臻
      - 揆
    - 浚
      - □
        - 之續
  - 大雅

❹ 張無量誌，見毛漢光《唐代墓誌銘彙編附考》第八冊第十九片。

❺ 張忱誌，見毛漢光《唐代墓誌銘彙編附考》第十一冊第七十六片。

❻ 張之緒妻李氏誌，見《北京圖書館藏中國歷代石刻拓本匯編》第二十六冊頁五八，釋文見《唐代墓誌彙編》天寶一九九。《匯編》（鄭州：中州古籍出版社，一九八九年），有拓片，無釋文。《彙編》（上海：上海古籍出版社，一九九二年），有釋文，無拓片。

按：《舊唐書·經籍志》載有張士儒《演孝經》十二卷，不知是否即公謹之父。張公謹雖出身武臣，其子孫則多學文：張大安曾秉章懷太子命，與劉訥言等共注《後漢書》；大素尤著作等身，據〈藝文志〉，除上舉《敦煌張氏家傳》二十卷外，尚有《張大素集》十五卷、《策府》五百八十二卷、《說林》二十卷、《後魏書》一百卷、《北齊書》二十卷、《隋書》三十二卷、《隋後略》十卷；大安孫張之緒有《文昌損益》二卷；亦可謂文獻之家矣。可恨者，除《後漢書》注中當有張大安遺澤外，公謹子孫之文章，今可見者，唯張大安有詩一首載《初學記》卷十嗣輯入《全唐詩》、張之緒有墓誌一通傳世耳；張大素等身著作，竟隻字無傳。文士一生伏案，著作或傳或不傳，亦有幸有不幸也。

三、曲阜縣令蓋暢墓誌銘并序（武周神功二年）

蓋暢誌，拓本、釋文俱見毛漢光《唐代墓誌銘彙編附考》第十三冊第二十四片。無考。誌云：「君諱暢，字仲舒，信都人，因官徙居新安。祖弘式，隋襄城郡守；父蕃，唐曹州離狐縣丞；並以經業相傳，爲當時所重。」此謂其家「以經業相傳」，並非虛稱，暢友崔懸黎撰暢父蓋蕃誌❼云：「府君諱蕃，字希陳，魯郡泗水人。……元魏丕州刺史靈之曾孫，北齊泗水主簿平棘令暉之孫，隋許昌令洪之子也。小名叔文，後繼從叔順改焉。……博覽經傳，尤精王《易》。……及皇唐威靈暢於東夏，以隋官降授文林郎，從時例也。府君以爲遭天人革命之秋，君子經綸之會，而棲附非地，沉於散冗，豈命也乎？遂安之無復宦情，唯以講授爲事。洛中後進李大師、康敬本等，並專門受業，其後咸以經術知名。……以總章二年十二月八日寢疾，薨於莊第，春秋八十一。……葬於洛陽芒山之月崗。」按：李大師者，生平未聞；康敬本則有墓誌出土❽，其石頗有殘泐，而大旨尚可通讀，其文曰：「君諱敬本，字延宗，康居人也。……以貞觀年中鄉貢光國，射策□第，……□成碩學，就釋卜翼之□；弘文大儒，詢明六藝之粵。……降年不永，春秋卅有□，……即以咸亨元年□月十四日遷於□□□□翟村西原，禮也。」參照上舉二誌，是康敬本於貞觀年受業於蓋蕃，隨即上第，以經學聞名。吾人於初唐洛中經學概況，所知甚微，此其所述，蓋其片羽耳。

誌又謂蓋暢：「學洞六爻，文該四始，起家進士。貞觀廿二年，授麟臺正字。……永徽三年，制除太子校書。顯慶四年，奉敕待制弘文館，隨仗入內供奉。……龍朔元年，授雍州

❼ 蓋蕃誌，見毛漢光《唐代墓誌銘彙編附考》第八冊第二片。

❽ 康敬本誌，見毛漢光《唐代墓誌銘彙編附考》第八冊第十五片。

櫟陽尉。……乾封二年，授雍州富平丞，丁憂解❾。咸亨四年，授兗州曲阜令。……秩滿歸家不仕，以文史自娛，著《道統》十卷，誠千古之名作，一代之良才。……以神功元年十月十五日卒於神都道政里私第，春秋七十六。」按：蓋氏一家，蓋暉官泗水主簿，蓋暢作曲阜縣令，蓋弘式、蓋蕃兩代則以經術相傳，蓋暢且字「仲舒」，其儒學色彩頗爲濃厚。據蓋蕃誌，蕃嘗萬里救兄，友愛感人，又因先靈亂離權厝，乃兄弟白首相偕，返回濟泗故鄉營葬，孝心至老不忘，蓋不負平生所學之人也。而尤可注意者，則蕃子暢所撰《道統》一書，其書今雖不可得見，其述儒學之統，當無可疑。

按：儒者之有道統之說，自來以爲宋人本諸韓愈之意，「道統」一詞則創自宋人。朱子《中庸章句·序》云：「蓋自上古聖神繼天立極，而道統之傳有自來矣。……夫堯、舜、禹，天下之大聖也。……自是以來，聖聖相承，若成湯、文、武之爲君，皋陶、伊、傅、周、召之爲臣，既皆以此而接夫道統之傳，若吾夫子，則雖不得其位，而所以繼往聖、開來學，其功反有賢於堯、舜者。」又《宋史·朱熹傳》云：「嘗謂：聖賢道統之傳，散在方冊，聖經之旨不明，而道統之傳始晦。」所言皆足代表宋人道統之說。唯錢大昕《十駕齋養新錄》卷十八則以爲該詞始見於宋人李元綱《聖門事業圖》，其言曰：「『道統』二字，始見於李元綱《聖門事業圖》，其第一圖曰〈傳道正統〉，以明道、伊川承孟子。其書成於乾道壬辰，與朱文公同時。按：『道統』之名，雖前古所無，至其古聖人所遞傳斯道次序，韓退之既開其端，是宋儒所本也。」今據蓋暢誌，則早在初唐，「道統」一詞已爲儒者所使用矣，不待宋人也。韓退之聖聖相傳有統之觀念，或以爲受新禪宗傳授説之影響⑩，蓋不盡然歟？

又按：蓋氏一家與儒學之關係既如上述，似非孤立現象。考蓋蕃誌雖云「魯郡泗水人」，而蓋暢誌則云「信都人」。兩《唐書·儒學傳》謂劉焯弟子蓋文達「冀州信都人」，又有宗人蓋文懿亦以經學著名，時稱「二蓋」。《元和姓纂》云：「漁陽，唐國子博士蓋文懿，宋州人。」岑仲勉《元和姓纂四校記》云：「《舊書》一八九上云貝州宋城人。」蓋信都者，蓋氏之望；泗水、宋城者，諸蓋分居之貫。蓋蕃誌云：「小名叔文，後繼從叔順改焉。……兄伯文。」合地望及名字並觀，蓋蕃當即「二蓋」宗人，且係子輩，以過繼從叔之名有諱「文」字者，故改原名「叔文」爲「蕃」，其兄「伯文」以未過繼，故仍而未改。按

⑨ 按蓋暢父蓋蕃卒於總章二年，母孫氏據毛漢光《唐代墓誌銘彙編附考》第三册第四十九片蓋孫光誌，卒於永徽四年。此所謂「丁憂解」，當指總章二年丁父憂，非謂乾封二年丁憂解官也。

⑩ 《陳寅恪先生論文集》下册〈論韓愈〉一文云：「退之道統之説，表面上雖由《孟子》卒章之言所啓發，實際上乃因禪宗教外别傳之説所造成。」

：兩《唐書》不著「二蓋」世系，《金石萃編》卷四十六載蓋文達碑文有之，文云：「公諱文達，字藝成，冀州信都人也。……曾祖慶，……祖延，……父永，……世子國子主簿宏式。」《金石萃編》未著碑陰文字，岑仲勉《元和姓纂四校記》云：「文達碑立於貞觀二十三年，碑陰叙文達後裔，計有子弘式、弘亨、弘鐸、弘濟、弘旦，弘旦之下，尚有一名，已泐。」以此世系與蓋蕃、蓋暢二誌所述世系推敲，可將其關係列表如下：

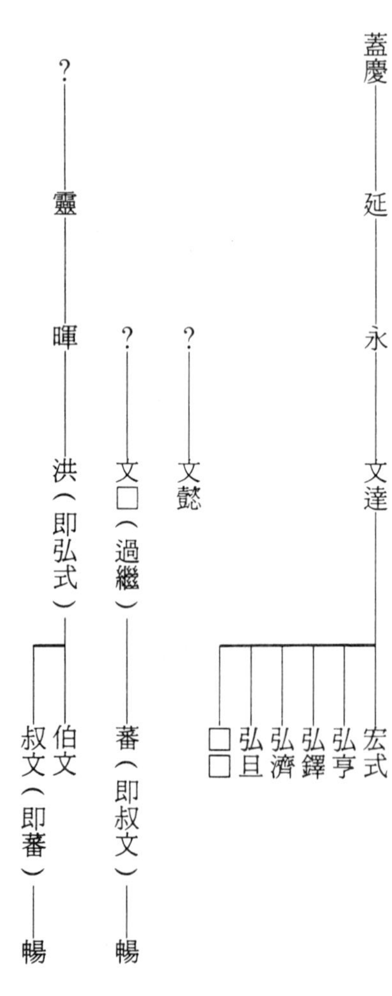

果如上述，則冀州信都蓋氏本有儒學傳統，《舊唐書·儒學傳》載：「刺史竇抗嘗廣集儒生，令相問難，其大儒劉焯、劉軌思、孔穎達咸在坐，文達亦參焉。既論難，皆出諸儒意

表，抗大奇之，問曰：『蓋生就誰受學？』劉焯對曰：『此生岐嶷，出自天然；以多問寡，焯爲師首。』抗曰：『可謂冰生於水而寒於水也。』」（《新唐書》文字略同）按：學問本不出天然，不學亦無緣自多，蓋文達年少學富，當以家世儒學故也。然則蕃、暢也者，其「二蓋」之後勁乎！

四、瀛洲文安縣令王德表墓誌銘并序（武周聖曆二年）

詩人王之渙祖父王德表墓誌，拓本、釋文俱見毛漢光《唐代墓誌銘彙編附考》第十三冊第四十九片。無考。

誌文首行題「鳳閣舍人兼控鶴內供奉河東薛稷纂」。按：此銜不見於兩《唐書・薛稷傳》，而見〈吉頊傳〉：「始，頊善張易之，殿中少監田歸道、鳳閣舍人薛稷、正諫大夫員半千、夏官侍郎李迥秀，皆爲控鶴內供奉。頊又彊敏，故后倚爲腹心。聖曆二年，進天官侍郎、同鳳閣鸞臺平章事。」此誌作於聖曆二年，薛稷題銜，與頊傳所述正合，又見《資治通鑑》卷二〇六「聖曆二年正月甲子」條。又，誌文不見於《全唐文》。

王家一族，出土墓誌凡四，除此誌外，又有德表妻薛氏誌⓫、王之渙誌⓬、德表五世孫王翶誌⓭。茲據四誌，列其世系如次：

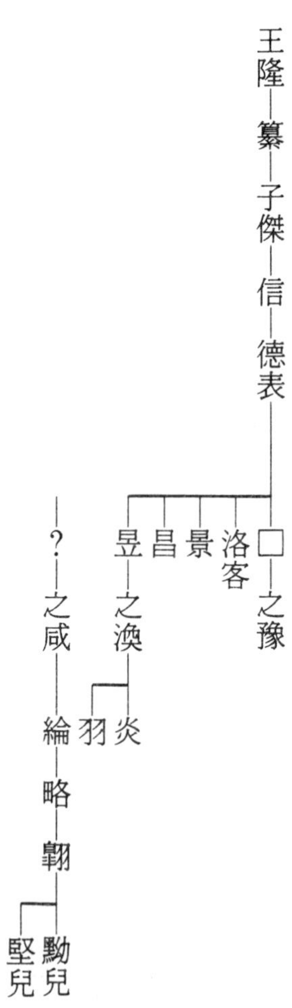

上表有需說明者，德表及薛氏二誌，記嫡孫之豫及次子洛客、景、昌之名，而不載長子名，蓋蚤世也。今不知昱爲長子名，抑係洛客別名，不敢臆測。之咸亦不知誰子，《全唐詩》王之渙小傳云「兄之咸、之賁皆有文名」，而據王之渙誌，知之咸乃從弟也。姑列其表如此以俟考。

誌云：「公諱德表，字文甫，太原晉陽人。……貞觀十四年……明經對策高第。……以聖曆二年三月二日寢疾，終於遵教里私第，春秋八十。……公博綜經史，研精翰墨，……嘗注《孝經》及著《春秋異同駁議》三卷，並注《道德上下經》、《金剛般若經》，有集五卷，並行於世。」按：王之渙誌云：「復補文安郡文安縣尉。……以天寶元年二月十四日遘疾，終於官舍，春秋五十有五。惟公孝聞於家，義聞於友，慷慨有大略，倜儻有異才。嘗或歌從軍，吟出塞，曒兮極關山明月之思，蕭兮得易水寒風之聲，傳乎樂章，布在人口。……至夫雅頌發揮之作，詩騷興喻之致，文在斯矣，代未知焉，惜乎！」王之渙歌詩布在人口，事見唐薛用弱《集異記》、元辛文房《唐才子傳》，人所同知，誌文所言，事非吹噓。唯今世所見王之渙詩，才數首耳⑭，蓋當時名作，必多佚失。至於廟堂雅頌之作，「代未知之」，更遑論後世矣。查王德表卒時，之渙年已十一，德表既頗從事學問，四子皆居官，往來又有名士如薛稷其人者，則之渙學問必有受之於其祖若父者矣，以此知人有賢父兄爲人生幸事也。

⑪ 王德表妻薛氏誌，見《北京圖書館藏中國歷代石刻拓本匯編》第十八册頁九五，釋文見《唐代墓誌彙編》萬歲通天〇一四。

⑫ 王之渙誌，見《北京圖書館藏中國歷代石刻拓本匯編》第二十五册頁三四，釋文見《唐代墓誌彙編》天寶〇二八。

⑬ 王翺誌，釋文見《唐代墓誌彙編》大中〇〇一。

⑭ 《全唐詩》卷二五三著録王之渙詩六首，其中〈登鸛雀樓〉一首，或題朱斌作。又，《古今圖書集成·山川典·山總部》〈山行留客〉一首題王之渙作，而《全唐詩》卷一一七作張旭詩。

誌云德表爲瀛洲文安縣令時，「屬狂寇孫萬斬等作梗燕垂，公縣當衝要，途交水陸，按劇若閑，軍興是賴。既乃犬羊之黨，侵圍城邑，公勵聲抗節，誓志堅守，而孤城無援，俄陷兇威，雖白刃交臨，竟無所屈。賊等憚公忠烈，不之加害，尋爲俘繫，幽于虜庭。潛圖背逆，夕遁幽府，遂首陳謀議，唱導官軍，廓清巨孽，公之力也。清邊道大總管建安郡王奏公忠果特異，請加超獎，仍命軍司，優以錢帛。瀛洲刺史高平郡王、神兵軍大總管河內郡王等，復以公化若神君，功踰健令，咸嘉其事，時即奏聞。旋降明旨，俾令甄擢。公飾巾祗慮，解印辭榮，功成不有，樂天知命。」按：《資治通鑑》卷二〇五：「（萬歲通天元年五月）營州契丹松漠都督李盡忠、歸誠州刺史孫萬榮舉兵反，攻陷營州。……秋七月……改李盡忠爲李盡滅、孫萬榮爲孫萬斬。……冬十月辛卯，契丹李盡忠卒，孫萬榮代領其衆。……攻陷冀州，殺刺史陸寶積，屠吏民數千人，又攻瀛洲。」又卷二〇六：「（神功元年六月甲午）孫萬榮爲奴所殺。……辛卯，制以契丹初平，命河內（郡）王武懿宗、婁師德及魏州刺史狄仁傑分道安撫河北。懿宗所至殘酷，民有爲契丹所脅從復來歸者，懿宗皆以爲反，生刳取其膽。先是，（孫萬榮將）何阿小嗜殺人。河北人爲之語曰：『唯此兩何，殺人最多。』……七月……庚午，武攸宜自幽州凱旋。武懿宗奏，河北百姓從賊者，請盡族之。左拾遺王求禮庭折之。……司刑卿杜景儉亦奏：此皆脅從之人，請悉原之。太后從之。」按：德表爲瀛洲文安縣令，既失守，爲孫萬榮所虜，其失官，宜也，而誌云建安郡王武攸宜、高平郡王武重規、河內郡王武懿宗爲之請奬表彰，蓋其時武氏氣焰甚盛，此乃薛稷之飾辭也。武重規爲瀛洲刺史，史不載，可據誌補。

五、徐州刺史杜嗣先墓誌（玄宗先天二年）

徐州刺史杜嗣先墓誌，其子維驥撰，有序無銘。此誌不見於著錄，一九九二年，余在臺北古玩店「寒舍」見原石及其妻墓石實物，因引筆抄錄。誌二十八行，行二十八字，遇「皇朝」、「遺訓」等字則挪抬，或一字，或二字。茲依其格式錄之於下，以供同好採擇：

公諱嗣先京兆人也高祖魏龍驤將軍豫州刺史惠公諱遇字慶期晉鎮
南大將軍當陽侯預之六代孫預生新平太守躋躋生南陽太守冑冑生
燕郡太守嶷嶷生中書侍郎新豐侯銓銓生中書博士振振生遇有賜田
于洛邑子孫因家于河南之偃師焉凡四代矣曾祖周新城太守琳祖隨
朝散大夫行昌安縣令歆考　　皇朝滑州長史業公少好經史兼屬文
筆心無偽飾口不二言由是鄉閭重之知友親之年十八本州察孝廉明
慶三年釋褐蔣王府典籤麟德元年河南道大使左相竇公旌節星移州

郡風靡出轘轅之路入許潁之郊官僚之中特加禮接時即表薦馳驛就
徵遂於合璧宮引見　制試乾元殿頌即降　恩旨授昭文館直學
士借馬并人仍令於洛城門待　制尋授太子左率府倉曹參軍又除
國子監主簿□入芳林門內與學士高若思孟利貞劉禕之郭正一等供
奉咸亨元年　鑾輿順動避暑幽岐沛王以　天人之姿留守監國
遂降　敕日駕幸九成宮□令學士劉禕之杜嗣先於沛王賢處參侍
言論尋授雍王記室參軍與侍讀劉訥言功曹韋承慶等參注後漢上元
二年藩邸昇儲元良貞國又遷太子文學兼攝太子舍人永崇元年以宮
僚故事出為鄆州鉅野縣令又除幽州薊縣令還私後除汝州司馬又除
蘇州吳縣令尋加朝散大夫簡州長史入計又除太子洗馬昭文館學士
又遷給事中禮部侍郎以前數官咸帶學士其所撰兔園策府及雜文筆
合廿卷見行于時每至朝儀有事禮申大祀或郊丘展報或　陵廟肅誠
上帝宗於明堂法駕移於京邑元正獻壽南至履長朝日迎於青郊神州
奠於黑座公凡一攝太尉三攝司寇重主司空再入門下或獻替於常侍
或警衛於參軍典禮經於太常修圖書於大象矣又屬　皇明遠被日
本來庭有　敕令公與李懷遠豆盧欽望祝欽明等賓于蕃使共其語
話至神龍元年又除徐州刺史預陪祔　廟恩及追尊贈公皇考滑州

長史公於是從心自逸式就懸車立身揚名其德備矣藏舟變壑歸居奄及粵以先天元年九月六日薨于列祖舊墟偃師之別第春秋七十有九以二年二月二日與夫人鄭氏祔葬于洛都故城東北首陽原當陽侯塋下禮也孤子貝州司兵維驥失其孝養痛貫骨髓伏念　遺訓實録誌云

按：長壽二年朝議郎行邢州鉅鹿縣丞王義墓誌⑮後題「朝散大夫行蘇州吳縣令杜嗣先撰」，姓名官職與此誌所述合，即此誌之主也。

按：杜嗣先名不見於史，而據誌所述，乃杜預裔孫，其世次如下：

杜預—躋—冑—嶷—銓—振—遇—琳—歆—業—嗣先—維驥

嗣先先世，遇以前，見《魏書》卷四十五、《北史》卷二十六、《新唐書·宰相世系表》、《元和姓纂》。杜遇爲嗣先高祖，遺澤不遠，誌所述世次宜可信。

⑮ 王義誌，見毛漢光《唐代墓誌銘彙編附考》第十二冊第三十八片。

嗣先名雖不見於史，而五代時則家喻戶曉（詳下），當時往來者亦多名士。誌云：「（嗣先）入芳林門內與學士高若思、孟利貞、劉禕之、郭正一等供奉。」考《新唐書·劉禕之傳》云：「煒之少與孟利貞、高智周、郭正一俱以文辭稱，號『劉、孟、高、郭』，並直昭文館。俄遷右史、弘文館直學士。」誌、史所述相合。高若思名不見於史，《全唐文》卷一五六載其〈勸封禪表〉一文，小傳云「太宗時人」，據誌，亦高宗時人。余謂參照誌、史，其人即高智周也，智周儀鳳中爲相，史失載其字，智周、若思含義相呼應，蓋一名一字也。

誌云：「（嗣先）與侍讀劉訥言、功曹韋承慶等參注《後漢》。」按：《新唐書·三宗諸子傳》云：「章懷太子賢，字明允。……招集諸儒：左庶子張大安、洗馬劉訥言、洛州司戶參軍事格希玄、學士許叔牙、成玄一、史藏諸、周寶寧等，共注范曄《後漢書》。」據此誌，則當時共注諸儒，猶可補嗣先及韋承慶二人。

誌云：「日本來庭，有敕令公（嗣先）與李懷遠、豆盧欽望、祝欽明等賓於蕃使，共其語話。」按：李懷遠神龍二年卒，杜嗣先先天元年卒，考之《新唐書·日本傳》，則此次事在長安元年，「其王文武立，改元曰太寶，遣朝臣眞人粟田貢方物。朝臣眞人者，猶唐尚書也。冠進德冠，頂有華蘤四披，紫袍帛帶。眞人好學，能屬文，進止有容，武后宴之麟德殿，授司膳卿，還之。」粟田後於開元初復朝，拜四門助教趙玄默爲師。其初至中國，共語者皆耆老，時杜嗣先六十八，李懷遠、豆盧欽望則前宰相也，豈不彬彬歟！此段佳話，史不載，賴誌知之。誌云：「所撰《兔園策府》及雜文筆合廿卷，見行於時。」按：《兔園策府》，《舊唐書·經籍志》、《新唐書·藝文志》并未載，《宋史·藝文志》及《困學紀聞》并載三十卷，唐杜嗣先撰，即誌主也。《郡齋讀書誌》曰：「《兔園策》十卷，唐虞世南撰，奉王命纂古今事爲四十八門，皆偶麗之語。至五代時行於民間，村野以授學童，故有遺下《兔園策》之誚。」按：近世敦煌發現唐寫本《兔園策府》殘葉，題杜嗣先撰，羅振玉收入《鳴沙石室佚書》[16]，並據前志載《兔園策府》爲蔣王典籤杜嗣先撰之說，遂撰提要云：「此書雖僅存卷首，然猶是貞觀時寫本，序中『劉君詔問，皆願治之詞』，『治』字未闕筆，明尚在太宗時。又案：《舊唐書·太宗諸子列傳》，蔣王惲以貞觀七（按：七爲十之誤）年爲安州都督。至永徽三年除梁(州)都督，在安州凡十六年，則此書必成於安州，而此本又書成後即傳寫者也，雖斷璣尺羽，可不寶諸！」[17]按：羅氏謂《兔園策府》貞觀年間撰於

---

[16]《羅雪堂先生全集》（臺北：文華出版公司）第三編第五冊。

[17]王國維《觀堂集林》（臺北：河洛圖書出版社影印本，一九七五年）卷二十一〈唐寫本兔園冊府殘卷跋〉文字與此多同，蓋王氏爲羅振玉所擬之原稿。

安州，其說非也。考杜嗣先生於貞觀八年，至太宗卒年，才十六歲耳，至高宗永徽三年，亦僅十九，謂能撰書，殊爲可疑。據墓誌，嗣先「明（顯）慶三年釋褐蔣王府典籤」，至麟德元年授昭文館直學士，凡爲蔣王僚佐者六、七年，皆在高宗時，不在太宗時，則《兔園策府》之編纂不在貞觀年必矣，而鳴沙佚書之傳寫自亦不在貞觀時，「治」字未闕筆，蓋偶忘耳，不得僅據避諱一事定之。又據《舊唐書·太宗諸子列傳》，蔣王惲「永徽三年，除梁州都督。……後歷遂、相二州刺史。上元年，有人詣闕誣告惲謀反，惶懼自殺。」杜嗣先爲蔣王府典籤在顯慶三年，時蔣王已離安州六、七年矣，是《兔園策府》之編纂雖不知在梁在遂在相，然不在安州必矣。又，郭長城《敦煌寫本兔園策府研究》[18]，共得S六一四、S一〇八六、S一七二二、P二五七三等四抄本，所見雖較羅振玉爲多，而其論《兔園策府》著成年代云：「其成書年代當在高宗顯慶三年之前，正是蔣王徙封梁王時，即永徽三年左右。」郭氏不知杜嗣先生卒年，所論之誤，與羅氏略同。按：遺下《兔園策》之誚，其事先見《北夢瑣言》卷十九，嗣乃載入《五代史·劉岳傳》，乃劉岳譏馮道不學之語，然《北夢瑣言》云：「北中村墅多以《兔園冊》教童蒙，以是譏之。然《兔園冊》乃徐庾文體，非鄙朴之談，但家藏一本，人多賤之也。」今觀敦煌本，孫光憲語信然。羅振玉提要有云：「唐末五代村塾盛行之書，其爲虞書，抑爲杜書，殊未可臆定。竊疑世南入唐，太宗引爲秦府記室，即與房元齡對掌文翰，未必令撰此等書，豈此書盛行之際，或並三十卷爲十卷，又以世南有《北堂書鈔》，因嫁名於彼歟？」余謂羅氏疑虞世南不當撰此等書，頗有理致，考《兔園策府》既杜嗣先爲蔣王僚佐時撰，其時年在二十五至三十一歲間，爵齒未尊，撰此等書，不辱其人，則五代時《兔園策府》爲家藏一本之書，杜嗣先爲家喻戶曉之人物，又何疑焉？逮時隔物異，名字埋沒者千年，乃其書、其誌、其所撰誌竟幷出近數十年間，事之奇異，何可理推！

六、特進涼國公行道州別駕契苾嵩墓誌銘并序（玄宗開元十八年）

涼國公契苾何力孫契苾嵩墓誌。拓本見《北京圖書館藏中國歷代石刻拓本匯編》第二十三冊頁三六，釋文載《唐代墓誌彙編》開元三一四。

誌云：「公諱嵩，字議節。……祖何力。……父明。」考《舊唐書・契苾何力傳》云：「有三子，明、光、貞。明，左鷹揚衛大將軍，兼賀蘭都督，襲爵涼國公。光，則天時右豹韜衛將軍，爲酷吏所殺。貞，司膳少卿。」《新唐書・契苾何力傳》云：「明性淹厚，喜

⑱ 郭長城《敦煌寫本兔園策府研究》（臺北：中國文化大學中文研究所碩士論文，一九八五年）。

學，長辯論。子聳，襲爵。」按：《全唐文》卷一八七婁師德撰〈契苾明碑文〉[13]謂明「以證聖元年臘月廿三日遘疾薨於涼州姑臧縣之里第」，子三人，「長子左豹韜衛大將軍兼賀蘭州都督上柱國涼國公嵸，次子右武威衛郎將上柱國姑臧縣開國子嵩，右玉鈐衛郎將上柱國番禾縣開國子崇」，是《新唐書》之「聳」乃「嵸」之誤。嵸襲父爵，而此誌首行嵩之官銜題「涼國公」者，此誌云：「授公兄□爲都督，狼星□怒，群羊虜雲，不夕即朝，時無可識，兇奴大下，公兄頻勝，短兵接戰，爲虜所擒，荒外身亡，骸留不返。」「公兄」下一缺字即「嵸」，據誌知嵸戰死故嵩襲爵位。又誌謂嵸死之後：「部落有餘，授公爲都督，檢校征戰。累功遷至右領軍衛大將軍、赤水軍副持節。吐蕃頻擾，領兵不千，輕入青海，破軍斬將，叙錄功績，授公爲特進。表請入朝侍奉，留子檢校部落。……爲子嬌逸，言誤侍臣，衆口非金石，浮被謫□，□連州別駕。……遷至道州別駕。」此契苾嵩一生約略事蹟。其遭貶謫事，《舊唐書·王君㚟傳》云：「初，涼州界有迴紇、契苾，思結、渾四部落，代爲酋長，君㚟微時往來涼府，爲迴紇等所輕。及君㚟爲河西節度使，迴紇等怏怏，恥在其麾下。君㚟以法繩之，迴紇等積怨，密使人詣東都自陳枉狀。君㚟遽發驛奏：『迴紇部落難制，潛有叛謀。』上使中使往按問之，迴紇等竟不得理。由是瀚海大都督迴紇承宗長流瀼州，渾大德長流吉州，賀蘭都督契苾承明長流藤州，盧山都督思結歸國長流瓊州。右散騎常侍李令問、特進契苾嵩以與迴紇等結婚，貶令問爲撫州別駕、嵩爲連州別駕。」參照誌、史，則契苾嵩之貶，乃坐其子娶迴紇女，即誌文所謂「爲子嬌逸」也。此事《資治通鑑》繫於開元十五年，而嵩父明已先卒於證聖元年，則長流藤州者，非嵩父明可知，據誌所述，嵩父明、嵩兄徭、嵩本人、嵩子代爲賀蘭都督，則其子乃契苾承明也。承明，《冊府元龜·將帥部·生事》作「承郎」，孫名當不同於祖父，疑作「承郎」者是也。

誌文云：「先祖海女之子，出於漠北□烏德建山焉。」又婁師德撰〈契苾明碑文〉亦云：「原夫仙窟延祉，香雹昭慶，因白鹿而上騰，事光圖牒；遇奇峰而南逝，義隆縑簡。」按：契苾本鐵勒之一部，兩《唐書·契苾何力傳》亦并云鐵勒人。而此所謂「海女」、「白鹿」云云，則突厥創世神話之一。考突厥創世神話，或謂狼所生，見令狐德棻等修《周書》卷五十、李延壽等修《北史》卷九十、魏徵等修《隋書》卷八十四；謂出海女者，則見段成式《酉陽雜俎·前集》⑳卷四：「突厥之先，曰射摩舍利海神，神在阿史德窟西。射摩有神異，海神女每日暮以白鹿迎射摩入海，至明送出。經數十年，後部落將大獵，至夜中，海神女謂射摩曰：『明日獵時，爾上代所生之窟，當有金角白鹿出，爾若射中此鹿，畢形與吾來

---

⑲ 契苾明碑拓本，見《北京圖書館藏中國歷代石刻拓本匯編》第二十一冊頁七，磨泐頗甚。

⑳ 《點校本酉陽雜俎》（臺北：源流出版社影印本，一九八二年）。

往，或射不中，即緣絕矣。』至明入圍，果所生窟中有金角白鹿起，射摩遣其左右固其圍，將跳出圍，遂殺之，射摩怒，遂手斬阿嚼首領，仍誓之曰：『自殺此之後，須人祭天。』即取阿嚼部落子孫斬之以祭也。至今突厥以人祭纛，常取阿嚼部落用之。射摩既殺阿嚼，至暮還，海神女報射摩曰：『爾手斬人，血氣腥穢，因緣絕矣。』」阿史德者，突厥阿史那氏姻家，二氏爲突厥貴族，是此爲突厥神話無疑，鐵勒與突厥異種，而承襲其神話，蓋受突厥役使之久故也。

又誌云其祖先「出於漠北□烏德建山」，烏德建山，位於貝加爾湖之東，其名又作於都斤、郁督軍、涓兜牟，皆譯音也。薛宗正《突厥史》[21]謂於都斤山乃鐵勒發祥地，其後突厥雖臣役鐵勒，而風俗乃漸鐵勒化，可汗遂建大牙於此，《太平寰宇記》卷一九六謂「可汗常處於都斤山，每歲率諸貴人祭其先窟」是也[22]。若然，則突厥又受鐵勒影響矣。

上揭薛書云：突厥阿史那氏原居西海之右，漢魏東遷漠北時有與丁零聯姻者，因衍爲阿史德氏，即「阿史那」與「丁零」合音也。漢之丁零，即唐之鐵勒。[23]若薛說得實，是鐵勒與突厥種落間有混血者，而其風俗、神話遂亦在某一程度上彼此融合。蓋文化之交融，雖有不待通婚然後發生者，第接觸之久，相互融合滲透有不知不覺間發生者矣，鐵勒之與突厥，斯其一例歟？

七、太原府參軍苗蕃夫人張氏玄堂誌銘并序（武宗會昌元年）

苗蕃夫人清河張氏墓誌，拓本見《北京圖書館藏中國歷代石刻拓本匯編》第三十一冊頁八十，釋文見《唐代墓誌彙編》會昌〇〇三。其長子愔撰、次子惲書。

按：苗蕃墓誌見《韓昌黎文集》卷六，出土石本㉔文字與集本多同，略有小異。取上舉三誌參校之，有可言者三事。㈠苗蕃誌所載蕃三子執規、執矩、必復，即此誌所載蕃三子愔、惲、愘。㈡此誌作者苗愔嘗閱韓文，韓文有「無田無宮以爲歸，無族親朋友以爲依」二句，叙苗蕃遺族生活之艱苦，而此誌云：「故韓文公之誌皇考墓云：夫人清河人。……皇考

㉑ 薛宗正《突厥史》（北京：中國社會科學出版社，一九九二年）。

㉒ 以上參薛書頁一一〇。又，其後鐵勒所建薛延陀汗國、回紇汗國亦嘗建大牙於烏德建山，參段連勤《丁零·高車·鐵勒》（上海：上海人民出版社，一九八八年）第十二章及第十四章。

㉓ 參上揭薛書頁五四。

㉔ 苗蕃誌，見《北京圖書館藏中國歷代石刻拓本匯編》第二十九冊頁二九，釋文見《唐代墓誌彙編》元和〇二一。

始以德行文學爲鄉里舉，得太常第，辟賢侯府，調參太原軍事，而以懿圖，丁否數至，德終下位。生子男三人，曰愔，曰惲，曰恪，女五人，是八孤者，長始孺而少未孩也。天之寬耶？無宮以與庥；地之夐耶？無田以與殖。中無爲支，外無爲濡，牽攜勤艱，經營窮寒，育之教之，殆十五年，皆幾於就成。」「天之寬耶」四句發揮韓文前句，「中無爲支」四句發揮韓文後句，「中外」則謂中外「族親」也。韓文「無宮」之「宮」字，別本或作「家」，考之石本，作「宮」字，又參以此誌，則當年原作「宮」字，別本誤。㈢韓文記苗蕃之孤，無「女五人」三字，而石本及此誌俱有之，蓋二誌皆強調張氏撫孤，是宜有此三字，然究係苗家所增，抑韓文傳抄脫漏，未能遽定。

按：苗蕃祖父含液有同祖兄苗晉卿爲肅宗、代宗時宰相，故其一族世系見《新唐書·宰相世系表》，唯該表述苗氏始自襲夒，中又有誤，茲據苗晉卿本傳及苗氏一家所出七誌：苗含液誌（無撰者名氏）㉕、苗蕃誌（韓愈撰）、苗蕃夫人張氏誌（苗愔撰）、苗稷長子縝誌（苗稷四子苗紳撰）㉖、苗稷三子弘本誌（苗恪撰）㉗、苗稷四子苗紳妻庾氏誌（庾道蔚撰）㉘、苗惲子景符誌（惲長子義符撰）㉙，參酌〈宰相世系表〉，重訂上黨苗氏世系如次，其不知名字者與女子缺焉：

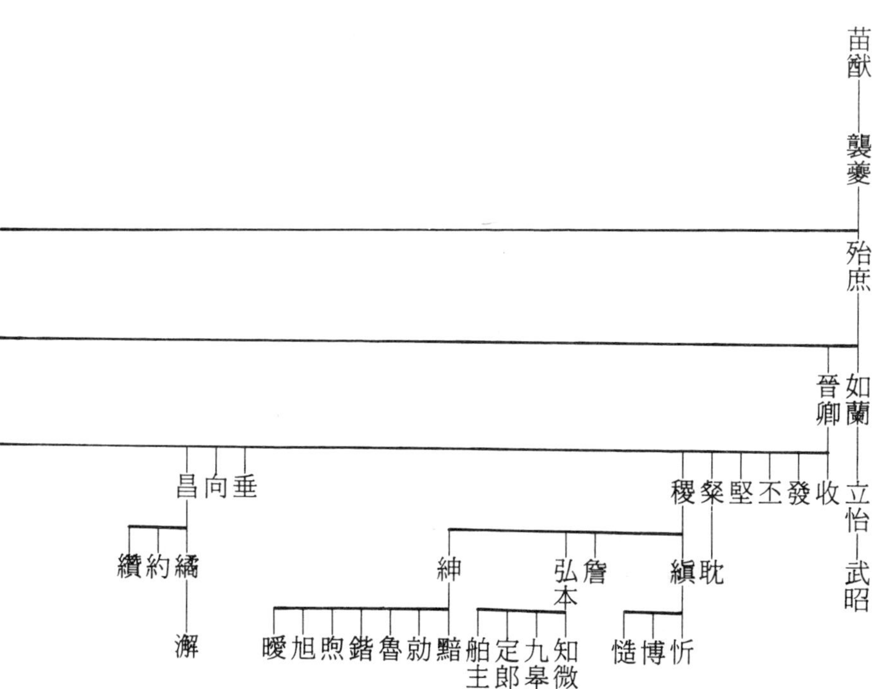

苗猷
襲夔
殆庶
如蘭
晉卿
立怡
武昭
收
發
丕
堅
粲
稷
垂
向
昌
耽
縝
詹
弘本
紳
繻
約
纘
澥
忻
博
慥
知微
九皋
定郎
舶主
黯
勍
魯
鍇
煦
旭
曖

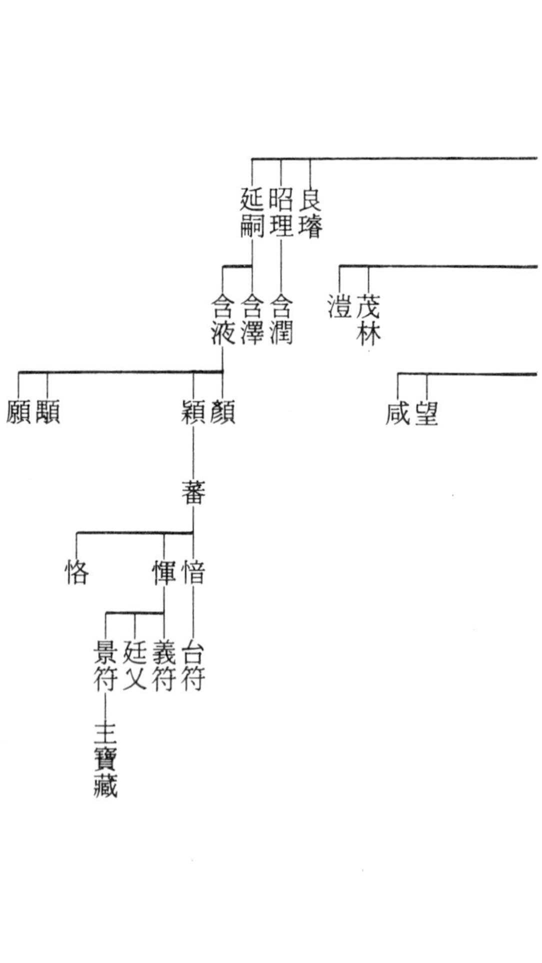

上表宜加說明者有三：㈠據苗弘本誌，苗稷本含液子，含液既卒，爲苗晉卿收養，茲不知其本名爲顔爲顒爲願，要不出三者。㈡〈宰相世系表〉蕃子愔父有名「著」者，乃誤書，馬其昶《韓昌黎文集校注》引樊汝霖說據《登科記》已疑之，茲據墓誌，知表多一世。㈢據晉卿本傳，其子皆取帝王名，中有「呂」者，疑即表之「昌」，又本傳無「收」，茲列入。

查苗蕃早卒，張氏「牵攜勤艱，經營窮寒，育之教之，殆十五年，皆幾於就成」，殆亦難矣。考苗弘本誌，係張氏第三子苗恪撰，文謂弘本「每奉諸昆諸姊及孤甥遺姪衣服百須，必先身而經紀之，雖遠不差寒暑」，弘本與蕃爲堂兄弟，「孤甥遺姪」即包括張氏之三子五女，是知張氏雖「經營窮寒，殆十五年」，幸賴弘本接濟，其三子乃能「幾於就成」，皆成進士也。

㉕ 苗含液誌，釋文見《唐代墓誌彙編》殘誌〇六三。

㉖ 苗縝誌，見《北京圖書館藏中國歷代石刻拓本匯編》第三十一冊頁一二五，釋文見《唐代墓誌彙編》會昌〇三一。

㉗ 苗弘本誌，見《北京圖書館藏中國歷代石刻拓木涯編》第三十二冊頁一〇八，釋文見《唐代墓誌彙編》大中〇九三。

㉘ 苗紳妻庾氏誌，見《北京圖書館藏中國歷代石刻拓本匯編》第三十三冊頁四一，釋文見《唐代墓誌彙編》咸通〇三四。

㉙ 苗景符誌，見《北京圖書館藏中國歷代石刻拓本匯編》第三十三冊頁一一五，釋文見《唐代墓誌彙編》咸通一〇〇。

又據苗延嗣撰其叔苗善物墓誌㉚，謂「其時伯叔總有廿，不逾數歲，孝廉擢第者一十有三」，是上黨苗氏本讀書之家。延嗣本人登制舉科，其子含液、含澤進士，含液孫、苗稷子苗紳進士，含液孫、苗穎子苗蕃進士，蕃子三人愔、惲、恪皆進士，愔子台符、惲子廷乂又舉進士，廷乂兄義符銜題「鄉貢進士」，而名不見《唐登科記考》，登科與否不可知；總計延嗣子孫，進士過九人，其中苗蕃子孫五人，蓋亦盛矣㉛。方韓文公撰苗蕃墓誌時，寧知逝者亦將有賢子孫耶？然必賴賢母之教誨、諸父之接濟乃有以致之，又何怪苗愔撰母誌、苗恪撰苗弘本誌拳拳以爲言也。

八、隨縣尉李克諧妻紇干氏墓誌銘并序（懿宗咸通二年）

紇干夫人墓誌，拓本見《北京圖書館藏中國歷代石刻拓本匯編》第三十三冊頁一〇九，釋文載《唐代墓誌彙編》咸通〇九六。首行下題名云「父魏博節度掌書記朝請郎檢校尙書工部員外郎兼侍御史柱國雁門縣開國男食邑三百戶賜緋魚袋濬撰」，是父爲嫁女撰誌也，例不多見。

誌云：「夫人其先本姓田氏，六國時有諱成稱王者，漢初有諱儋封於齊者。及周室遷都，雄據秦雍，干戈大試，戎馬生郊，豪傑乘時，英賢繼踵。十二代祖諱弘，事周有勳，策拜司空襄蔡六州節度使，封雁門公，仍賜姓紇干氏，義城公。庾開府信撰墓誌及神道碑，具述錫姓之由，《北史》、《周書》備敘勳烈。」據此，則誌主一家乃北周武臣田弘之後，田弘神道碑今載庾信集中，墓誌則未見。誌載弘「策拜司空襄蔡六州節度使」，庾碑及《周書》、《北史》〈田弘傳〉則作「都督襄郢昌豐唐蔡六州諸軍事」，考北周時無「節度使」之名，此誌云者，文人以時官例前代之官耳，不得據以言官制也。

誌云：「初，〈官氏志〉有紇干，與後魏同出於武川，孝文南遷洛陽，改爲干氏。逮周室之賜，則與彼殊塗，實以司空才冠一時，盡忠王業，虜言『紇干』，夏言『依倚』，爲國家之依倚。」按：《晉書·乞伏國仁傳》述其先祖乞伏可汗云：「乞伏國仁，隴西鮮卑人也。在昔有如弗斯、出連、叱盧三部，自漠北南出大陰山，遇一巨蟲於路，狀若神龜，大如陵阜，乃殺馬而祭之，祝曰：『若善神也，便開路；惡神也，遂塞不通。』俄而不見，乃有一小兒在焉。時又有乞伏部，有老父無子者，請養爲子，衆咸許之，老父欣然，自以有所依

㉚ 苗善物誌，見《北京圖書館藏中國歷代石刻拓本滙編》第二十三冊頁八五，釋文見《唐代墓誌彙編》開元三五五。

㉛ 以上據各誌及徐松《唐登科記考》。

憑，字之曰紇干。『紇干』者，夏言『依倚』也。年十歲，驍勇善騎射，彎弓五百斤，四部服其雄武，推爲統主，號之曰：乞伏可汗、託鐸莫何。託鐸者，言非神非人之稱也。」誌、史相參，知「紇干」爲「依倚」云者，據鮮卑語之語意言之。查北周賜姓，不關血胤，人所熟知，今據誌言，則賜姓略同於美稱，蓋較諸漢人之賜國姓者，實饒理趣。是知當時賜姓種種，其意義猶待探究也。

又，孫光憲《北夢瑣言》卷十五記唐昭宗爲朱溫所迫，「天復三年，汴人擁兵殺宰相崔胤、京兆尹鄭元規，劫遷車駕，移都東洛。既入華州，百姓呼萬歲，帝泣謂百姓曰：『百姓勿唱萬歲，朕弗能與爾等爲主也。沿路有〈思帝鄉〉之詞，乃曰：「紇干山頭凍殺雀，何不飛去生處樂?況我此行悠悠，未知落在何所?」』言訖，泫然流涕。」顧祖禹《讀史方輿紀要》「山西大同府大同縣」條云：「紇眞山，在府東北五十里。紇眞，猶漢言千里[32]。其山冬夏積雪，故諺云：『紇眞山頭凍死雀，何不飛去生處樂?』……亦名紇干山。」則謂其山積雪嚴寒，鳥雀將凍死，當遠離也。按顧說山寒凍死鳥雀，本諸《水經注》，是於文獻有稽。然若說詩僅據地理狀況，且未注意昭宗之詞諸記載實多作「紇干」，則余意以爲猶有未洽。考高歡奉孝靜帝自洛陽遷都鄴，並收軍國政務歸己，時有童謠云：「可憐青雀子，飛來鄴城裏；羽翮垂欲成，化作鸚鵡子。」[33]又一作：「可憐青雀子，飛入鄴城裏；作窠猶未成，舉頭失鄉里；寄言與婦母，好看新婦子。」[34]以鳥雀喻傀儡皇帝，於唐昭宗而言，正是前朝典故，而被挾遷都，事又相類，故昭宗「紇干山頭凍殺雀」云者，一則以傀儡皇帝朝不保夕自哀，二則謂可依倚者反不能寄託也。《新五代史·寇彥卿傳》謂昭宗所言爲「俚語」，然出昭宗口，文意之無奈悲慟，實有越逾恆常者。以此義推昭宗之心，或亦有當歟？

誌云：「高祖植，皇任穎王友；曾祖著，皇僕寺丞，累贈禮部尚書；祖臮，皇河陽節度使，封雁門公，贈吏部尚書；父濬，見任工部員外兼侍御史，封雁門縣男，食邑三百戶，賜緋，充魏博節度掌書記。……夫人即濬長女。……夫人三弟，曰繪、曰就、曰昱，皆太廟齋郎。」按：《北史·田弘傳》謂田弘嗣子仁恭，仁恭二子，世師、德懋㉟。誌不言植與弘及仁恭之親屬關係，以時代考之，植恐不與世師、德懋同輩。又《元和姓纂》「紇干」條云：「代人，孝文帝改爲干氏。河南：貞觀有紇干承基。貞元僕寺丞紇干遂，其後也。生俞，渭南縣尉。」岑仲勉《元和姓纂四校記》謂：「（著）此作遂，殆誤。……俞爲臮訛，渭南

㉜《元和郡縣志》卷十八謂：「虜語『紇眞』，漢言『三十里』。」

㉝見《北齊書·神武紀下》、《北史·齊本紀上》。

㉞見《隋書·五行傳》。

㉟《周書·田弘傳》僅載一子恭，此從《北史》。

尉，元和七年㦤之見官也。㦤亦見《樊川集》。」岑氏考「遂」爲「著」之訛、「愈」爲「㦤」之訛，其說甚確。唯岑氏似信植、著等爲承基之後，或恐不然。考紇干承基誌[36]，不諱言出自鮮卑，而紇干濬乃強調爲田弘後，若不能證明濬等不出田弘，則難證爲承基後矣。疑《元和姓纂》「紇干承基」與「貞元」間有脫文，本不連讀，故不必牽連爲說也。

按：植以下名多不見於史，而紇干著有詩四首，今存《全唐詩》卷七六九。其〈感春詞〉云：「未得鳴珂謁漢宮，江頭寂寞向春風；悲歌一曲心應醉，萬葉千花淚眼中。」蓋未得志時之作也。〈灞上〉則云：「鳴鞭晚日禁城東，渭水晴煙灞岸風；都傍柳陰回首望，春天樓閣五雲中。」則宛然有自得之意，蓋仕於京師時之作也。紇干㦤，《新唐書·藝文志》著錄：「《序通解錄》一卷。字咸一，大中江西觀察使。」書今不存。《全唐文》卷七二三有紇干愈賦七首，小傳云「愈元和中進士」，愈即㦤也。紇干濬文，除此誌外，有〈贈太尉韓允忠神道碑文〉一通，見《全唐文》卷八一三。其生平出處可以二文綜合考之。按誌云：「今年（咸通十二年）五月，濬從尚書潁川公弓旌之禮來魏博。」考《新唐書》，魏博帥田全皞以咸通十一年卒，韓君雄代之，韓有潁川一望，故知誌所謂「尚書潁川公」即韓君雄也。紇干濬以咸通十二年五月至魏博，爲掌書記。其年閏八月，女紇干氏卒。越三年，僖宗即位，改韓君雄名允忠（《新唐書》作允中），據碑，允忠以乾符元年十一月卒，明年二月葬，時紇干濬爲魏博節度掌書記，故爲撰碑也，其事蹟可述著如此[37]。《全唐詩》列紇干著於年代無考卷中，《全唐文》則僅謂紇干㬢元和中進士、紇干濬乾符時人，資料貧乏；紇干㬢資料，可據淸趙鉞、勞格《唐尚書省郎官石柱題名考》卷七補，著與濬則可據此誌補之矣。

原載《臺大中文學報》第七期（臺北：臺灣大學中國文學系，一九九五年四月）頁五一至七六。

㊱ 紇干承墓誌，見毛漢光《唐代墓誌銘彙編附考》第四冊第九八片。承基生平，見拙作〈初唐墓誌續考六則〉第五則，收入本書。

㊲ 《唐摭言》卷二、《太平廣記》卷一七八「諸州解」條載紇干㬢有子紇干峻。「濬」、「峻」同音，疑是一人。

宋代碑誌考釋八則

余讀《宋史》，輒有深慨焉。天水一朝，撥亂反正，遂極學術之盛，而臻文化之美，帝王右文，固其原因，然非宰相大臣好學守禮，風行草偃，又烏能致之哉！蓋當軸尚學，不惟世德馨美，其移風易俗，遺澤尤著後世。茲取近數十年新出石刻資料，與史傳、文集相補證，稍論范質、王溥、歐陽脩、曾鞏、劉恕、蘇軾、蘇轍等人祖孫之學行風範，間及其家族生活，以見此旨。不知者罪我，其將有不賢識小之譏乎？

【提要】

一、主客員外郎直集賢院范貽孫墓誌銘并序（真宗咸平五年）

誌主爲宋相范質之孫，楊億撰文，亦見《武夷新集》；因取石本、集本及《宋史》，相校正其文字之正訛，並論范質、范旻、范貽孫三世之學。

二、中散大夫守司農少卿祁縣開國子王貽慶墓誌銘並序（仁宗康定二年）

誌主爲宋相王溥第三子，因取史傳與新出其家三誌，論王溥、王貽孫、王貽慶、王貽矩、王珣瑜、王甫四世之學。

三、朝散大夫尚書虞部郎中護軍司勳郎中王珣瑜墓誌銘並序（神宗熙寧二年）

誌主爲宋相王溥孫、王貽矩子，因據誌文所見，述宋初尚主者升輩與父同行之無理習俗，並論此習終因士大夫據禮抗拒而取消之始末。

四、尚書屯田員外郎劉渙墓誌銘并序（神宗元豐三年）

誌主爲史家劉恕之父，因參史傳與誌文，論劉渙、劉恕、劉和仲三世之學行。

五、朝散郎試中書舍人輕車都尉曾鞏墓誌銘并序（神宗元豐七年）

誌主曾鞏，文亦見《元豐類稿》；因參誌文、史傳與其家墓誌，論曾致堯、曾易占、曾鞏、曾曄、曾宰、曾布、曾肇及其後世子孫之學行。

六、朝請大夫管句南京鴻慶宮歐陽棐墓誌銘并序（徽宗政和三年）

誌主爲歐陽脩之子，因取史傳與新出其家四誌，論歐陽脩、歐陽發、歐陽奕、歐陽棐、歐陽愻、歐陽愬三世學行；又誌文備載歐陽棐之著述目錄，因論其學得自文忠公爲多。

七、承議郎蘇适墓誌銘并序（徽宗宣和五年）

誌主爲蘇轍次子，因取蘇軾、蘇轍、蘇過詩文，與誌文相解讀，以考眉山蘇氏家族生活，並見其學行。

八、禮部尚書蘇符行狀碑文（高宗紹興三十一年以後）

碑主爲蘇軾孫、高宗時禮部尚書，而事跡罕見史傳；因據碑文論眉山蘇氏三世經學，並略論蘇氏家業及子孫遷徙安葬之情形。

一、主客員外郎直集賢院范貽孫墓誌銘并序（真宗咸平五年）

宋相范質孫范貽孫誌，楊億撰文。近代河南洛陽出土，張鈁舊藏，見《北京圖書館藏墓誌拓片目錄》❶。拓本見《北京圖書館藏中國歷代石刻拓本匯編》❷第三十八冊第八片，又

---

❶《北京圖書館藏墓誌拓片目錄》（北京：中華書局，一九九〇年）。

❷《北京圖書館藏中國歷代石刻拓本匯編》（鄭州：中州古籍出版社，一九八九年）。

見《中國歷代墓誌大觀》[3]第一二五七片。

誌文亦見楊億《武夷新集》[4]卷九，與石本互校，則集本可補石本稍漫漶處，石本可補集本以「某」字代地名人名處，如集本「歸葬于河南府洛陽縣某鄉某里」，石本作「歸葬于河南府洛陽縣北鄉徐樓村」，集本「以某投分生平，託之銘篆」，石本作「以億投分生平，託之銘篆」；其餘文字，大抵無大差異。雖然，亦有互校而見其訛者：如石本云「凡備三益之交，莫匪一時之雋」，前句集本作「凡備三益之友」，以聲律推之，蓋石是而集誤。

貽孫生平，見於《宋史·范質傳》者，僅三四句。《中國歷代墓誌大觀》有簡說云：「范貽孫，爲范質之子。范質及其另一子旻，《宋史》均有傳。有關范貽孫事跡，僅在旻傳中，略記一二，此誌正可補史記之簡略。」按：此誌可以補史，固是，然貽孫並非質子，《大觀》編者自誤讀史與誌也。誌文云：「公諱貽孫，字餘慶，濟南歷城人。……公之大父守愚……王父故相國魯公諱質，……烈考諱旻。」據此，貽孫乃質孫、旻子耳。又，〈范質傳〉謂質父名「守遇」，誌之石本、集本則作「守愚」，當以誌爲正。誌文又云：「烈考諱旻，……任給事中、三司副使，公累謫官，事備國書。由公（貽孫）上言，追復官爵，累贈至工部尚書。」按：〈范質傳〉附旻傳云：「車駕征晉陽，上書求從，召爲右諫議大夫、三司副使，判行在三司，又兼吏部選事。師還，加給事中。坐受人請求擅市竹木入官，爲王仁贍所發，貶房州司戶。語在仁贍傳。量移唐州。（太平興國）六年卒，年四十六。……其後，子貽孫上言，詔復舊官。貽孫官至主客員外郎。」誌所言謫官、追復云云，即此事也。《大觀》編者讀史，以「後子」斷句，故誤以貽孫爲范質之子。

誌文又謂貽孫：「性嗜群籍，家藏萬卷，或手自繕寫，或親加校讎。緗素畢陳，敵秘書之副本；籤題具列，同吳氏之西齋。好事之名，流布京轂。」按：范氏乃讀書之家，〈范質傳〉載「質生之夕，母夢神人授以五色筆，九歲能屬文，十三治《尚書》，教授生徒。……質力學強記，性明悟。……既登朝，猶手不釋卷，人或勞之，質曰：『有善相者，謂我異日位宰輔，誠如其言，不學何術以處之。』……有集三十卷，又述朱梁至周五代爲《通錄》六十五卷，行于世。子旻，……有集二十卷、《邕管記》三卷。」另〈藝文志〉載有范質《桑維翰傳》三卷、《魏公家傳》三卷。然則范氏讀書著書，至貽孫三世，宜其家藏萬卷，著好事之名也。

二、中散大夫守司農少卿祁縣開國子王貽慶墓誌銘並序（仁宗康定二年）

❸《中國歷代墓誌大觀》（臺北：大通書局有限公司，一九八五年）。

❹ 楊億《武夷新集》（臺北：臺灣商務印書館，影印四庫全書本）。

宋相王溥第三子王貽慶誌。近代河南洛陽出土，張鈁舊藏，見《北京圖書館藏墓誌拓片目録》。拓本見《北京圖書館藏中國歷代石刻拓本匯編》第三十八册第九十四片，又見《中國歷代墓誌大觀》第一二六五片。貽慶生平，附見《宋史·王溥傳》者，僅「貽慶比部郎中」一句耳；此誌可補其闕。

誌文云：「公諱貽慶，字茂先。贈中書令祁國公諱溥之第四子，贈太師中書令諱延祚之孫。」按：《宋史·王溥傳》載溥有四子貽孫、貽正、貽慶、貽序，貽序後改名貽矩。是貽慶乃溥之第三子，誌云第四子者，貽正子克明尚太宗女鄭國長公主升爲父行改名貽永，遂躋貽慶之第三爲第四矣。説詳下文王珣瑜墓誌考釋。

誌文謂貽慶之雅好與著述云：「好蓄奇書，集天下古碑文，類爲一百卷，名《琬琰集》。又酷嗜古筆札圖書，凡古今之號尤絶者皆有之，而所蓄甚夥且精，珍貴愛玩，緘貯曲密，雖希世之寶，不是過也。每休沐閒燕，多召貴人親賓，出其所嗜以爲娱樂。天子嘗遣使至其家，借書三千卷，褒諭加等。又進明皇書《道德經》，有詔嘉之。」按：《琬琰集》或載王溥纂，清陸心源《金石學録補》❺卷一引《楊文公談苑》云：「溥薦何拱爲鳳翔帥，拱思所以報之，問溥所欲，溥曰：『長安故都，多前賢碑版，願悉得見之。』拱至，分遣使督匠摹打，凡得石本三千餘以獻。溥命善書者分録，爲《宛炎集》，凡百卷。」以情理度之，能得古碑文至録爲百卷，唯王溥有此力，貽慶之書，蓋傳自父手，或纂録之時，貽慶嘗預其事，書又藏其家，故誌文謂出貽慶手歟？

考王氏本文獻之家，貽慶之好古，蓋受其家風影響。〈王溥傳〉載：「溥好學，手不釋卷，嘗集蘇冕《會要》及崔鉉《續會要》，補其闕漏，爲百卷，曰《唐會要》。又采朱梁至周爲三十卷，曰《五代會要》，有集二十卷。」另〈藝文志〉載《五代周世宗實錄》四十卷，題「宋王溥等撰」。

〈王溥傳〉又載其長子貽孫之學云：「溥好聚書，至萬餘卷，貽孫遍覽之。又多藏法書名畫。太祖嘗問趙普，拜禮何以男子跪而婦人否？普問禮官，不能對。貽孫曰：『古詩云「長跪問故夫」，是婦人亦跪也。唐太后朝婦人始拜而不跪。』普問所出，對云：『大和中，有幽州從事張建章著《渤海國記》，備言其事。』普大稱賞之。端拱中，右僕射李昉求郡省百官集議舊儀，貽孫具以對，事見〈禮志〉，時論許其諳練云。」然則貽孫之博雅，固有名於時。雖然，貽孫謂婦人之拜不跪乃起於武后之說猶有未的，程大昌《考古編》❻卷七云：「太祖嘗問趙普：『拜禮何以男子跪而婦人不跪？』普訪禮官，無有知者。貽孫曰：

---

❺ 陸心源《金石學錄補》（《潛園總集》本）。

❻ 程大昌《考古編》（臺北：臺灣商務印書館，叢書集成初編本）。

『……唐天后朝，婦人始拜而不跪。』……予按：後周天元靜帝大象二年，詔內外命婦皆執笏，其拜宗廟及天臺，皆俯伏如男子。據此詔，特令於廟朝跪，其他拜不跪矣。」程説實而有據，則婦人之拜不跪之俗，實起於北朝，非始於武后。唯考據之學，後出轉勝，亦不必以此定王、程學術之高下也。

溥之四子名貽矩，生平稍見其子王珣瑜墓誌（詳本文下則），誌文云：「父貽矩，尚書司封員外郎，累贈吏部侍郎。……吏部……手寫經史數百卷。公（珣瑜）躬自藏鐍，寶惜如新。……天性嗜學。」又貽慶之孫王甫墓誌❼云：「公諱甫，字周翰，初名希甫，姓王氏，開封人。曾王父溥，……王父貽慶，……考渙，……（甫）平居喜涉書史。」蓋貽矩、珣瑜、甫等好學彬彬，皆其家風也。

三、朝散大夫尚書虞部郎中護軍司勳郎中王珣瑜墓誌銘並序（神宗熙寧二年）

宋相王溥孫、王貽矩子王珣瑜誌，近代出土，拓本見《中國歷代墓誌大觀》第一二七六片。珣瑜名不見於史。

誌文云：「公諱珣瑜，字唐輔。……曾祖祚。……祖溥，太子太師，累贈尚書令兼中書令，追封燕國公，謚文獻。……父貽矩，尚書司封員外郎，累贈吏部侍郎。」按：《宋史·

王溥傳》謂溥有四子貽孫、貽正、貽慶、貽序，「貽序，景德二年進士，後改名貽矩，至司封員外郎。」此誌逕載貽矩名而未述改名事。

誌文云：「公用從兄康靖公蔭，初命將作監主簿。……吏部（貽矩）以宰相子，不樂以任子進，逮康靖以諸姪尚主，猶稱鄉貢進士，卒取甲科。」按：以誌文參照上引貽序（貽矩）事蹟，知此云「康靖」者，謂王溥次子王貽正之子王克明也。〈王溥傳〉云：「（次子）貽正子克明，尚太宗女鄭國長公主，改名貽永，令與其父同行。見〈外戚傳〉。」此所云〈外戚傳〉者，當名〈公主傳〉。考〈公主傳〉云：「雍國大長公主，至道三年，封賢懿長公主。咸平六年，下嫁右衛將軍王貽永，進封鄭國。」據此，是王貽永即王溥孫、王貽正子王克明也。〈王溥傳〉謂克明「改名貽永，令與其父同行」者，此北宋一奇特而無理之習俗。〈公主傳〉云：「舊制，選尚者，降其父爲兄弟行。」此云「降其父爲兄弟行」，不如〈王溥傳〉所云「令與其父同行」爲無語病，觀王家改名之例，乃升子輩爲父行，非降父輩爲子行也。當時之例皆如此，如〈柴禹錫傳〉云：「景德初，子宗慶選尚，召禹錫歸闕，令

---

⑦ 王甫誌，拓本見《北京圖書館藏中國歷代石刻拓本匯編》第四十冊第一二〇片，又見《中國歷代墓誌大觀》第一二九八片。

公主就第謁見，行舅姑禮，固辭不許。……子宗亮，太子中允；宗慶，永清軍節度。」觀此，似宗慶眞禹錫子，故班輩爲「宗」，且禹錫亦未降爲兄弟行，實則宗慶乃禹錫之孫，〈公主傳〉云：「太宗七女。揚國大長公主……下嫁左衛將軍柴宗慶，……宗慶，禹錫之孫，帝命主以婦禮謁禹錫第。」此云「以婦禮謁」者，即〈柴禹錫傳〉之「行舅姑禮」，謂宗慶以孫升爲子、公主以孫媳升爲子媳也，然則宗慶之名亦出更改，非其本名也。考天水一朝乃講求人倫禮法之時代，而習俗往往有出人意表者，上舉二例，猶可歸咎封建帝王愛女心切壞人倫理，乃民間亦有之，瞿兌之、徐一士〈掌故答問〉[8]云：「問：宋代制度有迴異於近代者爲何？答：最奇異者，爲選尚公主降其父爲兄弟行，見《宋史·公主傳》，不但改其輩，且改其名。如王溥子貽正，所生子克明，尚太宗女，改名貽永（見本傳）。紊亂祖孫父子之如此，誠匪夷所思者。然按《宋史·孫永傳》，世爲趙人，徙長社，年十歲而孤，祖給事中沖列爲子行，沖卒喪除，復列爲孫。蓋昭穆之不講，臣庶之家固有其俗矣。」瞿、徐二氏謂此習昭穆不講、紊亂倫理，所論誠是。考尚主者改名升輩，出於帝命，本屬無奈；然讀書明禮之士，必有不以爲然者，柴禹錫不受公主之行婦禮，斯爲得體。又《宋史·孫沖傳》謂：「沖爲吏，所至以強幹稱，能任鉤距，多得事情，然無家法，晚節尤寡廉聲。」其人有才無德，宜其罔顧人倫；孫永除喪，復列孫行，則知禮之士也。今觀此誌，以珣瑜而稱克明爲從兄，以貽矩而謂克明爲諸姪，昭穆分明，不逾禮制；唯細考之，亦以其時朝廷改制之故。檢

《宋史·禮志十八》，有云：「神宗即位，詔以『昔侍先帝，恭聞德音，以舊制士大夫之子有尚帝女者，輒皆升行，以避舅姑之尊。豈可以富貴之故，屈人倫長幼之序。宜詔有司革之，以厲風俗。』於是著爲令。仍命陳國長公主行舅姑之禮，駙馬都尉王師約更不升行。公主見舅姑行禮自此始。」此誌撰於熙寧二年，時神宗已下改制之詔矣，故誌文得明昭穆也。此亦足徵無理之事行之不遠矣。

四、尚書屯田員外郎劉渙墓誌銘并序（神宗元豐三年）

劉渙誌，一九七八年與其妻錢氏誌同出土於江西省星子縣，誌石并藏該縣文物管理站。釋文分見陳柏泉《江西出土墓誌選編》❾第十五、十六號，拓本未見。

陳氏有說云：「墓主劉渙（西元一〇〇〇至一〇八〇年），字凝之，江西高安縣人。係著

---

❽ 收入徐一士《一士類稿》（臺北：臺灣學生書局，一九七三年）。

❾ 陳柏泉《江西出土墓誌選編》（南昌：江西教育出版社，一九九一年）。錢氏墓誌，曾鞏撰，文亦見《元豐類稿》（臺北：臺灣商務印書館，影印四庫全書本）卷四十五。

名史學家劉恕之父。《宋史》卷四四四〈劉恕傳〉附其事跡云：『父渙，字凝之，爲潁上令，以剛直不能事上官，棄去。家於廬山之陽，時年五十。歐陽脩與渙，同年進士也，高其節，作〈廬山高〉詩以美之。渙居廬山三十餘年，環堵蕭然，饘粥以食，而游心塵垢之外，超然無慼慼之意，以壽終。』又柯維騏《宋史新編》卷一七一、王偁《東都事略》卷八十七，亦有劉渙事跡的記載；然今出土墓誌文較史傳爲詳。……朱熹出守南康軍時，曾訪尋修繕劉渙墓地，幷作〈壯節亭記〉云：『淳熙己亥歲，予假守南康。始至，訪求先賢遺跡，得故尚書屯田員外郎劉公凝之之墓于城西門外草棘中。予惟劉公清名高節著于當時，聞于後世。』又正德《南康府志》卷六載：『劉渙，妻錢氏，越王瓘四世女孫也，與夫渙俱住廬山，安于泉石，有烈士操。』」按：劉渙夫妻事蹟，陳氏說之已詳，茲復論其家三世學行。

誌文謂：「凝之博學強識，……有文集二十卷。」檢《宋史・藝文志》，凝之復有《西行記》一卷、《小兒醫方妙選》三卷，是其問學有得，非徒「清名高節」而已。其子恕，《宋史》本傳述其爲學云：「篤好史學，自太史公所記，下至周顯德末，紀傳之外，至私記雜說，無所不覽，上下數千載間，鉅微之事，如指諸掌。……恕爲學，自曆數、地里、官職、族姓至前代公府案牘，皆取以審證。」其學如此，故司馬光編次《資治通鑑》，奏爲局僚，史事紛錯難治者，輒以諉恕，其精力蓋已粹聚於斯矣，而據〈藝文志〉，恕尚別著《資治通鑑外紀》十卷、《疑年譜》一卷、《通鑑問疑》一卷、《十國紀年》四十二卷，何其精且博邪！《宋史》又記恕之次子和仲云：「有超軼材，作詩淸奥，刻厲欲自成家，爲文慕石介。」蓋自渙三世，遺風猶未泯也。

誌文云：「（渙）色辭靖和，恂恂可親。及與之分辯義理是非之際，強毅不可輒奪，蓋其自恃，猶圭玉然，寧缺以折，非矯揉可勝也。自少至于老，守之弗變，就其老而逆考之，有加焉。……子男曰恕、曰格，皆有學行，耿介不回如凝之。」按：劉恕本傳云：「王安石與之有舊，欲引置三司條例。恕以不習金穀爲辭，因言天子方屬公大政，宜恢張堯舜之道以佐明主，不應以利爲先。又條陳所更法令不合衆心者，勸使復舊，至面刺其過，安石怒，變色如鐵，恕不少屈；或稠人廣坐，抗言其失無所避，遂與之絶。……家素貧，無以給旨甘，一毫不妄取於人。自洛南歸，時方冬，無寒具，司馬光遺以衣襪及故茵褥，辭不獲，強受而別，行及潁，悉封還之。……次子和仲，……有俠氣，亦早死。」剛直耿介，祖孫三世皆然，信門風化人之深也。

五、朝散郎試中書舍人輕車都尉曾鞏墓誌銘并序（神宗元豐七年）

曾鞏誌，一九七〇年出土於江西南豐縣，誌石今藏江西省博物館。釋文見陳柏泉《江西出土墓誌選編》第十七號，拓本未見。

誌文《元豐類稿》⑩收於附錄，以校石本，無大出入⑪，故無庸論。子固，宋世名儒，生平事蹟，不待此誌發覆，姑據之以論其家學。

誌文述其祖致堯生平云：「祖諱致堯，太宗、眞宗時上書言天下事，嘗見選用，仕至尙書戶部郎中、直史館、贈右諫議大夫，文忠歐陽公爲銘其墓碑。」按：致堯傳見《宋史》卷四四一，神道碑銘載《歐陽脩全集》⑫，墓誌銘見《王安石文集》⑬卷五十四，墓誌銘述其著述最詳，云：「公諱致堯，字正臣。……李氏之有江南，撫州上公進士第一，不就。太平興國八年，乃舉進士中第。……所著有《仙鳧羽翼》三十卷、《廣中台志》八十卷、《清邊前要》五十卷、《西陲要紀》十卷、《爲臣要紀》三卷，《直言集》五卷，文集十卷，傳於世，尤長於歌詩云。」據〈藝文志〉，致堯復有《綠珠傳》一卷，堪稱著作等身矣。

誌文云：「考諱易占，太常博士、贈光祿卿。」按：致堯本傳云「子易從、易占，皆登進士第」，而未述易占學行，《王安石文集》卷五十五〈太常博士曾公墓誌銘〉云：「公諱易占，字不疑。……舉三司法，中進士第。……爲文章十餘萬言，而《時議》十卷，尤行於世。《時議》者，懲已事，憂來者，不以一身之窮，而遺天下之憂。以爲其志不見於事，則欲發之於文；其文不施於世，則欲以傳於後，後世有行吾言者，而吾窮也哉?蓋公之所爲作之意也。……公之事親，心意幾微，輒逆得之。……所見士大夫之喪，葬二人，逆一人之柩以歸，又字其孤；又一人者，宰相舅，嘗爲贊善大夫，死三十年猶殯，殯壞，公爲增修，又與宰相書，責使葬之。此公之行也。」是鞏父易占，能爲人所難爲，學行有足多者，又何怪其子皆能嶄然露頭角邪！

又誌文既述子固登第，復云：「公少事光祿（易占），家甚貧，奔走四方以致養。既孤，奉太夫人孝，鞠其四弟九妹，友愛甚篤，宦學婚嫁，一出公力。公既以文章名天下，其弟牟、宰、布、肇，又繼中進士科。」按：易占六子，除長子曄外，鞏以下悉登進士第，斯所謂「五子登科」，科第之盛，求之後世，蓋亦鮮有其匹矣；使非家風之醇美，子固之友

⑩ 曾鞏《元豐類稿》（臺北：臺灣商務印書館，影印四庫全書本）。

⑪ 《元豐類稿》附錄曾鞏墓誌，未題撰人，石本則題「朝散郎守尙書禮部郎中上騎都尉賜緋魚袋林希撰」，陳柏泉云：「同治《建昌府志》卷十記爲：『中書舍人曾鞏墓，敕葬七都崇覺寺右，孫固志銘，……。』今知爲林希撰文，可糾補文獻缺誤。」

⑫ 《歐陽脩全集》（臺北：河洛圖書出版社影印本，一九七五年）卷一〈戶部郎中贈右諫議大夫曾公神道碑銘〉。

⑬ 《王安石全集》（臺北：河洛圖書出版社影印本，一九七四年），其中《文集》、《詩集》卷次分別起訖，以下不另注明。

愛，何克臻斯！世有以易占之卒子固未奔喪誚之者，斯固小人造謠，前人辯之已明⑭；即令事實難考，第觀其家學行，其誰信之！

子固嘗撰〈亡兄墓誌銘〉⑮述曾曄之學云：「君姓曾氏，諱曄，字叔茂。……歡愉憂悲，疾病行役，寢食之間，書未嘗去目；故自上古以來至今，聖賢百氏騷人材士之作，訓教警戒，辨議識述，下至浮夸詭異之文章，莫不皆熟；而於治亂興亡，是非得失之際，莫不能議焉。其文章，尤宏贍瑰麗可喜。」又撰〈亡弟湘潭縣主簿子翊墓誌銘〉⑯述曾宰之學云：「子翊少力學，六藝百子，史氏記，鍾律地理，傳注箋疏，史篇文字，目覽口誦手抄，日常數千言；手抄書連榻，累笥不能容。於其是非治亂之意，既已通，至於法制度數，造物立器，解名釋象，聲音訓詁，纖細委曲，貫穿旁羅，無不極其說；且老，未嘗易意。其爲文，馳騁反復，能傳其學。爲人質直孝弟，抑畏小心，少年飲酒歌呼饒樂放縱之事，未嘗一接焉。」兄弟所述，或不無誇美，然父兄薰染，其爲佳子弟無疑也，惜二人與曾牟著述俱無考。至子固著作，則有《元豐類稿》五十卷，《續元豐類稿》四十卷，《外集》十卷、《宋朝政要策》一卷、《德音寶訓》三卷、《雜志》一卷；其弟宰相曾布，有《三朝正論》二卷、《熙寧新編常平敕》二卷；曾肇有文集四十卷、《書講義》八卷、《曾氏譜圖》一卷、《元祐制集》十二卷、《曲阜外集》三十卷、《奏議》十二卷、《西垣集》十二卷、《庚辰外制集》三卷、《內制集》五卷；俱見〈藝文志〉，堪稱大手筆之家矣。鞏、布、肇生平俱見《宋史》，茲不贅述。

按：南豐曾氏，三世積學，德澤不泯，光緒初，楊希閔撰《曾南豐年譜》⑰於譜末述曄等子孫之學行云：「曄子覺，字道清，治平進士，吉州司法參軍，遷韶州判官，道卒。宰子經，字常一，紹聖進士，與秦少游交善，有《嘯竹軒集》行世。宰孫秀之，大觀進士，官秘書省著作郎。忠與忞，皆漕舉。宰曾孫季貍，字裘父，號艇齋，少師韓子蒼、呂居仁，再舉進士不第，遂謝去，讀書考古，劉珙、張孝祥皆薦於朝，不出，呂東萊、徐東湖、曾茶山極愛重之；壯而劉忠肅、李文簡禮爲上賓；老而朱晦菴、張敬夫親爲畏友，汪應辰有『四海曾裘父』之句，眞德秀稱其道廣器博，可想見其人矣。宰元孫之子極，字景建，父滂，字孟

---

⑭ 參楊希閔《曾南豐年譜》「二十九歲」條，載《曾鞏全集》（臺北：河洛圖書出版社影印本，一九七五年）卷首。

⑮ 見《元豐類稿》卷四十六。另見《曾鞏全集‧文集》卷三十八，該本《詩集》、《文集》卷次分別起訖，以下不另注明。

⑯ 見《元豐類稿》卷四十六。另見《曾鞏全集》三十八。

⑰ 載《曾鞏全集》卷首。

博，季貍兄伯豸子也。滂學於金谿陸氏，極承家學，爲李雁湖、趙南塘所稱，朱子得其書及詩，大異之，因詩忤時相史彌遠，謫道州卒，有《夏陵小雅》、《金陵百詠》行世。文定（曾肇）次孫怘（綰子）以仕累官司農丞，通判溫州，需次於越，建炎三年，金人陷越，爲金人逮捕，不爲屈，詞氣慷慨，責其敗盟，金人怒，盡家屬四十口同日殺之越南門外，越人作大窖瘞其屍；金人去，怘弟悬知餘杭，製大棺斂其骨，葬之天柱山。事聞，贈諫議大夫，謚曰忠。」其學其行，誠無愧於父祖。蓋歐、蘇、曾、王四家之中，祖德綿遠，曾氏爲最云。

六、朝請大夫管句南京鴻慶宮歐陽棐墓誌銘并序（徽宗政和三年）

歐陽脩第三子歐陽棐誌，棐第二子歐陽愿撰並書。一九八五年於新鄭縣辛店鄉歐陽寺村與歐陽脩次子歐陽奕之二子歐陽愻誌、歐陽恕誌同時發現，現並藏該縣文物保管所。拓本、釋文並見《新中國出土墓誌·河南卷》⑱第三八四、三八三、三八二號。

歐陽棐，字叔弼甫，治平四年進士，生平稍見《宋史·歐陽脩傳》，棐之居官，當元豐改官制之時，又逢元祐黨爭之際，而此誌載其家世生平、仕履遷轉鉅細靡遺，《新中國出土墓誌·河南卷》「簡跋」謂對墓主生平及宋代官制與元祐黨爭之研究頗有裨益，其說是也。

誌文云：「（元豐五年）兼詳定重修編敕所刪定官，以家諱免。……（元祐三年）充修實錄院檢討官，公抗章辭，且乞避家諱，遂免。……（崇寧元年）得管句台州崇道觀，乞避祖諱，改西京嵩山崇福宮。」按：誌文所謂「家諱」者，謂其父名「脩」，「祖諱」則謂其祖名「觀」，據此，宋時仍承古制，所居官稱應避家諱，此一文而得三證。

誌文云：「有文集二十卷，所著《堯曆》三卷、《合朔圖》一卷、《歷代年表》十卷、《三十國年號記》七卷、《九朝史略》三卷、《食貨策》五卷、《集古錄目》二十卷、《襄錄》二卷、《澄懷記》二卷、《說文字源》二卷、《協韻集》三卷、《五運六氣圖》一卷、《花藥草木譜》四卷、《六壬書》五卷、《軌革要略》二卷、《葬書》二卷，其餘雜著方編外集未成。」據此，歐陽棐著述頗富，其中頗有紹述其父歐陽脩之學者，考歐公嘗與修《新唐書》，又撰《新五代史》，而棐有《歷代年表》、《三十國年號記》、《九朝史略》之作；歐公有《集古錄跋尾》，而棐有《集古錄目》、《說文字源》之作；歐公有《洛陽牡丹記》，而棐有《花藥草木譜》之作；是皆承繼家學也，惜除《集古錄目》外，今皆不可得

⑱《新中國出土墓誌·河南卷》（北京：文物出版社，一九九四年）。

見。

《集古錄目》二十卷，陳振孫《直齋書錄解題》作《集古目錄》二十卷，「目錄」二字誤倒。《新中國出土墓誌·河南卷》「簡跋」云：「誌載歐陽棐著作目十七種，均爲《宋史·藝文志》所失載。」余謂：《宋史·藝文志一》「小學類」載「歐陽脩《集古錄跋尾》六卷，又二卷」，此乃歐公所作；而〈藝文志三〉「目錄類」又載「歐陽脩《集古錄》五卷」，則實歐陽棐之書也。《集古錄目》原佚，今所傳有清黃本驥輯三長物齋五卷本、繆荃孫輯《雲自在龕叢書》十卷本，卷數不同，陳俊成《宋代金石學著述考》[13]云：「脩既爲《跋尾》，又命棐撮其大要，別爲目錄，棐於是各取其書撰人事蹟之始終、所立時世之後先而著之爲十卷，以附於跋尾之後。是棐記所稱，書原爲十卷，未知黃本驥所輯何以只有五卷？疑乃有所刪削云。陳振孫《直齋書錄解題》乃作《集古目錄》廿卷，公子禮部郎官棐叔弼撰。陳氏爲南宋人，所說應不誤，何以所作較十卷本多出一倍？今已無從考辨，謹附記於此。」按：一書之傳本卷數不同，本不足異。陳振孫所見爲二十卷本，此誌可以證實，陳俊成謂「已無從考辨」者，未見此誌耳；黃本驥輯本作五卷者，據《宋史·藝文志三》也；繆荃孫輯本作十卷者，據所見棐記也；各有所本。

按：歐陽脩一代儒宗，風範所及，子孫多好學具美才，固不獨棐而已矣。《宋史》載脩之長子發之學云：「字伯和，少好學，師事安定胡瑗，得古樂鍾律之說，不治科舉文詞，獨探古始立論議。自書契以來，君臣世系，制度文物，旁及天文、地理，靡不悉究。……卒，年四十六。蘇軾哭之，以謂發得文忠公之學，漢伯喈、晉茂先之流也。」至其次子奕，歐陽愬墓誌云：「君之考，即文忠公次子也。博極墳典，世其文行，氣剛而直，才高而雄。作爲文章，見於論議，軒昂閎偉，驚駭聽聞。間發爲歌詩，思深意遠，純古豪放，追配古人。雖唐李白、杜甫，不能過也。」又奕之長子愻，其墓誌云：「其讀書能探賾六經，得聖人之意。歷觀史籍，究見前世治亂興衰，發爲論議，聽者嘆服。其幼時不工於書，既長，窺金石遺文，遂得古人之意。筆法勁健，渾然天成，雖孜孜久學不能過也。」又奕之季子愬，其墓誌云：「雖在童蒙，服勤於學，精研簡編，孜孜不倦，以夜補晝，未嘗廢怠。其爲文典雅，詩思清麗，字畫遒美，皆有可觀。宗親朋友，見之莫不嘆賞。」墓誌所言，或不無虛美，然名家子孫，世風自美，惜據誌言，奕年不登四十，愻年止於三十，愬僅三十有四，天既吝年，使不盡其才，其命也夫！

誌文又云：「以政和三年癸巳四月十九日庚子葬公于鄭州新鄭□□賢鄉，祔文忠公塋東之乙□。」而歐陽愻誌云「以政和三年四月庚子祔于先塋」，歐陽愬誌亦云「政和三年四月

⑬ 陳俊成《宋代金石學著述考》（臺北：政治大學中國文學研究所碩士論文，一九七六年）。

庚子從葬於鄭州新鄭縣文忠公之塋」。按：據其誌文，悉卒紹聖元年，愬卒崇寧四年，乃與棐同日安葬，蓋其停靈頗有年歲。考蘇轍《欒城後集》[20]卷二十三〈歐陽文忠公神道碑〉云「葬於新鄭旌賢鄉」，是今之辛店鄉即宋時之旌賢鄉，歐陽脩墓地即在斯矣，然未聞出土。棐誌「新鄭」下所缺兩字爲「縣旌」。

又誌文云：「女二人，……次適承事郎監鄂州酒務蘇迨。」蘇迨者，蘇軾次子，迨之娶歐陽氏，軾爲撰〈求親啓〉，見《東坡續集》[21]卷十。蘇軾、蘇轍既歐陽脩門生，又與歐陽棐結親，是歐、蘇兩家兼有師生及姻親之關係。歐公神道碑，蘇軾生前許撰而不果，棐遂乞蘇轍撰，而歐公夫人薛氏墓誌[22]，亦轍所撰，文今載《欒城集》卷二十五。此亦可見歐、蘇兩家關係之密切矣。

七、承議郎蘇适墓誌銘并序（徽宗宣和五年）

蘇轍次子蘇适誌，兄蘇遲撰并書，蘇軾第三子蘇過題蓋，一九五七年河南郟縣蘇墳寺村出土，拓本、釋文並見《新中國出土墓誌·河南卷》第二六七號。蘇适，《宋史》無傳，而名字頗見蘇軾、蘇轍、蘇過集中，茲以誌、集相參，考論如次。

誌文云：「先人三子，仲南處中焉，名适，仲南其字也。……先人謫嶺表，不能盡室以行，則分寓潁昌，二孀姊在焉。仲南移疾而歸，求田問舍，縮衣節口，以備南北養生之具，而往來于其間。……逮先人蒙恩而歸，則有宅以居，有田以耕，中外各得其所，仲南之力爲多矣。」初，蘇軾先買田陽羨（宋時常州治，今宜興），見《東坡後集》卷十四〈揚州上呂相書〉，及貶嶺南，先後使長子邁、次子迨家之，故卷五〈正月二十四日與兒子過賴仙芝玉原秀才僧曇穎行全道士何宗一同游羅浮道院及棲禪精舍過作詩和其韻寄邁迨〉有句云：「寄書陽羨兒，并語長頭弟，門戶各努力，先期完租稅。」即謂邁、迨在陽羨耕稼事也。後蘇軾北歸，遂返此地而終。至蘇轍一家，則未置產，故有蘇适「求田問舍」事。時蘇軾、蘇轍俱在貶所，而因信使往來，二蘇暨隨行之子蘇過、蘇遜已知消息。《東坡後集》卷六〈借前韻賀

⑳《欒城集》（臺北：河洛圖書出版社影印本，一九七五年），內含《欒城集》、《欒城後集》、《欒城三集》，卷次各自起訖。下文引用蘇轍集，不另注明。

㉑《蘇東坡全集》（臺北：河洛圖書出版社影印本，一九七五年），內含《前集》、《續集》、《後集》等，卷各自起訖。下文引用蘇軾集，不另注明。

㉒薛氏墓誌一九七〇年在新鄭縣辛店鄉歐陽寺村出土，石本、釋文見《新中國出土墓誌·河南卷》三七八號，文字與集本微有出入。

子由生第四孫斗老〉末有句云：「人言适似我，窮達已可卜，蚤謀二頃田，莫待八州督。」同卷〈新居〉云：「俯仰可卒歲，何必謀二頃。」詩中之「适」即蘇适，二頃田，即适所謀得者也。又，蘇過《斜川集》㉓卷一〈冬夜懷諸兄弟〉有句云：「我今客南海。」知此詩在南海作；有句云：「兩兄寄陽羨，耕稼事農圃，簞瓢有餘樂，菽水未爲窶。」此謂蘇軾兩子邁與迨也；又有句云：「兩兄客潁川，耿耿懷去魯，近聞營菟裘，稍亦葺環堵。」此謂蘇轍兩子遲與适也；又有句云：「惟我二兄弟，頗亦嘗險阻。」此謂過與遜也。仲南既營田舍，故蘇轍自貶所歸，遂有棲身之地，蘇轍《欒城三集》卷五有〈卜居賦〉，其序云：「予初守臨汝，不數月而南遷，道出潁川，顧猶有後憂，乃留二子居焉，曰：姑餬口於是。既而自筠遷雷，自雷遷循，凡七年而歸，潁川之西三十里，有田二頃，而僦廬以居。……居五年，築室於城之西，稍益買田，幾倍其故，曰：可以止矣。」此云「有田二頃」，即蘇适謀得者。又卷十〈遺老齋記〉云：「庚辰（哲宗元符三年）之冬，蒙恩歸自南荒，客於潁川，思歸（蜀）而不能，諸子憂之曰：父母老矣，而居室未完，吾儕之責也。則相與卜築，五年而有成。其南脩竹古柏，蕭然如野人之家，乃闢其四楹，如明窗曲楹，爲燕居之齋，齋成，求所以名之，予曰：予潁濱遺老也，盍以『遺老』名之。」據誌以讀賦與記，則知蘇氏之居潁川、蘇轍後號潁濱遺老，本出偶然，蘇轍所謂「猶有後顧」者，爲照顧二孀姊也。據賦與記以讀誌，則知蘇轍北返有宅以居者，先僦居五載後乃自築也，誌籠統言之以求精潔耳。考蘇轍北返後對諸子已於潁濱買田卜宅一事，甚覺滿意，《欒城三集》卷二〈示諸子一首〉云：「諸子才不惡，功名舊有言；窮愁念父母，心力盡田園；志在要須命，身閑且養源；遊魚脫淵水，何處有飛翻。」彼雖歸功諸子，而據誌，則知其家生計多屬次子蘇适奔走之功。蘇過《斜川集》卷二〈送仲南兄赴水南倉〉有句云：「憶君結髮讀書日，肯學呻吟事刀筆；功名直欲高古人，議論從來氣橫臆；咄嗟歲晚事大繆，翻然自許林泉役；躬耕二頃羞甘旨，櫛風沐雨忘晨夕；十年不知饗組味，萬里能舒陳蔡厄；丈夫升沈何足道，竭身養志真奇特。」其意即推許仲南能捨己以紓一家之困也。

誌文云：「先人嘗患不得歸省祖塋，仲南代行者再。既至，則造石垣，建精舍，立僧規，益齋糧，爲經久之計。」按：《欒城三集》卷十有政和二年作〈墳院記〉云：「旌善廣福禪院者，先公文安府君贈司徒（蘇洵）墳側精舍也。……（轍）與聞國政，以故事得於墳側建剎度僧，以薦先福。墳之東南四里許，有故伽藍，陵阜相拱揖，松竹深茂，相傳唐中和中任氏兄弟所捨也，轍以請於朝，改賜今榜，時元祐六年也。……（後）前執政以黜去者，皆奪墳上剎，又二年，上哀矜舊，手詔復還畀之。」以誌、記對讀，知誌所謂「祖塋」者，

㉓ 蘇過《斜川集》（臺北：臺灣商務印書館，影印宛委別藏本）。

乃眉山蘇洵在川之墳冢也；所謂「精舍」者，即「旌善廣福禪院」也。至所謂「仲南代行者再」見於文獻者，《欒城後集》卷二十有崇寧三年〈遺适歸祭東塋文〉，即一事也。

誌文又云：「宣和四年九月八日卒於官舍，享年五十五，官至承議郎。娶黃氏，龍圖公實之女，有賢德孝行，先仲南半年而逝。以五年十月晦日合葬於汝州郟城上瑞里先塋之東南巽隅。子四人：曰籀，迪功郎；曰筸，早卒；曰範，承務郎；曰築，未仕。」按：蘇适夫人黃氏墓誌與适誌同出，其長子蘇籀撰，拓本、釋文並見《新中國出土墓誌·河南卷》第二六八號，據黃氏誌，知适祖洵與黃氏祖好謙同爲嘉祐二年進士，以同年而締姻親也。上瑞里者，蘇軾葬於此，見《欒城後集》卷二十二〈亡兄子瞻端明墓誌銘〉，後遂爲蘇氏墳田，有不歸葬者矣，故适與妻誌亦出於此。又誌謂适四子曰籀、筸、範、築，然《欒城後集》卷二十一〈六孫名字說〉云：「予三子，伯曰遲，仲曰适，叔曰遜，始各一子耳，予年六十五，而三子各復二子，於是予始六孫。昔予兄子瞻命其諸孫，皆以竹名，故名遲之子，長曰簡、幼曰策，……适之子，長曰籀、幼曰範，……遜之子，長曰筠、幼曰築。」據此，則築乃蘇遜子，而适誌出蘇遲手，黃氏誌出蘇籀手，皆至親，均謂築爲适子，豈适所生而過繼於遜耶？不可考矣。

按：誌首云：「先考欒城公，晚歲歸自南方，杜門宴寂，謝絕賓客。親戚故舊知其不復有意於世也。喜有賢子以紹其後，蓋謂吾弟仲南也。先人亦常嘉其有識能斷，凡商略古今之事，必與之言焉。伯父東坡公，以爲其才類我，尤喜與之論政事。雖仲南亦每自負，若將有爲於世者。先人既沒，門戶恃以爲重，而不得永年。天乎！可哀也已！」按：此雖其兄蘇遲之言，然非虛美，蓋蘇适之性情幹才類似東坡，乃族中所公認，而生平偃蹇不盡其才，又親朋所共惜，前引東坡詩云：「人言适似我，窮達已可卜。」何精確若神也！斯亦足覘東坡自知其才性之深矣！

八、禮部尚書蘇符行狀碑文（高宗紹興三十一年以後）

蘇軾孫、蘇邁子、高宗禮部尚書蘇符行狀碑文，其子蘇山撰，侄婿范仲芭書。一九八三年發現於四川眉山縣修文鄉甘澧溝，拓本、釋文幷見《四川歷代碑刻》㉔第一〇五號。二蘇孫輩，居官以蘇符最顯，《四川歷代碑刻》簡介謂：《宋史》載蘇符事跡太簡，碑文可補其闕。其說甚是；唯該書釋文不無誤讀誤斷處，且無考釋。茲就碑文，稍疏其可論者。

㉔ 高文、高成剛編《四川歷代碑刻》（成都：四川大學出版社，一九九〇年）。

碑文云：「先公姓蘇氏，字仲虎，諱符，世家眉山。曾王父諱洵，王父諱軾，父諱邁。」按：蘇轍《欒城後集》卷二十二〈亡兄子瞻端明墓誌銘〉云：「孫男六人：簞、符、箕、籥、筌、籌。」又蘇過《斜川集》卷四〈送仲豫兄赴官武昌叙〉云：「故吾長兄年五十有三，不能俯仰於人，猶爲州縣吏。仲兄少不樂仕進，親戚強之，今四十有二，始爲筦庫官，又飄然遠遊江湖千里之外，此其中必有遺世故而輕外物者矣。」長兄謂蘇邁伯達，仲兄謂蘇迨仲豫，是知邁長迨九齡，則生子必晚於邁，今據碑文，蘇符字仲虎，是排行第二，然則蘇簞爲蘇邁長子，而蘇符爲次子矣。

碑文云：「逮事東坡公，凡十五年，特器之，嘗侍行嶺表，畀以微言。……（符紹興）二十六年七月丁未（卒），享年七十。」按：符卒於紹興二十六年（西元一一五六年），享年七十，逆數之，知生於元祐二年（一〇八七），距蘇軾之卒於建中靖國元年（一一〇一），恰十五年，碑謂「逮事東坡公，凡十五年」者，指此。又紹聖四年，蘇軾在惠州貶所，蘇邁攜子簞、符等至，見《東坡續集》卷三和陶詩〈時運篇〉引，時蘇符十一歲，碑謂「嘗侍行嶺表」者，指此。

碑文云：「先夫人王氏，故樞密使鬷之曾孫適字子立之女。」按：符之婚姻，軾爲之主，爲求王適女，〈求婚啓〉見《續集》卷十，啓中謂符「祖風綿邈，庶幾弓冶之餘」，蓋蘇軾於諸孫中特器之，其後蘇符果爲孫輩中最顯者，斯亦足徵東坡知人之明矣。又啓中指明求婚對象云「伏承故令弟子立先輩之愛女，第十四小娘子」，時王適已卒，啓致適兄王邃，故有「令弟」之語。

碑文云：「黨事再起，擯元祐公卿之世不用，益閉戶讀書，守家學自珍。……先君問學，深於六經，蓋其說獨得於傳注之先，奏事殿中，非經不言。……平居以經學自娛，爲門人子弟日講說，衎衎無倦，經指教者，皆爲名士。……玩《易》爻象，達死生之變。……有制誥表章十卷，文集二十卷。」按：三蘇本深於經學，老泉有《洪範圖論》，東坡有《易傳》、《書傳》、《論語解》，潁濱有《詩集傳》、《春秋集傳》、《論語拾遺》，其他經學見解，復屢見文集中，堪稱經學世家，蘇符「守家學自珍」，惜無著作傳世。

碑文云：「方先公在秦亭，家留潁昌，遇靖康兵禍，先夫人與七子俱沒虜中。山獨後死，得忍死以奉蒐葬。……以（紹興）三十一年十二月己酉葬于眉山縣修文鄉順化里。」按：蘇氏祖墳，本在眉山，自軾、轍兄弟葬汝州郟城上瑞里，遂爲蘇氏墳田，故其子行如蘇适者亦葬於此㉕，蘇符乃孫行，其所以歸葬眉山祖墳者，以靖康之亂，潁昌陷於金人之故也。又，蘇軾原置產常州，然其三子，後以仕宦故，未居守常州，且多依蘇轍子孫家潁川，

㉕ 參本文第七則蘇适墓誌考釋。

如蘇過即卜居斜川，今據碑文「家留潁川」云云，則蘇邁子亦有居此者。唯常州祖業，非無蘇氏後裔，近年江南發現以蘇軾、蘇轍爲始祖之蘇氏族譜數部[26]：乾隆年續修《眉山蘇氏族譜》，所載爲蘇轍長子蘇遲孫蘇繼芳後裔；光緒年續修文海堂藏本《蘇氏族譜》，所載爲蘇邁後裔；民國三十七年續修聚星堂藏本《蘇氏族譜》，所載爲蘇過後裔；獨缺蘇迨後裔。按：韓元吉《南澗甲乙稿》卷二十一〈蘇峴墓誌銘〉[27]云：「蓋公實文忠公季子斜川公諱過之孫、諱籥之子，季眞（蘇嶠）爲母兄。其還自北方，而文忠仲嗣（蘇迨）無後，以諸父之命後之。」據此，蘇迨之後，即蘇過之後也。上揭文又云：「始文忠愛陽羨山水，買田欲居，僅數百畝，屋數楹也，而家于許昌。至（靖康）離亂，駕部（蘇迨官至駕部員外郎）即世，歐陽夫人始居陽羨。」據此，蘇迨亦在江南。續修聚星堂藏本《蘇氏族譜》謂迨「後歸蜀，後裔不詳」者，未之考也。

一九九二年九月，四川眉山三蘇博物館召開蘇軾研究學會之研討會，頗涉及蘇軾之族譜問題。考宋代以後譜學之復興，歐陽脩而外，本推蘇洵，其族譜之編纂過程如何，誠爲極有意義之學術課題。以文獻、碑誌所見綜合考之，蘇氏之在宋代，家業分在眉山、潁川、常州三處，今江南陸續發現二蘇後裔族譜，若欲博求，首在眉山、潁川等處乎？

原載《臺大中文學報》第九期（臺北：臺灣大學中國文學系，一九九七年六月）頁九三至一一四。

㉖ 下文引述有關《蘇氏族譜》各事，參蘇永祁〈江南民間相繼發現蘇氏（東坡）族譜〉，文載《譜牒學研究》第四輯（北京：書目文獻出版社，一九九五年）。

㉗ 韓元吉《南澗甲乙稿》（臺北：臺灣商務印書館，影印四庫全書本）。篇名原作「朝散郎祕閣修撰江南西路轉運副使蘇公墓誌銘」。

遼金碑誌考釋十則

遼、金政權，雖出塞外民族，而雄據中國北方者，歷三百餘年，其影響固不可忽視之。唯二史簡略，相關資料傳世者復尠，則石刻雖片言隻語，猶足珍貴；清代以來，學者有從事之者矣，而憾資料之少。近年出土稍多，則取以論其史事、語言、風俗、制度，而補前修之餘義，亦其宜也！愚者一得，尚祈大雅有以教之。

【提要】

一、榆州刺史張建立墓誌銘并序（遼景宗保寧元年）

論誌主出張文禮一族，故誌中述張文禮弒鎮州主王鎔事。又，文禮敗亡後，契丹以鎮州俘民立頭下榆州，故誌主及其二子得任榆州刺史。因糾正田立坤、馮文學、向南之誤說。

二、上京戶部使馮從順墓誌銘并序（遼聖宗太平三年）

論遼人以「太師」爲節度使之俗稱，與散官之太師，所指不同，馮家昇誤合二者爲一，不確。

三、宣徽南院使韓橁墓誌銘并序（遼興宗重熙六年）

據誌論遼帝二名不偏諱，故賜名得聯御諱。又解遼金元明時所謂「四十萬兵馬」之實際含意。

四、耶律元妻晉國夫人蕭氏墓誌銘并序（遼興宗重熙七年）

據誌論耶律元及其弟忠，又名耶律高八、高十，然與《遼史》所見南院大王高八、北院大王高十非同一人，以正馬赫之誤說，並補諸「同姓名錄」之缺。

五、上京留守耶律庶幾墓誌銘并序（遼道宗清寧五年）

誌文體例奇特，語意含糊，因據誌解說之，並論及誌文所反映之語言及風俗現象。

六、右班殿直董匡信及妻王氏墓誌銘并序（遼道宗咸雍五年）

據誌論所見官名別稱，以糾正向南之誤說。並據出土地論遼宛平縣仁壽鄉在今北京城西阜城門外一帶，可爲《燕都叢考》添一掌故。

七、北宰相蕭義墓誌銘并序（遼天祚帝天慶二年）

此誌載柴冊禮細節，可與《遼史·禮志》相印證。又據誌論天祚帝曾兩行柴冊禮，以正舒焚之誤說。

八、宣武將軍高松哥墓碣文（金海陵王貞元三年）

據碣論高氏夫婦族出渤海，其合葬墓方位能反映其俗。

九、興中府改建三學寺碑銘并序（金世宗大定七年）

據碑論遼金佛教三學寺及三宗法師之制度，因論明代猶有筆試以擇住持之制度，蓋襲自遼金。

十、道士曹道清碑文（金章宗承安四年）

據碑文論糾首、邑長、提點、邑證、邑錄、邑師、邑判、二官、三官等名，乃遼金元時民間宗教社團之職稱，以澄清《吉林通志》之誤說。

一、榆州刺史張建立墓誌銘并序（遼景宗保寧元年）

張建立墓誌，誌蓋作「張公墓誌」，一九八三年出土於遼寧凌源縣，今藏凌源縣博物館，抄本載田立坤、馮文學合撰〈張公墓誌跋〉❶，未斷句，向南《遼代石刻文編》❷據以標點，見頁四二至四三。

誌文述誌主氏族所出及仕履，向南讀爲：「父曾授滄州馬步軍都指揮使，諱守貞，母鄭氏。仕族□□，□□具述。前勳公門傳官，爵跡本海隅荒。雞叫而舞，袖開鐵馬，揮而雄風振□□□□弑主北聞揚威居家。奈邊境多虞，因滋向化，身浴沐先皇眷澤。遍歷諸難後，任楡州刺史、兼番漢都提轄使。天顯五年十月十六日染疾卒於公府，春秋四十有七。」且與〈張公墓誌跋〉對此文俱未加闡釋。按：向氏句讀多誤，當讀爲：「父曾授滄州馬步軍都指揮使，諱守貞，母鄭氏。仕族□□，□□具述前勳。公門傳官爵，跡本海隅，荒雞叫而舞袖開，鐵馬揮而雄風振，□□□□弑主北聞，揚威居家。奈邊境多虞，因滋向化，身浴沐先皇眷澤，遍歷諸難。後任楡州刺史、兼番漢都提轄使。天顯五年十月十六日染疾卒於公府，春秋四十有七。」茲復隨文闡釋之。

按：「仕族□□，□□具述前勳」者，此碑誌習見套語，謂仕族輝煌，先人功勳具載於前史也。「公門傳官爵，跡本海隅」者，謂誌主歷代官宦，乃燕人也。「荒雞叫而舞袖開，鐵馬揮而雄風振」者，用祖逖典故，謂勤於武事也。「弑主」者，謂燕人張文禮弑其主成德軍節度使（鎮州節度使）、趙王王鎔事也。「北聞」者，「北」指契丹。據《舊五代史·張文禮傳》及《遼史·太祖紀》，遼太祖天贊元年（西元九二二年），文禮既弑王鎔，唐莊宗遺軍討之，文禮求援於契丹，太祖遣軍助之。「揚威居家」者，文禮病疽而卒，其子處瑾、處球、處琪旋亦敗死，誌主蓋張氏一族，故唯能揚棄舊威以居家而已。「奈邊境多虞，因滋向化，身浴沐先皇眷澤，遍歷諸難」者，謂誌主既不能立足於鎮州，遂投靠遼太祖，隨其征戰，艱苦備嚐也。知「先皇」指太祖者，誌主卒於太宗天顯五年（九三〇）也。「後任榆州刺史、兼番漢都提轄使」者，與《遼史·地理志》謂榆州「太宗南征，橫帳解里以所俘鎮州民置州」互證，知〈志〉所謂「太宗南征」者，不指會同九年（九四五）之圍鎮州而言，因在此前誌主已任榆州刺史且亡故矣；故必指太祖天贊二年（九二三）夏閏四月，太宗以太子身份師次鎮州，五月師還而言；榆州乃此次所俘鎮州民所置之頭下州，誌主既出身鎮州，故被任榆州刺史，而其子彥英、彥勝亦先後任榆州刺史；斯亦誌主確爲張文禮一族、弒主確指弒王鎔一事之旁證也。

又，誌文載誌主次夫人樊氏「有閫政之規，無外族之□」，〈張公墓誌跋〉乃據「外族」一語謂張氏不出漢族。按：史載張文禮爲燕人，不言族出，故難遽斷誌主族屬；然誌文

❶ 收入《遼金史論集》第四輯（北京：書目文獻出版社，一九八九年）頁一七六至一七九。

❷ 向南《遼代石刻文編》（石家莊：河北教育出版社，一九九五年）。

「外族」與「閫政」對言，乃謂樊氏治家有法，不牽引母族以生口舌耳，「外族」一語，與張氏之族屬無涉，〈跋〉說誤矣。

二、上京戶部使馮從順墓誌銘并序（遼聖宗太平三年）

馮從順墓誌，中京留守推官宋復圭撰。誌石民初出土於遼寧朝陽縣，釋文見向南《遼代石刻文編》頁一六九至一七一。

誌文首行載馮從順官銜爲「大契丹國故上京戶部使、歸義軍節度管內觀察處置等使、金紫崇祿大夫、檢校太尉、使持節沙州諸軍事、沙州刺史、兼御史大夫、上柱國、信都郡開國侯、食邑一千戶、食實封一百戶」，誌文亦述其歷官云「其歷官，自西頭供奉，至頒給副使、頒給武德皇城等使，兩任知內承宣事、中上兩京內省使、延州觀察使、敦睦宮漢兒勃海都部署、歸義軍節度管內觀察處置等使、上京戶部使。階自銀青，至金紫。勳自武騎，至上柱國。散官自國子祭酒、工部尚書，至司空、太傅、太尉。爵自男，至開國侯。封至一千戶，實封一百戶」，是誌主未曾拜太師命，乃作者宋復圭於文中稱誌主爲「太師公」，其故何邪？

按：「太師」者，遼金時既爲散官之稱，復爲節度使之俗稱，蓋唐五代以來，拜太師者固未必爲節度使，而節度使則每拜太師故也。《金史·世紀》云：「遼人呼節度使爲太師，金人稱『都太師』者自此（良按：指金景祖）始。」同卷又辨「揚割太師」之稱云：「遼人呼節度使爲太師，自景祖至太祖皆有是稱。」蓋自景祖以下皆爲生女直節度使也，故該卷載蕭海里叛遼，來結和穆宗，亦稱「願與太師爲友」，以穆宗當時亦任節度使故也。而《遼史·天祚皇帝紀一》亦云：「初，以楊割爲生女直部節度使，其俗呼爲太師。」二書述此稱之源起不相一致，今以遼代石刻證之，知金人乃沿襲遼人之舊稱。此誌稱誌主爲「太師」者，以誌主曾任歸義軍節度使（良按：遥領），作者從遼人俗稱，非散官之稱也。故興宗重熙二十二年〈王澤墓誌〉❸，首行載其官銜爲「故奉陵軍節度、懷州管內觀察處置等使、金紫崇祿大夫、檢校太尉、使持節懷州諸軍事、懷州刺史、兼御史大夫、上柱國、瑯琊郡開國侯、食邑二千戶、食實封貳佰戶」，誌文亦未載王澤曾任太師，乃其子尙書兵部侍郎王綱撰誌稱之爲「我亡考太師」，蓋亦用俗稱也。是知《遼史》、《金史》所述爲不虛矣。

乃馮家昇〈遼史與金史新舊五代史互證舉例〉❹一文引《遼史·百官志》及《金史·世紀

❸ 釋文載《遼代石刻文編》，頁二五九至二六三。

❹ 馮家昇《馮家昇論著輯粹》（北京：中華書局，一九八七年）頁一六一至二二三。

》之文而加按語云：「《金史》以太師與節度使爲一，而《遼史》分別爲二，《遼史》北面屬國官，亦繫先（良按：當為先繫二字誤倒）大王、太師等名，後爲節度使司，太師與節度使二職分之甚晰，疑《金史》未能別之。」是不知官名有正式與俗稱之別矣。

三、宣徽南院使韓橁墓誌銘并序（遼興宗重熙六年）

韓橁墓誌，史館修撰李萬撰。誌石民初出土於遼寧朝陽縣，今藏朝陽博物館，釋文見《遼代石刻文編》頁二〇三至二〇七。

韓橁者，韓知古之曾孫、韓匡美之孫、韓匡嗣之侄孫、韓瑜之子、韓德讓之從子、韓直心之再從弟也，一族勳業彪炳，見於史傳碑誌。王惲《秋澗集》❺卷七十三〈題遼太師趙思溫族系後〉云：「迄今燕之故老，談勳閥富盛、照映前後者，必曰韓、劉、馬、趙四大族焉。」蘇天爵《滋溪文稿》❻卷二十五〈三史質疑〉云：「遼、金大族，如劉、韓、馬、趙、時、左、張、呂，其墳墓多在京畿，可模碑文，以備採擇。」其中之「韓」，即指韓知古一族，固當時北方漢族第一名門也。

誌文述韓德讓之銜名云：「大丞相、守大傅、晉國王、謚文忠、諱德讓，賜名隆運，聯其御諱也。賜姓耶律氏，屬籍於宗室。」關於賜名賜姓之事，乃因景宗蕭后之故，已見《遼史》德讓本傳，本毋庸討論，而「聯其御諱」一語，則宜稍加闡釋。按：北方民族本有締結異姓香火兄弟之俗⑦，故唐太宗與突厥突利可汗約爲兄弟⑧，肅宗命長子廣平王豫（良按：即代宗）與迴紇太子葉護約爲兄弟⑨，以結其心。其後唐室屢賜少數民族領袖以國姓者，在漢族視之，乃爲羈縻而稍示恩寵，在北族視之，則結爲兄弟也，此巧妙運用習俗以達成政治目的之手腕也。後北族亦以其人之道還治其人，屢見前史。唯前代賜國姓者，其名與大小臣工同避御諱；而遼聖宗名隆緒，獨賜德讓名隆運「聯其御諱」，似不符故事。然遼帝二名不偏諱⑩，太宗不諱「德」而諱「光」，興宗不諱「宗」而諱「眞」，道宗不諱「洪」而諱「

---

⑤ 王惲《秋澗集》（臺北：臺灣商務印書館，影印四庫全書本）。

⑥ 蘇天爵《滋溪文稿》（臺北：臺灣商務印書館，影印四庫全書本）。

⑦ 趙翼《陔餘叢考》（臺北：世界書局，影印乾隆五十五年刻本，一九六〇年）卷四十三「香火」條。

⑧ 見《舊唐書·突厥傳上》。

⑨ 見《舊唐書·代宗本紀》及〈迴紇傳〉。

⑩ 遼俗，不避契丹名，唯避漢名，其漢名原則上二名不偏諱；唯稽之史料，亦有偏諱之例。詳參陳述〈遼史避諱表〉，收入《遼金史論叢》第四輯。

基」，天祚帝不諱「延」而諱「禧」，則知聖宗亦不諱「隆」而諱「緒」，故德讓得名「隆運」也。

誌文又述韓直心之銜名云：「四十萬兵馬都總管、兼侍中、南大王、贈政事令、陳王、諱遂貞，賜名直心。」向南注云：「直心，《遼史》本傳作制心，〈本紀〉則誤作製，當以直心爲是。其官職四十萬兵馬都總管兼侍中不見於〈制心傳〉。」其言雖是，而未解說所謂「四十萬兵馬都總管」一官。按：「四十萬兵馬」云云，不見於《遼史》，蓋非正式官稱，亦非漢語，乃契丹語也，其義猶云「大軍」；且「四十萬」乃虛數，非實指，故「四十萬兵馬都總管」，猶言「兵馬都總管」（良按：遼有此官）耳。

上文斷語，茲再詳述之如次。北方遊牧民族，種落甚夥，單一種落，唐時漢語稱爲「姓」，故統有諸姓者，有九姓可汗、十姓可汗、三十姓可汗之稱。然而種落雖衆，部民不多，勝兵萬人，已爲難能，故遼人之稱種落，爲「萬」、爲「國」，其義猶唐時之稱「姓」也。唐時北族以「三十姓」爲武功之極盛，而遼人稱「四十萬」以超越之，非實數也。嗣後遂爲金、元所襲用，迄清之初葉猶然，茲引述史料以證實之。《遼史·太祖本紀上》記痕德菫可汗時，阿保機爲夷離菫，「以兵四十萬伐河東代北」，其時阿保機初起未久，何來四十萬兵馬?知其言蓋虛指也。遼興宗重熙十年〈北大王墓誌〉⓫述其勳業云：「五百年之嘉合，時應匡扶；四十萬之軍戎，咸歸掌握。」道宗清寧八年〈耶律宗政墓誌〉⓬述其任南大王云：「（重熙）二十年，爲四十萬軍南大王，兵府浩繁，暫資統領。」以「四十萬軍」冠「南大王」上，猶以「四十萬」冠「兵馬都總管」，虛指也：此見於遼代者。《金史・哀宗紀下》天興二年八月阿虎帶使宋借糧，上諭：「……大元滅國四十，以及西夏，夏亡及於我，我亡必及於宋。」《元史・太祖紀》亦云：「滅國四十。」然此云「四十國」，猶契丹之言「四十萬」，亦非實數。明之初興，元人屢敗，而曾勝明軍於野狐嶺，《漢譯蒙古黃金史綱》⑬載當時蒙古懷念舊日光輝之歌謠，其中有句云「丁卯年失陷的我可愛的大都，……宣揚四十萬蒙古聲威的四方四隅的大都城」：此見於金、元兩代者。明正統十四年，土木堡之變後，英宗在北，隨侍而任傳譯之楊銘（良按：回回人，回名哈銘），撰有《正統臨戎錄》⑭

⑪ 拓本見陳述《全遼文・附錄》（北京：中華書局，一九八二年）。釋文載《遼代石刻文編》頁二二三至二二四。

⑫ 釋文載《遼代石刻文編》頁三〇五至三〇八。

⑬ 朱風、賈敬顔譯《漢譯蒙古黃金史綱》（呼和浩特：內蒙古人民出版社，一九八五年）。

⑭ 薄音湖、王雄編輯點校《明代蒙古漢籍史料匯編》第一輯（內蒙古：內蒙古大學出版社，一九九三年）。

云：「也先親自來帳殿望看，言說（英宗）皇帝：『日頭出至日頭落處往來的人多吃了皇帝的鹽米茶飯，許多的臣宰，聽見前番宮裡皇帝領出來大小四十萬人，天地的怪怒上，皇帝上都不得濟，你如今只得了哈銘的濟了。……我兩個坐著，不得他，我說的你也不知道，你說的我也不知道。』」按：也先操蒙語，上引文係哈銘傳譯，英宗所率明軍五十餘萬，而也先云「四十萬」者，乃套用成語，猶言「大軍」也。《萬曆武功錄》⓯卷八〈俺答列傳下〉載俺答自言有「部曲四十萬」：此見於明代者。《清太祖武皇帝實錄》⓰卷三載林丹汗致書努兒哈赤，自稱「蒙古國統四十萬衆英主成吉斯汗（良按：林丹汗自稱）」：此見於清初者。然則自遼代以來，「四十萬」遂爲北族成語，乃「大軍」之代稱，不得以實數視之也。

四、耶律元妻晉國夫人蕭氏墓誌銘并序（遼興宗重熙七年）

耶律元妻蕭氏墓誌，一九四九年出土於遼寧阜新縣，有蓋，題「故晉國夫人墓誌銘」，釋文見《遼代石刻文編》頁二一一至二一二。

誌謂耶律元乃「南面行營都統、燕京留守、于越、宋國王長子」，又載其弟名忠。考《遼史》，宋國王乃耶律休哥也。據〈耶律休哥傳〉，休哥有二子，「高八，官至節度使；高十，終于越」，高八即耶律元，高十即耶律忠，一契丹名，一漢名也，其例史傳碑誌中習見。此誌載元之官銜爲「金紫崇祿大夫、檢校太師、西北路右神武衛上將軍」，與史不同，蓋互有詳略。至其弟忠，則撰誌時猶未爲于越也。又耶律元蘽於重熙七年（一〇三八）之前十餘年，則道宗咸雍三年（一〇六七）有南院大王耶律高八者⑰，非其人也；耶律忠於重熙七年方爲「前啓聖軍節度使、金紫崇祿大夫、檢校司徒」，則重熙五年（一〇三六）有北院大王耶律高十者⑱，亦非其人也。馬赫〈遼朝北面朝官考述〉⑲謂上舉南院、北院大王「似即休哥之子」，誤。契丹姓名多雷同，故考之如此，以補彭作楨《古今同姓名大辭典》⑳之缺。

⑮ 瞿九思《萬曆武功錄》，收入《史料四編》（臺北：廣文書局，一九七二年）。

⑯ 書未見，轉引自《漢譯蒙古黃金史綱》注，參注⑬。

⑰ 見《遼史·道宗紀二》。

⑱ 見《遼史·興宗紀一》。

⑲ 馬文收入《遼金史論集》第四輯。

⑳ 彭作楨《古今同姓名大辭典》（臺北：臺灣學生書局，一九七〇年）。此書已收錄前人「同姓名錄」諸作。

五、上京留守耶律庶幾墓誌銘并序（遼道宗清寧五年）

耶律庶幾墓誌，出土於遼寧義縣，《遼代石刻文編》據李文信先生抄本錄文，見頁二九四至二九六。

耶律庶幾者，據誌文爲德祖第四子寅底石孫耶律阿烈之後。誌文爲庶幾僚屬所撰，體例特異，文辭拙劣。序文之首，泛述誌主及夫人門閥仕履，隨即抄錄耶律慣寧、耶律庶幾兩人任官公牒，序末復詳述耶律慣寧之婚姻暨子孫，而無一語明言慣寧與庶幾之關係。余謂此有待發之覆，茲分別論之。

考誌文，無一語述及庶幾子孫，蓋無胤嗣故也。述及慣寧婚姻暨子孫，子孫中無庶幾其人，知慣寧非庶幾之父。然則兩人關係爲何？余謂慣寧者，非庶幾之兄則其近親也。文中有「慣寧相公故」云云，知慣寧卒年較庶幾爲早。庶幾既無胤嗣，經理慣寧之家，故誌文述慣寧子孫既畢，頌美庶幾云「於是留守（良按：指庶幾）生前能□聖主，有補皇（凰）鳳」，謂其能撫育皇孫也。

又誌文述慣寧婚姻暨子孫，多用語體，遼代資料中甚爲罕見，其內容亦頗可討論，茲轉錄之：「慣寧相公求得神得奚王女蒲里不夫人；生得大兒查阿鉢，第二個兒名亞阿鉢，大女兒粆里迷己，娉與國舅上父宰相兒爲婦，第三個兒名求哥。蒲里不夫人故，□求得撻里麼奚王兒查魯太保女，名骨欲夫人。生得大兒監你鉢郎君，第二個兒糯哥郎君；大女名烏□夫人，娉與太妃孫劉四哥太師爲婦；第二個女□□夫人，娉與孫里古奚王𧝎什𧝎奴相□爲婦。慣寧相公故，大兒求哥，其繼母骨欲夫人宿卧，生得女一個，名阿僧娘子，長得兒一個，名迭剌將軍。繼母骨欲夫人故，□重熙十三，任霸州□□墨太保爲媒，求得劉令公孫女壽哥夫人爲婦，生得女一，名拜失娘子，娉與太妃孫劉四哥太師兒保郎君爲婦。迭剌將軍求得太妃孫女化娘子爲婦，生得女一個，名阿勒娘子。故，□求得國舅邢劉施公主女骨欲娘子爲婦，生得兒一個，名曷主，第二個兒，名乎里只。」按：今雖不知遼語之詳，而據碑誌可知遼人男女名字有共通者，如「某哥」是也；有獨用者，如「某阿鉢」，則男名也，「某迷己」，則女名也。穆宗應曆九年〈駙馬贈衛國王沙姑墓並序〉㉑載沙姑二子名曰達姐阿鉢、徒魯斯阿鉢，四女名諧里末肌、那里末肌、溫睹末肌、德朥哥，「末肌」即「迷己」也。

又，文中所謂「夫人」者，雖指正妻、繼妻，然乃有封誥之謂，「娘子」者，每指妾侍，則未有封誥之謂，如本文前引〈張建立墓誌銘並序〉載誌主「公在世有夫人二，娘子二

㉑ 釋文載《遼代石刻文編》頁二七至二八，一九五四年出土。

」，又載其卒，長夫人則曰「終於正寢」，次夫人則曰「終於寢室」，娘子則曰「終於側室」，是當時用語有以此爲別者。至如〈懽州西會龍山碑銘〉㉒云「大橫帳五郎君必孝，妻陳哥娘子；……大橫帳六郎君必慶，妻酬阿娘子」，則「娘子」指妻，《遼史·百官志》云：「著帳郎君院。遙輦痕德菫可汗以蒲古只等三族害于越室魯，家屬沒入瓦里。應天皇太后知國政，析出之，以爲著帳郎君、娘子，每加矜恤。」蓋郎君、娘子者，契丹低階貴族男女之稱也。此可補趙翼《陔餘叢考》卷三十八「娘子」條之說。

又，求哥者，本蒲里不夫人第三子，而後稱「大兒」者，蓋查阿鉢、亞阿鉢早卒，故誌文不述其仕履或婚姻。慣寧既卒，求哥遂收繼其繼母骨欲夫人，生男女各一，此北方遊牧民族收繼婚之風俗也，遼代史料未載，而此直言，不稍回避，知遼人亦未能自外於此婚俗矣。

六、右班殿直董匡信及妻王氏墓誌銘并序（遼道宗咸雍五年）

董匡信及妻王氏墓誌，一九五七年出土於北京阜城門外，釋文見《遼代石刻文編》頁三三七至三三八。

誌述董匡信夫婦先後云亡，「幼子守將作監、侍御史知雜庠，起風樹之悲，佇拱木之望」。又載其子三人，「長曰世濟，娶彭城劉氏，並早逝；次曰聿，娶天水趙氏；次即端公大匠，娶故崇禮少卿、知儒州軍州事張公保庸之女，封清河縣君，蓋從夫貴也」。按：「端公大匠」者，指「守將作監、侍御史知雜」幼子董庠，而向南既讀前文爲「守將作監、侍御史、知雜庠」，復注「知雜庠」云「不見於〈百官志〉」，是因「庠」字而誤以「知雜庠」爲校官也；又注「端公大匠」，僅說及將作監：是向氏於官稱未能通釋，茲疏證之。

按：官名有別稱，別稱又有簡稱、雅稱、古稱、俗稱、諢稱之不同㉓。「大匠」者，以漢之將作大匠爲將作監大監之稱，用古稱也。「端公」者，《通典·職官典》「侍御史」條云：「侍御史之職有四，謂推彈公廨雜事、定殿中監察以下職事、及進名改轉、臺內之事，悉主之。號爲臺端，他人稱之曰端公。其知雜事者，謂之雜端，最爲雄劇。」董庠爲「侍御史知雜」，即侍御史之「知雜事者」，故撰者稱之爲「端公」，用雅稱也。

董庠其人，不見於史，而其名則三見於石刻，除此石外，一九七〇年於此石同地又出二石，一爲〈董庠妻張氏墓誌〉㉔，一爲〈董庠滅罪眞言記〉㉕，遼代資料甚尠，董氏乃佔三

㉒ 釋文載《遼代石刻文編》頁四四三至四四四，一九六六年出土。

㉓ 參拙著《古代禮制與風俗》（臺北：臺灣書店，一九九七年）。

㉔ 釋文載《遼代石刻文編》頁四〇九至四一〇。

㉕ 釋文載《遼代石刻文編》頁四八四。

石，亦異數也。按此石云「卜葬於析津府宛平縣仁壽鄉南劉里之南原」，而〈董庠妻張氏墓誌〉云「歸祔於燕京宛平縣南劉里」，考遼之燕京、金之中都，本位於元之大都、明清暨今之北京之西南㉖，而今阜城門，在北京城西之西直門南，然則阜城門外一帶，乃遼燕京宛平縣仁壽鄉南劉里也。此可爲陳宗蕃《燕都叢考》㉗添一掌故。

七、北宰相蕭義墓誌銘并序（遼天祚帝天慶二年）

蕭義墓誌，太中大夫孟初撰。石一九七六年出土於遼寧法庫縣葉茂臺，釋文見《遼代石刻文編》頁六二二至六二五。

蕭義即蕭常哥，《遼史》有傳。誌文云：「今我天祚皇帝，初九潛龍，有大聖德，公之次女，選儷儲闈，輔佐於中，周旋有度。」此言其次女蕭師姑爲天祚德妃也，見〈后妃傳〉、〈蕭常哥傳〉、〈道宗紀六〉。誌文又載道宗既卒，云：「先皇大漸，與左右政臣奉承遺制，推戴聖人。」此謂擁天祚爲帝也。蕭義既爲國舅，復爲顧命大臣，在天祚朝之聲望可知矣。

此誌載柴册禮部分細節，可與《遼史·禮志》相印證，彌足珍貴。誌文云：「（乾統）三年，屬新德嗣慶，民望徯蘇，順天應人，來幸霫邑，四海浹恩，推先親舊，公授平章事，職如故。」按：此謂天祚帝來中京行柴冊禮也。〈天祚皇帝紀〉於乾統三年未有柴冊明文，僅載：「冬十月甲辰，如中京。……己巳，有事于觀德殿。十一月丙申，文武百官加上尊號曰惠文智武聖孝天祚皇帝。大赦，…梁王撻魯進封燕國王。」而〈后妃傳〉云：「天祚德妃蕭氏……封燕國妃，生子撻魯。乾統三年，改德妃，以柴冊禮，封撻魯爲燕國王。」三文對照，則知「新德嗣慶」者，行柴冊禮也。

誌文又云：「（乾統）六年，上方有事於帝山，命公先儀，授本府相禮，視嚴天仗，具體而微。是歲陽微之月，鳴鸞登壇，刻玉增號，其於親執神御，陟降帝身㉘，皆公與皇叔越王淳偶爲之。及乎臨軒備冊，庭執號寶，公獨與焉。」按：此亦謂行柴冊禮也。〈天祚皇帝紀〉於乾統六年十一月載：「丙申，行柴冊禮。……甲辰，祠木葉山。」二文對照，則知誌

㉖ 參趙其昌〈金中都城坊考〉，收入《遼金史論集》第四輯。

㉗ 陳宗蕃《燕都叢考》（北京：北京古籍出版社，一九九一年），王燦熾、張宗平點校。其書繁引《日下舊聞考》等典籍以說燕京坊里街衕暨其掌故，於此類著作中成書最晚。

㉘ 「身」字《全遼文》卷九作「躬」。

文所載，亦行柴冊禮也；蓋天祚之世，凡兩行之㉙。又，誌文云「刻玉增號」，又云「臨軒備冊，庭執號寶」，則此次行柴冊禮，群臣亦加增尊號，《遼史》不載，蓋史之闕文。至「親執神御，陟降帝身」者，〈禮志一〉載柴冊禮云：「拜日畢，乘馬，選外戚之老者御。皇帝疾馳，仆，御者、從者以氈覆之。……翼日，皇帝出冊殿，護衛太保扶翼升壇，奉七廟神主置龍文方茵。北、南府宰相率群臣圜立，各舉氈邊，贊祝訖，樞密使奉玉寶、玉冊入。有司讀冊訖，樞密使稱尊號以進，群臣三稱萬歲，皆拜，宰相、北南院大王、諸部帥進赭、白羊各一群。皇帝更衣，拜諸帝御容。遂宴群臣，賜賚各有差。」據誌文，蕭義於乾統五年已拜北府宰相，今以外戚，得御帝馬，「陟降帝身」，及進冊文，又主爲之，乃典禮盛事，故誌文詳述其事以美之也。

八、宣武將軍高松哥墓碣文（金海陵王貞元三年）

高松哥墓碣，釋文載羅福頤《滿洲金石志》㉚卷三，謂「此石于十餘年前出奉天遼陽園山農園內，今石存滿鐵遼陽圖書館」。

碣之陰陽各有字，陽五行云「北京都轉運同知高輔國遷葬父\宣武將軍前住復州千戶高松哥并妻大氏之銘\貞元三年五月初八日甲時\同遷二夫人於內穴內合葬\乙亥歲永記」，陰三行云「北手下次妻高氏＼中間是宣武靈＼南手下正妻大氏」。按：碣陰所謂次妻高氏即碣陽之二夫人。高氏、大氏，望俱出渤海，此銘記合葬方位，蓋本北方民族之俗，茲析論之。

按：我國中古時期，北方民族以東向爲尊，故可汗之牙帳東向，其坐亦東向，《新唐書·突厥傳》云：「可汗建廷都斤山，牙門樹金狼纛，坐常東向。」《舊唐書·迴紇傳》記太和公主下嫁迴紇可汗之儀云：「可汗先升樓東向坐，……（公主）出樓前西向拜，……公主乃降輿升樓，與可汗俱東向坐。」《遼史·地理志》載宋使薛映所記遼俗云：「自過崇信館，乃契丹舊境，其南奚地也。入西門，門曰金德，內有臨潢館。子城東門曰順陽，北行至景福門，又至承天門，內有昭德、宣政二殿，與氈廬皆東向。」《三朝北盟會編》㉛政宣上帙卷

㉙ 舒焚〈遼帝的柴冊禮〉謂天祚僅於乾統三年一行柴冊禮，蓋漏讀帝紀，又未參考蕭義墓誌。舒文收入《遼金史論集》第四輯。

㉚ 羅福頤編《滿洲金石志》，收入《石刻史料新編》第一輯（臺北：新文豐出版公司，一九七七年）第二十三冊。

㉛ 徐夢莘《三朝北盟會編》（臺北：臺灣商務印書館，影印四庫全書本）。

三述金俗云：「門皆東向。」北方民族自匈奴以來又以左爲尊，《史記·匈奴列傳》云：「其坐，長左而北向。」《史記正義》云：「其座北向，長者在左，以左爲尊也。」蓋匈奴尙左，不惟坐次，官職亦然，故史述匈奴職官，皆先左後右，故《史記》又云：「匈奴謂賢曰屠耆，故常以太子爲左屠耆王。」後世坐尙東向雖與匈奴尙北向有異，而其尙左則同，考《新唐書·北狄傳·渤海》，其國職官多分左右，亦先左後右，是尙左也。

此碣云正續二妻各在南北，則高松哥之墓爲東或西向可知。若高松哥墓西向，以松哥爲左，則大氏位當在其右，亦即在北，次妻高氏當又在松哥之左，亦即在南；今大氏既在南，高氏既在北，則松哥之墓東向可知。是松哥墓之方向，正續二妻之方位，皆反映當時北方民族之風俗也。

九、興中府改建三學寺碑銘并序（金世宗大定七年）

興中府改建三學寺碑，釋文載羅福頤《滿洲金石志》卷三，謂石在熱河朝陽縣（良按：今屬遼寧）。

碑首云「興中府尹銀青改建三學寺及供給道糧千人邑碑銘并序」，「興中府尹銀青」者，即碑末題銜「都維那銀青榮祿大夫行興中尹上柱國廣陵郡開國公食邑二千戶食實封貳佰戶高思廉」其人，碑述高思廉應信衆要求改建三學寺並發起千人邑之始末。

碑文云：「三學，其事非細，朝廷視之，尙爲重矣。凡起經、律、論之師者，差官考試，本府臮五州義學各宗出題，答義中選者，取三人，授命爲三宗法師，下四方學者日興講肆，不惟圖增聖曆綿長，抑亦使佛法傳遠而不見廢絕者，其在茲乎。」按：三學者，謂經、律、論三學，三學寺者，有經、律、論三宗法師駐錫，以授學者，其人則官府考試得之，其制度殆濫觴於唐朝之立僧錄，金則襲自遼代，故碑文又云：「三學者，其來遠矣，爰自於唐肇起之也。迨及有遼，建三學寺於府西。……聖朝既獲遼土，設三學如故法。」然三學非興中府特有，當時各州多有之：遼〈中京諸寺沙門施財題名〉㉜中有三學寺主、三學寺律法師淨業、三學寺論法師運志、三學寺經法師詮常，是遼之中京（良按：即大寧）有三學寺也；又大安二年〈易州太寧山淨覺寺碑銘〉㉝載「前燕京三學律法師崇範大德」云云，大安七年王鼎撰〈法均大師遺行碑銘〉㉞載「燕京三學寺論場虛位，公選當仁」云云，南抃撰〈普濟

㉜ 見《滿洲金石志》卷二。

㉝ 釋文載《遼代石刻文編》頁四〇三至四〇五。

㉞ 釋文載《遼代石刻文編》頁四三七至四三九。

寺嚴慧大德塔記銘〉㉟亦云「乾統七年春，燕京三學寺殿主嚴慧大德賜紫沙門等偉痼疾作」，是遼之燕京有三學寺也；金沙成之撰〈甘泉普濟寺賜紫嚴肅大師塔銘〉㊱，載嚴肅大師「（熙宗皇統）八年，又奉宣越本宗上試十題，所答無不中理，選定充平州三學律主」，是平州亦有三學寺也。然則三學寺者，與它寺異，官方設立之性質較爲顯著者也。

遼金之時，佛教甚盛，而官府多加干預，固不獨三學寺也，以任命出自官府，故法師駐錫，常見某某官員請之或命之之說，如〈汝州香山秀公禪師塔銘〉㊲云：「大定辛丑九月□有五日□癸□唐國公主駙馬統年烏林荅請住智海禪院。」又如衛紹王大安元年〈崇公禪師塔銘〉㊳述禪師生平云：「大定二十七年，誦《法華經》中選，受具之後，首詣少林寺參照禪師。會山陰縣羅漢禪剎虛位，光祿大夫駙馬都尉蒲察知河南府，洎同知許中順命師主之。照公退席少林，駙馬洎治中驃騎紇石烈請師移踵其跡。泰和七年五月，南京統軍鎮國徒單、榮祿大夫六駙馬都尉、國子司業劉奉直、同知孫中順、治中武奉直，具疏請師開堂。」皆其例也，然與三學寺之爲官方性質又不同矣。

逮於明朝，猶有筆試以擇住持之制度。明沈德符《萬曆野獲編》㊴卷二十七「僧家考課」條云：「兩京僧人，俱屬祠部，每缺住持，則祠部郎中考其高下，以居首者塡補。往遊金陵，見三大寺首僧儀從甚都，蓋靈谷、天界、報恩三大剎爲最，所領僧幾千人，而棲霞等五寺次之。靈谷寺住持年甫弱冠，姿貌清粹，出考卷見示，則皆四股八比，與儒家無異，亦有新詞綺句，其題則出《金剛》、《楞嚴》諸經，其入選者，亦稱祠部郎爲座師，呼其同輩爲敝寅，堪爲破顔。」以此與上文相證，知其來之有自，今雖不悉遼金人筆試之詳，乃明人竟用八股，亦難爲釋子而可爲《制義叢話》㊵添一則掌故矣。

十、道士曹道清碑文（金章宗承安四年）

曹道清碑，釋文載羅福頤《滿洲金石志外編》㊶頁三八至三九。

㉟ 釋文載《遼代石刻文編》頁五七一至五七二。

㊱ 張金吾《金文最》（臺北：成文出版社，影印光緒乙未蘇州書局本）卷五十五。

㊲ 同前註，卷五十六。

㊳ 武億《授堂金石文字續跋》卷十二。

㊴ 沈德符《萬曆野獲編》（臺北：新興書局有限公司，一九七六年）。

㊵ 梁章鉅《制藝叢話》（臺北：廣文書局影印本，一九七六年）。

㊶ 羅福頤編《滿洲金石志外編》，收入《石刻史料新編》第一輯第二十三册。

碑陰記立碑人，依序有「乣首」、「提點」、「邑長」、「二官」、「三官」、「邑師」等銜，羅福頤引《吉林通志》釋之云：「乣字字書所無。始見於《遼史·百官志》，有十二乣軍。〈語解〉：乣轄乣軍，軍名。轄者，管束之義。金〈百官志〉諸乣詳穩一員，掌守禦邊堡。〈語解〉：諸乣，邊戍之官。〈丞相襄傳〉：乣雖異類，亦我邊民。是乣首者，蓋管邊戶之人。提點，蓋經理廟宇者，如宋時宮觀有提舉、提點是也。遼京西戒壇寺陀羅尼幢有邑長、邑證、邑錄等名，此之邑長、邑師，蓋亦其類，或即今甲長、牌頭之制歟？二官、三官則次於長者也。」按：此說是非參半，茲分別釐清之。

乣首者，又作糺首或糾首，糾者，糾集之義[42]，糾首乃糾集民間宗教社團之人之謂。皇統八年徐卓〈宜州廳峪復建藏經千人邑記〉[43]云：「郡人馬祐者，乃逸士也，遯世高蹈，卜居相鄰，自觀煨燼之餘基，誓發繼興之大願，遂與舊邑人顏壽等親爲倡率，轉相糾合，乃得千人，立爲一社，衆推馬祐爲邑長，以顏壽爲提點，募錢易經，鳩工構藏。」此云「轉相糾合」，正合「糾」字之義。遼乾統三年韓溫教撰〈金山演教院千人邑記〉[44]：「沙門善信……爲報四種之恩，遂結千人之友，爲念佛邑，每會稱念阿彌陀佛名號，庶盡此報，同生極樂世界，是其願也。」此文所謂「結」，義即「糾」也。蓋自六朝以來，民間自結宗教社團，謂之「邑」。依其規模，有五十人之邑[45]，有百人之邑[46]、有百五十人之邑[47]，有千人之邑、有三千人之邑[48]，人數多寡不等。依其性質，則有稱爲念佛邑者，見上引〈金山演教院千人

邑記〉，蓋淨土宗之社團；有稱爲螺鈸邑者，見遼大安六年〈靳信等邑衆造塔記〉㊾，乃演

㊷ 閻萬章〈論遼金元史中的乣與糺〉受王國維〈元朝秘史之主因亦兒堅考〉一文之影響，又將糺首之糺牽連乣軍之乣立論，謂糺首當讀爲主首，《觀堂集林》卷十六其說未切糺首之名義。閻文收入《遼金史論集》第四輯。

㊸ 釋文載《滿洲金石志外編》頁二二至二三。

㊹ 釋文載《遼代石刻文編》頁五三三至五三四。

㊺ 如北魏正光三年〈五十人造像記〉，見王昶《金石萃編》卷二十九。收入《石刻史料新編》第一輯第一册。

㊻ 如北齊後主武平三年〈邑義主一百人等造靈塔記〉，見《金石萃編》卷三十四。

㊼ 如北齊河清三年〈在孫寺造像記〉，見《金石萃編》卷三十三。

㊽ 金代釋行滿〈沃州柏林禪院三千邑衆碑文〉云「三千邑衆，同會修因」，見《金文最》卷四十三。

㊾ 釋文載《遼代石刻文編》頁四二七。

奏宗教音樂之社團；有稱爲太子聖誕邑者，見遼壽昌四年〈易州興國寺太子誕聖邑碑〉[50]，太子指如來，蓋慶祝佛誕之社團；有稱供塔燈邑者，見遼乾統十年〈雲居寺供塔燈邑碑〉[51]，乃出資出力供養佛塔燈燭之社團；有稱供給道糧邑者，見本文上則金世宗大定七年〈興中府尹銀青改建三學寺及供給道糧千人邑碑銘幷序〉，有云「當糾千人邑，不問僧尼道流男女老幼，每歲十月一日，人各納錢二百、米一斗，永給道糧」，則供養僧衆之社團也：種種不一。蓋邑之組織，純屬民間自發，則「糾首」與「糺軍」無關，「提點」、「邑長」等亦與祠祿、鄉官無關，《吉林通志》之說誤矣。

　　蓋邑之組織，規模、性質各有不同，則其負責人等，人數多寡、頭銜名目，自可相異，元至元三十年〈義勇武安王碑〉[52]碑陰題名有「都糾首」、「副糾首」、「邑長」、「副邑長」、「二官」、「副提點」、「都邑證」、「副邑證」、「都邑錄」、「副邑錄」、「錢帛」、「副錢帛」、「邑判」、「邑催」、「看廟主」等稱，繁複過於前文所舉者。蓋糾首者，今所謂發起人或召集人也；邑長者，清代民間社團所謂董事也；提點者，實際執行其事者也[53]；邑證者，監察人也；錢帛者，掌財物之人也；邑錄者，掌理文書之人也；邑判者，收發文書之人也；邑師者，今所謂顧問也；二官、三官者，今所謂助理也。然則吾國民間宗教社團之規模與組織形態，由簡而繁，由疏而密，其來固已舊矣。

原載《臺大中文學報》第十一期（臺北：臺灣大學中國文學系，一九九九年五月）頁二六七至二八六。

㊿ 釋文載《遼代石刻文編》頁四八六至四八七。

51 釋文載《遼代石刻文編》頁六一四至六一五。

52 釋文載《滿洲金石志外編》頁五一至五四。

53 遼道宗清寧三年〈豆店清涼寺千佛像石幢記〉有云「提點成辦人馮絢」，釋文載《遼代石刻文編》頁二七九。

元明碑誌考釋十則

金石學家研究石刻，多止於宋、金兩朝，元、明以降，著錄甚尠，蓋以爲世近，考古無所資用，故忽略之。實則史料者，多多益善。元、明史籍雖富，其事不能悉載也，尤以社會史料爲然；則其時碑誌所見，烏知其無用哉！近年考古所獲元、明兩朝石刻，頗有足資考證者，亟加利用，以成是篇。凡有關名、字、排行者二則，論居家、喪葬習俗者二則，論明代宗室、公主者二則，考明代兵制者二則，考抗元、抗清事跡者二則。覽者幸察其用意焉。

【提要】

一、張氏貴二孺人壙記（元仁宗延祐五年）

此記多見女稱，因論元時以功令關係，庶民無職者，男女俱有以字輩冠行第爲名之俗，至明仍有因襲者。

二、武林弭災記（元順帝至正三年）

碑文楊維楨撰，記元時杭州火災事。茲據毛奇齡說，論杭城多火災者，以萬民集聚而建築材料多易燃物故也。

三、張貴墓誌（明太祖洪武三十一年）

誌文見明初垛籍之制及兵制之弊，因取《明史·兵志》相印證。

四、長汀縣主墓誌銘並序（明武宗正德八年）

就誌文所述，申論明代選尚帝女之制度及其弊政。

五、新建王張二公祠堂記（明武宗正德十二年）

此記述宋末張珏守蜀死事，語焉不詳，因據《宋史》以明張珏乃守重慶而死，不在合州釣魚城。復據清乾隆「釣魚城功德祠碑」，以明守合而降者王立之事蹟。

六、買鳳暨妻馬氏墓誌銘并序（明神宗萬曆三年）

論誌主買鳳族出回回，信仰回教，葬以回俗。後其子買顯祖以讀儒書，信仰轉變，故營母喪、改葬其父，俱從漢俗。

七、兵部尚書王邦瑞暨二夫人合葬壙誌并序（明神宗萬曆十六年）

誌文載王邦瑞改革京營之事，因據之以論《洛陽新獲墓誌》一書跋語之誤。

八、鎮國將軍朱拱榢妻劉氏壙誌銘并序（明神宗萬曆二十年）

誌文載朱拱榢嘗論宗室限祿、不許入仕二事，因申論明代宗室政策之失。

九、吴邦振吴十墓誌銘并序（明神宗萬曆二十四年）

此記多見男稱，因論明代因受元時功令之影響，男子有以字輩冠行第爲排行、取名又另有字輩之俗，與元時以字輩冠行第爲名之俗不同，而有因襲之軌跡。又述此誌可考明代著名製瓷藝師吴十九之姓氏、排行、里籍、家世。

十、蜀王睿製天生城碑記（明永明王永曆十一年）

此記爲張獻忠養子、明封蜀王劉文秀建築天生城之記功碑。除考釋關鍵字句外，駁學者所持劉曜即劉文秀之誤説。

一、張氏貴二孺人壙記（元仁宗延祐五年）

謝瑞甫妻張貴二壙記，其長子謝偉撰并書，一九八三年出土於江西樂平縣，石藏該縣博物館，文載《江西出土墓誌選編》❶一〇三號，拓本未見。

壙記載親屬甚多，男子或有字輩（或謂班輩），或無字輩，其女子，則張氏名「貴二」，女三人曰「秀一娘」、「秀二娘」、「秀三娘」，孫女曰「京一娘」，外甥女五人曰「王寧一娘」、「王寧二娘」、「張玄一娘」、「蔡敬一娘」、「蔡敬二娘」，其王氏又有孫女曰「福一娘」。又，江蘇太倉原有延祐四年文昌樓殘鐘，其陽識❷載助緣人題名，有「沈氏季一娘子」、「閻氏榮二娘」、「徐慶娘」、「陸氏廿七娘」、「許氏細三娘」、「吴氏細一娘」，六人中確定以字輩冠行第爲名者四人，命名與張貴二壙記所見者相似，則此俗蓋非江西一地之事，而有待發之覆矣。

按：上揭女稱，似名、字而若非名、字，似行第而若非行第，然而乃名也。考古人爲標明輩份，而於二名中取一字爲字輩，其源蓋起自晉末❸；唐宋人則名、字而外，又慣以行第稱，如元稹之稱元九、歐陽脩之稱歐陽九是也。上揭女稱皆有數字，若行第者，然行第前又冠一字，則又非單純行第矣。俞樾《春在堂隨筆》❹卷五稱：「徐誠庵大令爲余言：向見吾邑蔡氏家譜，有前輩書小字一行云：『元制庶民無職者不許取名，止以行第及父母年齒合計爲名。』此制於《元史》無徵，然證以明高皇所稱其兄之名，正是如此，其爲元時令甲無疑矣。見在紹興鄉間頗有以數目字爲名者，如夫年二十四，婦年二十二，合爲四十六，生子即名四六；夫年二十三，婦年二十二，合爲四十五，生子或名爲五九，五九四十五也。以上並徐君說。余考明勳臣開平王常遇春曾祖四三、祖重五、父六六；東甌王湯和曾祖五一、祖六一、父七一；亦以數目字爲名。」俞氏謂「明高皇所稱其兄之名，正是如此」者，據明太祖親撰〈皇陵碑〉言之。考〈皇陵碑〉文，諸家所載殘漏不一，以余所知，《梵天廬叢錄》❺卷一所載最爲完整，茲錄其與此事有關者：「上世以來，咸勤服農桑，世次漫不可考，今謹缺之。自五世仲八公娶於陳氏，生男三人，長六二公，次十一公，其季百六公，是爲高祖考。娶胡氏，生子二，長四五公，次四九公，即曾祖考。娶侯氏，生子曰初一公、初二公、初五公、初十公，凡四人，初一公即祖考。娶王氏，有子二，長五一公，次五四公，即先考也。……先伯考娶劉氏，生子四，重一公、重二公、重三公，皆生於盱眙，次重五公，生於

---

❶ 陳柏泉編著《江西出土墓誌選編》（南昌：江西教育出版社，一九九一年）。

❷ 見陸增祥《八瓊室元金石偶存》。收入《石刻史料新編》第一輯（臺北：新文豐出版公司，一九七七年）第八冊。

❸ 詳參《原抄本日知錄》（臺北：明倫出版社，一九七四年再版）卷二十四「排行」條。

❹ 收入《春在堂全書》（臺北：中國文獻出版社影印本）第五冊。

❺ 柴萼《梵天廬叢錄》（臺北：禹甸文化事業有限公司影印本）。

鍾離。先考娶泗州陳氏，是爲先妣。有子四，長重四公，生於盱眙，次重六公、重七公，皆生於五河，□□（原注：按即明太祖名。良按：名重八）其季也。」又，《明史·張士誠傳》載：「張士誠，小字九四，泰州白駒場亭人。有弟三人，並以操舟運鹽爲業，緣私作姦利。……士德，小字九六。」此所謂小字九四、九六者，乃原名，士誠、士德，則起事後所改者。據此，謂元時以功令關係，庶民無職者，第以數字爲名，非無據也。

唯俞樾之說，仍有可議者，彼謂清代紹興鄉間仍有以數字爲名❻係沿元俗，固是，而謂常遇春、湯和三代「亦以數目字爲名」，則未達一間。按：明太祖前四世祖第一字爲四、初、五、重，常遇春三代名之第一字爲四、五（重五即五五）、六，湯和三代名之第一字爲五、六、七，張士誠兄弟名之第一字爲九，乃以數字爲字輩，以明輩份，其第二字方屬行第，所謂初一、四三、重五、九四者，並非單純「以行第及父母年齒合計爲名」，而與秀一、秀二、寧一、寧二取名同一方式，唯不識字之家，幷以數字爲字輩、行第，視此爲便耳；乃學者迄今仍多據俞氏「以行第及父母年齒合計爲名」之說爲解，蓋不然矣。朱、常、湯、張四氏曁前三四代，其生皆在元時，是則元時以字輩冠行第爲名，男女皆同其俗。蓋漢族取名以字輩明輩份之俗行之已久，若第以數字爲名，則輩份不明，故以一字冠行第前，則輩份、行第俱明矣。此依違於功令與習俗間所產生之現象也。

迨入明，庶人無職不許取名之令雖弛，而民間猶多沿襲元俗者，以余所知，江西爲最，趙翼《二十二史劄記》❼卷三十六「江西盜」條云：「正德中，流賊不獨劉六七等也，江西亦有劇盜。撫州則王鈺五、徐仰三、傅傑一、揭端三等，南昌則姚源賊汪澄二、王浩八、殷勇十、洪瑞七等，瑞州則華林賊羅光權、陳福一等，贛州則大帽山賊何積欽等。朝命陳金總制軍務討之。……（陳金傳）……金浩八據貴溪之裴源山，……（俞）諫與副總兵李鋐殊死戰，賊乃走，追數十里，擒浩八，其黨胡浩三，既撫又叛，參政吳廷舉往諭，爲所執，居三月，盡得其要領，誘浩三殺其兄浩二，官兵乘亂攻之，遂擒浩三，以次平劉昌三等。而東鄉賊王垂七、胡念二等，又殺官吏，焚廨舍，諫又發兵擒之，亂乃定。（俞諫、李鋐、吳廷舉等傳）。」此條所述正德中江西劇盜，除羅光權、何積欽外，皆以字輩冠行第爲名，即襲元俗也。是知習俗既成，雖鄙陋猶能傳之久遠，操世運、移風俗者，能不愼乎！

二、武林弭災記（元順帝至正三年）

武林弭災記，楊維楨撰，陳邁正書，立於元至正三年十二月望日，文載王昶《金石萃編

---

❻ 魯迅，紹興人，其小說〈社戲〉中有名「六一公公」者，蓋據其鄉俗而來，可與俞說相印證。

❼ 趙翼《二十二史劄記》（臺北：世界書局排印斷句本）。

未刻稿》❽卷下，内容載至正二年、三年杭城大火始末。前人無考。

碑文先述災情及止熄情狀云：「至正二年四月一日杭城大菑，燬民廬舍四萬有畸；明年五月四日又菑，作於車橋，火流如烏，孛如棓衡，所指即炎，勢且偪西湖書院，在官正徒，奔走莫遑救，武守府守雖亢，而無所於用。肅政司在院東，於時憲副高昌斡欒公、覃懷李公、憲僉大名韓公、知事廣平張公、照磨睢陽張公，齊面火扣首曰：『火寧焚予躬，勿民災也。』言一脱口，風從西北轉東南，若有神幟熾而返者，鬱攸焰及院北垣，即銷滅沈去，又若金支赤蓋度河而溺也，繇是院與司皆按堵如故，而城郭郊保賴以安全。」據此，則當時杭城火災可謂頻繁而熾烈矣。乃楊氏雖以宿儒稱，竟不思其所以然之故以防範之，而謂：「迅矣哉，天之以火警人也；敏矣哉，人之以心迴天也。」又謂：「今風紀者之德，爲出政之本，足以迴天弭變。」按：火災之起滅，與人心之誠否，實無關係，乃當時官紳竟以此論事，欲火災之不再，豈可得乎！毛奇齡《西河文集》❾〈杭州治火議〉云：「杭州多火災，歲必數發，發必延數里，且有蹈火以死者。予僦杭之前一年，相傳自鹽橋至羊市，縱横十餘里，其爲家約六萬有餘，死者若干人，予雖未親見，顧焦爛猶在目也。乃不數年，而自孩兒巷至菜市東街，與前略相等，予所僦住屋，已親見入煙燄中。其他則時發時熄，不可勝計。以詢居人，即中年者，亦必答曰：『予生若干次矣。』其最徼幸可喜，亦必樹一指曰：『慚愧，已一次矣。』從未有云無有者。頃者，黄中堂門樓偶不戒，而五人齊死一樓，不得下。

逾日，而藩司東街又復延熳里許，焚燒數百家。又踰日，而太平門外忽熛燄蔽天，不知所究竟。今則櫡堂上下復炎炎矣。」據此，則杭城火災之頻繁熾烈，乃數百年間一無解決之道。杭人論火災之頻，或謂天象使然，或謂地理使然，或謂乏水井，或議築火巷，毛氏前揭文皆駁之，以爲杭城所以獨多火災者，以建築材料易致火故也，其言曰：「夫火不自致，必有所以致之者。嘗疑失火塘報，各省無有，獨杭城則屢見報文，下此惟湖之漢口，偶有報延燒至數千家者，則必杭之房與漢口之屋有異於他。而備查兩地，則漢口專用竹，而杭則兼用竹木，自基壂以至樑欐棟柱欂櫨，無非木也，而且以木爲牆障，以竹爲瓦薦壁夾，……計一室所用，其爲塼埴之工者，祇瓦稜數片耳。」毛氏因勸杭人以磚瓦易之，並成立社區防火組織。人或譏毛氏之學術，然以此事論之，勝楊維楨輩萬萬矣。夫杭城乃人文薈萃之都會，數百年間，豈無千萬讀書之人？乃對民生之事，懵懂若此，豈非囿於當時所謂心性之學歟！用

❽ 收入《石刻史料新編》第一輯第五冊。按此書原稿未題作者，後爲羅振玉所得，因舉三證以明爲王氏之作，詳見目錄後羅氏跋語。

❾ 收入毛奇齡《西河全集》（臺北：臺灣商務印書館，國學基本叢書本）。

知讀書之人，固不可游心於經世致用之外而自以爲高也。

此碑有「奉政大夫江浙等處儒學提舉班惟志篆蓋」字樣，考此石是碑非誌，本無蓋，「篆額」而曰「篆蓋」者，當時相沿誤用也，其例又見《金石萃編未刻稿》卷上至元二十三年〈蕪湖縣學重新學記〉、卷下至元六年〈萬春山眞覺禪寺記〉、至正四年〈重建東嶽廟記〉，然名不正言不順，不足爲例矣。

三、張貴墓誌（明太祖洪武三十一年）

張貴墓誌，石藏河南省濬縣博物館，拓本及釋文見《新中國出土墓誌·河南卷》⑩第一一六號。

全文云：「考云：國初時有垛籍例，凡同姓異姓之人，合戶附籍當差。若彼張八，其名張貴，廼山東定陶人也。亦流落王二莊居住。我與張八，雖是同姓，卻是各祖異族之人，因遇垛籍例，偶合一戶。其後定里甲，遂僉張八太安里里長一名。洪武十八年，張八領狗打圍，冒犯招軍官，又報張八軍一名，充大寧前衛後所張旺下軍，張八雇伊女□鄧小童應役不缺。洪武三十一年十月十八日張義等刻石。」誌文簡短，全非墓誌體，書法亦鄙陋，蓋誌石者本非讀書之人也。然所述事，可與《明史·兵志四》所載相印證（下文引，但曰《明史》）。

「垛籍」《明史》作「垛集」，其言云：「明初，垛集令行，民出一丁爲軍，衛所無缺伍，且有羨丁。」此言「民出一丁」，蓋以戶言，今據誌，知有合戶當差之法，則又非專爲徵集衛所軍士而設，可爲《明史》注腳。

誌文又云張八「冒犯招軍官，又報張八軍一名，充大寧前衛後所張旺下軍。」按：「招軍官」者，其名不見於史，蓋即《明史》之「清軍官」也。《明史》云：「大都督府言：起吳元年十月，至洪武三年十一月，軍士逃亡者四萬七千九百餘。於是下追捕之令。……十六年，命五軍府檄外衛所，速逮缺伍士卒，給事中潘庸等分行清理之。」清軍官既清理軍籍，而張貴得罪之，故明知彼已充里長當差，仍報其另充衛所軍士，以懲罰之。按《明史》載宣宗宣德中「常州民訴受抑爲軍者七百有奇」，又「正統初，令勾軍家丁盡者，除籍，逃軍死亡及事故者，或家本軍籍，而偶同姓名，里胥挾讎妄報冒解，或已解而赴部聲冤者，皆與豁免」，據誌，則挾怨抑人爲軍之事，洪武年已有之矣。

蓋官吏爲其私便，抑民爲軍，而小民亦有代行、雇用之事，《明史》云：「（洪武）二

---

⑩《新中國出土墓誌·河南卷》（北京：文物出版社，一九九四年）。

十一年，詔衛所覈實軍伍，有匿己子以養子代者，不許。」張八一人兩籍，不得已而雇郭小童應役，又非「匿己子以養子代者」之比，而藉知明代兵制之弊，非僅《明史》所載者而已也。

四、長汀縣主墓誌銘并序（明武宗正德八年）

長汀縣主墓誌，崔銑撰文，一九六九年與姚庚所撰同一縣主墓誌並出土於河南湯陰縣瓦崗鄉鄭家屯村，石現存鄭家屯村家祠堂。拓本及釋文幷見《新中國出土墓誌·河南卷》第〇四六號、第〇四五號。姚庚者，縣主父家湯陰王府教授，文刻於正德七年十二月二十二日，謂縣主享年四十一；崔銑者，縣主夫婿之姻親，文刻於正德八年正月十二日，謂縣主享年四十；二文不同，而皆納於壙，蓋縣主之父、夫兩家各自乞銘，而皆以時至，人情不能卻其一，故並納之，亦特例也。

崔文云：「長汀縣主者，趙府湯陰莊僖王第四女也。……年十五，湯陰鄭璣尙焉，授宗人府儀賓。……鄭氏多田，故饒財。男農，間出治賈；女習織蠶，閫事不聞。」考《明史·公主傳》云：「明制：皇姑曰大長公主，皇姊妹曰長公主，皇女曰公主，俱授金冊，祿二千石，婿曰駙馬都尉。親王女曰郡主，郡王女曰縣主，孫女曰郡君，曾孫女曰縣君，玄孫女曰鄉君，婿皆儀賓。郡主祿八百石，餘遞減有差。」鄭璣既尚縣主而授儀賓，以此。又，《萬曆野獲編》⓫《補遺》卷一「公主下嫁貴族」條云：「本朝公主，俱選庶民子貌美者尙之，不許文武大臣子弟得預，爲慮甚遠。然亦有偶值不盡然者，如……」鄭氏乃男耕女織之家，而尙縣主，遵制度也。

崔文又云：「縣主聰慧婉順。凡主適夫家，處尊幼悉以亢。近年稍抑，則乘驢車造人家飲，或出郭竟日嬉，揆帝家禮不宜。縣主每翁姑入府，治具上食唯謹。待姻與外家婦同。未嘗輒造人家。儀賓或病，視湯藥，自扶持之。」按：帝女降在民間，欲其遵禮守度，難矣。《明史·公主傳》云：「（英宗）重慶公主，與憲宗同母。天順五年下嫁周景。……主事舅姑甚孝，衣履多手製，歲時拜謁如家人禮。景每早朝，主必親起視飲食。主之賢，近世未有也。」按：事舅姑盡禮，新婦本分耳，視夫婿飲食，亦夫婦間平常事，而史官謂之「近世未有」，則明時帝女之驕縱，從可知矣。崔文謂時主以亢待人，輒出嬉遊，正可與《明史》相印證。長汀縣主不驕不惰，宜崔銑以誌墓銘也。

至崔文謂長汀縣主「每翁姑入府，治具上食唯謹」，〈公主傳〉謂重慶公主「事舅姑甚

⓫ 沈德符《萬曆野獲編》（臺北：新興書局影印本，一九七六年）。

孝，衣履多手製，歲時拜謁如家人禮」者，蓋公主下降，皆別居，故云「翁姑入府」、「歲時拜謁」，考嘉靖四十年〈黎城郡君墓誌銘幷序〉⑫既載郡君幼受宸濠案牽累，既嫁江松泉而未受封，迨事平乃受封如制，又云：「舊制，居有料價費，不下數百金，乃私謀於松泉君曰：『吾輩受朝廷恩厚足矣，幸有居室，何料價爲，盍辭于有司以供他費！』」此可證當時制度，公主下降皆另給料價費買第別居。

抑考明代帝女之驕縱者，蓋又有故，則嫁主之制度令人欲賢而不可得是也。《萬曆野獲編》卷五「駙馬受制」條云：「公主下降，例遣老宮人掌閤中事，名管家婆。無論蔑視駙馬如奴隸，即貴主舉動，每爲所制。選尙以後，出居于王府，必捐數萬金，遍賂內外，始得講伉儷之好。……頃壬子之秋，今上愛女壽陽公主，爲鄭貴妃所出者，選冉興讓尙之，相歡已久，偶月夕，公主宣駙馬入，而管家婆名梁盈女者，方與所耦宦官趙進朝酣飲，不及稟白，盈女大怒，乘醉挟冉無算，驅之令出，以公主勸解，幷詈及之。公主悲忿不欲生，次辰奔訴於母妃，不知盈女已先入膚愬，增飾諸穢語，母妃怒甚，拒不許謁。冉君具疏入朝，則昨夕酣飮宦官，已結其黨數十人，群捽冉於內庭，衣冠破壞，血肉狼籍，狂走出長安門，其儀從輿馬，又先簞散。冉蓬跣歸府第，正欲再草疏，嚴旨已下，詰責甚厲，褫其蟒玉，送國學省愆三月，不獲再奏。公主亦含忍獨還。彼梁盈女者，僅取回另差而已。內官之群毆駙馬者，不問也。」按：公主既嫁庶民，別居，已乏尊長督促，又令此輩輔導，則雖欲賢慧而不可得。

試思此輩若不導公主以亢待人、輒出嬉遊，何能肆其淫威而獲利益乎！嗚呼！有明一代之弊，即此事已足以小窺大矣。

五、新建王張二公祠堂記（明武宗正德十二年）

新建王張二公祠堂記者，宋末抗元名將王堅、張珏祠堂之碑記也。祠堂建於明弘治七年，此碑則正德十二年郡人與郡官所立。石現存釣魚城歷史文物陳列館，拓本及釋文分見《四川歷代碑刻》⑬二〇〇、二〇一頁。

碑文述張珏事跡云：「張公珏初副王公（堅），戰守有功。王還，以公代之。自被兵以來，民凋弊甚。公外以兵護耕，內敎民墾田積粟，不再期，公私兼足。咸淳癸酉，元將合刺用劉整計，自靑居進築馬騣山以圖合，公擊走之。德祐乙亥，詔以公爲制置使，仍駐合。時兩川州縣俱沒，惟合堅守不下。元東西行院合兵來攻，連敗去。景炎戊寅，元兵大集，公衆

⑫ 見《江西出土墓誌選編》一九一號，一九五九年出土於江西南昌市。

⑬ 高文、高成剛編《四川歷代碑刻》（成都：四川大學出版社，一九九〇年）。

寡不敵，且爲偏裨所賣，遂被執，抗節不屈而死。信國公文繫燕獄，集杜詩云：『氣敵萬人將，獨在天一隅；向使國不亡，功業竟何如。』蓋惋此也。時宋室已亡，全蜀皆陷，而合獨後，公之力已。」按：碑文所述，蓋據《宋史·忠義傳六·張珏傳》，皆是也，然行文語氣，似謂張公守合而死者，實則不然。考諸該傳，張公繼王堅守合州釣魚城，有功，「德祐元年，升四川制置副使，知重慶府」，時仍駐合，「五月，加檢校少保，徵其兵入衛，蜀道斷，不得達」，嗣元兵圍重慶，張公百端解之，德祐二年（景炎元年）「十二月，趙定應迎珏入重慶爲制置」，景炎三年二月，「城中糧盡，（部將）趙安以書說珏降，不聽。安乃與帳下韓忠顯夜開鎮西門降。珏率兵巷戰不支，歸索鴆飲，左右匿鴆，乃以小舟載妻子東走涪，中道大憾，斧其舟欲自沉，舟人奪斧擲江中，珏踴躍欲赴水，家人挽持不得死。明日，萬戶鐵木兒追及於涪，執之送京師。重慶降。……進攻合州，破外城。三月，王立亦降。珏至安西趙老庵，其友謂之曰：『公盡忠一世，以報所事，今至此，縱得不死，亦何以哉？』珏乃解弓弦自經廁中，從者焚其骨，以瓦缶葬之死所。」觀此，張公之殉節，其烈不減文信國，然非守合州而死也。

蓋守合州而降者，王立也，而此碑述之不詳。今釣魚城歷史文物陳列館藏有清乾隆四十四年郡守陳大文所立「釣魚城功德祠碑」[14]，述王立事甚詳。碑文云：「開慶乙未，元憲宗侵蜀，駐兵城下。郡守王公堅、張公珏相繼戰守。憲宗爲飛石所中，致疾而殂，曾遺詔于克城日屠其民，以雪仇恥。嗣珏擢重慶，繼以王公立爲安撫。至元丁丑，北兵攻圍甚急，立尚拒守魚城，詔命不通者三年。珏死難，重慶亦失，魚城無援。立于是時誓死報國，豈有二心。惟環顧數十萬生靈共罹屠毒，愁蹙不食。其家之義妹熊耳夫人乃擄自北營，命侍其母，見立之憂，始告以成都總兵李德輝即其親兄。立謀札求救，李公知夫人在魚城，乃盡心上奏，仍先傾兵至城下，立豎降旗以迎。北軍中有汪總帥者，必欲屠城剖赤，以報先帝之命。適朝使至，盡赦其罪。」按：碑文所載王立事跡，不見《宋史》，陳氏所述，蓋據地方文獻。然則前引祠堂記所謂「全蜀皆陷，而合獨後」者，固爲事實，唯於合州城守暨降元始末，述之不明，易滋誤解耳。

六、買鳳暨妻馬氏墓誌銘并序（明神宗萬曆三年）

買鳳暨妻馬氏合葬墓誌，一九八三年出土於河南沁陽市王莊鄉張莊村，拓本及釋文見《新中國出土墓誌·河南卷》第一八七號。

⑭ 拓本及釋文分見《四川歷代碑刻》頁二〇六、二〇七。

誌文云：「買氏，其先世山西太原人。國初有海得里者，避兵占籍河內，而河內有買氏自此始。曾祖諱大，祖諱謙，父諱秀，妣母氏。奕世明農，爲鄉邦所推讓。於弘治四年六月二十有六日而處士生，諱鳳，字朝陽。……配即孺人，郡名家馬公亮之女。……子一，即顯祖，娶處士馬堯鴻女。……女三，長適馬周，次適陳□，次適馬時兆。……孫女二，長字庠生馬學禮仲子，次幼，未字。」《新中國出土墓誌·河南卷》編者有「簡跋」，謂海、買、馬等姓，皆中亞回族之入中國者，以定買鳳族出回回。按：「簡跋」之說是也，而論之未詳。考《中華姓府》⑮「買」姓條云：「《潛夫論》：『微子之後。』《路史》：『太岳後有買氏。』《姓氏考略》：『莒子密州，字買朱鉏，其子孫或以字爲氏。今蜀中多買姓，爲元人買住之後。』」買住者，元濮國公耶律禿花之子，說元憲宗攻成都者也，見《元史·耶律禿花傳》。是《中華姓府》既載中國買姓，復載契丹裔買姓，而遺回回裔買姓。考回回本無姓，既入中國，以教主穆罕默德之第一音節爲姓，海、母、買、馬，其實一也⑯，而有分別血緣之用。今觀買氏婚姻，除一人適陳外，餘皆母氏與馬氏，蓋皆回回而信回教者也。

誌文謂買鳳云：「善事父母，和宗族。從叔聰乏嗣，既歿，族人欲析其產。處士曰：『尚有女，安忍奪之？』族人素信處士之廉直，遂唯唯，盡讓產於其婿丁奉⑰。由是鄉族益重其行。」按：《可蘭經》第四章第七節規定女子亦得繼承遺產，又第六節、第十節俱規定不得侵奪孤兒財產，買聰既有女，買鳳據經義維護之，故其族人之貪者，但能唯唯而已。

誌文云：「嘉靖十五年四月二十日，處士買君朝陽以疾正終。其子顯祖方三歲，孺人馬氏從其俗，葬於沁河南岸祖塋。」編者「簡跋」謂「從其俗」乃從回回習俗。按：「簡跋」之說是也，然買鳳子顯祖之改從漢俗，則「簡跋」討論未及。考誌文云：「（馬氏）極力營辦家務，課農桑，勤紡績，先業賴以不墜。當蕭太守家食時，門下傳經者衆，乃遣其子就學，而與兩庠閃希閔、王伯宗爲友。母嘗誨之曰：『恐家業妨汝學業，我當其勞，遺汝以專。』顯祖苦學，三試棘闈，有聲場屋。……抵今萬曆三年十月九日，孺人壽八十有四而正終。顯祖卜地於居宅之北三里許太行之麓建新塋，筮用是年十二月二十一日啓其父之窆而合葬之。痛父歿，己尚幼，衣衾棺槨未豐也，乃導其櫬於家，衣衾棺槨皆如母喪，且與母氏之

---

⑮ 王素存《中華姓府》（臺北：中華叢書編審委員會，一九六九年）。

⑯ 元時有回教詩人買閭，字兼善，祖哈赤。哈、買，用字不同，其實一也，其例與海、母、買、馬爲一相同。詳參陳垣《元西域人華化考》（臺北：世界書局影印本，一九八九年四版）卷五第三節〈回回教世家之中國詩人〉。

⑰ 元時色目不乏以丁爲姓者，如于闐儒者丁希元、回回教詩人丁鶴年、回紇畫家丁野夫等是，詳參《元西域人華化考》各卷。丁奉疑出西域回回。

柩並列合葬，祭三日而後納穴。」按：回教戒律甚嚴，人死即葬，衣衾墳墓極簡，穆罕默德之遺訓也⑱，故買鳳之卒，妻馬氏從其俗葬之祖塋。迨買顯祖苦學儒書，思想信仰大爲轉變，故停母喪近三月之久，又悲其父「衣衾棺槨未豐也」，自舊塋取父櫬合葬於新塋，此皆漢族之習也，蓋舊塋乃回回墓田，買顯祖既從漢習營墳，故不得不另建新塋也。此亦可覘買鳳原信回教，而其子顯祖以讀儒書受漢化之轉變矣。

七、兵部尚書王邦瑞暨二夫人合葬壙誌并序（明神宗萬曆十六年）

兵部尚書王邦瑞暨二夫人合葬壙誌，碑形，一九八九年出土於洛陽孫旗屯村北秦山上，石今立於宜陽縣蓮莊鄉蓮莊村王氏祖墳，拓本及釋文載《洛陽新獲墓誌》⑲第一六五號。該書有跋，凡與王邦瑞有關者，述之頗詳，今不贅；唯關於京營制度，跋有大誤，茲考正之。

誌文云：「公又念營政久廢，額盈伍虛，皆中貴人蠹之，請更定營制，而罷中貴人監軍。上是其議，遂親定三大營，曰五軍，曰神樞，曰神機，府曰戎政，將曰總督，文臣曰協理，以公爲之，而著令中貴人不得復監軍。百年之弊，一旦而絕。」按：《明史·兵志一》載王邦瑞建請改革營制云：「京軍三大營，一曰五軍，一曰三千，一曰神機，其制皆備於永樂時。……（嘉靖二十九年）復三大營舊制，更三千曰神樞。罷提督、監鎗等內臣。設武臣一，曰總督京營戎政，以咸寧侯仇鸞爲之；文臣一，曰協理京營戎政，即以邦瑞爲之。」其言與誌文合。蓋此乃有明一代兵制大事，若能貫徹，其後亦不致遇事輒土崩魚爛，誌文謂一旦而革百年之弊，非虛美也。

乃跋者斷句曰：「遂親定三大營，曰五軍、曰神樞、曰神機府；曰戎政將、曰總督文臣、曰協理，以公爲之。」復謂：誌文「戎政將」即指武臣，而「協理」乃「協理京營戎政」之省略，與「總督文臣」同指文臣，當是撰誌者誤，應以《明史》爲正。按：撰誌者王祖嫡官國子監司業，述此大事，何致於誤。跋者苟且斷句，妄加判讀，反指誌誤，殊爲粗心。今考正如上，讀其書者鑒之。

八、鎮國將軍朱拱椓妻劉氏壙誌銘并序（明神宗萬曆二十年）

鎮國將軍朱拱椓妻劉氏壙誌，一九八四年出土於江西新建縣，今藏江西省博物館，文載

⑱ 參考伊斯蘭教教長高浩然編著《認識伊斯蘭》（臺北：學海出版社，一九八四年）。

⑲ 李獻奇、郭引強編著《洛陽新獲墓誌》（北京：文物出版社，一九九六年）。

《江西出土墓誌選編》一九五號，拓本未見。

誌文謂朱拱榣：「當隆慶中，嘗斟酌時宜，建明均祿、入仕。大要謂：宗室係大明一脈子孫，初無貴賤殊等，如近議限封，則兄獲厚爵之高，弟無粒粟之食，何相懸若是也。《孟子》云：『餘夫二十五畝。』是民間之弟，王制尚有所給，矧同一帝王子孫，反有不得遂其生養如王民乎？顧生齒日繁，賦税有限，欲更加賦，將益病民。惟因厥省所供財賦，養厥省所封宗室。考諸嘉靖四十三年以前，未經減祿，歲支銀數劃爲定規。自後遇有新封，即于舊封祿内扣出，照爵遞減，多少均分。雖不能如初使之有餘，亦不至全無以致失所。無事加賦于民，而國用自足；無事定限封爵，而宗祿自均。……況宗學已久建，倘許仕進，俾有志者考選應試，中式者比王親仕格轉遷，既得少效微勞，補報萬一，且祿無重給，抑亦裁省一端也。疏上，穆廟下禮部，雖未遽覆行，識者賢之。」按：朱拱榣所議者，正明代宗室兩大問題，即宗祿不足與不許仕進是也。

考《明史·諸王傳一》云：「明制：皇子封親王。……親王嫡長子，……立爲王世子，長孫立爲世孫，冠服視一品。諸子……封爲郡王，嫡長子爲郡王世子，嫡長孫則授長孫，冠服視二品。諸子授鎮國將軍，孫輔國將軍，曾孫奉國將軍，四世孫鎮國中尉，五世孫輔國中尉，六世以下皆奉國中尉。其生也請名，其長也請婚，祿之終身，喪葬予費，親親之誼篤矣。」及年歲既久，生齒日繁，宗祿匱乏，《明史·諸王世表一》云：「明太祖建藩，子孫世系預錫嘉名，以示傳世久遠。當神宗中葉，僅及祖訓之半，而不億之麗，宗祿虧乏，議者遂有減歲祿、限宮媵、且限支子之請。由是支屬承祧者，親王無旁推之恩；群從繼世者，郡封絶再襲之例；以及名婚不時有明禁，本折互支無常期。」此謂萬曆中限封減祿也。今據劉氏壙誌，而知世宗嘉靖四十三年以前，已嘗以法減祿，其後又議限封，非始於萬曆中葉也。此誌撰於萬曆二十年，時復有限封減祿之議，故撰文者追述朱氏之言以賢之。

明代既優養宗室，又禁其習四民之業，置之閒散之地，蓋防其窺伺皇權也。《萬曆野獲編》卷四「宗室通四民業」條云：「本朝宗室厲禁，不知起自何時，既絶其仕宦，并不習四民業，錮之一城，至于皇親，亦不許作京官，尤屬無謂。」按：皇親不許作京官，則許作他官可知，朱拱椽建請允許宗室「有志者考選應試，中式者比王親仕格轉遷」者，謂此，而不獲採納。《明史·諸王傳·贊》曰：「有明諸藩，分封而不錫土，列爵而不臨民，食祿而不治事。蓋矯枉鑒覆，所以杜漢、晉末大之禍，意固善矣。然徒擁虚名，坐縻厚祿，賢才不克自見，知勇無所設施。防閑過峻，法制日增。出城省墓，請而後許。二王不得相見。藩禁嚴密，一至於此。當太祖時，宗藩備邊，軍戎受制，贊儀疏屬，且令遍歷各國，使通親親。然則法網之繁，起自中葉，豈太祖衆建屏藩初計哉！」蓋防閑之甚，遂令宗室以賢能爲戒，畏天子猜忌、小人進讒也。伊藩方城恭惠王「日從郡中長者□結『七閒社』，置酒高會」⑳，結社不曰「七賢」乃曰「七閒」，可鄙亦可悲矣，然孰令致之哉！故迨乎明末，中原板蕩，而宗室皆如廢人，未有能爲家國盡力者，蓋所由來漸矣。《鹿樵紀聞》[21]卷中「秦晉宗人」條，既歎崇禎之末宗人「皆束手待斃，未聞有以一矢加賊，與天子分憂急難。……意者王人之子孫，狃於富貴，故能振拔者少歟？抑亦靖難之後，前車是鑒，強幹弱枝，積漸之勢使然歟？」又引顧炎武之言曰：「自古待宗人之失，未有如本朝者。有周用人，必先同姓；漢、唐猜忌骨肉，然劉氏、李氏之任宰相、官中書者多有矣。獨本朝庸疏舍戚，既不得筮仕爲吏，又限之國城，若無罪而受拘。故不肖者怙侈放僻，以爲民患；而賢者亦第謹身寡過，安於豢養。舉天下之宗，無一人任國家之事，以生草澤之心，而來遠人之侮，卒之幹折枝摧，一時同盡。嗚呼！是亦後王之大戒已！」[22]考明朝之覆亡，原因固有多端，而棄宗室不用，欲以一人之力保一姓之天下，亦重要原因之一。嗚呼！可悲也已！

九、吳邦振昊十墓誌銘并序（明神宗萬曆二十四年）

吳邦振墓誌，瓷質圓形，以青色顏料書寫，一九七三年出土於江西都昌縣，今藏江西省博物館，文載《江西出土墓誌選編》一五四號，影本未見。

誌文云：「吳公諱邦振，行昊十，號近泉先生，浮之景德人也。祖昺五公，父明四公，母蔣氏，三代皆不仕。……娶鎮市王升十二之女。孺人曰蘭眞，生男文博。孺人享年四十一而歸，文博亦早逝矣。公半百，繼兄邦昌次子文翰，娶里村程氏，有孫矣。公復娶何氏，亦無出耶。又娶沈氏，得女引香，適南門程怡四四。又幸得子文光，娶樂邑洪氏，喜有孫與女矣。……（何氏）卜葬于朱墝塢海螺山曉一公之墓上左，寅山申向。……（公）亦寄于何氏之右耶。……侄文魁書。男文翰、文光，媳洪氏引眞。孫國珍、國瑞、國玲、國琇。孫女迎弟。養子招六，媳歐氏。孫汝貴。出嫁女引香。侍妾淸香。」按：此誌所見男稱，吳氏有「曉一」、「昺五」、「明四」、「昊十」、「招六」，王氏有「升十二」，程氏有「怡四四」，其行第前皆冠一字，女子則否，與前引〈張氏貴二孺人壙記〉所見，男女適相反。然〈張氏貴二孺人壙記〉所載女稱，名也；此誌所見男稱，排行也；二者不同。考男子行第前冠以字輩，明代不爲鮮見，如嘉靖十七年〈吏部尙書汪鋐壙誌〉㉓云：「公諱鋐，字宣之，

⑳ 見〈伊方城恭惠王妃蔡氏合葬墓誌銘幷序〉，洛陽邙山鄉出土，拓本、釋文載《洛陽新獲墓誌》第一七〇號。

㉑ 梅村野史《鹿樵紀聞》，收入《臺灣文獻叢刊》（臺北：臺灣銀行經濟硏究室）第一二七種。

㉒ 此類言論，可參看《原抄本日知錄》卷十三「宗室」條。

㉓ 見《江西出土墓誌選編》一三四號。

姓汪氏，行榮四，號誠齋，晚號蓉東，別號石耳山人。」天啓元年〈程永貞墓誌銘〉㉔云：「君諱永貞，號東泉，行裕三三。」此所謂「榮四」、「裕三三」者，與「曉一」、「升十二」同，俱爲排行而非名，蓋元時有庶人無職者不得取名僅能稱以數字之禁，漢族爲別輩份，遂有以字輩冠行第爲名之俗㉕，明代此禁雖息，然積習已久，行第前仍冠字輩，如「曉」、「昺」、「明」、「昊」皆從「日」，字輩痕跡至爲明顯，至養子「招六」之「招」從「手」部者，明其非血胤也。然諸人除招六外，皆別有名，觀邦振兄名邦昌，邦振子侄名文博、文翰、文光、文魁，孫名國珍、國瑞、國玲、國琇，則其名中亦著字輩，是名與排行皆各著字輩，亦吾國姓名排行習俗中一特殊之現象也。

又，《江西出土墓誌選編》此文下有編者陳柏泉識語，謂明代著名製瓷藝師昊十九，前人如鄧之誠《骨董瑣記》、郭世武《瓷學概說》等謂世無昊姓，「昊」爲「吳」之誤字，《景德鎮陶瓷史稿》則謂「吳爲萬曆間浮梁人，別號十九」，皆誤，今據此誌，然後知昊十九，浮梁景德鎮人，乃吳邦振兄弟行，姓吳，名邦□，行昊十九。按：陳氏所考甚確，鄧之誠等以不知明時行第有冠字輩之俗，故有上引臆測也。

按碑誌以瓷製者，較爲少見，以此參誌文所云「三代皆不仕」、昊十九爲著名製瓷藝師諸事觀之，吳氏蓋以藝瓷爲世業者也。

十、蜀王睿製天生城碑記（明永明王永曆十一年）

蜀王睿製天生城碑記者，張獻忠養子、明封蜀王劉文秀築天生城之記功碑也。石在四川洪雅縣皇城山，曾於一九六二年遭受破壞，後修復，文載《四川歷代碑刻》二七四頁，拓本未見。

碑文云：「蜀國古稱天府，據天下上游。主其地者戰則勝，守則固。誠能蓄威昭德，計得志而有餘。自胡騎入躪，烽燧頻仍，殷富之區，鞠爲茂草。予三次提師，兩逐笳聲，出水火而衽席之，漸有起色矣。」按：此劉文秀自述有功蜀地也。其云「三次提師，兩逐笳聲」者，據《小腆紀傳》[26]卷三十七〈劉文秀傳〉，永曆四年，孫可望遣王自奇偕劉文秀圖蜀，劉文秀引兵渡金沙江，敗清兵，得黎、雅、建、越等地，留白文選等守蜀，還師雲南；永曆六年，吳三桂入蜀，攻白文選等，孫可望復命劉文秀出叙州、重慶以向成都，文秀連戰克

㉔ 見《江西出土墓誌選編》一六四號。

㉕ 參考本文第一則〈張氏貴二孺人壙記考釋〉。

㉖ 徐鼒《小腆紀傳》，收入《臺灣文獻叢刊》（臺北：臺灣銀行經濟研究室）第一三八種。

捷，進圍吳三桂於保寧，後功敗垂成；此則碑文所謂「兩逐笳聲」也。又據《小腆紀傳》卷五〈永曆中〉，永曆十年三月，封劉文秀爲蜀王；與前述者計三次入蜀，此碑文所謂「三次提師」也。

碑文繼云：「永曆十年，歲在丙申，聖天子廑宸慮，推轂命予秉鉞專征，剪桐蜀土，爲根本地。期於水陸分道，力恢陜豫，略定中原。……然後草治行營，居中調度，不一月而丹楹崇墉。」按：此述築天生城原委，及當時戰略之目的。考劉文秀封蜀王雖在永曆十年三月，而天生城施工，則在永曆十一年孟春，觀下引碑末所記年月可知矣。

碑文之末有「皇明永曆十一年歲次丁酉仲春月吉旦」及「蜀王碑一通于庚子年季冬十二月望六日劉曜立」二行文字，學者遂有據以稱劉文秀即此劉曜者㉗，其說非是。考庚子乃永曆十四年，而劉文秀已先卒於永曆十二年四月二十四日㉘，何能於兩年後署名立碑乎？且文秀本不知何許人，張獻忠收爲養子，冒姓張，張死，復姓劉，文獻亦未有稱其姓名爲劉曜者㉙。謂劉曜即劉文秀者，蓋未考文秀卒年，又不悉此一行非文秀當年文字，乃文秀卒後人所補刻者，故致斯誤。今考碑題曰「睿製」，乃明時以稱諸王之文之辭㉚，而其碑文，亦文秀以第一人稱行文，文意至「皇明永曆十一年歲次丁酉仲春月吉旦」一行已然完足，而「蜀王碑一通于庚子年季冬十二月望六日劉曜立」乃用第三人稱，其爲補刻，固無可疑。考文秀之卒，有遺表請永曆君臣幸蜀云：「臣精兵三萬人，在黎、雅、建、越之間，窖金㉛二十萬，臣將郝承裔知之。臣死之後，若有倉猝，請駕幸蜀，臣妻操盤匜，臣子御羈靮，以十三家之兵出營陝、洛，庶幾轉敗爲功也。」㉜是則劉文秀卒後，天生城一帶仍駐有文秀兵將家屬，劉曜豈其族邪？又，前人有謂此碑立於永曆九年或永曆十年者㉝，蓋皆未細察全文之誤説也。

㉗見《四川歷代碑刻》頁二七四按語。又王綱《大西軍抗清史略》（北京：燕山出版社，一九九一年）頁七九注一引伍世謙〈天生城碑記〉一文之説同。

㉘參徐鼒《小腆紀傳》卷六〈永曆下〉及卷三十七〈劉文秀傳〉。

㉙參《小腆紀傳》卷三十七〈劉文秀傳〉。另參計六奇《明季南略》各卷，計書收入《臺灣文獻叢刊》（臺北：臺灣銀行經濟研究室）第一四八種。

㉚《江西出土墓誌選編》第二〇四號〈益莊王朱厚燁繼妃萬氏壙誌〉載「（益莊王）睿製文集，猶然盛傳海內也」，可證。萬氏壙誌，一九五八年出土於江西南城縣。

㉛有關李自成、張獻宗窖藏大量金銀事，叢説紛紜，詳參趙儷生《寄隴居論文集》（山東：齊魯書社，一九八一年）中〈明末農民大起義分題研究二題〉一文。

㉜見《小腆紀傳》卷三十七〈劉文秀傳〉。

㉝見王綱《大西軍抗清史略》頁七九注一引同治《嘉定府志》卷四。

原載《臺大中文學報》第十期（臺北：臺灣大學中國文學系，一九九八年五月）頁三五至五四。

清代臺灣石刻考釋二則

【提要】

一、章高元獻淡水龍山寺石庭記（德宗光緒十一年）

碑末記獻者名字，此考定爲劉銘傳部將章高元爲抗法軍駐滬尾時所獻，因勾勒文獻，縷述其在臺事跡。

二、張士瑜一行遊基隆仙洞題名（德宗光緒十三年）

銘文記田曾、党鳳岡、翁鐵梅、張士瑜同遊基隆仙洞事，因述各人在臺、在浙所從事之活動，乃近代工商業之先驅。

一、章高元獻淡水龍山寺石庭記（德宗光緒十一年）

此碑今嵌淡水龍山寺壁，額題「龍山寺」，文云「欽命提督軍門福建∖臺澎掛印總鎮世襲∖雲騎尉年昌巴圖魯∖隨帯軍功加二級紀∖錄二次章敬獻石庭∖四丈有方∖光緒乙酉年四月立」。《臺灣北部碑文集成》❶缺考，茲據史料説之。

光緒乙酉，即十一年。「章」，謂章高元。按《劉銘傳撫臺前後檔案》❷光緒十三年九月十四日〈臺灣府轉行巡撫劉銘傳具奏署臺灣總兵章高元因病内渡就醫懇恩准赴登萊青鎮本任片稿附黏抄劉銘傳奏片〉云：「據紀名提督山東登萊青鎮總兵章高元稟稱『自光緒九年奉調隨帶武毅各軍來臺，十年五月移駐基、滬；十一年秋，奉飭赴臺灣總兵署任，隨赴嘉義等處辦理清莊緝匪。歷年隨剿叛番及開山修路工程，輾轉内山，深受瘴濕，掣動風恙，手足痲木，現已交卸篆務，並無經手未完事件，稟請給假内渡就醫』前來。臣查章高元自幼撥臣部下，轉戰各省，未嘗休息。……經臣批准交卸内渡。……」據此，章高元本劉銘傳舊部，光緒九年來臺，十年五月至十一年秋駐兵基隆、淡水（滬尾）一帶，碑文謂章氏爲「欽命提督軍門福建臺澎掛印總鎮」，與劉氏文中「記名提督」、「署臺灣總兵」官銜合；碑文謂章氏光緒十一年四月「敬獻石庭，四丈有方」，與章高元駐基、滬時間合；故知碑中之「章」即章高元也。

章高元，字鼎臣，安徽合肥人。出身淮軍，隸劉銘傳部，一生戎馬，先後多與平定內亂、抵禦外寇事。《清史稿》卷四六六有傳，附湘軍將〈孫開華傳〉下，僅寥寥百餘言。繆荃孫〈重慶鎮總兵章公鼎臣別傳〉❸記載較詳，然於章高元在臺事，亦僅述中法基隆之戰一事，餘皆未及。茲勾勒有關文獻之散見者，縷述章氏在臺事蹟如次，斯或追懷鄉邦歷史之一事歟？

同治十三年，日本藉口牡丹社番殺害琉球人，遣軍犯臺，清廷派淮軍洋槍隊唐定奎部十三營六千五百人來臺助防，章高元以總兵從，日軍退，唐部駐臺灣南路開山撫番。❹光緒元年二月，沈葆楨奏剿獅頭等社，「二十日，中軍提督周志本、副營提督章高元親自入山探路

❶ 邱秀堂編著《臺灣北部碑文集成》（臺北：臺北市文獻委員會，一九八六年）。

❷ 收入《臺灣文獻叢刊》（臺北：臺灣銀行經濟研究室）第二七六種。

❸ 見《碑傳集補》卷三十。亦選入《臺灣文獻叢刊》第二二三種《續碑傳選集》第二冊。

❹ 詳參陳守亭《牡丹社事件與沈葆楨治臺政績考》（臺北：正中書局）第四、五、六章。又參《臺灣北部碑文集成》第一二二頁〈鳳山昭忠祠碑文〉。

」❺，三月十七日，章氏參與進攻竹坑社，清軍循大龜紋溪向內外獅頭等社開路，「二十三日，章高元帶隊前擊，槍傷悍番十數名，奪其紅旗而歸。二十五日，正在伐木，突有兇番二百餘人蜂擁截路，經張光亮、章高元麾隊迎戰，鏖鬥逾時，陣斬十數名，槍傷十數名而散，我軍乘勝入砦，焚其草寮五六十區。詢諸土人，蓋龜紋所屬之本武社也。二十七日，章高元率親副營築壘於溪左之大橋頭，並分哨山頂，仍飭合力翦闢草萊，以爲進取之計。」四月，章高元「感受嵐瘴，病莫能興」。十六日，內外獅頭社平，章部中軍副營與攻外獅頭社，而章氏蓋以病未親參預。❻六月，沈葆楨奏請淮軍陸續凱撤，❼唐部遂內渡，駐軍江陰。❽此次淮軍臺灣之行，陣亡及中瘴病故者幾二千人，唐定奎、周志本、章高元因請敕設祠立碑，事見〈鳳山昭忠祠碑文〉❾。碑今在臺北市二二八和平公園（原新公園）碑亭內，已磨泐僅存二三字矣。

光緒九年，帶武毅各軍來臺（見上引文）。十年閏五月，法軍犯臺，劉銘傳以巡撫銜督辦臺灣事務，由臺南調章高元部兩營乘伏波兵船至基隆，時臺南疫癘盛行，兵丁多病，章部至者僅五百人。❿劉銘傳以爲護隊⓫，並飭守砲臺⓬。六月十五日，法艦攻砲臺，毀之，尋進佔基隆，趨山巔而陣，我軍仰攻不利。⓭十六日，淮軍將鄧長安夜率壯士，冒雨潛攻法壘，毀其砲，章高元與蘇得勝、曹志忠東西襲擊之，敵死拒良久，章高元冒雨奮進，敵兵披靡，陣斃法將三、兵百餘，奪礮二、洋槍數十桿、帳房十餘架，法餘卒奔其艦。⓮捷報聞，內閣奉諭：「提督章高元著遇有海疆總兵缺出，即行簡放，並賞換年昌阿巴圖魯名號。」⑮

⑤ 沈葆楨《福建臺灣奏摺》光緒元年三月十三日〈報明南路剿番情形摺〉。書收入《臺灣文獻叢刊》第二九種。

⑥ 以上參《福建臺灣奏摺》光緒元年四月二十三日〈淮軍攻破內外獅頭社摺〉。

⑦ 參《福建臺灣奏摺》光緒元年六月十八日〈臺南撫番就緒淮軍陸續凱撤摺〉。

⑧ 參《清史稿》卷四三八〈唐定奎傳〉。

⑨ 碑文見《臺灣北部碑文集成》第一二二頁。

⑩ 《劉銘傳撫臺前後檔案》第二冊光緒十一年〈具陳臺北情形以明是非疏〉。書收入《臺灣文獻叢刊》第二七六種。

⑪ 《劉壯肅公奏議》第二冊光緒十年六月初四日〈恭報到臺日期並籌辦臺北防務摺〉。書收入《臺灣文獻叢刊》第二七種。

⑫ 《劉壯肅公奏議》第二冊光緒十年六月十六日〈敵陷基隆砲臺我軍復破敵營獲勝摺〉。

⑬ 參前注，並參同前注所揭書第一冊劉朝望〈書先壯肅公守臺事〉。

⑭ 參《劉壯肅公奏議》第一冊劉朝望〈書先壯肅公守臺事〉。

⑮ 《劉銘傳撫臺前後檔案》光緒十一年〈具陳臺北情形以明是非疏〉。書收入《臺灣文獻叢刊》第二七六種。

八月十三日，法軍千人登岸進攻，章高元等諸將身自搏戰，忽報法艦五艘犯滬尾，劉銘傳夜率諸將馳援。⑯二十日清晨，法軍登陸，諸將合擊敗之，斃敵數百千人。捷聞，軍機大臣奉諭：「提督章高元，據奏基隆案內已邀恩獎，……賞給白玉翎管二支、白玉搬指一個、白玉柄小刀一把、大荷包一對、小荷包兩個。章高元並交部從優議叙。」⑰自是，章氏留滬尾，與守將孫開華等「督修暗穴，安設地雷」⑱，唯至中法戰爭結束，未見章氏再預戰事之記載。

光緒十一年秋，章氏赴臺灣鎮總兵任（見上引文），統帶砲勇一營、練勇兩營，分防嘉義、埔裡社一帶剿匪。⑲十二年二月，參預進討大科崁番人事。三月，自嘉義進兵，由後大埔開道設橋樑，招撫番人。⑳十月，蘇魯等社番人反，奉命自彰化集集街帶兵三營助剿。十二日，事平，仍還闢後山水尾之道。㉑章氏統帶砲隊並鎮海中軍前營、定字左營及練兵七百人，兼顧石工、民夫，由彰化境之集集街開山而東，由拔埔社至丹社嶺，自冬至十三年春，計修路一百二十二里。由彰化水底寮開路至埔裡社，沿山招撫北港、萬霧等五大社，眉毛納、吻吻等四十四小社，番丁九千餘人。由拔埔社開路至丹社，沿路招撫卓大意東等六十一社，番丁八千餘人。㉒章氏此次開山撫番，「深受瘴濕，掣動風疾」（見上引文），故請假內渡返山東登萊青鎮總兵任。此後，章氏未再蒞臺。

此碑寫製，殊爲簡陋，「丈」字既遺漏補刻，章氏所得清字勇號「年昌阿巴圖魯」亦脫

「阿」字㉓，然睹物思人，所重固不在此也。

原載《臺北文獻》直字第一〇〇期（臺北：臺北市文獻委員會，一九九二年六月）頁二五至二八。

---

⑯ 見《劉壯肅公奏議》第二冊光緒十年八月十五日〈法船併犯臺北基滬俱危移保後路摺〉。

⑰ 見《劉壯肅公奏議》第二冊光緒十年八月二十四日〈敵攻滬尾血戰獲勝摺〉。

⑱ 見《劉壯肅公奏議》第二冊光緒十年十一月初九日〈臺紳捐資募勇屢戰獲勝並各軍分守情形摺〉。

⑲ 見《劉壯肅公奏議》第三冊光緒十一年十月二十五日〈撤留勇營綜計款目請撥餉需摺〉。十二年三月初四日〈迭平土匪請獎官紳摺〉。

⑳ 見《劉壯肅公奏議》第二冊光緒十二年四月十八日〈剿撫生番歸化請獎官紳摺〉。

㉑ 見《劉壯肅公奏議》第二冊光緒十二年十一月十一日〈督兵剿撫中北兩路生番請獎官紳摺〉。

㉒ 見《劉壯肅公奏議》第二冊光緒十三年四月初四日〈各路生番歸化請獎員紳摺〉。

㉓ 參《劉壯肅公奏議》第二冊光緒十年六月十六日〈敵陷基隆砲臺我軍復破敵營獲勝摺〉。另參《清史稿》卷四六六〈章高元傳〉。

二、張士瑜一行遊基隆仙洞題名（德宗光緒十二年）

張士瑜等四人遊基隆仙洞題名，刻於洞内石壁，凡十三行，行八字，第十二行僅四字，都一百字整。書作楷體，而其筆畫多用許慎《說文解字》所載小篆或古文隸定者，清代文士頗有此習，《臺灣北部碑文集成》乃不能釋，訛誤甚多。茲先依其行款解讀如次：「光緒丁亥暮春，吾友＼江甯翁鐵梅長森，揭＼來臺海，主于予。越閏＼四月朔，上元田撰異＼曾邀之，絕港遊仙洞，＼濟甯党幼雲鳳岡先＼焉。洞窈無際，傴行百＼數十步，曲昧窔洝，廪＼乎不可窮。曠睇洞表，＼石峭風直，澹煙眇然。＼循厓以西，觀乎滄海，＼折葦而歸。＼合肥張士瑜瑾卿記。」按：此文所記，事涉光緒年間臺灣掌故，茲隨文說之。

「江甯翁鐵梅長森」者，翁長森，字鐵梅，江甯人。富藏書，輯有《金陵叢書》，官至知府鹽運使銜。民國三年卒，年五十八。生平詳《碑傳集補》卷二十六陳作霖撰〈翁明府傳〉。翁氏友人上元蔣師轍光緒十八年來臺約半年，撰有《臺游日記》㉔，未至臺時，二月十四日條云：「嗣過張楚寶觀察（良按：清代雅稱具道員官銜者為觀察）士珩、李贊臣太守竟成處，均未晤。楚寶與吾鄉秦際唐伯虞、顧雲石公、鄧嘉緝熙之、翁長森鐵某（良按：梅字古寫）皆義契。」二十一日條云：「楚寶復來，為語臺海風土及政治得失頗詳，其兄瑾卿觀察士瑜在彼中久，故知之最審也。」既去臺，九月八日條云：「作書寄鐵梅錢塘。」十二日條云：「聞鐵楳（良按：梅之別寫）至，舟泊內涇，急僦倭車訪之。」又，〈翁明府傳〉云：「學詩賦于龔謙夫。」而《臺游日記》亦云党鳳岡爲龔謙夫弟子（詳下引）。據此，知翁長森與張士珩爲異姓兄弟，與党鳳岡爲同門師兄弟，故來臺時作客士珩兄士瑜之所，並與党鳳岡等同遊也。

「上元田撰異曾」者，田曾，字撰異，上元人。其同鄉蔣師轍《臺游日記》六月三日條云：「党幼雲直刺（良按：直隸州知州銜之簡稱）來，語次知與吾鄉田撰異茂才（良按：秀才之雅稱）曾最相得，述撰異客死狀，爲之愸然。」八月二十二日條云：「過（基隆）商務局，……繼過煤礦局，……隔岸有仙人洞，田撰異題名在焉。擬挐舟往訪，而驚濤一葉，狀殊可危，心慑而止。」據此，知田曾已於光緒十八年之前客死臺灣。「絕港遊仙洞」者，絕，橫度也，見《漢書·成帝紀》「不敢絕馳道」句下顏師古注。當時自基隆市區至仙洞，多乘舟橫度基隆港，參上引《臺游日記》八月二十二日條。「曲昧」者，謂洞中彎曲幽暗，「穿泧」者，謂洞中卑下溼潤也。《昭明文選》卷十八馬融〈長笛賦〉：「運裛穿泧。」李善

㉔ 收入《臺灣文獻叢刊》第六種。

注：「窏洝，卑下也。」五臣注：「窏洝，潤溼貌也。」

「濟甯党幼雲鳳岡」者，党鳳岡，字幼雲，濟甯人。《臺游日記》五月二十九日條云：「商務局党幼雲直刺鳳岡來，……聞直刺籍濟甯，寄居揚州，常游吾鄉，爲龔謙夫先生弟子，頗用幹局見稱，天方教中人也。」六月四日條云：「過商務局，答拜党幼雲直刺。」又《清季臺灣洋務史料》㉕光緒十六年六月□□日〈臺灣巡撫劉銘傳奏官商合辦基隆煤礦片〉云：「臣查基隆煤礦創自官辦，積習太深，用委員稍有不當，即揑報支銷；用洋人較爲著實，又浪開使費。船政並臺灣製造局以及各輪船月需煤數千噸，又不能停歇不辦。上年十月將洋人撤退，委派候選知縣黨鳳岡辦理，一面仍招商接辦。黨鳳岡破除情面，極力整頓，自本年正月以後，漸有起色。」據此，知党鳳岡曾游上元，故識田曾，聯袂來臺。光緒十五六年時曾以候選知縣銜掌理基隆煤礦，十八年以直隸州知州銜任職商務局。

「合肥張士瑜瑾卿」者，張士瑜，字瑾卿，合肥人。《清季臺灣洋務史料》光緒十三年十二月初二日〈臺灣巡撫劉銘傳奏基隆煤礦收回官辦片〉云：「查臺灣基隆煤務，從前每年開支銀十萬兩，積成漏卮。……臣因煤炭係必需之物，不能廢棄不辦，當商同南洋、兩江督臣曾國荃、署船政臣裴蔭森並臺灣各湊本銀二萬兩，委派補用知府張士瑜招集商股六萬兩，共合成本銀十二萬兩，於本年正月開局試辦。……自春至冬，經張士瑜添購機器，雇用洋匠，抽乾礦中積水，規模已具。」同書光緒十五年六月二十二日〈臺灣巡撫劉銘傳奏陳英商承辦基隆煤礦訂擬合同請飭議定奪摺〉有云：「有英商范嘉士願集資本銀百餘萬來臺承辦（基隆煤礦）……當經派令兼辦礦務委員候選知府張士瑜先與該英商草立合同，另繕清單，恭呈御覽。事關中外交涉，應請飭下總理各國事務衙門會同戶部速行核議定奪。」又《劉銘傳撫臺前後檔案》㉖第二冊光緒十五年七月十九日〈臺南府轉行巡撫劉銘傳批覆電報總局與商務交涉應會同辦理札〉云：「奉宮保爵撫憲劉札，開：據兼理商務張守（良按：太守或簡稱守，知府之雅稱）士瑜稟稱……」據此，知張士瑜自光緒十三年正月起至十五年六月間，以知府銜辦理基隆煤礦，自十五年七月起，則辦理商務局。其繼任者，則党鳳岡也（詳見前）。又，據前引《臺游日記》二月二十一日條稱士瑜爲「觀察」，知光緒十八年時已晉道銜矣。蔣氏全書未見會晤士瑜之記載，或其時士瑜已離臺矣。

考張士瑜與劉銘傳皆合肥人，蓋劉銘傳建設臺灣時引爲幕客者，而党鳳岡、田曾皆以知識牽連入幕，爲理煤礦、商務，是亦臺灣近代工商業之先驅也。光緒十三年「丁亥暮春」，三人方在基隆煤礦局共事，以翁長森來臺，故相偕遊仙洞而留此鴻爪。按：陳作霖撰〈翁明

㉕ 收入《臺灣文獻叢刊》第二七八種。

㉖ 收入《臺灣文獻叢刊》第二七六種。

府傳〉，謂翁氏爲浙江臨海知縣時：「山產樟樹，土人多伐爲薪。君嘗游臺灣，知有樟腦之利，因召廈門工師試製，效頗著。旣設縣局專辦，並請上官通飭產樟之區皆仿行之，爲浙東開一大利，由君創始之功也。」翁氏此次遊臺，以見聞開創浙江樟腦工業，其利如此。是僅此一石，已爲百年前臺灣、浙江之工商業留如許紀錄；然則研究鄉邦歷史，石刻資料豈可忽諸！

原載《臺北文獻》直字第九十九期（臺北：臺北市文獻委員會，一九九二年三月）頁一七五至一八〇。

附錄：石學的展望

一、引言

在傳統金石學的領域中，石刻資料，較之銅、玉、竹、木、磚、瓦等，一向以數量龐大、內容豐富居於最顯著的地位。清季以來，由於甲骨的發現、銅器的大量出土，遮掩了石刻資料的光芒。然而近年石刻文字的研究（以下稱為石學），似又有漸受重視的趨勢，其中的訊息，值得學者注意。

任何學術，不應和傳統脫節；傳統成就越豐碩，其潛力也越可觀，因而越不應棄置。石學過去已有穩定的基礎，未來當有樂觀的發展。此一觀點主要是基於以下所述的理由：

㈠近代不斷有新資料出土或發現，增加研究的素材。筆者估計，當今存在或可採得的拓本，以及雖已遺佚但仍能得知本文的，其數量較之王昶《金石萃編》、陸增祥《八瓊室金石補正》二書之總和不啻多出十數倍。以唐代墓誌銘爲例，王書僅約五十（不含塔記等），陸書約一百六十，楊殿珣《石刻題跋索引》收集有題跋者約一千三百餘，而毛漢光先生《唐代墓誌銘彙編附考》一書，估計全書完成時，將有拓片三千餘。這使得石學有極大的發展空間。

㈡宋代以來，石學書籍不少，但因刊刻拓片，有其困難，全錄碑文，則卷帙浩繁，因而多編爲收藏目錄，或僅刊題跋，而少錄本文，如歐陽脩所藏拓片近千，趙明誠近二千，但《集古錄跋尾》、《金石錄》二書不錄本文；上舉王、陸二書雖錄本文，但非全部摹寫，終屬第二手資料。學者若想從事研究，仍需另尋拓本，以取得第一手資料。拓本號稱「黑老虎」，學者費力購求，足以呑噬其大量時間與金錢，猶未必得到足夠的資料，相對的便減低其研究的成果。而今複製技術極爲發達，公私收藏易於結集出版，學者取得資料，獲得大幅改進。如《北京圖書館藏中國歷代石刻拓本匯編》一書，一次印出歷代石刻拓本約二萬，自古以來，石學研究者無人曾於短時間內享此眼福。

㈢學者既能一次得到大量資料，即能做較整體的研究，克服前代學者因資料不足而引發的見樹不見林的窘境。

因此，目前是我們可以考量如何拓展石學的時刻。

傳統石學，筆者在拙著《石學蠡探》一書的序言中曾將之分爲兩個系統，一是考證之學，一是括例之學。考證之學，雖然內容豐富，精品亦多，但失之零星瑣碎；括例之學，旨在歸納體例，探尋義法，但常有因爲資料不足導致錯誤結論的弊病：因此都有改進的餘地。筆者以爲：今後石學的研究，將建立在傳統石學的基礎上，但可將研究的方向劃分爲資料的整理、資料的運用兩個範疇。資料的整理，是石學本身的研究，應包括壹、斷代或分類出版拓本，貳、文字考釋，參、釋例，計三大項。資料的運用，則在指出對其它學術領域的價值，這一來要看資料本身所能提供的可能性，二來要看學者個人的素養，其範疇是可以很廣泛的。

下文擬就上述兩個範疇應有的發展，略述淺見，以請益於方家。

二、資料的整理

壹、斷代或分類出版拓本

複製技術既是石學能夠大幅進步的關鍵，吾人應當充分利用，以與時間競賽。筆者建議：公私收藏可以在略加分類、斷代、剔重、編號後即全部印出，俾能吸引較多的石學研究者從事文字考釋、釋例的工作，而其它學術領域的研究者也可以較有效地運用資料。若緩緩出版，便降低了我們這個時代本來可以擁有的優勢，不算善用資料了。所以拓本是否能迅速且大量出版，乃是今後石學是否能蓬勃發展的前提，也是決定石學著作之品質的關鍵。

貳、文字考釋

文字的考釋，是往昔石學的主體，多以題跋的方式寫作；今後此項考釋工作，仍爲石學的基礎工夫。《金石萃編》一類著作，輯錄散見的題跋，節省學者不少時間；今後此種集釋工作，如前揭毛書，自可繼續。不過，楊殿珣的《石刻題跋索引》，雖然沒有照錄題跋本文，但已爲學者整理線索，也極具參考價值。如果研究單位從事集釋工作而限於經費，不妨採用索引的方式，省時省事而效果不差。

除了以同一拓片爲焦點而做的整理之外，個人建議今後尚可認眞從事拓片串聯的工作。所謂串聯，即將不同拓片資料，從獨立的點串聯成一條線、一面網或一個立體，這也是另一種形式的集釋。本來，斷代分類出版，古人如洪适《隸釋》、《隸續》，今人如前揭毛書也是一種串聯；分區出版，宋代如陳思的《寶刻叢編》、近代如羅振玉的《芒洛冢墓遺文》也是一種串聯。筆者則認爲還有三項工作可以考慮：

1.將同一人的碑、誌、題名等石刻資料串聯起來。這項工作，始於宋代的《寶刻類編》，此後尚乏可觀的成果，但這工作對碑誌考釋、傳記研究有實際且明顯的貢獻，值得注意。

2.將同一家族的石刻資料串聯起來。此一工作可視爲前項的擴大，尤具價值。趙萬里《漢魏南北朝墓誌集釋》對元魏宗室的研究成就頗高，即爲例證。

3.將同一姓氏的石刻資料串聯起來。此項工作尚無著作出版，但對姓氏學、民族遷徙的研究當有一定的助益。

以上三項，僅須依時代先後或筆畫多寡製成索引，即成用處頗大的參考書籍。

參、釋例

石刻資料的釋例工作，發源唐宋，元潘昂霄首著《金石例》傳世，其學盛於淸代，而中絕於近世，十分可惜。不僅是因釋例工作與文學（尤其是唐宋以下的古文）、禮俗、法律之研究有密切關係，更因其書談論石刻義例，可當作石學的入門書讀。近人雖有《金石學》、《中國金石學》一類著作，但多述石刻名目，不作義例介紹，也少論研究方法，讀畢仍不能入門。這也許是目前研究石學的人口不多的重要原因。因此，目前我們需要一本類似《殷墟卜辭綜述》或《商周彝器通考》的石學書籍，其中包含名目、釋例、研究方法、重要著作的介紹，作爲入門的導引。至於釋例本身的研究，目前還有很大的空間，因爲我們可以寓目的資料，遠勝淸人。

三、資料的運用

學界曾有一種風評，認爲石刻資料不過可以作些職官、地理等零星名目的考證，言下不無「壯夫不爲也」的意味。其實這是不重視學術整合的習氣下的偏見。石刻資料的總數十分龐大；內容也與甲骨文、金文之具侷限性有別，極爲豐富；以時間的分布論，長達二千餘年；所以當作資料看，蘊藏極大的可能性。如何運用，存乎學者之心，本無人能一一指明；但爲表彰其價值，以下擬先引述前賢的見解，再採詳者略之、略者詳之的方式，簡述筆者個人的補充意見。

葉昌熾《語石》卷六曾論碑版的功用說：

> 撰書題額結銜，可以考官爵。碑陰姓氏，亦往往書官於上。斗筲之祿，史或不言，則更可以之補闕。郡邑省并，陵谷遷改，參互考求，瞭於目驗。關中碑誌，凡書生卒，必云終於某縣某坊某里之私第，或云葬於某縣某村某里之原，以證《雍錄》、《長安志》，無不吻合。推之他處，其有資於邑乘者多矣。至於訂史，唐碑之族望，及子孫名位，可補宗室、宰相世系表。建碑之年月，可補朔閏表。生卒之年月，可補疑年錄。北朝造象寺記，可補《魏書·釋老志》。天璽紀功、天發神讖之類，可補符瑞志。投龍、齋醮，五嶽登封，可補郊祀志。漢之孔廟諸碑，

> 魏之受禪、尊號，宋之道君五禮，可補禮志。唐之令長新誡，宋之慎刑箴、戒石銘，可補刑法志。古人詩集，凡有登覽記遊之作，注家皆可以題名考之。郡邑流寓，亦可據為實錄。舉一反三，餉遺靡盡。

葉氏寥寥數語，實已指出石刻資料可以運用來研究職官學（尤其是職官志不載的小官）、沿革地理學、古都學、家族史、曆法學、傳記學、宗教史、禮制史、詩文校讎、氏族遷徙等學門。而梁啓超《中國歷史研究法》一書，也提到石刻資料對外來宗教、異族文字、中外交通史、邊疆民族史、經濟史、元代語體文、公文格式等方面的史料價值（文長不引）。僅是葉、梁二氏指出的，已足證石刻資料之價值的豐富性。此其中有些是盡人皆知而上述未提到的，如石經之於經學研究，碑誌銘文之於聲韻學研究，俗體字之於文字學研究等；有些已經有學者善加應用，如嚴耕望先生《中國地方行政制度史》之於職官研究，有些則尚未充分發揮。由於此次會議的主題是「中國文哲研究的展望」，本文也著重在石學的展望上，所以在此不必綜述或檢討以往的成果，而只擬提出幾項筆者認為尚可繼續發展的範疇或可開發的領域，以請教專家。

壹、結銜研究

職官的研究，是石學的主題之一。不過以往的研究，或利用石刻資料補職官志不載的官稱，或整理遷黜制度，較少研究結銜。結銜標示了一個官員可以同時擁有的官稱，其官、職、勛、爵、兼、帶、領、錄、行、守等，最能反映官僚體系的複雜面，所以結銜研究，是職官研究的重要項目；而碑誌的額、蓋或首行，乃是最豐富、最可靠的資料來源。筆者相信結銜研究是有開發價值的。

貳、古都學

古都學是近代才有的名稱，但其實質則起源很早，至少可以推到宋朝。其學之宗旨，在描繪古都面貌及其沿革。它的材料來源，除圖書文獻外，近代又增加了田野實測。但誠如上引葉昌熾之言，石刻可以提供不少關於行政劃分及山川名稱的細部資料；此一範疇，目前之研究似尚未充分。如北魏洛陽城內城外鄉亭里坊，《洛陽伽藍記》、《元河南志》所載極爲有限，可藉碑誌補充。

參、種族姓氏研究

研究我國民族成分，從種族姓氏入手，不失爲方法之一。但因漢化、賜姓、認養、忌諱等因素，種族姓氏的研究並不容易。由於碑誌大多敘述墓主的先世與三代，而勒石之初，子孫可能尚未顯達，而不會產生攀認的情況，我們擷取史傳及碑誌資料，作家族乃至宗族的串聯，可以較有效的辨認歷史人物所出的種族姓氏。姚薇元《北朝胡姓考》，除文獻外，又利用石刻資料，頗具成績；可惜其所建立的家族串往往不夠長，因而有時說服力不足。但這方面的工作，無疑是可好好發展的。

肆、人名學

古人名、字有意義上的關聯，因而解詁古人名、字，原就是訓詁學的課題之一。此處所謂人名學，範疇比解詁名、字大，可包括小名、排行、號、尊稱、謚等，研究對象的時代也不像名、字解詁通常限於古代。此一學門，原與地名學同屬專名學的一支，它是從文化語言學的角度，探索人名所反映的文化意義或社會現象，如宗教、迷信、時代風尚等。它的取材自然可以很廣，但由於圖書文獻所載小人物不多，而碑誌、造像記、題名等則有大量人名，包括中下階層人物，因此石刻資料可以成爲人名學素材的好來源。學者從文化語言學的角度研究古文字、古地名，頗獲成績，相信以之研究人名，當有所得。

伍、文學

近人研究古典文學，很少注意到其與金石學的關係，這是奇怪的學術脫節現象。古人重視金石文字，金石文字往往占了文集中的最大篇幅，所以研究文學，而不涉獵金石學，是有點奇怪的；清代以前的學者並不如此。石刻釋例的起源，正是從研究韓、柳、歐、王的古文來的，其後的研究雖然範疇不限於文學，但與文學研究與創作關係密切。個人建議古典文學研究者應當將石刻釋例的著作納入參考的範圍。

陸、書法史

我國一向有文獻相傳、貌似完整的書法史，但從無徵不信的立場看，漢唐之間書法界的實況，其實還未理清，尚有重重疑雲；這主要是傳世六朝書法資料多出傳刻或來源可疑所致。由於紙帛竹木易腐，石刻資料差不多成爲最重要的依據，偏巧直到近代以前六朝石刻發現不多，使得謹嚴的學者難以討論六朝書法史；當時造像記等資料雖能提供某種程度的線索，但因其性質主要並不在書法表現，所以究竟具有多大的代表性，是值得懷疑的，而近代發現的石刻（尤其是北魏墓誌）可以或多或少彌補此一空缺，是值得利用探討的。

四、結語

上文只提到資料的整理與運用，其實周邊的研究也頗重要，如石學著作的鉤沈、石學家傳記的編寫、拓本收藏家印章的鑑定與編集等，也應當列入石學研究的範疇，因爲這關係石學史及資料的來源、流傳、眞僞等問題，不容忽視。

再者，石刻資料雖已龐大，但畢竟學術越是整合越有發展，石學不能也不應不和其他金玉竹木磚瓦等學相互爲用，這是石學研究者應有的認識與素養。

上文所述未來可以從事的工作，僅是筆者一時所能想到的，限於學力，自然未必恰當，尚請方家不吝賜教。

原載《中國文哲的回顧與展望論文集》（臺北：「中央研究院」中國文哲研究所，一九九二年五月）頁五七三至五七九。

山東大學中文專刊目録

《楊振聲文集》

《黄孝紓文集》

《蕭滌非文集》

《殷孟倫文集》

《高蘭文集》

《殷焕先文集》

《劉泮溪文集》

《孫昌熙文集》

《關德棟文集》

《牟世金文集》

《袁世碩文集》

《劉乃昌文集》

《錢曾怡文集》

《葛本儀文集》

《董治安文集》

《張可禮文集》

《郭延禮文集》

《曾繁仁學術文集》

《中國詩史手稿》（陸侃如、馮沅君）

《詩經考索》（王洲明）

《出土文獻與先秦著述史研究》（高新華）

《戰國至漢初的黄老思想研究》（高新華）

《蔡倫造紙與紙的早期應用》（劉光裕）

《劉光裕編輯學論集》

《摯虞及其〈文章流别集〉研究》（徐昌盛）

《王小舒文集》

《蘇軾詩文評點研究》（樊慶彦）

《中國小説互文與通變研究》（李桂奎）

《中國當代戲曲論争史述》（劉方政）

《中國電影新生代的軌迹探尋》（丁晋）

《莫言小説叙事學》（張學軍）

《景石齋訓詁存稿》（路廣正）

《古漢字通解500例》（徐超）

《戰國至漢初簡帛人物名號整理研究》（王輝）

《瑶語方言歷史比較研究》（劉文）

《石學蠡探》（葉國良）

《因明通識》（姜寶昌）